U0905233

本书系河北省高校百名优秀创新人才支持计划（BR2-256）、
廊坊师范学院博士基金项目（LSBS201309）阶段性成果

廊师研究文库·历史卷（第一辑）

总主编李士杰　本卷主编王越旺

明清日本研究史籍探研

时培磊　著

天津出版传媒集团

天津古籍出版社

图书在版编目（CIP）数据

明清日本研究史籍探研 / 时培磊著. -- 天津 : 天津古籍出版社, 2016.12
（廊师研究文库 / 李士杰总主编. 历史卷. 第一辑）
ISBN 978-7-5528-0491-1

Ⅰ. ①明… Ⅱ. ①时… Ⅲ. ①历史－研究－日本 Ⅳ. ①K313.07

中国版本图书馆CIP数据核字(2017)第006214号

明清日本研究史籍探研

时培磊/著

出版人/张玮

天津古籍出版社出版
（天津市西康路35号　邮编300051）
http://www.tjabc.net

三河市冠宏印刷装订有限公司印刷
全国新华书店发行
开本 787×1092 毫米 1/16　印张 18.75　字数 288 千字
2016 年 12 月 第 1 版　2016 年 12 月 第 1 次印刷
ISBN 978-7-5528-0491-1　　定价：50.00元

总序

李士杰

筹划已久的“廊师研究文库”终于要面世了。看到这些展示我校科研学术水平的成果得以出版,心中感到由衷的高兴,遂欣然作序,置之卷首,以飨读者。

廊坊师范学院成立于1946年,前身是安次县立简易师范学校,2000年经教育部批准,升格为省属本科院校。学校坚持以学科专业建设为龙头,努力打造以教师教育学科专业为主体,理、工、经、管、法等多科协调发展的学科专业格局。现开设本、专科专业90个,涵盖九大学科门类。学校响应国家号召,积极推进教学改革,积极探索推进应用本科转型等各项工作,努力向着建设特色鲜明的师范大学的目标迈进。

2016年7月,为提升我校科研水平、整合学校文科研究资源、引导青年教师快速成长,我校引进了南炳文、乔治忠、万明三位来自南开大学和中国社科院的知名专家,并与中华书局合作成立了“明史与明代文献研究中心”。学校将历史、文学、教育、政治等文科专业的主要师资力量都纳入研究中心的队伍中,整合出明代史学史、明代官私史籍整理与研究、明代北直隶教育研究、明清廊坊地方史研究等十个研究方向。中心主任南炳文教授为学校的学科建设和发展提出了很多建设性的意见,“廊师研究文库”的想法也是南教授最先提出的。

学校对“廊师研究文库”的出版规划非常重视,制定了切实可行的保障措施。根据规划,本文库拟分历史、文学、教育、经管等卷,每卷以10种为一辑。文库所收录成果将突出学术性,强调研究深度,严守学术规范,注重学术创新。学校专门设立评审委员会,对入选论著进行审核,具体的编辑工作则交给固定的出版社负责。

我们将积极吸纳全校优秀学术成果,力争将文库做成学术性强、研究水平高、意义重大的学术创新工程,作为向外展示我校学术水平的窗口,不断做下去。

序言

乔治忠

本书是时培磊君在博士论文的基础上修订而成的。攻读博士学位和撰写博士学位论文，是青年学子在学术成长进程中的重要锤炼，如今许许多多年轻有为的学者，都是在这个阶段得以掌握本专业的知识体系、理论前沿以及研究方法，从而奠定基础、得窥堂奥的，时君即为其中佼佼者之一。

时君大学本科毕业于位于孔子故乡的曲阜师范大学历史系，学校虽然未被当今管理部门赋予高层次的“级别”，但该校的历史学科承载着深厚的传统历史文化积淀，莘莘学子，颇多读书种子，立志攻读研究生者比率甚高。时培磊君大学本科毕业后，即以优秀成绩考取南开大学史学理论及史学史专业硕士研究生，两年后通过考核获得保送资格，在南开大学继续攻读博士学位，系于我之名下。在博士课业学习期间，时君就选定要探索中国与日本之间历代史学交流和相互影响的问题，这或许与我和本教研室同仁开始共同开拓中、日、韩史学比较研究的课题方向有关，总之是个新颖而艰难的研究方向。2008 年 9 月，时培磊君以南开大学与日本爱知大学联合培养博士生的身份赴日本研修，广集资料，开阔视野，从而初步拟定了学位论文的写作规划，回国后写成题为《明清日本研究史籍探研》的博士论文，内容是考察论析中国明清时期产生的研究日本之史籍，以及与此相关的社会背景问题。毕业答辩时，论文大受好评，答辩委员会决议一致认定它“论证严谨，考订细密，并且注意征引日本文献，采用中日文献互证的方法，是一篇颇具功力、创见突出的优秀博士论文”。

时培磊君崇尚教育，系心学术，钟爱中国史学史研究专业，立志从事大学教师的职业。然而2010年正值博士毕业之际，国内兴起一股风气，许多高等院校专事挑剔应聘的博士其本科生阶段在学高校的“等级”，非“985”“211”名号者一律拒之门外，而攻读博士学位期间的业绩反而置于次要地位，真不知何处谁人为首作俑者，更不解何以全国各地多竞相效尤、从风而靡！尽管时君业绩优秀，但仅因大学本科的毕业院校而求职颇为蹇涩，幸而廊坊师范学院不随陋规，慧眼识才，聘任且扶助之、重用之，施以生活、业务上的多方关照，其情景令人感怀！

中国与日本相邻，一衣带水，自古以来多有交流。特别是自隋唐时期开始，日本屡次派出遣唐使到达中国，汲取先进的政治、文化与技术，对中国也随时进行实际观览和考察。因接受中国传统史学的影响，从而建立起具有日本特色的历史学，不仅直接引进中国的大量史籍，还撰写一些记述或评论中国历史的著述。总之在古代，日本对中国的历史和现状多有了解，而中国一方对日本的了解，则大多得自对方来使的叙述，缺乏直接考察，也很少引入日本的史籍。这种状况自明代才得以改观，明人增加了认知日本历史、地理和国情的途径，已经开始了对日本国情的直接实地观察，清代后期对日本的认识有了更进一步的拓展，对日本有目的有组织的派团考察即有多次，阅读与研讨日本的书史，成为官方与私家学者寻常的治学活动，其论述之准确与深入的程度已非前代可比。因此，将明清两代研究日本之史籍作为考察对象，抓住了中日史学交流史上的要点和节点，选题具有牢固的学术底蕴，十分妥善。

本书的写作，既重视历史资料的搜集、梳理，重视史籍及其形成问题的考订，也注意从宏观视野上进行概括和评论。作者不仅充分发掘中国的史料和学术文献，而且利用大量的日本史籍和文献，仅列入参考文献的日本史籍与文献即近于50种，其中大多为日文文本，另外还有多种西文参考文献。对于明清一些史学问题的梳理和考订，本书也做到有所突破，例如关于《日本风土记》与《日本考》二书之间的关系、作者、背景等问题的考论，拨正学界已有的讹误说法，发前人所未发，理据充实，取得突出的创见。在借鉴前人研究成果的基础上，明确指出明代与清代，各自出现一次认识日本、撰写日本史地著述的高潮；两次撰写日本史地著述的高潮的出现，均具有深刻的社会政治背景与导因，但二者既具有类似的特点，也有截然不同之处。其中清人的史著体裁多样，多有系统、全面记述日本史地之作，为明代所不具备；史料来源不同，清人的撰述取材可靠，经过研究鉴定，且多有实地考察之作；研究重点不同，清人重于汲取明治维新的事功成效，不似明代仅出于抗倭武备的需要；清人的日本观已然发生转变，其中的先进学者如黄遵宪等，能够跳出传统的华夷观念，在史著中给予日本以对等的邻国地位。这些都表明中国明清时期对日本的研究，经历了巨大的发展进步。本书作者得出这些宏观的、系统的认识，具有重要的学术意义和现实意义。

事实上，明代虽出现了研究日本和撰写相关史地书籍的高潮，但主要表现为对于倭寇骚扰及中日军事对抗的应对，以直接的功利需求为主导，未能形成持续性的探讨机制。清代鸦片战争之后，中国的先进分子开始睁眼观看世界，而最初关注的主要对象是西方列强。但日本为应对西方列强的侵入，作为与中国大不相同，由于明治维新的成功，其国力迅速增长，竟然在甲午中日战争中击败中国,夺地索赔,震惊九州。自此,中国的官方和学界,才在西学东渐的大局下将目光转向东邻日本,对日本的研究和考察遂进入全面深化的境界,于经世致用的宗旨之内又融入了学术性的深层探索。研究日本的历史与现状,自此成为持续的课题。直至今日,我们进行关于日本的研究,以及关于中日关系史、中日文化交流史的探讨,都是将清季学界对日本史地的认知予以延伸和扩展,这种探索还将不断地深化下去。其中关注中日两国历来的史学交流和相互影响,是南开大学史学史专业的学术开拓,时培磊君深得其中的精神要领,他在博士论文完成和工作后不久,即再次着手于此专题的研究,并开辟了新的课题项目,还将有新的论著接踵而出。因此,谨为本书题七律一首,以资祝贺、以作勉励。

题时培磊君博士学位论文出版

烈烈西风卷巨澜,何妨临海向东观。
扶桑改化功成久,赤县图强路放宽。
今有时君书一册,思来述往启新端。
深层探索无穷尽,再立史坛百尺竿!

目　录

前　言

中国和日本是东亚地区的两个重要国家，在历史上两国关系极为密切。从古至今两国之间往来频繁，古代日本曾经派遣大批遣唐使到中国求学，而近代中国人则大批留学日本师其长技。从地缘角度来看，中日两国一衣带水、比邻而居，彼此间的互动与交流对双方的发展至为重要。两国间的相互认识与研究是中日关系史中的重要课题。在此视野之下，本研究拟从历史出发，客观探讨明清时期的日本研究问题。

一、研究之旨趣

中日两个民族屹立于世界的东方，相互间的关系也是源远流长。从史学史的专业角度出发，笔者对中国史学中日本研究问题的兴趣日益浓厚。怀揣鄙陋之见求教于两位授业恩师。乔治忠先生从其大作《环球凉热——中国人认识世界的历程》出发，嘱以从中国历代域外载记的大背景下进行研究。孙卫国先生则从大作《大明旗号与小中华意识》出发，启发以“从中国看周边”的思路着手，从文化交涉学和心态史的角度进行考察。在两位先生的启发和鼓励之下，笔者开始逐渐深入和扎根于此领域之中。在乔先生、孙先生的关心和帮助之下，笔者于2008年9月作为南开大学与爱知大学联合培养博士生的身份负笈东瀛。在日本学习期间，笔者收集了大量的相关研究资料，了解了日本学术界对此问题的研究成果。特别是在爱知大学受教于日中关系史研究专家马场毅教授，使我对中日关系史产生了更多新的认识。同时在选修马场先生的研究演习课时，笔者即把最近的研究心得发表出来，得到了先生认真的指导和中肯的批评意见，获得了很多的启发。除此之外，笔者留日一年更重要的收获是有了亲身体验的机会，可以跨越时空与先贤对话，体味异域文化的别样感受。这种对异域文化的体察和认识，更加有助于自己对明清时期先贤们的日本研究的深刻认知。

中国古籍中关于日本的最早记载要从《山海经》开始，以后历代史书中关于日本的记载逐渐丰富起来。其中主要以正史中的记载为主，共计有十四种十五篇专传对日本进行了研究。而日本研究的高潮则以明朝为发端，标志就是薛俊《日本考略》的出版。虽然此书篇幅不大，研究也不够深入，但这毕竟是中国现存的第一部专门研究日本的史书，其历史地位应该得到彰显。而随着明代倭患问题的日益严重，以及抗倭援朝战争的展开，大量研究日本的史籍不断地涌现，甚至出现了众多以御倭为军事目的的专书，而一时学界的著述中也纷纷针对倭寇问题发表看法。明亡清兴以后，对日本的研究也渐渐转入低潮。19 世纪中期以后，随着帝国主义列强的入侵，中日关系开始逐渐紧张。中国日益落后和被宰割的局面与日本明治维新以后蒸蒸日上的发展形成了鲜明对比，此时清朝又逐渐兴起了研究日本的高潮。特别是两国交往不断密切以后，大批中国人赴日，亲自调查和了解日本。其中既有清朝驻日外交官，也有政府派出的考察官员，还有公费或自费的留学生，他们中很多人编纂完成了专门研究日本的史籍。清朝日本研究的高峰无疑是黄遵宪的《日本国志》一书。中国传统史学十分发达，但主要是对本国历史的记载，并不十分重视对外国历史的编纂。类似明清时期这种出现大量日本研究史籍的现象显得极为罕见，中国传统史学中对任何其他国家的研究从来没有像对日本的研究这样重视，可见探讨这一史学现象显得极为重要，而目前学术界对此问题尚缺乏系统深入的研究。

综上所述，本研究主要截取明清日本研究的两次高潮时期，从史学史研究的角度出发，具体考察这些史籍以及与此史学研究热潮相关的问题。这其中关系到很多重要课题，如为什么会出现两次高潮，史学与社会、国际关系发展的关系，域外史学研究的思想与比较，等等。从这些问题的角度出发，本书选定了“明清日本研究史籍探研”作为研究课题。

二、学术史的回顾

中日关系史的问题，不仅中国学者十分关注，日本等海外学者对此也兴趣浓厚。中日关系史的研究成果俯拾皆是，时至今日仍有大批学者潜心于此。凡此研究皆为本课题研究之重要参考，限于篇幅本书无法一一具列。从和本课题相关之明清史学对日研究的领域来看，也有大批成果问世。下面对此进行简要回顾，并作总结和简析。

1. 国内相关研究成果

由于中日之间的特殊关系，每当两国关系紧张之时，必然会有大批学者从历史上展开思考。清末就有学者进行明代日本研究著作的分析。民国时期则有大批针对明清史学中日本研究的研究,这自然与当时的社会现实密切相关。20 世纪初开始的研究有缪凤林的《明人著与日本有关史籍提要》(《中央大学国学图书馆年刊》第 2 期,1929 年 10 月)、张鄤《中国正史之日本》(《中央大学半月刊》第 1 卷第 16 期,1930 年 6 月)、黎光明《嘉靖御倭江浙主客军考》(哈佛燕京学社,1933 年)、陈懋恒《明代倭寇考略》(哈佛燕京学社,1933 年)、柳诒徵《明代江苏倭寇事略》(《国风半月刊》第 2 卷第 8 期,1933 年)、吴玉年《明代倭寇史籍志目》(《禹贡半月刊》第 2 卷第 4、6 期,1934 年)、王婆楞《历代征倭文献考》(重庆:正中书局,1940 年),等等。20 世纪 80 年代以后,逐渐出现了对此问题研究的热潮。主要代表者为汪向荣,其著述有:《中日关系史文献论考》(长沙:岳麓书社,1985 年)、《中日关系史资料汇编》(北京:中华书局,1984 年)、《古代中日关系史话》(北京:时事出版社,1986 年)、《古代的中国与日本》(北京:生活 · 读书 · 新知三联书店,1989 年)、《古代中国人的日本观》(上海:上海古籍出版社,2006 年)、《中世纪的中日关系》(北京:中国青年出版社,2001 年)、《〈明史 · 日本传〉笺证》(成都:巴蜀书社,1988 年),等等。其中很多内容都属中日关系史研究中的拓荒之作,对于后人的研究极具启发意义。特别是《中日关系史文献论考》一书,其中重点探讨了“中国正史中的日本传”“关于《筹海图编》”“中国第一部研究日本的专著”“关于《日本考》”等几个问题,对于本研究的开展具有重要的参考价值。

近年来与此研究相关的论文有:陈小法《明代中国人撰写的中日关系史书籍解题》中收录了 32 种相关著作;王铁钧《明代的倭患与中国的日本学研究》(《华侨大学学报》2003 年第 1 期)一文认为相伴倭寇猖獗而生的民族忧患引发了明代日本学研究的勃兴,这种研究一方面在抗倭斗争中起了重要作用,另一方面也代表了一个新的研究方向及新的学术领域的建立;李小林《明人私撰日本图籍及其对日本的认知》(《求是学刊》2005 年第 4 期)和《侯继高及其〈日本风土记〉》(《兰州大学学报》2006 年第 1 期)二文则是以《日本风土记》为中心,探讨了明代中国人对日本认知的问题;朱亚非《明清两度“日本研究热”观察与比较》(《山东师范大学学报》1997 年第 5 期)一文则是从总体上探讨了明清出现日本研究热潮的原因。此外,还有一些在研究中涉及明代日本研究史籍的论文①,也有参考价值。

涉及清代日本研究史籍的学术成果有:钟书河《走向世界——近代中国知识分子考察西方的历史》(北京:中华书局,1985 年)一书中以"罗森见日本开国""王韬的海外漫游""甲午以前的日本观""黄遵宪及其日本研究"等几个专章,解题式地介绍了清末中国人的日本研究概况。王晓秋的系列著作中②,对清代有关日本研究的情况作了较为深入的研究,不仅发掘出了以前罕见的康有为《日本变政考》等资料,对黄遵宪、顾厚焜等人的研究思想和社会互动关系等问题都有探讨。孙雪梅《清末民初中国人的日本观——以直隶省为中心》(天津:天津人民出版社,2001 年)中对清末赴日考察的直隶官民的日本研究和认识进行了分析。此外,还有一些论文也就清代的日本研究史籍进行了探讨③。对清代日本研究史籍的个案探讨最充分的应该是黄遵宪的《日本国志》,所谓的"黄学"热潮方兴未艾。研究专著有郑海麟《黄遵宪与近代中国》(北京:生活 · 读书 · 新知三联书店,1988 年)及盛邦和《黄遵宪史学研究》(南京:江苏古籍出版社,1987 年),两书对黄遵宪进行了较为深入的研究,特别是其中对《日本

---

① 如陈建平《〈日本考〉所见的日本婚葬礼俗——明代中国人的日本观初探》(《西南师范大学学报》2000 年第 5 期);赵刚《晚明有关日本的著作》(《故宫博物院》1992 年第 4 期);吕万和《我国近代研究日本的奠基者及其著作》(《历史教学》1983 年第 1 期);汤开建《〈日本一鉴〉中的葡澳史料》(《岭南文史》1995 年第 2 期);李恭忠《倭寇记忆与中国海权观念的演进——从〈筹海图编〉到〈洋防辑要〉的考察》(《江海学刊》2007 年第 3 期);孙果清《明朝抗倭地图:〈筹海图编 · 沿海山沙图〉》(《地图》2007 年第 2 期);王守稼《研究明代中日关系史的珍贵文献——兼评复旦藏嘉靖本〈筹海图编〉》(《史林》1986 年第 1 期);朱鉴秋《〈日本一鉴 · 桴海图经〉及明代中日海上航路的研究》(《海交史研究》2000 年第 2 期);等等。

② 参见王晓秋:《近代中日启示录》(北京:北京出版社,1987 年)、《近代中日文化交流史》(北京:中华书局,1992 年)、《近代中日关系史研究》(北京:中国社会科学出版社,1997 年)、《近代中国与日本:互动与影响》(北京:昆仑出版社,2005 年)。

③ 如佐藤三郎、郑海麟《明治前期中国人研究日本的书》(《岭南文史》1984 年第 2 期);陈华新《康有为与〈日本变政考〉的几个问题》(《近代史研究》1984 年第 2 期);王魁星《关于康有为写〈日本变政考〉的两个问题》(《近代史研究》1985 年第 4 期);王青芝《王先谦的史学成就及思想与观念》(《船山学刊》2008 年第 2 期);张群《傅云龙其人及其著述》(《河南图书馆学刊》2005 年第 5 期);王宝平《傅云龙〈游历日本图经〉征引文献考》(《浙江工商大学学报》2008 年第 2 期);等等。

国志》的成书背景、编纂问题、版本比较、史学思想等问题都有系统论述。论文方面更是洋洋大观①，对《日本国志》作了较为全面和深入的研究。

台湾曾经处于日本殖民统治下五十年，由于这种特殊关系的存在，台湾学者对中日关系史的研究尤为值得关注。余又荪、宋越伦、李则芬等人均有代表性的论著问世。与内地的汪向荣有同样贡献的台湾学者则非郑樑生莫属，他的代表作主要有以下几种：《中日关系史研究论集》（台北：文史哲出版社，1990—2004 年）（1—13 册）、《明代中日关系研究：以明史日本传所见几个问题为中心》（台北：文史哲出版社，1985 年）、《明・日関係史の研究》（东京：雄山阁，1985 年）、《中日关系史》（台北：五南图书出版公司，2001 年）、《明代倭寇史料》（台北：文史哲出版社，1987—2005 年）（1—7 辑）、《明史日本传正补》（台北：文史哲出版社，1981 年）。郑樑生早年留学日本，并获得筑波大学的博士学位，其间广泛搜集相关资料并潜心研究，关于中日关系史的论述颇具真知灼见。郑樑生的研究重点在于明代中日关系史，特别是关于倭寇等问题。不仅研究成果丰硕，而且对资料的整理也功不可没，对《明史・日本传》的研究亦可谓十分深入，此外《中日关系史研究论集》中的文章如《佚存日本的〈全浙兵制考〉》《郑舜功〈日本一鉴〉之倭寇史料》等，都对本研究极具参考意义。

2. 国外相关研究成果

国外关于明清日本研究这一问题的研究主要以日本学者居多，成果也最为丰富。如中山久四郎的《支那史籍上の日本史》（东京：雄山阁，1929 年），主要侧重于从中国史籍出发来研究日本历史，其中涉及了明清学者研究日本的史籍。秋山谦藏的《日明关系》（东京：岩波书店，1933 年）、《支那人の觀たる日本》（东京：岩波书店，1934 年）及文章《明代支

① 对黄遵宪研究情况进行系统梳理介绍的有黄胜任《一百年来黄遵宪研究述评》，载中国史学会、中国社会科学院近代史研究所编：《黄遵宪研究新论——纪念黄遵宪逝世一百周年国际学术研讨会论文集》（北京：社会科学文献出版社，2007 年，第 574 页）。同书中还载有黄爱平《百年来黄遵宪著述整理编纂状况述评》一文，介绍了黄遵宪著述的整理情况，详细地介绍和评析了百年来对黄遵宪的研究状况（主要侧重中国方面）。同样进行整理研究的还有：孙颖《百余年来黄遵宪研究回顾》（《广州大学学报》2004 年第 12 期）；管林《近百年来黄遵宪研究的回顾与期望》（《商丘师范学院学报》2005 年第 4 期）；黄小用《黄遵宪研究述评》（《湖南工程学院学报》2007 年第 1 期）；郑燕珍《1994—2004 年黄遵宪研究论析》（《嘉应学院学报》2008 年第 5 期）；等等。

那人の日本地理研究》(《历史地理》第61卷第1号),对于中国人的华夷思想和日本观等问题都有探讨,并且以中国人史书中绘制的日本地图为中心,探讨了中国人的日本研究问题。岩井大慧的《支那史書に現はれたる日本》(东京:岩波书店,1935年)主要研究了中国史书中所见的日本历史问题。茨城大学的石原道博在此领域成果较多,其博士学位论文即以《日明交涉史の新研究》(东京:东京文理科大学文学博士学位论文,1958年)为题,此后又加以整理译注中国正史中的日本传。他的研究中国古代日本观的几篇论文①,以及研究清代日本研究史籍的几篇论文②都较具影响。日本学界对明代的《日本考略》《日本一鉴》《日本风土记》等著作都有不少研究,但侧重于从语言学角度研究其中《寄语略》的文章占了绝大多数,均见参考文献,此不具列。

对清代日本研究的情况进行研究的主要代表是实藤惠秀,所著《明治日支文化交涉》(东京:光风馆,1943年)对姚文栋的日本研究进行了探讨,并且分析了和黄遵宪的关系。此外,他还和新加坡学者郑子瑜合作整理了《黄遵宪与日本友人笔谈遗稿》(东京:早稻田大学东洋研究会,1966年)。日本学者对黄遵宪的研究也有大批成果问世,对此整理介绍的文章有:管林《黄遵宪研究在日本》(《光明日报》1981年6月28日第4版)、伊原泽周《日本学人的黄遵宪研究》(《近代史研究》2003年第1期)。对清

---

① 《中国における日本観の端緒的形態——隋代以前の日本観》(《茨城大学文理学部纪要・人文科学》1号,1951年3月)、《中国における隣好的日本観の展開——唐・五代・宋時代の日本観》(《茨城大学文理学部纪要・人文科学》2号,1952年3月)、《中国における畏悪的日本観の形成——元代の日本観》(《茨城大学文理学部纪要・人文科学》3号,1953年3月)、《日明交渉の開始と不征国日本の成立——明代の日本観(一)》(《茨城大学文理学部纪要・人文科学》4号,1954年3月)、《日明通交貿易をめぐる日本観——明代の日本観(二)》(《茨城大学文理学部纪要・人文科学》5号,1955年3月)。

② 《鎖国時代における清人の日本研究(上)——翁広平の日本国志について》(《茨城大学文理学部纪要・人文科学》通号16,1965年11月)、《鎖国時代における清人の日本研究——翁広平の日本国志について－下－》(《茨城大学文理学部纪要・人文科学》通号17,1966年12月)、《黄遵憲の日本国志と日本雑事詩——清代の日本研究・第三部－上－》(《茨城大学人文学部・文学科论集》通号7,1974年2月)、《清代の日本研究・第4部——黄遵憲の日本国志と日本雑事詩－中－》(《茨城大学人文学部・文学科论集》通号8,1975年3月)、《清代の日本研究・第5部——黄遵憲の日本国志と日本雑事詩－下－》(《茨城大学人文学部・文学科论集》通号9,1976年3月)。

末赴日游记的研究成果有佐藤三郎《中国人の見た明治日本:東遊日記の研究》(东京:东方书店,2003)一书,分别介绍和研究了12部东游日记。

欧美方面也有一些成果,如R. Tsunota &L. C. Goodrich, *Japan in the Chinese Dynastic Histories, Later Han through Ming Dynasties*, South Pasadina, 1951。此书主要是翻译了从《后汉书》的"倭传"到《明史》"日本传"的内容,并作了一定的注释和说明。Noriko Kamachi(浦地典子), *Reform in China : Huang Tsun - hsien and the Japanese model*(Cambridge, Mass. : Council on East Asian Studies, Harvard University: Distributed by Harvard University Press, 1981)一书,从中国改良与日本模式的角度,对黄遵宪进行了研究。其他一些研究中日关系史的著作,如Marius B. Jansen, *Japan and China: from war to peace, 1894 - 1972*, Chicago : Rand McNally College Pub. Co., 1975; Joshua A. Fogel, *The cultural dimension of Sino - Japanese relations : essays on the nineteenth and twentieth centuries*, Armonk, N. Y. : M. E. Sharpe , 1995; Akira Iriye, *The Chinese and the Japanese: essays in political and cultural interactions*, Princeton, N. J. : Princeton University Press, 1980; Allen S. Whiting, *China eyes Japan*, Berkeley: University of California Press, 1989。这些著作对本书的写作都具有重要的参考价值。

此外尚有许多中国人在海外出版的著作。武安隆、熊达云《中国人の日本研究史》(东京:六兴出版,1989年)是一部全面向日本人介绍中国从先秦到战后研究日本情况的专书,其中对明清研究日本的社会背景和主要代表作品都作了介绍和分析。王勇《中国史のなかの日本像》(东京:农山渔村文化协会,2000年)一书中有关章节分析了明清史籍中所见的日本形象问题。熊达云《近代中国官民の日本視察》(东京:成文堂,1998年)通过对中国官民赴日本视察的历史分析来研究清末中国近代化与日本的关系,其中有专节分析《游历日本图经》与《日本新政考》,书末还附录了视察者资料和著述一览表。王宝平《清代中日學術交流の研究》(东京:汲古书院,2005年)其中分析了黄遵宪、姚文栋、王肇鋐、傅云龙、翁广平等人的日本研究情况,作者大量搜检了中日两国的相关资料,从史源学的角度分析了这些日本研究著作中具体如何参考或照搬了日本的资料。汪婉《清末中国对日教育視察の研究》(东京:汲古书院,1998年)对清末日本研究中和教育相关的著作进行了研究。张伟雄《文人外交官の明治日本:中国初代駐日公使団の異文化体験》(东京:柏书房,1999年)一书主要以何如璋和黄遵宪为中心探讨了初代驻日使团成员对异域文化理解的问题,其中有专章分析黄遵宪的《日本国志》,重点分析了他的经世济民论和学术文化观等问题。

由于笔者目力所及范围有限,对前贤研究成果的梳理难免挂一漏万,就以上学术研究史的回顾来看,在明清时期日本研究的相关问题探讨上已经取得了相当大的进展,为本研究的开展提供了极为重要的参考依据。总体来看,以上研究中有关明代的情况主要集中于倭寇问题,对于明代史籍对日研究的分析也都主要是针对倭寇问题而展开。清代主要集中于黄遵宪研究这一问题上,使之变成了一种综合研究的课题。其他对于清代对日研究的分析主要集中于清末改革和日本的关系,以及中国人睁眼看世界的历程。因此可以看出,明清时期史学中的日本研究尚缺少一种史学发展角度的分析。

结合以上因素考虑,笔者不揣谫陋试从中国史学中域外载记的大视野下出发,探讨中国对日史学研究的发展演变过程,其中的史学特色与史学思想,兼从史学动态与社会发展的互动关系的角度进行把握,从而逐步理清中国史学发展中这一独特潮流的诸多问题。明清时期的日本研究是一项庞大的课题,远非短时间内能够解决。本书只是从日本研究史籍这一角度进行的尝试性探讨,尚有诸多问题值得深入研究,这也是今后应该不断加以努力的方向。

第一章　明清以前史学中的日本研究

明清时期出现了两次日本研究的高潮，产生了大量研究日本的史籍，如此之多的著作并非凭空出现，而是建立在前代研究基础之上的。明清以前的日本研究史籍虽然数量并不可观，但也具有很高的史学价值和学术意义。在展开明清日本研究的分析之前，很有必要对中国古代日本研究的来龙去脉作一系统的梳理。

第一节　古代中日关系的发展

中日两国很早就开始了相互交往的历史，《汉书·地理志》中记载“乐浪海中有倭人，分为百余国，以岁时来献见云。”①这是正史中关于中日关系的最早记录。而中国人开始知道日本的时间还要更早，《山海经》中就有“盖国在巨燕南，倭北。倭属燕”②的描述。从先秦至明清，古代中日两国之间有着长时间的往来和交流。为了更好地认识这段历史，有必要从总体上对其进行分期和总结。

一、中日关系史的分期

中日之间长达两千多年的交往史，其发展并不是一路平坦的，而是分成了几个不同的发展阶段，既有高峰也有低谷，每个时期都具有不同的特点。关于中日关系史的分期问题，学术界多有探讨。以 1871 年《中日修好条规》的签订作为近代中日关系史的开端，基本上是学术界的共识。但是关于古代中日关系史的分期问题则是众说纷纭。因此在本部分讨论中日关系史的问题上，也主要是围绕着古代中日关系史的分期争论而展开。

---

① (汉)班固:《汉书》卷 28《地理志》，北京:中华书局，1962 年，第 1658 页。

② 袁珂校注本:《山海经》卷 12《海内北经》，成都:巴蜀书社，1993 年，第 374 页。

下面所要谈的中日关系史,主要是指古代的中日关系史。

大部分中日关系史或中日文化交流史的著作都是以中国史中的朝代更替来分期,如张声振《中日关系史》第1卷中就以中日两国友好关系的建立及其发展、隋唐、宋元、明代与清代初中期四个阶段来分期。① 王辑五的《中国日本交通史》是以秦以前、两汉、魏、南朝、隋、唐、宋、元、明、清的朝代更替顺序来划分中日交通史。② 田久川《古代中日关系史》则分成古代中日友好交往的开端、魏晋南北朝、隋唐、五代宋元和明清五个时期来论述古代的中日关系史。③ 苏崇民认为中日关系史的分期必须首先考虑国家关系的演变,依据的是中日关系的发展变化,并且要反映中日关系历史上的重大转折,因此他把古代中日关系史分成了先秦时代,汉、三国、南北朝时代,隋唐时代,五代、宋元时代,明代和清代六个时代。④ 汪向荣认为中日关系史的分期应该依据生产力和社会经济的发展,古代中日关系史可以分为秦汉至589年隋朝再统一中国、隋朝或6世纪至9世纪末、9世纪末至14世纪末、15世纪开始至1871年四个阶段。⑤ 其后陈景彦撰文对汪向荣的观点提出质疑,他认为中日关系史的分期依据与生产力发展、社会经济的变化没有直接关系,主要应该依据中日关系的发展变化,因此主张将古代中日关系史分成从后汉到隋朝的统一、隋统一至894年或9世纪末、从894年即9世纪末至明初时期、从明初至1547年或16世纪中期、从1547年或16世纪中期至1871年这五个时期比较合适。⑥

日本学者对于古代中日关系史的分期也有不同的看法。木宫泰彦把日中文化交流史分成汉、六朝篇,隋唐篇,五代、北宋篇,南宋、元篇和明清

---

① 张声振、郭洪茂:《中日关系史》第1卷,北京:社会科学文献出版社,2006年。

② 王辑五:《中国日本交通史》,上海:上海书店,1984年据商务印书馆1937年版复印。

③ 田久川:《古代中日关系史》,大连:大连工学院出版社,1987年。

④ 苏崇民:《关于中日关系史分期的几个问题》,载中国中日关系史研究会编:《日本的中国移民》,北京:生活·读书·新知三联书店,1987年,第19—28页。

⑤ 汪向荣:《中日关系史的分期问题》,载中国中日关系史研究会编:《日本的中国移民》,北京:生活·读书·新知三联书店,1987年,第5—18页。

⑥ 陈景彦:《也谈古代中日关系史的分期问题——与汪向荣先生商榷》,《现代日本经济》1990年第2期。

篇六个阶段。[①] 秋山谦藏认为应该从交聘、版图沿革、归化移住、赠酬、战争、漂流、学术宗教和贸易等方面来研究，他主要依据日本的历史时期把古代中日关系史分为大化改新前后、律令政治国家、平安贵族时代、镰仓武家时代、建武中兴前后、室町时代六个时期。[②] 大庭修则从中国由于政治原因所产生的地域性角度考虑，做出了以下的时代划分：经由朝鲜半岛，同中国接触的时代；以海上路线为主体，同中国接触的时代；再次采用经由朝鲜半岛的路线，窥伺中国的时代。[③]

综合以上中日两国学者的观点，基本可以得出这样的认识：首先，中日关系史既不等同于中国史也不等同于日本史，进行中日关系史的划分必须依据两国关系的发展和变化，而不能仅从一国的角度考虑。其次，各种分期都有不同的标准，目前仍然没有综合考虑各种因素的分期标准，自然也就无法达成学界的共识。再次，经过学者们从不同的角度进行考虑，基本把影响中日关系史的各种因素诸如政治、文化、经济和生产力等问题梳理清楚了。通过前贤的研究，为今后中日关系史的研究以及在此问题之上的探讨都打下了良好的基础。

进行历史研究不仅需要微观方面的考证，也需要宏观层面的把握。中日关系史是一个庞大的课题，有必要在时代划分问题上作出清晰的说明，这种宏观视野下的把握有助于我们开展微观领域的研究。中日关系史的时代划分，毫无疑问要遵循一个最基本的原则，那就是要以中日两国之间关系的演变为基本依据。而中日之间关系的演变基本是以中国方面的王朝更替为主线的。所以以中国史中的王朝更替为标尺来进行中日关系史的时代划分比较可行。因为就古代的东亚世界来讲，主要还是以中国为中心，而中国的王朝更替则成为影响东亚政治变动和关系演变的最重要因素。无论是美国学者费正清所提出的“东亚朝贡体系”还是日本学者西嶋定生提倡的“册封体制论”，都是以中国为东亚的中心来讲的。从中国史的内部来讲，影响最大的因素无疑是政治问题，而王朝更替就是

---

① ［日］木宫泰彦著，胡锡年译：《日中文化交流史》，北京：商务印书馆，1980 年。

② ［日］秋山谦藏：《日支交涉史研究》，东京：岩波书店，1939 年。

③ ［日］大庭修：《日中文化交流史的时代划分与概观——日本学者所见之日中文化交流史》，载王晓秋、大庭修主编：《中日文化交流史大系·历史卷》，杭州：浙江人民出版社，1996 年，第 25—59 页。

最大的政治问题。所以中国的王朝更替可以成为历史分期的较佳标尺。再结合中日关系史的变动来看,不是每次中国王朝的更替都会使它产生很大改变,有些前后衔接比较紧密的朝代在中日关系上的政策变化不大,可以把这些朝代连接在一起放到一个时期来讲,只是从几个变动较大的时间段来分开就可以。

具体来讲,古代中日关系史的分期大致可以分成六个时期。第一个阶段是先秦时期,从《山海经》对倭国方位的记载以及许多考古的发现,都可以说明在此时期中日关系已经开始。第二个阶段是秦汉魏晋南北朝时期,中日关系史的记载在这个阶段开始丰富起来。司马迁的《史记》中记载了秦始皇时期徐福东渡之说,而《后汉书》和《三国志》中都提供了比较确实可靠的关于日本情况的记载。中日之间官方的正式交往,特别是册封和朝贡的关系开始载诸史册。第三个阶段是隋唐时期,也是中日关系大发展的阶段。大批的遣隋使、遣唐使来到中国,而中国也派遣使臣赴日,两国之间的往来关系不断。而经过圣德太子改革的日本,在这一时期受到了中国文化极大的影响,直到如今仍能看到许多当年的印迹。第四个阶段是五代宋元时期,两国基本上没有正式的国交往来,但是在民间贸易和僧侣往来方面则有很大进展。第五个阶段是明朝时期,两国使臣往来不断,特别是围绕倭寇问题中日两国间关系一度紧张,而在朝鲜问题上两国则直接发生战争。第六个阶段是清朝时期,主要指 1871 年以前的清朝前期和中期。由于共同奉行锁国政策,两国间没有官方的正式交往,但是在民间贸易方面仍然交往不断。以上就是对古代中日关系史分期的粗略划分和描述,必须指出的是,这并不是中日关系史的最佳时期划分,这个问题仍然需要今后学术界的努力探索。但是就古代中国人研究日本这个课题而言,这种划分方式应该属于比较可行的方法。

二、中日文化交流史的发展阶段

在对古代中日关系史进行分期断代的基础上,有必要对中日文化交流史的情况进行梳理和分析,这样可以更好地理解中国人研究日本的文化背景。两国之间的政治关系虽然起着统领全局的作用,但是文化交流才是两国交往最具实质性和影响深远的内容。正如周一良所言:“文化交流是世界各族人民历史发展的必然,通过千差万别的偶然性而实现,古往今来各国人民无不从中受益。"①中日两国时至今日仍然受惠于千百年文化交流的遗产,因此有必要对中日文化交流史加以足够的重视。中国人认识和研究日本的过程也应该属于中日文化交流史的一部分,从更广泛的意义上讲,中日两国相互认识和学习的历程也就是两国文化交流的历程。这种认识程度与认识水平的高低直接影响到两国关系的发展,历史上两国统治者所做出的决策无一不是基于当时对彼国的认识程度。可以说"一部中日关系史在某种意义上实际可归结为两种文明相互认识的历史"②。因此下面将结合两国相互认识特别是中国人研究日本的角度,来分析中日文化交流史的发展阶段,其分期依据为上文所述中日关系史的六个时期。

先秦时期的中日文化交流虽然无法找到可靠的文献史料加以证明,但这并不等于说两国之间没有往来。根据地质学家的研究,在距今约2万年前的欧亚大陆基本都被冰雪覆盖,在日本列岛的南北两端有"陆桥"与大陆相连。根据日本考古界对旧石器文化遗址的发掘,从一些遗址中发现的石刀型石器的技法和人的体质特征等方面看,这个时期日本列岛已经与大陆有着密切联系。此后到距今大约1万年前,随着"陆桥"被海水淹没,日本列岛与大陆发生分离。从此以后中日之间变成了一衣带水的地缘国家,但是掌握东中国海的海流和季风的人们,可以一年两季漂流于"一苇可航"的中日之间。木宫泰彦在引述学界关于铜铎问题的争论后指出,"中国文化的影响,远在二千几百年以前,已经由日本海的环流路传到日本的山阴、北陆地区,并逐渐深入传到了内地。"③在《山海经》中提到"倭属燕"的问题,说明先秦时期已经有对于日本方位的一种大体认识。可以说,先秦时期的中日文化交流已经开始,当然还只是大幕刚刚开启而已。

秦汉魏晋南北朝时期是中日文化交流史中比较重要的一个阶段。这个时期的中日关系史已经有了比较可靠的文字史料。随着秦始皇的统一中国,已经开始有中国人移居日本。《史记》中记载了徐福的传说,今天的学术界已经基本肯定了徐福其人其事,但对于其是否到达日本还存有

---

① 周一良:《中日文化关系史论》,南昌:江西人民出版社,1990年,第16页。

② 石晓军:《中日两国相互认识的变迁》,台北:台湾商务印书馆,1992年,第4页。

③ [日]木宫泰彦著,胡锡年译:《日中文化交流史》,第4页。

争议。[①] 虽然历史传说故事不能算作历史事实,但是人们的传说过程也反映了一定的历史。今天连云港的徐福村,日本和歌山县的徐福墓、徐福祠以及佐贺县的徐福神社,都说明民间对于历史上中国移民到达日本的一种认同。此后关于中日交流的记载不断增多,《汉书》中记有"乐浪海中有倭人,分为百余国,以岁时来献见云"[②]。《后汉书》中记载了光武帝"赐以印绶"的事情,而一千七百多年后在日本志贺岛发现的"汉委奴国王"金印则印证了中国史书记载的真实性。《三国志·魏书·倭人传》[③]是正史中第一篇记述日本列岛的传记,对后世影响极大。此传中详细记载了魏与倭女王国的交往记录,堪称最早的中日关系史。《宋书》中也有关于日本倭五王与南朝刘宋的使节交往的记载。在这一个时期,通过移民、朝贡贸易以及使节往来等方式,中国的生产技术和文字典籍等都传到了日本,而日本的许多工艺品也传到了中国。

隋唐时期是古代中日文化交流的大发展时期。隋朝完成统一后,开始积极谋求与周边建立朝贡关系,此时的倭国也适时派出了遣隋使。在《隋书·倭国传》和《日本书纪》中记载了遣隋使的事情,而其中关于"国书事件"的争论也还没有休止。不管是"日出处天子致书日没处天子,无恙"还是"东天皇敬白西皇帝",都说明隋日之间已经开始在外交关系上有了频繁的接触。继之而起的唐朝虽然和日本在白江之口有过一战,但很快日本就认识到了唐朝的先进,转而派遣大批遣唐使前来学习。在前后十几次遣唐使的往来过程中,传递的是中日之间友好交流的讯息。其

---

① 关于徐福问题的研究是中日关系史中的热点问题,学术界的探讨很多。汪向荣在《徐福、日本的中国移民》(中国中日关系史研究会编:《日本的中国移民》,第29—66页)一文中,详细考察了徐福传说的演变过程。在《史记》等许多史籍中都记载了徐福的传说,但是明确将其与日本联系到一起则是五代时后周缁徒义楚所撰的《六帖》。在日本方面,在8世纪即《古事记》《日本书纪》成书以前,日本列岛上还没有徐福传说的流传,首次记入徐福传说的日本书籍是1339年北畠亲房撰著的《神皇正统记》。文章结论认为徐福其人其事不容有所怀疑,而对其一行是否到了日本还需谨慎。但是这种传说反映了中国移民对日本文化和生产力发展的事实。此后学界从此角度研究徐福问题的还有:王妙发《徐福东渡日本研究中的史实、传说与假说》(《中国文化》1995年第1期)及鞠桂燕硕士论文《中日徐福传说比较研究》(山东大学,2008年)等。但迄今为止对于徐福的研究并没有取得更多突破性的进展。

② (汉)班固:《汉书》卷28《地理志》,第1658页。

③ 按:学术界一般简称为《魏志·倭人传》,本书以下均采用简称。

中的阿倍仲麻吕、空海、吉备真备等人则成为了被千古传唱的人物。近年在西安发现了遣唐使井真成的墓志铭，其中就反映了他们对中日文化交流所做出的巨大贡献。墓志铭中感叹“形既埋于异土，魂庶归于故乡”，如今终于在千百年后得以实现，堪为中日文化交流史上的一段佳话。除了遣唐使来唐之外，还有如鉴真这样的赴日者。其六次东渡艰辛赴日传播文化的精神，成为了中日文化交流的一面旗帜。在这种双方往来的过程中，日本全面学习了隋唐文化。中国的雕版印刷术、陶瓷制造术、水车等技术都使日本在生产技术方面有了极大的提高。日本在圣德太子改革中所推行的政治、法律等制度，很大程度上也是受中国方面的影响。在宗教、艺术、建筑等其他方面，隋唐文化也深深影响了日本。可以说隋唐时期是中日文化的全面交流时期。

五代宋元时期的中日文化交流与前代相比有很大不同，主要是从官方走向了民间。随着遣唐使的废止，中日之间的官方正式往来几乎处于停滞状态。这个时期中日交流的主要传播者是商人和僧侣。宋代的海上丝绸之路十分发达，中国的丝织品、陶瓷器等大量输出到日本，而日本的刀、扇等工艺品也大量流入中国。《宋史·日本传》中记载了宋太宗召见奝然的情况，他所献上的《职员令》《王年代纪》使宋人对于日本的政治和历史的认识有了很大进步。其他还有许多来华的日僧，如寂照、成寻、重源、荣西、圆尔辨圆等，他们来宋不仅学习佛法，而且还把中国文化带回了日本。当然也有赴日的宋朝禅僧，如兰溪道隆就曾到日本京都泉涌寺传播大陆禅法。元代在忽必烈时期曾经两度征日，即被日本人称作“蒙古袭来”的文永、弘安之役。元朝两次征日失败后没有与日本建立正式关系，但是对于日本的民间商船贸易采取了宽容政策。通过庆元市舶司，日本的刀剑、扇子、硫黄等大量输入中国，而中国的书籍、铜钱、陶瓷等也源源不断地流入日本。同宋代一样，元日之间依然僧侣往来不断。著名者如普陀山高僧一山一宁，他留日十余年，对日本的书法、绘画等文化的发展产生了不小影响。

明代是中日之间关系比较紧密而又复杂的一个时期。倭寇问题是影响明日关系的重要因素。从元朝末年开始就有倭寇骚扰东南沿海地区，朱元璋建立政权后便遣使宣谕日本，积极谋求解决倭寇问题。借助赵秩等人的出色外交才能，明朝政府使日本怀良亲王开始奉表称臣、献马纳贡，初步构建起明日间的朝贡体系。但由于随后“胡惟庸事件”的发生，明朝转而实行海禁。直到明成祖时期才又重新与日本室町幕府的足利义满开始朝贡贸易。但是倭寇问题并没有得到根治,直到嘉靖二年(1523)发生了"宁波争贡事件"。此后倭寇问题愈演愈烈,直接导致嘉万时期的大倭乱年代。所以《明史》中描述道:"终明之世,通倭之禁甚严,闾巷小民,至指倭相詈骂,甚以噤其小儿女云。"①就可以知道倭寇问题在明朝的严重程度。万历时期,日本丰臣秀吉先后发动两次侵朝战争(日方称文禄、庆长之役)。明朝因此进行了两次抗倭援朝战争,中日两国走上了兵戎相见的道路,直到1598年丰臣秀吉死去才宣告结束。在倭寇与战争问题的背后,明日之间仍然进行了频繁的朝贡贸易和商业往来。同时在倭寇问题的刺激下,明代人掀起了研究日本的热潮。这一时期《日本考略》《日本一鉴》《筹海图编》《日本风土记》等专门研究日本的著作纷纷出现,也使中国人对于日本的地理、社会、语言、文化等方面的认识大大提高。明日之间的僧侣往来交流比以前更加频繁,据石原道博统计,从洪武朝至嘉靖朝有案可查的入明日本僧人就达120人之多,而明末赴日的中国僧人也高达45名。② 这些僧侣对于中日文化交流特别是佛教发展起了很大作用。此外还有很多明末遗民移居日本,他们对于中国文化在日本的传播和促进中日文化交流做出了很大贡献。比如朱舜水就促进了朱子学在日本的昌盛以及水户学派的形成。

清朝的前、中期是中日之间显得较为闭塞的一个阶段。清朝政权建立之后,为了防止盘踞台湾的郑成功集团对大陆构成威胁,便对东南沿海地区实行海禁政策。此时日本处于德川幕府执政时期,他们认为清朝取代明朝无疑是"华夷变态",因此没有与清朝建立正式官方关系。中日双方都处于相互锁国的状态,彼此的经济、文化交流只有很小的规模。长崎是这个时期中日交流的唯一窗口,因为江户时期的日本只留此一港通商。日本通过来往长崎的中国船只了解中国的情况,他们把收集到的情报称作"唐船风说书"。中国这个时期也出现了《袖海编》《长崎纪闻》《海国闻见录》等反映长崎贸易情景的书籍。而在中日锁国的状态下,仍然有大量的中国书籍传入日本,其中包括法律文书、佛教典籍、地方志书、大型丛

---

① (清)张廷玉等:《明史》卷322《日本》,北京:中华书局,1974年,第8358页。

② 参见[日]石原道博:《明代日本観の一側面》,载茨城大学人文学部编:《茨城大学人文学部纪要·文学科论集》第1号,1968年1月,第1—40页。

书等等。[①] 这些书籍传入日本之后，对日本儒学、文学、工艺美术等都产生了极大的影响，极大地促进了江户时代的中日文化交流。清朝的乾嘉学术也在这一时期东传，促使日本考证学派的形成，对于中日学术交流无疑是一大贡献。

以上是对古代中日文化交流六个时期的简单描述，可以发现在两千多年的交流史上，中日之间接触不断，不论是在深度上还是在广度上都一步步地向前推进。从总体上看，在古代主要是日本向中国学习，也就是中国文化传播到日本的过程。在这个过程中，主要是日本认识和学习中国，而作为被了解对象的中国也积极谋求对日本的认识。通过两国的人员往来，不仅促进了中日之间的文化交流，也使中日之间不断增进了认识和了解。而这种相互的了解和认识，又反过来加速了两国文化交流的进程。

第二节　正史中的日本研究

一、中国史学域外探求的传统

从地理位置来看，中国背靠欧亚大陆，面朝太平洋，基本形成了一个较为稳定的封闭区域。华夏民族长期在这片土地上劳作与生活，西北有长城与群山以阻挡蛮族，东南有海洋与外界阻隔，就这样传承着中华文明。所以在这样优越的环境里，养成了中国人安土重迁的习惯。而中国传统上视域外为蛮夷的思想也影响了向外探求的精神。虽然没有形成大规模域外探险的潮流，但是中国也不乏勇于冲出国门的个体。比如在西汉就有张骞凿通西域的创举，更有明代郑和七次下西洋的壮举。

中国人认识世界的历程充满了坎坷与艰辛。但是作为文化上层建筑的史学却一直关注域外的情况。作为中国古代史学重头戏的“二十四史”中几乎都辟有专门记叙域外部分的内容。[②] 中国史学之父司马迁在

---

① 参见[日]大庭修著，戚印平、王勇、王宝平译：《江户时代中国典籍流播日本之研究》，杭州：杭州大学出版社，1998年。

② 业师乔治忠先生是国内较早关注正史中域外载记问题的学者，其在《环球凉热——中国人认识世界的历程》（郑州：河南人民出版社，1998年）一书中，曾经专辟一章“天外之区的审求——中国‘正史’中的外国视野”来论述这个问题，对笔者启发极大。

《史记》中最早开创记载域外的传统，其中《匈奴列传》《朝鲜列传》《西南夷列传》《大宛列传》等专门记述了周边政权的情况。司马迁既有对当地风土的介绍，也有对其政权演变的记载，当然更多的还是他们与中原王朝交往情况的记录。在《大宛列传》中，司马迁还着重记载了张骞出使西域的情况，通过详细记录张骞向汉武帝的报告，对当时西域的地理、风土、社会以及政权之间的关系有了较为明确的认识。这种对域外之区的详细描述，对司马迁以后的史家产生了不小的影响，也为中国的纪传体史书开辟域外传记树立了典范。

继《史记》之后的历代正史中，都延续了这种记载域外的传统。班固的《汉书》中设立了《西域传》，在两卷的篇幅里分别记叙了五十一个西域小国的情况。在认识的广度和程度上都大大超过了司马迁的时代。班固在变通史为断代史的同时，也把探求域外的传统进一步发扬光大。《后汉书》中又增加了对西羌、乌桓和鲜卑的记载，特别是《西域传》中记载了大秦的情况，这是关于中国与欧洲直接往来的最早记录。这也说明那时中国史家的目光已经开始关注欧罗巴的情况。《三国志·魏书》中的《倭人传》是关于日本的最早的专篇记载，它也成为探研日本历史的最基本史料依据。

南北朝时期中国长期处于南北对峙分裂的状态，此时产生了三部正史《宋书》《南齐书》和《魏书》。由于此时南北分裂的特殊政治局面，所以在《宋书》和《南齐书》中记北朝史事为《索虏传》和《魏虏传》，而在《魏书》中则记南朝史事为《岛夷传》。但这只是当时政权对立形势在史学中的反映，并不是对于域外的认识。这三部正史中也都有关于域外记载的篇章。《宋书》中的《夷蛮传》描述了南朝所知的数十个域外小国的情况。《南齐书》虽然部头不大，但是也有专门记载域外史事的蛮夷传。与南朝两部正史不同的是，《魏书》对于域外的记载主要侧重于和北部中国相接壤的地区，特别是关于西域的认识，又把《汉书》和《后汉书》以来的史事记载向前推进了一步。

隋唐时期实现了中国历史上的大统一，唐朝成为世界性的大帝国，而在史学上纂修的八部正史更是影响深远。作为统一王朝的唐代，在对南北朝的认识上自然与以前不同，基本采用对等政权的眼光来看待。在由《梁书》《陈书》《北齐书》《周书》和《隋书》组成的“五代史”中已经不见了“索虏”和“岛夷”这样的称呼。在对域外的记载上，已经打破了南北的地域限隔。如《梁书》就记载了“海南诸国”“东夷”和“西北诸戎”这样四方域外的情况,《周书》的《异域传》也把视野放大到了东西南北四面的地区。在这种对异域认识的基础上,并且结合隋朝统一的形势,所以《隋书》就总括为《东夷》《南蛮》《西域》《北狄》四篇传记。在随后由唐太宗主持下纂修的《晋书》中,基本沿用《隋书》的思路,把域外传记分成四个方向来书写。这也反映了唐朝以自身为天下中心的思想,其所言“殊风异俗,所未能详。故采其可知者,为之传云”①,就是对域外探求之史学书写的极好写照。其后由李延寿完成的《南史》《北史》,基本是站在唐朝统一的立场上看待南北朝,所以为南北八朝各立本纪。而在域外载记的内容上基本都是来源于八部皇朝史,分为南北两部分叙述。其中共同记载的如“百济”“新罗”“倭国”等传记,都于《南史》中说明“事详《北史》”而省略先朝故事,只记和南朝相关的史事。由五代时后晋所纂修的反映唐朝历史的《旧唐书》,主要依据唐朝的国史、实录修成,具有较高的史料价值。其在域外载记的分类上完全和《隋书》一样,分成四个部分,这也基本反映了唐代对周边的认识和态度。只是关于日本的记载上分为了《倭国》和《日本》两篇传记,反映了日本国号变更的情况,和前史相比是对于日本认识的一种进步。

宋朝国力较弱,疆域不广,但是和外部的交流有所扩大,对于域外的认识也有进步。在《旧五代史》中设立了《外国列传》,把契丹、吐蕃、回鹘等少数民族政权放在其中加以记载,这也是宋朝和其他少数民族政权对峙的现实在历史书写中的反映。其后由欧阳修改纂而成的《新五代史》,主要追求“春秋笔法”和文字简洁。关于域外的部分集中在《四夷附录》三卷,这也是其对夷狄“得之未必有利,失之有足为患”②这种认识在史学书写上的反映。虽然其书篇帙求短、文字尚简,但是仍然需要保留域外载记的部分。在完成此书后,欧阳修又主持编纂了《新唐书》。《新唐书》仍然体现了欧阳修的撰述精神,但是在域外记载上改变了《旧唐书》的格局,不仅称呼上有了变化,如改“西戎”为“西域”,还扩展了域外记载的范围,如在《东夷传》中增加了对“流鬼”的记载。

蒙古入主中原以后,建立了疆域空前广大的统一帝国。但是由于正

---

① (唐)房玄龄等:《晋书》卷97《四夷传》,北京:中华书局,1974年,2531页。

② (宋)欧阳修:《新五代史》卷72《四夷附录》,北京:中华书局,1974年,第885页。

统的问题，辽、金、宋三朝历史的纂修一直没有解决。直到元末的顺帝时期，才在脱脱“各与正统”的思想指导下相继完成三朝正史。三史中以《宋史》的部帙为最大，主要原因在于宋朝官方史学极为发达，留下了大量的国史、实录等修史资料。在《宋史》中已经把域外分成了《外国》和《蛮夷》两种传记，这种分类书写的方法和称呼的改变，也反映了《宋史》在域外探求认识上的一种进步。在《辽史》中只有《二国外记》一卷记录域外的情况，分别记录了和辽朝关系紧密的高丽和西夏的史事。而《金史》同《辽史》的书法义例一样，也只撰写了西夏和高丽两篇《外国传》。这一方面是由于辽金两朝留存的国史资料有限，另一方面在于辽金两朝与西夏、高丽的关系最近，又有朝贡关系往来，所以在《金史》中对于两国与辽朝交往的事情都会以“事具《辽史》”来作说明。

明朝建立后，在极短的时间之内修完了《元史》。前后两次修撰的时间总共只有十一个月，成书太速也难逃粗疏之嫌，一直在“二十四史”中备受诟病，但也正因如此使其在史料保存上的价值较高。《元史》中关于域外记载的内容不多，主要是与元朝关系紧密的东南相邻几个国家。一方面是元代国史资料较少，另一方面元代的疆域空前广大，整个漠北都是蒙古所属之地，西部是四大汗国，所以对其来讲并不算域外之地。在《外夷传》中保留了许多关于元朝对外征战的史料，如其南征安南、东征日本的详细经过。与明修《元史》不同，清朝纂修《明史》耗时极长，前后用了近百年的时间。其取材主要来源于明朝的官方文献，所以《明史》中的《外国传》基本反映了明朝人认识世界的广度。其中有关于葡萄牙、意大利等欧洲国家的记载，这在以前的正史中是不多见的。

以上就是历代正史中关于域外载记的基本内容，可以看出几乎历代史家都重视对外部世界史事的了解和留存，这也是基于中国与外部交往关系和探求世界的客观事实。毫无疑问这些正史中的域外专篇传记，“显示了中国早就具有放眼世界的传统精神。”[①]除了正史之外，中国史学中还有许多探求域外的杰作。其中不仅包括游历外地的纪闻之作，也包括专门针对外国史事的著述。明清史学中的日本研究潮流就是中国古代史学中域外探求传统的体现。

最早以记录域外情形而闻名的应推唐僧玄奘的《大唐西域记》。玄

① 乔治忠：《环球凉热——中国人认识世界的历程》，第29页。

奘奉命赴印度取经，回国后却在唐太宗的要求下，在译经之前先行完成了对所经西域地区情况的记录。这主要是因为唐太宗正欲消灭突厥割据势力，所以要先了解地理形势。《大唐西域记》中记录了玄奘赴印度取经所历和得自传闻的一百二十余国和地区的情况，是一部关于西域历史地理的详细记录。书中凡所经历之处，对其疆域、都城、地理、风俗、语言、宗教等问题都事无巨细地记载，这也为以后研究印度古代和中世历史保存了大量宝贵的资料。能够完成这样的著作，主要是建立在积极探求域外传统之上的。唐代记载域外的著作还有不少，如杜环的《经行记》就记载了中亚各国的情况。此书虽已亡佚，但杜佑的《通典・边防九》中对其多处引用，使我们仍能略窥一斑。《经行记》也成为中国人了解和认识伊斯兰教的最早之作，"在中国历史上留下了珍贵的一页"①。

宋代的海外交通比较发达，特别是南宋的"海上丝绸之路"使中国与外部世界有了更多的接触。在此中西交通繁荣的情形下，曾经担任福建路市舶提举的赵汝适完成了《诸蕃志》一书。通过他对来往泉州的海外蕃客进行细致采访，记录了中亚和西亚等五十八个国家的风土人情与物产资源。此书对后世史家也产生了不小的影响，其中一些资料被《宋史・外国列传》所引用。其编纂体例也被竞相模仿，如明代马欢的《瀛涯胜览》和张燮的《东西洋考》就采用了同样的撰写方式。

这种域外史地探求的传统在元代史学中有了进一步的发挥。主要表现就是大量域外史地著作的涌现，如《真腊风土记》《岛夷志略》《安南行记》《西游录》《长春真人西游记》《西使记》等等。如此众多的著述表现出了元代史家对于考信域外史地的自觉追求，有学者将其概括为两点：一是元代游记和志书特别注意向人们介绍域外的地理知识，同时也注意以自己的亲历补充或订正以往记载的一些缺误；二是元代游记和志书还特别注意从社会制度、文化风俗、经济活动、风土物产等各个方面，向人们介绍外域史事，用以开阔国人的眼界，了解域外社会历史发展的状况。② 不仅如此，元代史学在域外探求的方式上也有创举，许多著作都是作者以使臣身份亲赴实地考察得来，而非道听途说的猎奇之作。如《真腊风土记》就是周达观借奉元成宗之命诏谕真腊的机会，根据自己在真腊一年的实

① 丁克家：《〈经行记〉考论》，《回族研究》1991年第1期，第51页。

② 周少川：《元代史学的世界性意识》，《史学集刊》2000年第3期，第18—23页。

地调查而完成。此书对于吴哥文化的记载极为珍贵,连柬埔寨本国的文献都难以媲美。再如汪大渊的《岛夷志略》,曾得到清朝四库馆臣的高度评价。其文曰:

> 然诸史外国列传,秉笔之人,皆未尝身历其地。即赵汝适《诸蕃志》之类,亦多得于市舶之口传。大渊此书则皆亲历而手记之,究非空谈无征者比。故所记罗卫、罗䙌、针路诸国,大半为史所不载。又于诸国山川、险要、方域、疆里,一一记述。即载于史者,亦不及所言之详,录之亦足资考证也。①

以往对外国情形的描述多非亲见亲闻,而汪大渊通过亲自调查获得大量一手资料,多为前史所不载。通过这种与前史的比较,四库馆臣们高度评价了汪大渊这种实地考察域外史地的探求精神。

明清时期这种域外史地探求的传统得到更加深刻的体现。明代最重要的海外探寻壮举无疑要数郑和的七次下西洋,随行的马欢、费信和巩珍分别撰成了《瀛涯胜览》《星槎胜览》和《西洋番国志》三书。书中记录了西洋诸国的社会、经济和文化各方面的情况,大大开阔了明朝人的海外视野。清末在民族危机的冲击下,对于边疆和外国史地的研究形成热潮。林则徐的《四洲志》、魏源的《海国图志》、王韬的《普法战纪》《法国志略》等等,都是对域外史地研究的代表之作。明清史学中的日本研究既受中国古代史学探求域外传统的影响,也是明清时期对这种传统继承和发扬的体现。明清时期连续出现了两次研究日本的高潮,产生了一大批日本研究专著,对于推进中国人对日本的认知有很大作用,也是这种域外探求传统的极好体现。

二、历代正史中的日本传记

中国史学中关于域外的载记十分丰富,而正史中的日本传记则独具特色。作为中国的重要邻邦之一,历代正史中十分关注对日本情况的记

① 《钦定四库全书总目》(整理本)卷71《史部二十七 · 地理类四》,北京:中华书局,1997年,第977页。

载。关于正史中的日本传记的情况,已有不少学者进行过总结。[1] 本书在吸收前人研究的基础上,略陈己见。

正史的概念最早出现在《隋书·经籍志》中,主要用来指称纪传体史书。刘知几在《史通·古今正史》中把《尚书》《春秋》及以后的纪传、编年二体史书均称为正史。《明史·艺文志》中把纪传和编年二体并称为正史。清朝乾隆年间编纂《四库全书总目》时,以纪传体为正史,并诏定《史记》至《明史》的二十四种纪传体史书为正史,自此正史遂为二十四史之名称。[2] 正史的概念和范围经历了一个演变的过程,但是经清朝乾隆帝御定,古代正史的统一认识随之定型。因此本书在分析正史中的日本传问题时,采用把正史看作是二十四史总称的传统认识。除了二十四史之外,近代还有两部史书被人称为正史。1921 年北洋政府大总统徐世昌下令,将其好友柯劭忞所纂之《新元史》列为正史。1935 年开明书店印行了《二十五史》,1936 年又出版了《二十五史补编》,于是就有了二十五史的说法。1938 年左右东北联合书店又印行《清史稿》,并把它附于二十五史之后而成二十六史。但是《清史稿》一直未被官方定为正史。《新元史》和《清史稿》都是民国以后所纂修,从时间断限上讲属于本书探讨的明清史学之后的产物。因此从本书的研究角度出发,分析历代正史中的日本传,并不能把《新元史》和《清史稿》归入其中。从这个角度而言,中国历代正史中应该有十四部十五篇研究日本的专传。

在对正史中的日本传记展开分析之前,有必要进行列表总结。学界中先后有石原道博、汪向荣、武安隆等人对此问题列出表格,但是意见并

---

① 对正史中日本传记进行统计的有:[日]石原道博在《魏志倭人传·后汉书倭传·宋书倭国传·隋书倭国传》(东京:岩波书店,1951 年)和《旧唐书倭国日本传·宋史日本传·元史日本传》(东京:岩波书店,1956 年)两部译注中国正史日本传的书中的《解说》篇中,专列《中国正史倭·日本传一览》表,排列了十七部正史(包括王鸿绪《明史稿》);汪向荣《中日关系史文献论考》(长沙:岳麓书社,1985 年)中认为有十六种十七篇专传,并按正史所记朝代先后顺序列《中国正史中有关日本记载一览表》;武安隆、熊达云《中国人の日本研究史》(东京:六兴出版,1989 年)中按照成书年代顺序列《中国正史日本传一览表》;李玉、汤重南、林振江主编《中国的日本史研究》中转引了武、熊书中的一览表,但却遗漏了《元史》一栏。以上这些统计中,均把《新元史》与《清史稿》算进正史之中,并且一般均称为官修史书。

② 参见吴泽、杨翼骧主编:《中国历史大辞典·史学史卷》"正史"条,上海:上海辞书出版社,1983 年,第 88 页。

非完全一致。在充分吸收和借鉴前人研究的基础上，本书试列《历代正史日本传记统计表》。本表以史学的发展为主轴，以正史成书年代先后为顺序，主要分列传名、称谓等几个子项目，来呈现历代正史日本研究的总体趋向，以期有助于后文研究的展开。

历代正史日本传记统计表

<table>
<tr><th>正史名称</th><th>成书时间</th><th>编撰者</th><th>卷次</th><th>传名</th><th>称谓</th><th>备注</th></tr>
<tr><td>三国志</td><td>晋太康十年(289)</td><td>陈寿</td><td>三十</td><td>东夷传</td><td>倭人</td><td></td></tr>
<tr><td>后汉书</td><td>宋元嘉二十二年(445)</td><td>范晔</td><td>八十五</td><td>东夷传</td><td>倭</td><td></td></tr>
<tr><td>宋书</td><td>齐永明六年(488)</td><td>沈约</td><td>九十七</td><td>夷蛮传</td><td>倭国</td><td></td></tr>
<tr><td>南齐书</td><td>梁天监十三年(514)</td><td>萧子显</td><td>五十八</td><td>东南夷传</td><td>倭国</td><td></td></tr>
<tr><td>梁书</td><td>唐贞观九年(635)</td><td>姚思廉等</td><td>五十四</td><td>东夷传</td><td>倭</td><td></td></tr>
<tr><td>隋书</td><td>唐贞观十年(636)</td><td>魏徵等</td><td>八十一</td><td>东夷传</td><td>倭国</td><td></td></tr>
<tr><td>晋书</td><td>唐贞观二十年(646)</td><td>房玄龄等</td><td>九十七</td><td>四夷列传</td><td>倭人</td><td></td></tr>
<tr><td>南史</td><td>唐显庆四年(659)</td><td>李延寿</td><td>七十九</td><td>夷貊传</td><td>倭国</td><td></td></tr>
<tr><td>北史</td><td>唐显庆四年(659)</td><td>李延寿</td><td>九十四</td><td>四夷传</td><td>倭</td><td></td></tr>
<tr><td rowspan="2">旧唐书</td><td rowspan="2">后晋开运二年(945)</td><td rowspan="2">刘昫等</td><td rowspan="2">一百九十九上</td><td rowspan="2">东夷传</td><td>倭国</td><td rowspan="2">两传并列</td></tr>
<tr><td>日本国</td></tr>
<tr><td>新唐书</td><td>宋嘉祐六年(1061)</td><td>欧阳修等</td><td>二百二十</td><td>东夷传</td><td>日本</td><td></td></tr>
<tr><td>宋史</td><td>元至正五年(1345)</td><td>脱脱等</td><td>四百九十一</td><td>外国传</td><td>日本国</td><td></td></tr>
<tr><td>元史</td><td>明洪武五年(1372)</td><td>宋濂等</td><td>二百八</td><td>外夷传</td><td>日本</td><td></td></tr>
<tr><td>明史</td><td>清乾隆四年(1739)</td><td>张廷玉等</td><td>三百二十二</td><td>外国传</td><td>日本</td><td></td></tr>
</table>

在对历代正史中的日本传记进行列表归纳以后，试就以下几个问题展开讨论①。

1. 关于日本的称谓问题

由上表可以发现，在《旧唐书》中有两篇传记，分别以“倭国”和“日本国”命名。在此之前主要以“倭”或“倭人”为名。这说明在五代后晋纂修《旧唐书》时已经认识到日本改名的问题，当然他们所依据的是唐朝官方

① 关于历代正史中日本传的问题，汪向荣《中国正史中的日本传》(载《中日关系史文献论考》，第1—65页)一文对此有深入的研究和讨论。本书的写作即在吸收和借鉴其研究的基础上，试图结合史学发展的角度来重新认识。

留存的资料。中国史学中对域外记载有“名从主人”的传统，即在史著中的称谓一般根据对象国的称谓而来。从《旧唐书》的记载来看，《倭国传》记事最晚截至贞观二十二年(648)新罗奉表一事，《日本国传》记事最早从长安三年(703)朝臣真人来贡方物开始。因此在后晋刘昫领衔的史家们看来，日本国改名应该就在这段时间之间。那么日本国名到底是何时更改的呢？汪向荣根据日本史籍的记载，认为在《古事记》中自称“倭”，而在《日本书纪》中自称“日本”，所以日本国名的改变当在两书分别上呈朝廷的712年至720年之间。① 覃启勋认为是咸亨元年(670)开始启用“日本”这一国名的。② 沈仁安认为《新唐书》中将倭人更改国号事，记在咸亨元年(670)倭国“遣使贺平高丽”之后，是可信的。并据此推测，日本是出于白村江之战后改善受损形象，恢复中国王朝信任这样的外交动机，才更改国号的。③ 日本学者对于其国号问题也有很多争议，岩桥小弥太在《日本の国号》一书中结合中日韩三国史籍考察了日本国号起源的问题，并且回顾了近代日本学者木村正辞、星野恒、川住铿三郎、内田银藏、喜田贞吉、桥本增吉、岩井大慧等人在日本国号问题上的论争。最后岩桥根据《日本书纪》齐明天皇五年(659)的“伊吉连博德书”中有“日本国天皇”的记载，认为日本更改国号应该在齐明朝。④ 大和岩雄认为“壬申之乱”使小国日本合并了倭国，并将国名改为日本。天武十三年(684)将更改“日本国名”的消息通报唐朝，因此“日本”国名的启用期是在684年之前的天武朝时期。⑤

综合以上研究可以看出，目前关于日本更改国名一事尚未达成共识。笔者认为，日本由“倭国”改名“日本”是经历一个过程的。最早出现日本国名应该是在大化革新时期，圣德太子改革是日本历史上划时代的一次变革。随着中国文明不断传入日本，他们已经开始注意国家形象问题，如在隋炀帝大业三年(607)日本来华的国书中就写到“日出处天子致书日

---

① 汪向荣：《中日关系史文献论考》，第11—12页。

② 覃启勋：《日本国名研究》，《武汉大学学报》1999年第2期，第85—89页。

③ 沈仁安：《日本起源考》，北京：昆仑出版社，2004年，第314—318页。

④ [日]岩桥小弥太：《日本の国号》，东京：吉川弘文馆，1970年，第131—186页。

⑤ [日]大和岩雄：《“日本”国名与天武天皇》，《国外社会科学》2004年第4期，第107—109页。

没处天子无恙”[①]。日本史籍中还记载了在此之后，即推古天皇十六年(607)九月小野妹子跟随裴世清再次来隋时递呈的国书，其中称“东天皇敬白西皇帝”[②]。从“日出处天子”到“东天皇”都说明日本在吸收中国文化的基础上，开始逐渐改造自身，并且要从名号上提升最高统治者的威望。这种对自身的称谓到对己国名号的认识都反映了当时观念的改变。在大化元年(645)日本就在对高丽、百济的诏书中使用了“日本”这样的自称。当然日本国号出现之后也需要得到周边邻国的承认。神龟五年(728)渤海国来聘的表文中称：“伏惟大王，天朝受命，日本开基，奕叶重光。”[③]这是在日本史籍中记载的最早由外国称呼日本的事例。那么在中国何时开始正式承认日本国号呢？现存最早的文物资料应该是在2004年发现的“井真成墓志铭”。铭文开头即称：“公姓井，字真成，国号日本。”[④]这是日本这一国号在中国最古的用例，也是最可靠的证据。因为墓志铭中所记井真成死于开元二十二年(734)，所以中国承认日本这一国号不会晚于这一年。此后唐代使用日本国号的例子逐渐增多，如我们熟知的李白《哭晁卿衡》一诗中“日本晁卿辞帝都，征帆一片绕蓬壶”，就使用了日本国号。阿倍仲麻吕是在天宝十二年(753)离开唐朝遭遇风难的，这就说明日本这一国号在8世纪中期已经在中国得到普遍承认。

自两《唐书》以后，历代正史中均使用日本国号，倭国称号已经不见。这说明《旧唐书》中列“倭国”和“日本”两篇专传是符合历史事实的，也是正史对于日本研究一种实事求是态度的体现。但是对于日本改名以及中国承认的确切时间，《旧唐书》采取了一种存疑的态度。其文曰：

> 日本国者，倭国之别种也。以其国在日边，故以日本为名。或曰：倭国自恶其名不雅，改为日本。或云：日本旧小国，并倭国之地。

---

① (唐)魏徵等：《隋书》卷81《倭国传》，北京：中华书局，1973年，第1827页。

② ［日］舍人亲王奉敕撰：《日本书纪》，收入黑板胜美、国史大系编修会编：《新订增补国史大系》卷22《后篇》“(推古天皇)十六年九月辛巳”条，东京：吉川弘文馆，1988年，第151页。

③ ［日］菅原真道奉敕撰：《续日本纪》，收入黑板胜美、国史大系编修会编：《新订增补国史大系》卷10《前篇》“(圣武天皇)神龟五年春正月甲寅”条，东京：吉川弘文馆，1988年，第111页。

④ 此“赠尚衣奉御井府君墓志”现保存于西北大学博物馆。墓志铭考释可参见贾麦明：《新发现的唐日本人井真成墓志及初步研究》，《西北大学学报》2004年第6期，第12—14页。

其人入朝者，多自矜大，不以实对，故中国疑焉。又云：其国界东西南北各数千里，西界、南界咸至大海，东界、北界有大山为限，山外即毛人之国。①

这段话清楚地表明，编修《旧唐书》的史官们并没有发现日本改名的确切史料。或许在唐朝的国史、实录中并没有这个东邻小邦改名的确切记载。但是其后对两种日本之名来源观点的叙述，则说明在唐朝已经十分关注对于异域情况的记载。但是因为他们“不以实对”，所以唐朝官方并没有得到切实的情报。不仅对于日本，对于其他的周边邻国，唐朝官方也一直给予积极的关注。《唐六典》中就记载到：“职方郎中、员外郎掌天下之地图及城隍、镇戍、烽候之数，辨其邦国、都鄙之远迩及四夷之归化者。凡地图委州府三年一造，与板籍偕上省。其外夷每有番官到京，委鸿胪讯其人本国山川、风土，为图以奏焉，副上于省。”②不仅有专职官员负责询问和记录外邦的情况，对于征服之地也要记录当地的史事。如《唐会要》中云：“西域既平，遣使分往康国及吐火罗国，访其风俗物产及古今废置，画图以进。因令史官撰《西域图志》六十卷。”③正是在这样的制度之下，唐朝才会敏锐地把握住日本改名这一讯息。其对于使者之言不轻信的态度，也影响了编修《旧唐书》的史家们，所以才会留下这种疑者存疑的史笔。等到欧阳修等人编纂《新唐书》的时候，在“文省于旧”的口号下，他们把《旧唐书》中的两传合为一传，并且把上文所引《旧唐书》中一段话改为：

咸亨元年，遣使贺平高丽。后稍习夏音，恶倭名，更号日本。使者自言，国近日所出，以为名。或云日本乃小国，为倭所并，故冒其号，使者不以情，故疑焉。又妄夸其国都方数千里，南、西尽海，东、北限大山，其外即毛人云。④

---

① （后晋）刘昫等：《旧唐书》卷199上《日本传》，北京：中华书局，1975年，第5340页。

② （唐）李林甫等：《唐六典》卷5《尚书兵部》，北京：中华书局，1992年，第161—162页。

③ （宋）王溥：《唐会要》卷73《安西都护府·注》，上海：上海古籍出版社，2006年，第1568页。

④ （宋）欧阳修、宋祁等：《新唐书》卷220《日本传》，北京：中华书局，1975年，第6208页。

对比两段记载可以看出,《新唐书》比《旧唐书》在文字上确实精简许多,而在基本史实上还是遵从原意。但是有的学者据此认为《新唐书》证明日本改号是在咸亨元年①,似乎并不妥当。持此观点者可能忽视了第二句话中的"后"字,《新唐书》的意思是咸亨元年贺平高丽,在此之后的一段时间(并不是指这一年)才改名日本的。如果参考前引《旧唐书》中的记载就可以更清楚地明白这一点。纂修《新唐书》的史官们仍然延续了《旧唐书》的这种存疑精神,对于日本国号的问题坚持实事求是的态度。以《新唐书》为起点,此后的正史中都以《日本传》为名,也是以客观事实为基础和中国史学中"名从主人"原则的体现。通过对正史中日本传记称谓转变的考察,可以认识到历代正史中的日本研究遵循了求真求实的史学传统。

2. 正史日本传之间的继承关系

历代正史中一共有十四部十五篇日本专传,但是各传之间并非毫无关联。如果仔细比对这十五篇传记可以发现,其中可以分成有密切相承关系的几类。第一类是继承《魏志·倭人传》的传记,主要有《后汉书》《晋书》和《梁书》。由前文所列《历代正史日本传统计表》可以获知,虽然《后汉书》所记朝代比《三国志》要早,但是却成书在后。由于时间上前后相继,所以范晔在写作《后汉书》时可以参考《三国志》。这点通过比对两部日本传也可以发现。《后汉书·倭传》比《魏志·倭人传》的篇幅精简不少,关于日本的地理、风土人情的描述基本没有超出《三国志》的范围。如《魏志·倭人传》中记日本风俗云:

> 人性嗜酒。见大人所敬,但搏手以当跪拜。其人寿考,或百年,或八九十年。其俗,国大人皆四五妇,下户或二三妇。妇人不淫,不妒忌。不盗窃,少诤讼;其犯法,轻者没其妻子,重者灭其门户及宗族。②

在《后汉书·倭传》中则写为:

① 覃启勋:《日本国名研究》,《武汉大学学报》1999 年第 2 期,85—87 页。

② (晋)陈寿:《三国志》卷 30《魏书·倭人传》,北京:中华书局,1959 年,第 856 页。

人性嗜酒。多寿考,至百余岁者甚众。国多女子,大人皆有四五妻,其余或两或三。女人不淫不妒。又俗不盗窃,少争讼。犯法者没其妻子。重者灭其门族。①

从两段的记叙来看,虽然篇幅有别,但基本内容还是保持一致的。当然并不是说《魏志·倭人传》是《后汉书·倭传》的唯一史料来源,范晔还参考了华峤《后汉书》等其他当时存行的"诸家《后汉书》"②。以《魏志·倭人传》为祖本的还有《晋书》和《梁书》。《晋书·倭人传》的文字更为简略,如同样是记日本风俗,和前面相同的内容则写为:"人多寿,百年或八九十。国多妇女,不淫不炻〔妒〕。无争讼,犯轻罪者没其妻孥,重者族灭其家。"③在《梁书·倭传》中则描写为:"人性皆嗜酒,俗不知正岁,多寿考,多至八九十,或至百岁。其俗女多男少,贵者至四五妻,贱者犹两三妻。妇人无淫炻〔妒〕。无盗窃,少诤讼。若犯法,轻者没其妻子,重则灭其宗族。"④除了文字表达略有改动之外,基本内容都是本诸《魏志·倭人传》。

第二类主要以《南史》《北史》为代表,两书的倭国传主要都是根据前史的内容而来。《南史》主要来自《宋书》《南齐书》和《梁书》,而《北史》主要依赖《隋书》。首先来看《南史》,其日本传主要由三部分组成。第一部分叙述倭国的风土人情,基本采用了《梁书·倭传》的内容,比如前文所引《梁书》中关于日本风俗的描写几乎一字不差地照搬。第二部分主要记载南朝和倭国的交往,几乎就是把《宋书》《南齐书》和《梁书》的内容按时间顺序糅合到了一起。最后一部分是关于倭国之南的侏儒国、黑齿国及西南的海人的描述,全文五十五个字两书几乎一模一样。《北史·倭国传》根据内容可以分为两个部分。第一部分主要写倭国的地理方位,前半部分全文抄自《隋书·倭国传》,后半部分几乎照搬《梁书·倭传》。第二部分主要记载北朝及隋与倭国的往来情况。这一部分内容几乎全部来

① (宋)范晔:《后汉书》卷85《东夷传·倭》,北京:中华书局,1965年,第2821页。

② 参见[日]福井重雅:《〈後漢書〉〈三國志〉所收倭(人)傳の先後問題》,收入福井重雅先生古稀·退职记念论集刊行会编:《古代東アジアの社會と文化》,东京:汲古书院,2007年,第233—255页。

③ (唐)房玄龄等:《晋书》卷97《东夷·倭人传》,第2536页。

④ (唐)姚思廉等:《梁书》卷54《东夷·倭传》,北京:中华书局,1973年,第806页。

自《隋书·倭国传》,仅有个别字词不同而已。但是《北史》在照抄时却脱漏了重要一段,以致贻笑大方。《隋书·倭国传》的最后记曰:

既至彼都,其王与清相见,大悦,曰:"我闻海西有大隋,礼义之国,故遣朝贡。我夷人,僻在海隅,不闻礼义,是以稽留境内,不即相见。今故清道饰馆,以待大使,冀闻大国惟新之化。"清答曰:"皇帝德并二仪,泽流四海,以王慕化,故遣行人来此宣谕。"既而引清就馆。其后清遣人谓其王曰:"朝命即达,请即戒涂。"于是,设宴享以遣清,复令使者随清来贡方物。此后遂绝。①

而在《北史》中却变成了:"既至彼都,其王与世清来贡方物,此后遂绝。"②仅凭此句极易使人误解为倭国王曾经跟随裴世清来华朝贡。此处是李延寿编书时无意遗漏,还是传刻时的手民之误,如今已难有确论。不过《隋书·倭国传》乃系《北史·倭国传》之祖本,则是确定无疑。

第三类为《旧唐书》和《新唐书》中的日本传。关于这两者之间的关系,在上文讨论称谓问题时已经述及,此不赘论。除了这三类之外,还有《宋史》《元史》和《明史》中的三篇日本传记。这三篇传记自成一系,都是简单追叙从古至今的中日往来,而主要着墨于本朝与日本之通交关系。这是他们与前面三类的不同之处,也反映出历代正史中的日本传在后期发生了新的变化。

3. 正史日本传的书法义例

同样是正史中的日本传,但是却有着不同的书法义例,大致说来可以分为三类。一类是主要描述日本的风土人情、地理物产、社会生活等情况,属于日本史的性质;另一类是着重记录日本朝贡和中国封赐等内容,属于中日关系史的性质。第三类则是把前两类的内容合并在一起,两者并重的一种写法。第一类主要以《魏志·倭人传》为代表,包括《后汉书》《晋书》《梁书》和《旧唐书》中的倭国传。这几部传记的写法主要就是以记录日本史事为主,从地理方位、风土人情、政权更替、社会生活等不同的方面来进行书写。第二类则包括《宋书》《旧唐书》《宋史》《元史》和《明

---

① (唐)魏徵等:《隋书》卷81《倭国传》,第1828页。

② (唐)李延寿:《北史》卷94《倭传》,北京:中华书局,1974年,第3137页。

史》中的日本传。这类传记的主要特点就是重点记录两国交往关系。在这四部传记中,《宋史・日本传》主要记录了奝然、寂照、成寻三位僧人来华的情况,并且通过他们了解了日本的天皇世系等重要信息。《元史・日本传》以编年记事的方式书写了两次征日的情况,主要集中书写世祖和成宗两朝史事。《明史・日本传》则是历代正史中最长的一篇日本传记,主要围绕两国交往而展开,而其中倭寇问题占据了绝大部分篇幅。第三类主要是《南齐书》《隋书》《南史》《北史》和《新唐书》中的日本传。在此类之中,《南齐书・倭国传》篇幅最小,在短短两句话的记载中,一半写日本地理土俗,一半记录诏封倭王武之事。《隋书・倭国传》则更为全面,既记载日本社会生活习俗和政治情况,如圣德太子改革中十二阶冠位的情况,又记录了中日国交中的重要事件,如小野妹子入隋和裴世清使日的历史时刻。《北史・倭国传》主要取自《隋书》,所以书写方式完全相同。《南史・倭国传》中一半内容描写日本社会风俗,一半内容记述南朝和日本的国际交往。《新唐书・日本传》中前半部分记载日本的社会风俗和国王世系等政治情况,后半部分主要记录两国交往关系,特别是遣唐使来华问题。

通过以上对历代正史日本传书写方式的分类,可以看出时间靠前的几部史书主要以描写日本情况为主,较后的史书则重点关注两国往来情况。一方面是因为前面史书中对于日本的地理方位、风土人情、社会习俗等问题记录详细,所以后面的史书就可以一笔带过或者略而不记。另一方面则是因为史料来源的匮乏,对于日本的情况了解程度并没有取得突破性的进展,所以没有更多的新内容可以载入。另外,历代正史中的日本传重视记载所述朝代的两国交往情况,特别是首要记载重大事件。比如《隋书》中记录了大业三年国使往来的重要事件,《宋史》中抓住了三位日僧来华的典型事例,《明史》中重点记录倭寇犯华与御倭、防倭的情况等等。这说明历代正史中日本传的重要特点就是关注社会现实问题,重点记载重大历史事件。这也是历代正史书写日本传的良好传统,体现了史学研究的现实关怀。而其所具有的重要史料价值,也彰显了中国古代日本研究的重要意义。

4. 历代正史关于日本记载的连续性与系统性

历代正史中有日本传的就有十四部之多,在二十四史中占有较大比重。从前文所列的统计表可以看出,这些日本传几乎贯穿了中国历史上的历朝历代。如果把这些日本传组合在一起,不啻为一部完整的中日关系史。除了这十五篇专传以外,在正史的很多纪、传中都有关于中日交往的记载,补充和丰满了日本传的内容。从这一点上反映出历代正史对日本记载的连续性。这种连续性的记载,几乎可以形成一部完整的日本史。我们知道,在公元8世纪《古事记》和《日本书纪》问世以前,日本历史上属于没有文字记载的阙史时代。而中国的《魏志·倭人传》等正史资料对日本史的研究具有极高的史料价值,在通过和日本考古发掘的遗物、遗址进行相互印证后,基本可以复原日本上古的历史。8世纪以后,关于中日交往有了两国文字的记载,则可以进行相互的比对和考证,比如关于小野妹子来华国书的内容,就可以通过《隋书》和《日本书纪》两种记载进行还原历史真相的工作。这也为"从中国看周边"和"从周边看中国"两种研究思维角度的展开,提供了有意义的参考资料。

历代正史在编修日本传的时候,形成了一定的系统性。这主要表现在后史继承前史的研究,并且不断进行补充和完善。本书前面已经分类述及正史日本传的继承关系,其实也可以看出一种内在的系统性。即在正史吸收前面内容的基础上,又加上本朝的记载来完善日本传记。比如《宋书·倭国传》就着重记载了刘宋政权与日本之间封赐和朝贡关系。在《南史》和《北史》中,则按照南北两朝的界限来分成两部分叙述。在具体写作安排上,李延寿把倭国的地理和旧史放到《北史》中记述,并且在《南史》中开头即清楚地交代道:"倭国,其先出及所在,事详《北史》。"①如果说南北史是由李延寿一人完成,易于谋篇布局的话,那么隔代修史中的这种互相照应,更加显示出了正史日本传的系统性。例如《元史·日本传》的开篇即讲:"其土疆所至与国王世系及物产风俗,见《宋史》本传。"②《元史》成于明人之手,而《宋史》则由元朝修成,在两个不同朝代的官修史书中可以这样相互照应,反映出正史日本传具有较高的系统性。正是由于正史在记载上的连续性和系统性,使中国史学中关于日本情况的记载在今天仍然具有极高的史学价值。

三、正史之外的日本研究

除了正史之外,中国史学中还有不少研究日本的著作。关于日本研

---

① (唐)李延寿:《南史》卷79《东夷·倭国传》,北京:中华书局,1975年,第1973页。

② (明)宋濂等:《元史》卷208《外夷·日本传》,北京:中华书局,1976年,第4625页。

究的专书在明清时期才开始大量出现，在此之前的日本研究主要体现在单篇传记或者类书的相关部类之中。虽然这些研究在数量上不是很多，更不具有正史日本传的系统性，但是也具有一定的史学价值，值得重视和总结。

日本人松下见林整理有三卷本的《异称日本传》一书，颇便参考。书中云："异称者，取诸异邦之人称之之语也。"①松下见林此书主要收集中、朝两国关于日本的资料，其中上卷收集汉魏晋宋齐梁隋唐五季宋元诸书，中卷取诸明书，下卷收集斯卢（朝鲜）书。在中国有关日本的传记中，囊括了正史、野史、类书及文集等不同门类。

史部中的资料除了正史之外，主要集中在典制书、方志书、域外地理书之中。唐代杜佑在其所著《通典》第一百八十五卷《边防典》中收有一篇《倭传》，考察其内容可以发现，基本都来自《魏志·倭人传》《宋书·倭国传》和《隋书·倭国传》等正史资料。松下见林也称："《通典》与前史大同小异。"②唯有关于唐太宗和武则天时期两次日本遣使来唐的记载要早于正史，这两件事情也分别载于《旧唐书》的《倭国传》和《日本传》。通过比对可以发现，两处所记内容基本相同，很多文字都属一致，这说明《通典》与《旧唐书》都是参考了唐朝的官方文献。其他典制体著作中也有一些日本传，如宋代马端临《文献通考》第三百二十四卷《四裔考》中的《倭》，宋代王溥《唐会要》卷九十九《倭国》和卷一百《日本国》等等。在地方志书中也有一些关于日本的记载，如宝庆《四明志》卷六《郡志·叙赋》中就有关于日本树木、钱币、铜器以及来华交易杂货的记载。宋代的江浙地区有很多重要的对外贸易港口，中日来往商人络绎不绝，他们带来了许多关于日本的讯息。这些内容被载入当地的方志之中，对正史的记载是一种有益的补充。另外在一些记载域外史地的专书中也有关于日本的内容，如宋人赵汝适《诸蕃志》中有一篇《倭国》，基本内容也是来自历代正史中的日本传。元人周致中《异域志》中的《日本国》记载："在大海中，岛方千里，即倭国也。其国乃徐福所领童男女始创之国。……自唐方

---

① ［日］松下见林：《异称日本传》，收入近藤瓶城编：《改定史籍集览》第20册《新加通记类一三》，东京：临川书店，1984年，第1页。

② ［日］松下见林：《异称日本传》，第54页。

入中国为商……”①显然得自传闻较多,很多内容并不足信。

史部之外的日本研究内容主要集中于类书与文集中。在宋代两部大型类书《太平御览》与《册府元龟》中都收有日本传记。《太平御览》第七百八十二卷《四夷部》中有关于“倭”的部分,其内容基本来自《隋书》和《北史》的《倭国传》。《册府元龟》第九百五十七卷《外臣部》中的“国邑”“土风”“官号”等部分,也都有关于日本情况的记载,但基本都是来源于历代正史的日本传。文集中关于日本的资料较多,既有关于日本的单篇传记,又有诗歌等其他形式。如元人王恽《秋涧集》第四十卷《汎海小录》一文,就是一篇日本小传。在文中,王恽记述了日本的历史、物产、风俗,以及元军伐日的情况。但是其中错误很多,如云:“其俗多徐姓者,自云皆君房之后。”②就是根据徐福传说而来的想象之辞。而对于元军征日也多是炫耀本朝军力之辞,主要描写大捷的盛况,而败师的原因则是因为“时大小船舰,多为波浪揃触而碎。惟〔高〕勾丽船坚得全,遂班师西还”③。似乎又在为元军失利遮遮掩掩。元人吴莱写有一篇《论倭》的文章,主要是分析倭国的形势,其中涉及了倭国的基本史实,以及对“蕞尔”倭国的看法,最后分析利弊得失,认为没有必要征伐日本。除此之外,还有许多文人墨客描写日本的诗歌。一些是唐宋诗人赠别日本友人的诗句,其中有对日本的描述。如唐朝诗人王维为阿倍仲麻吕写的送别诗《送秘书晁监还日本国》,其诗序云:

> 海东国日本为大,服圣人之训,有君子之风,正朔本乎夏时,衣裳同乎汉制。历岁方达,继旧好于行人。滔天无涯,贡方物于天子。同仪加等,位在王侯之先;掌次改观,不居蛮夷之邸。④

在这段诗序中,既有对日本风俗的描述,又有对往来封贡的记载。其中“海东国日本为大”一句,还揭示出了当时正史中难以觅见的文人阶层

① (元)周致中:《异域志》卷之上《日本国》,北京:中华书局,1981年,第3页。

② (元)王恽:《秋涧先生大全文集》卷40《汎海小录》,《四部丛刊初编》本。

③ 同上。

④ (唐)王维:《送秘书晁监还日本国》,收入《全唐诗》卷127,北京:中华书局,1960年,第1288—1289页。

对日本地位的评价问题。在唐代文人中，几乎所有较具名气的诗人如李白、王维等都与日本、新罗文人有过交流，但是只见赠诗与日本人，却鲜见一流诗人赠诗给新罗人。这可能与当时文人这种“海东国日本为大”的观念有关。① 还有一些是关于日本物产的描写，如宋元时代许多有关日本刀和日本扇的诗作。著名的有宋代欧阳修《日本刀歌》、梅尧臣《钱君倚学士日本刀》、苏辙《杨主簿日本扇》和元代贡性之《倭扇》、洪希文《书倭人折迭扇》等等。这些关于日本器物描写的诗句，反映了日本物产在中国的流行，也显示出中日之间贸易交往的扩大和繁荣，对于研究中日文化交流史具有一定的史料价值。

虽然正史之外的日本研究在古代并不占主流，但是仍然不能忽视其价值。从史料来源上看，这些研究内容大部分取自正史中的日本传。具体说来，典制类史书和类书多取材于正史，因为就其编纂的性质来讲也主要是征引他书而来，但是由于其保存了许多古代的遗文佚书，所以在今天看来具有较高价值。方志中有一些史料为正史日本传所不载，主要集中于对外贸易港口等和日本接触较多的地区，对于研究中日文化和贸易交流有很大帮助。而文集中的一些日本资料，很多都是和日本人有过交流的文人所作，所以更多一些亲口传来的资料和讯息，对于研究非官方的日本认识很有意义。

小　结

中国古代关于日本的研究以明清为高潮时期，在此之前也有一些关于日本研究的内容。本部分主要就是从中日关系史特别是中日文化交流史的大背景出发，对明清以前日本研究的情况略作梳理。中国史学十分重视域外载记的研究，在官方正史中都有关于域外内容的篇章。私家著述中也有很多关于域外载记的研究，而且出现了不少研究外部世界的专书。如周达观的《真腊风土记》、汪大渊的《岛夷志略》等等。在这种传统的影响下，中国古代史学十分重视对东邻日本的研究，其中在正史中就有

---

① 参见张哲俊：《中国古代文学中的日本形象研究》，北京：北京大学出版社，2004年，第92页。

十四部十五篇关于日本的传记。通过对正史中的日本传以及其他著作中的日本研究,可以总结出明清以前的日本研究具有以下几个显著特点。

1. 以正史为主,其他史著为辅

明清以前的日本研究中,最具规模的要算正史中的日本传。在十四部十五篇日本传记中,涵盖了从日本上古到幕府时期的历史,既可以组成一部完整的日本史,又是一部较具系统的中日关系史。在这些正史中,除了单篇的日本传记之外,在本纪或其他传记中仍然有不少与日本相关的内容。如在《辽史》中,虽然没有单篇的日本传记,但是在本纪中却记载了三次日本国遣使朝贡的记录。① 而在《金史》的本纪中则记有:"(兴定元年十二月)戊申,即墨移风砦于大舶中得日本国太宰府民七十二人,因籴遇风,飘至中国。有司复验无他,诏给以粮,俾还本国。"②这是关于日本漂流民的重要史料,对于研究中日关系史有很大价值。除了这些正史之外,在典制书、方志、类书以及文集中还有一些关于日本情况的记载。但是这些记载或多或少都是承袭正史日本传的内容,只能起到辅助研究的作用。对于正史中所不载的一些内容,比如文人墨客与日本的交流,以及下层民众所认识的日本等情况,都可以找到一定的史料依据。但是对于日本更全面更权威的研究,还是以正史为嚆矢。所以在明清以前的日本研究中,最重要的特点还是以正史为主。

2. 记载的连续性与开创性

从正史中的日本研究可以看出,明清以前关于日本的记载具有很强的连续性。从《魏志·倭人传》第一篇日本专传开始,历代不断有续作产生,所记内容几乎涵盖了整个中国古代历史。而此前《汉书》中关于倭人分为百余国,以岁时来献见的记载,则把中日交往的最早记录推到了汉代,以后历代与日本的交往情况在正史中都有反映。这种连续记载一国历史的情况在其他国家的文献中很难见到,这成为中国古代日本研究的一个特色。在这种连续的记载中,也可以发现在一定的历史阶段都会有开创性的研究出现。且不说《魏志·倭人传》这样首创性的研究,仅在正史的日本传中就可以找到许多例子,比如《宋书·倭国传》《隋书·倭国

① 这三次朝贡分别见《辽史》卷2《太祖本纪下》"天赞四年十月庚辰"条,卷25《道宗本纪五》"太安七年九月己亥"条、"太安八年九月丁未"条。

② (元)脱脱等:《金史》卷15《宣宗本纪中》,北京:中华书局,1975年,第333页。

传》《宋史·日本传》等等。《宋书·倭国传》中记载了倭五王来贡和加封的情况，就对日本史研究具有开创性的贡献。其研究价值很早就被日本的史家瑞溪周凤、松下见林所发现，近代又被黄遵宪等人重新提起，此后日本史学界关于倭五王的研究热情一直不减。①

3. 研究手段和史料来源主要依靠间接闻知

由于受中日之间隔海相望的地理条件所限，在明清以前很少有中国史家踏足日本。关于日本的研究主要依靠本土间接闻知的手段，几乎没有主动赴日调查者。正史中的日本研究主要史料来源是官方的档案记录，正史之外的日本研究则主要本诸正史。大部分日本研究的史料来源都是依靠来往中日之间的贸易商人，通过他们的见闻了解一些关于日本的情况。另外，日本来华僧人也提供了不少有关日本的信息。如《宋史·日本传》的史料来源主要是依靠奝然、寂照、成寻等僧人提供的信息。《宋史·日本传》是最早记有详细日本天皇世系的中国史书，这主要得益于奝然所献上的《职员令》《王年代纪》等书，以及宋人与奝然问答所获知的情况。而在唐代日本有很多遣唐使来华，他们与中国的很多文人有深刻的友谊，并且有一些人留在唐朝为官，如阿倍仲麻吕、井真成等人。通过日本遣唐使，中国人了解了一些日本的情况，如与他们来往较密切的李白、王维等人，在诗作中就有不少描写日本的内容。当时国人对日本知识的来源，主要就是依靠这种间接的闻知手段。

4. 关注现实问题与国际交往

在明清以前的日本研究内容中，多是和现实问题密切相关，大部分都是与两国交往相关的记录。在正史之中，不仅日本传里大量都是两国交往的记录，而且能够进入本纪的部分几乎都是日本来贡的内容。这一方面反映了古代对中日关系的一种基本看法，也是在朝贡体系之下所蕴含的华夷思想的体现。另一方面也反映出古代史学中的日本研究所关心的问题，就是这些朝贡和封赐的内容。从《魏志·倭人传》开始，主要内容是记载日本的风土人情和历史地理情况，当然也少不了倭王献贡与魏王赐封的内容。而之后的日本研究中，对于日本情况记载的比重在不断减少，而关于中日交往的记录越来越受重视。在《元史》和《明史》的日本传记中，几乎整篇都是关于中日关系的内容，仅有的一部分关于日本政权的

① 参见[日]笠井倭人:《倭の五王:研究史》，东京:吉川弘文馆，1973年。

记录也是为中日交往服务的。但是就元明两朝的情况来讲,最重要的现实问题就是元日战争和倭寇问题。而在《元史》和《明史》中对于这两件事情浓墨重彩也是关注现实问题的一种体现。

综合明清以前的日本研究来说,已经取得了不小的成绩。特别是在正史中连续性、系统性的研究,使古代中国对日本的了解和研究水平都是略胜其他国家一筹的。正是建立在这样的研究基础之上,明清时期才出现了大量日本研究的专书,并且形成了两次日本研究的高潮。明清之前的日本研究所体现出的一些特点,以及很多研究的思想与理念都被后世所继承。只有对这个阶段的日本研究有一定的了解和认识,才能更好地分析明清时期的日本研究问题。

第二章　明代日本研究的勃兴与《日本考略》

1368年朱元璋建立明朝，由其制定的政治、经济和军事等方面的法令制度，影响有明一代之始终。而此后的明王朝又发生了许多在中国历史上耳熟能详的事件，如靖难之役、郑和下西洋、土木之变、大礼议之争、张居正改革等等。学术界关于明代历史的研究一直代不乏人，现在的明史学已蔚为中国历史学之林中的一个大国。[①] 近年来关于明代史学的专题研究也呈逐渐增多的趋势，对于明代史学中的重要问题都进行了发掘。[②] 明日关系是明朝对外关系的重要内容，明日贸易和倭寇问题也是中日关系史的研究热点。而明代出现了大批研究日本的专著，这既属于明代史学的内容，也属于中日关系史的课题。对于明代日本研究的高潮问题有必要给予特别的关注，因此本书将首先从明代日本研究的勃兴开始谈起。

第一节　明日关系发展及日本研究兴起

一个时代的史学总是那个时期重大事件在文化领域的反映。史学研究总是和社会的变化息息相关，特定的社会条件影响史学的形成和发展，

---

① 南炳文审定，李小林、李晟文主编：《明史研究备览》，天津：天津教育出版社，1988年，第3页。

② 关于明代史学研究的专著有：任冠文《李贽史学思想研究》（桂林：广西师范大学出版社，1999年）、李小林《万历官修本朝正史研究》（天津：南开大学出版社，1999年）、向燕南《中国史学思想通史·明代卷》（合肥：黄山书社，2002年）、谢贵安《明实录研究》（武汉：湖北人民出版社，2003年）、钱茂伟《明代史学的历程》（北京：社会科学文献出版社，2003年）、杨艳秋《明代史学探研》（北京：人民出版社，2005年）、孙卫国《王世贞史学研究》（北京：人民文学出版社，2006年），等等。

史学又反过来产生一定的社会作用。明代出现大批日本研究的专书,就是建立在明日关系变化的基础之上的。在展开分析明代日本研究的著作之前,必须首先对它们产生的背景有所了解,而明日关系的发展演变就是最重要的问题。

一、明代的中日关系

中日两国间的交往源远流长,从汉代有文字记载的历史事件开始,绵延数千年。东汉开始就与邪马台国建立外交关系,光武帝亲赐"汉委奴国王"金印予日本,曹魏政权也曾册封卑弥呼女王为"亲魏倭王"。南北朝时期,刘宋政权与日本大和国倭五王之间使节往来频繁。隋唐时期,日本派出大批遣隋使和遣唐使来华,两国关系十分密切。随着遣唐使的废止,从宋代起中日关系转入以民间贸易为主的时期。元代两次征日失败之后,这种民间的商贸往来活动仍然在继续。从明代开始,中日关系又经历了一段复杂的交往史。

朱元璋建国之初,即积极谋求与周边国家建立交往关系,日本属于较早被诏谕的国家。朱元璋之所以希望尽快与日本建立官方往来,主要基于两个方面的考虑。一是因为发端于朝鲜半岛的倭寇问题在元末已经开始影响中国东南沿海,明朝初年变得愈来愈严重。二是出于朱元璋从传统的中华世界观出发,想要重新建立华夷朝贡秩序的需要。洪武二年(1369)正月朱元璋即遣使以即位诏谕日本、越南等国,然而就在此月,"倭人入寇山东海滨郡县,掠民男女而去"①。此年三月朱元璋再遣杨载等人使日,其国书曰:

上帝好生,恶不仁者。向者我中国,自赵宋失驭,北夷入而据之,播胡俗以腥膻中土,华风不竞,凡百有心,孰不兴愤。自辛卯以来,中原扰扰,彼倭来寇山东,不过乘胡元之衰耳。朕本中国之旧家,耻前王之辱。兴师振旅,扫荡胡番,宵衣旰食,垂二十年。自去岁以来,殄绝北夷,以主中国,惟四夷未报。间者山东来奏,倭兵数寇海边,生离人妻子,损伤物命。故修书特报正统之事,兼谕倭兵越海之由。诏书到日,如臣奉表来庭,不臣则修兵自固,永安境土,以应天休。如必为

① 《明太祖实录》卷38"洪武二年正月乙卯"条、"是月"条,"中研院史语所"校印本,第775、781页。

寇盗,朕当命舟师扬帆诸岛,捕绝其徒,直抵其国,缚其王,岂不代天伐不仁者哉? 惟王图之。①

这封国书颇堪玩味。朱元璋首先强调了大明政权的合法性,申明自己承接宋朝正统而来,乃是驱除鞑虏恢复中华的正义之举。既然中华正统已经确立,那么原有的华夷秩序理应重新建立,因此四夷皆应前来臣服朝贡。但是倭兵却在山东等地作乱,所以朱元璋要向日本宣布中华正统已经建立,不应该再像元朝时期那样纵容倭寇侵扰中国。并且严词警告日本,如若承认中华正统就应该来华奉表朝贡,若不承认则应固守本土,制止倭兵来华作乱。如果置若罔闻,那么明朝将要替天行道,征伐日本。朱元璋还向占城、安南等国也诏谕了内容差不多的国书,他们均表示臣服。唯有处于南北朝对峙时期的日本,并没有理会朱元璋的要求。充满威胁之辞的诏书也激怒了日本怀良亲王,不仅斩杀了五名明使,而且囚禁杨载、吴文华三个月后才放回。此后沿海仍然倭警不断。在此情形下,洪武三年(1370)三月朱元璋又派遣莱州府同知赵秩赴日。此番诏书内容和前次基本相同,仍然从华夷之分的大义出发,并且以高丽、占城等国的臣服来劝诱,最后当然还是以大兵压境来威吓。日本怀良亲王接见赵秩,并且援引曾经击退蒙古为例,认为此次明朝可能仍然是假借建交实为攻伐的伎俩。赵秩则沉着应答:"我大明天子神圣文武,非蒙古比,我亦非蒙古使者后。能兵,兵我。"②怀良一时气沮,随后便是奉表称臣、献马纳贡,明日间关系开始进入官方往来的发展期。但在此后不久,发生了胡惟庸谋反事件。而林贤为助其谋反向日本借兵的事情,也在洪武二十年(1387)被揭露。以此为导线,朱元璋对日本深恶痛绝,不仅决计断交,而且写入《祖训》列日本为"不庭之国"。

明成祖朱棣通过靖难之役即位以后,立即模仿其父宣谕诸国,并积极谋求恢复与日本的外交关系。而此时已经完成日本南北统一的足利幕府

---

① 《明太祖实录》卷39"洪武二年二月辛未"条,第787页。

② (清)张廷玉等:《明史》卷322《日本传》,北京:中华书局,1974年,第8342页。按:《明实录》中记载了赵秩此行的诏书,但是怀良与其问答之辞却没有记载。赵秩此番应答未必能使怀良心服口服,但后来两国关系的建立确由此始。明人所成之《明实录》不记,却录入清人所修之《明史》,值得进一步探讨。

也需要恢复对明贸易以获利。永乐元年(1403)八月朱棣便派遣赵居任等人赴日,当年十月日本立即派出以坚中圭密为首的使团回访。坚中圭密一行不仅携来日本愿意称臣纳贡的国书,而且就此和明朝签订勘合贸易的协定。此后制定"日"字和"本"字勘合各一百道,底簿各二扇,由两方各自保存,待朝贡之时互相勘验,如无勘合则不予承认。① 通过勘合明廷可以了解来贡的船数、人数和货物数量,是明代控制对外贸易的一种相当严密、周全的制度。② 从宣德初年至嘉靖初年这段时间之内,日本室町幕府一共派出了十二次遣明船③,明日之间一直坚持这种朝贡贸易。

嘉靖二年(1523)发生了一件影响明日关系的重要事件——宁波争贡④。此年五月,由日本大内义兴派遣的宗设谦道贸易使团和由细川高国派遣的鸾冈瑞佐贸易使团先后抵达宁波。细川船的副使宋素卿原本为中国人,曾多次行贿市舶太监赖恩以牟取私利。此次来贡故技重施,所以不仅在宴饮时的座次居上,而且还得以先行验发通关。这一行径引起宗设一行的极大愤恨,"与之斗,杀端佐,焚其舟,追素卿至绍兴城下,素卿窜匿他所免。凶党还宁波,所过焚掠,执指挥袁琎,夺船出海。都指挥刘锦追至海上,战没。"⑤此事给明日关系带来极坏的影响,双方因此停贡长达十七年。并且以此事为契机,倭寇更加肆意作孽海上,东南沿海地区受害日重。当浙江巡抚朱纨被执下狱之后,终于演变成嘉靖中期开始的大倭乱时代。⑥

---

① [日]牧田谛亮:《策彦入明記の研究》上卷"行在礼部为关防事该"条,京都:法藏馆,1955年,第354—355页。

② 参见郑樑生:《再论明代勘合》,收入《中日关系史研究论集》(十),台北:文史哲出版社,2000年,第9—36页。

③ 参见[日]佐久间重男:《日明関係史の研究》,东京:吉川弘文馆,1992年,第154—155页。

④ 关于宁波争贡事件的详情,可参见汪向荣、汪皓:《中世纪的中日关系》,北京:中国青年出版社,2001年,第217—237页;郑樑生:《宁波事件始末——一五二三》,收入《中日关系史研究论集》(十二),台北:文史哲出版社,2003年,第9—70页。

⑤ (清)张廷玉等:《明史》卷322《日本》,第8348—8349页。此次事件明代史书多有记载,如《明世宗实录》卷28"嘉靖二年六月庚子朔甲寅"条、《筹海图编》卷2《王官使倭事略》之"嘉靖二年入贡"条,等等。

⑥ 参见郑樑生:《明嘉靖间浙江巡抚朱纨执行海禁始末》,收入《中日关系史研究论集》(五),台北:文史哲出版社,1995年,第1—34页。

倭寇问题给明代社会带来了极大的危害。《明史》中曾描述道："终明之世，通倭之禁甚严，闾巷小民，至指倭相詈骂，甚以噤其小儿女云。"① 就可以想见倭寇之可恶程度。学界一般把倭寇分成前后两期。前期倭寇主要是日本籍的海盗，主要包括四国、九州一带的无主武士和浪人。后期倭寇则真倭不多，大部分是中国籍的从倭之人，如以王直、徐海等人为首的海盗集团。前期倭寇为劫掠小麦主要前往华北地区，而后期倭寇为劫掠稻米主要把目标锁定在华南地区，同时劫掠其他各种财物。② 可以说倭寇给中国沿海各省若山东、江浙、广东等地都造成了巨大损失。③ 明朝针对倭寇问题，采取了剿、抚两手并用的举措，既出现了戚继光、俞大猷这样的抗倭名将，也有严嵩、赵文华等奸臣从中作梗④。最后随着明朝改变政策放松海禁，以及丰臣秀吉统一日本后采取扩展海外贸易严禁海贼的政策⑤，16 世纪以来猖獗海上的倭寇慢慢地消失了。

日本由丰臣秀吉完成统一之后，便开始谋求海外扩张，首先发动了侵朝战争。万历二十年（1592）四月丰臣秀吉发动二十余万大军直逼朝鲜，在小西行长、加藤清正等人的率领下，日军一路势如破竹。朝鲜在半壁江山尽被倭掳的情形下始向明朝求援。明神宗于当年六月派辽东副总兵祖承训率领五千明军抗倭援朝，但初战即遭失利。随后明朝又派出李如松、宋应昌等人，取得了平壤大捷等一些胜利。双方在战事胶着之时，开始进行和谈，最后决定议和。⑥ 万历二十四年（1596）明朝根据议和内容，派遣杨方亨、沈惟敬等人前往日本册封。当宣读册封诏书时，丰臣秀吉方知被

---

① （清）张廷玉等：《明史》卷 322《日本》，第 8358 页。

② 参见［日］太田弘毅：《倭寇：商业 · 军事史的研究》，横滨：春风社，2002 年，第 123—156 页。

③ 参见陈懋恒：《明代倭寇考略》，北平：哈佛燕京学社，1934 年；［日］田中健夫著，杨翰球译：《倭寇——海上历史》，武汉：武汉大学出版社，1987 年，第 113—115 页。

④ 参见郑樑生：《严嵩与靖倭之役》《明嘉靖间靖倭督抚之更迭与赵文华之督察军情——一五四七～一五五六》，收入《中日关系史研究论集》（七），台北：文史哲出版社，1997 年，第 37—126 页。

⑤ 参见［日］呼子丈太朗：《倭寇史考》，东京：新人物往来社，1971 年，第 309—314 页。

⑥ 参见郑樑生：《壬辰倭乱期间的和谈始末》，收入《中日关系史研究论集》（十），第 37—92 页。

操纵和谈的小西行长和沈惟敬所骗，遂决定发动第二次侵朝战争。[①] 第二年丰臣秀吉派遣十四万大军进攻朝鲜，明日双方再度发生激战。随后在明日间战战和和的过程中，丰臣秀吉于 1598 年突然病故，接下来日军全线撤退，历时七年的抗倭援朝战争也随之结束。[②]

此后明日双方之间再无正式往来关系。日本新建立的德川幕府一度对明日贸易往来表示支持。虽然明朝禁止，但是日本积极的欢迎政策，还是使驶往长崎的中国商船逐年增多。1636 年日本发布锁国令之后，从明末至清初的中日间一直没有建立官方的往来关系，只是通过长崎的中国商船保持民间往来。

二、明代日本研究的新变化

中国人很早就开始关注和研究日本，但是在明代以前还主要停留在正史日本传记的水平上。本书在第一章中已经述及，从《魏志·倭人传》开始，历代正史中共出现了十四部十五篇日本传记。这十五篇传记代表了明代以前史学中对于日本研究的最高水平，对于日本的历史、地理、风俗、社会以及中日关系等各个方面都有涉及。但是在史学中除了正史的单篇传记以外，其他的研究寥寥无几，一些典制书或域外地理书中所谈到的日本也多是取材于正史。随着明代中日关系的变化以及其他因素的影响，明代史学中出现了一股日本研究的高潮。明代的日本研究和前代相比，出现了很大的转变。具体来讲，这种变化主要体现在以下几个方面。

1. 专书出现

明代以前的日本研究中，主要是以单篇传记为主。例如在正史中主要是有日本的专传，在《通典》《文献通考》或域外地理书中主要是在某一个部类中列日本的专节，这些研究多是单篇的记载，而不成一定的体系。而在明代的日本研究中最大的一个变化，就是日本研究专书的出现。这就改变了以往只有单篇传记而无专书记载的情况。明代付梓的《日本考略》是中国古代史学中第一部研究日本的专书，这也标志着从明代开始的日本研究进入了一个新的研究形式的阶段。此书虽然篇幅不大，但从现存的部分来看，全书由十七篇略组成，构成了一个较为完整的体系。这与

① 参见张庆洲：《抗倭援朝战争中的明日和谈内幕》，《辽宁大学学报》1989 年第 1 期，第 101—104 页。

② 参见郑樑生：《壬辰之役始末》，收入《中日关系史研究论集》(十二)，第 231—242 页。

以前单篇的日本研究显然不同。随着《日本考略》的问世，明代关于日本研究的专著不断涌现，形成了一股新的潮流。如此后出版的《日本图纂》《日本考》《日本一鉴》等等都采用了专书的形式。

2. 踏出实地考察的第一步

中日两国相隔大海，地理上的障碍使得中国人的日本研究必须面对天然的困境。明代以前的日本研究主要靠本土的闻知手段，并没有学者亲自赴日实地考察。正如四库馆臣所言的那样："诸史外国列传，秉笔之人皆未尝身历其地。"①像汪大渊的《岛夷志略》那样，在实地考察对象国的基础上完成的专著实在是凤毛麟角。而关于日本的研究之中，没有一人曾经亲自踏上异域的国土。没有亲历亲见的日本研究，总如隔着一层迷雾一般。而在明代这层薄纱终于被揭开。明人郑舜功曾受浙江总督杨宜之命，两次赴日考察，既负责宣谕日本国王禁绝倭寇之事，又肩负考察日本实地情况之责。郑舜功凭借两次赴日考察的经历和细心研究，终于完成日本研究的专著《日本一鉴》。这是中国古代史学对日研究中勇于踏出实地考察的第一步，其开创性的意义自不待言。

3. 从官方深入基层

中国古代史学长期以来形成了官方与私家并行发展的道路。不管是官方史学还是私家史学都对推动中国史学发展意义重大。明代以前的日本研究主要集中于正史的日本传记中，这在某种程度上也体现了日本研究主要是由官方垄断。虽然正史中的一些日本传记也是由私家完成，但是他们所凭借的主要还是官方的记录和档案，仍然没有摆脱官方的色彩。在明代这种官方独霸的局面被打破。一方面明代还是坚持由官方完成正史《元史》中的日本传，另一方面明代开始出现日本研究深入基层的趋势。明代大量涌现出的日本研究专书，都非官方组织的大规模的修史活动，主要依靠个人独立完成。有些日本研究著作虽然也没有完全脱离政府的支持，但是基本都属于私家史学的范围。比如就《日本一鉴》来说，虽然郑舜功曾经受浙江总督杨宜的派遣才得以赴日，但是他在书中标明自己的身份乃是"布衣"和"新安商人"。并且其完成日本考察回国之后，是在身陷囹圄的状况下，依靠个人努力完成了《日本一鉴》。而且明代这

① 《钦定四库全书总目》(整理本)卷71《史部二十七 · 地理类四》，北京：中华书局，1997年，第977页。

些研究著作和以前另有不同的是,其影响力更加广及社会基层。不像正史的日本传那样主要在士大夫和文人阶层传播,明代的日本研究著作开始在广大民众中传播。比如《日本考》一书,就曾在御边抗倭的将士中普遍传播。

4. 注重御倭等现实问题的研究

注重现实问题是中国史学的一个传统,明代以前的日本研究中也积极关注现实。但是这种现实问题和当时朝代息息相关,并且主要重视朝贡、封赐等两国关系的问题。而明代的日本研究中,更多的是关注防倭御寇这一主题。这在以前的日本研究中是不曾出现的。当然这是和明代的现实问题紧密相连的,倭患问题是最主要的推动因素。这种研究重点的出现,也反映了明代史学研究更加积极地关注现实问题。这一时期出现了大量跟御倭有关的书籍,如《倭变事略》《日本犯华考》《虔台倭纂》等等。出现如此之多的御倭书籍,对倭寇问题的如此重视,也只能出现在明代史学的日本研究之中。

综上所述,明代史学中的日本研究在研究形式、研究方法、研究内容等方面都出现了和以前不一样的变化。这些变化对于中国史学中的日本研究来说,无疑是很大的发展和进步,对于中国的日本研究也具有非常深远的意义。

三、明代日本研究的推动因素

明代出现了日本研究的专书,并且和以前的日本研究相比来讲,发生了很大的变化。明代之所以出现日本研究的高潮,涌现大批的著述,是有深刻原因的。就推动明代日本研究专书大量出现的因素来讲,主要有以下几点。

1. 明代倭患问题是现实原因

"南倭北虏"是明朝与外部世界关系最显著的特点,也是困扰明朝安危的最重要问题。虽然明朝最终亡于"北虏",但是"南倭"也是促使其灭亡的重要因素。如果没有倭寇长年的骚扰,以及抗倭援朝战争对明朝国力的极大损伤,那么明朝政权肯定不会垮台那么早。倭寇问题是关乎明代生死存亡的大事件，明史学界对其研究非常之多。[①] 关于倭寇的成因、倭寇的来源、倭寇的危害、倭寇的影响等问题已经讨论很多，但是和倭寇相关的还有一个重要问题，那就是它对明代日本研究的刺激作用。在面对明代严重的倭寇之患时，作为知识分子的史家们也都积极行动起来，用手中之笔或研究或撰述敌国历史。从这一时期出现的一大批以御倭为名的史书中就可以一见端倪。如王士骐的《皇明御倭录》、卜大同的《备倭记》、郭光复的《倭情考略》等等。这一些著述的编纂宗旨均是十分明确，基本都是要在了解日本的基础上进而寻求防倭之策。在王文光为《日本考略》所作增补重刊的序中即称："日本即倭奴也，其狙诈不情尤甚，镇边重臣咸以备倭为名。"[②]这些日本研究著作中，基本都可以看出这种对倭寇问题的深深忧虑之情，以及为防倭御倭而著述的使命感。

2. 宁波争贡事件为直接动因

倭寇问题是推动明代出现日本研究高潮的大背景，但从第一部日本研究的专著《日本考略》的出现来说，宁波争贡事件则是最直接的推动因素。虽然明朝建立之初，就不断有零星倭寇问题，但是直到嘉靖时期才酿成大倭乱，其开始的标志就是宁波争贡事件。根据明朝政府的规定，使团来华朝贡必须持有颁发的勘合凭证。嘉靖二年五月，由日本大内氏派遣的以宗设谦道为首的贸易使团抵达宁波，而另外一支由细川氏派遣的以鸾冈瑞佐和宋素卿为首的使团也随后抵达。当时宗设一行持有的是合法的正德勘合，而瑞佐等人所持有的是从幕府处讨来的理应作废的弘治勘合。因此在入关时双方各执一词争执不下。此时深谙中国之道的宋素卿暗中贿赂市舶太监赖恩，因此不仅可以在宴饮时使鸾冈座次居于宗设之

---

① 关于倭寇问题的研究可谓汗牛充栋，可参看吴大昕：《明嘉靖倭寇研究的回顾》，《明代研究通讯》第2期，1999年；郑樑生：《明代倭寇研究之回顾与前瞻——兼言倭寇史料》，收入《中日关系史研究论集》（十）；陈小法：《明代中日关系史研究动向——以倭寇为中心》，载江静主编：《日本历史与文化》（东京：国际文化工房，2004年）；范中义、仝晰纲：《明代倭寇史略》（北京：中华书局，2004年）；日本方面则有登丸福寿、茂木秀一郎：《倭寇研究》（东京：中央公论社，1942年）；石原道博：《倭寇》（东京：吉川弘文馆，1964年）；呼子丈太朗：《倭寇史考》（东京：新人物往来社，1971年）；田中健夫：《倭寇：海の歴史》（东村山：教育社，1982年）、《大明国と倭寇》（东京：ぎょうせい，1986年）；松浦章：《中国の海賊》（东京：东方书店，1995年）；等等。

② （明）王文光：《日本考略序》，收入《丛书集成新编》第98册，台北：新文丰出版社，1985年，第163页。

上，而且得以先行验发通关。此举遂引起宗设一行的极大不满，不仅拔刀相向，还纵火杀掠，杀死都指挥刘锦，掳走明朝将领袁琎。此事导致中日关系极度紧张，朝贡贸易随之停止。这次事件发生后不久，即有人深刻认识到倭寇问题的极大危害，并反思和重视起对倭寇来源国日本的研究。身处防倭前线的定海知县郑余庆显系其中的较为积极者，他支持薛俊编写了明代也是现存的中国古代第一部日本研究专书——《日本考略》。是书序言称："岁嘉靖癸未，变生仓促，职是事者虽闻知食焉不避其难之为义，且不能为身计，而况于他乎？时南闽郑侯崇善宰定海，目激其弊，谓往者既失之不预，而来者宜图之未然，谬以俊颇学古好修，以待时需者有年于兹，猥属为考略，以便御边将士之忠于谋国者究览。"①可以看出，正是宁波争贡造成的巨大祸患刺激了他们，因此才直接促成《日本考略》的编纂。而编纂此书也主要是"诚有裨于边防也"，避免宁波事件之类的祸患再次发生。

3. 官方的支持与普及性潮流的推动

明朝能够出现日本研究的高潮，和官方给予日本研究的支持是分不开的。《日本考略》的出现就是在定海知县郑余庆的支持下才得以问世的。在嘉靖宁波倭乱之时，沿海诸多州县均都罹难，唯独郑余庆所辖之定海因官民力守得以幸免。郑氏出于防患于未然的考虑，大力支持邑痒弟子薛俊撰著《日本考略》，使其"有裨于边防也。捐俸寿诸梓，嘉与有志忠爱其国与民者共之"②。这样的例子还有很多，如身为浙江布政使的范涞也自撰《两浙海防类考续编》一书，并且呈请钦差提督军务巡抚浙江等处地方都察院右副都御使审阅，最后得到批示：

> 务要字画端楷，一面买办上好梨板，择空闲处所，募倩惯熟字匠议资供给。……此系垂久之书，毋容潦草搪塞，刻完刷装二十部送院。如本院已经出境，另装四十部遇有便差送至原籍。其各沿海兵道府卫有司及参游备倭把总衙门，行令自备纸张赴司印回遵守。其该司道前后用过纸张，并刊刻印装工料及各校誊录人役工食犒赏等

① （明）薛俊：《日本国考略》，收入（明）邓士龙辑，许大龄、王天有主点校：《国朝典故》卷103，北京：北京大学出版社，1993年，第2034页。

② （明）郑余庆：《日本考略引》，收入《丛书集成新编》第98册，第163页。

项，该司径议酌行用过银两，俱于司库渔税犒赏银内造册开销。[①]

可见不仅有官方的支持，还提供了刻板印刷等项所需的开销。明代史学的重要特点即在于其普及性的潮流。[②] 一方面因为史学普及化程度大大提高，所以出现了不少适应社会大众需求的普及性著作。另一方面书商们为了普及性的需要以及受利益的驱动，往往热衷于发行适应大众需要的作品，甚至有的书商会自己操刀，用"剪刀加糨糊"的方法假以名家之号而发行。在这种商业运作和知识普及的双重力量推动之下，明代出现了大量的普及性史书。特别是以司马光《资治通鉴》和潘荣《通鉴总论》衍生出的编年体史书纷纷涌现，并且占据了明代普及性史学的主流地位。而明代日本研究类史书的大量涌现也和这种潮流息息相关。

4. 中日交流的加强与资料来源的扩大

明朝建立之后，朱元璋即实行海禁政策，严禁民间的私人对日贸易，只允许官方的朝贡贸易存在。但是从元末以来就一直在进行的民间贸易并未完全禁绝。而明代倭寇之乱的出现，也从侧面反映出双方正常贸易往来的重要性。甚至有的倭寇贼首不自觉地成为中日往来交流的使者，比如声名显赫一时的王直和中国、日本的上层都有交游。[③] 对于日本方面来说，由于朝贡贸易的有利可图，官方对此也是乐此不疲。虽然室町幕府时期也有如足利义持这样禁绝朝贡贸易者，但毕竟时间短暂，其继任者足利义教接代之后立即恢复了遣明船的派出。另一方面，长期的朝贡往来，也使大批的使臣往来于两国之间。他们对于中日两国间的交流起到了很重要的作用。而在明代还出现了大量的日本僧人来华的现象，他们对于中日文化交流的加强发挥了很大作用。[④] 在中日交流不断扩大的基础上，明代对日研究的开展便有了大量的资料来源渠道。在与络绎不绝的来华日本商人、大量的日本遣明使臣、成批的来华日本僧人等的交往

① （明）范涞：《两浙海防类考续编》，收入《四库存目丛书·史部》第226册，台南：庄严文化事业有限公司，1996年，第276页。

② 参见乔治忠：《明代史学发展的普及性潮流》，收入《中国社会历史评论》第4卷，北京：商务印书馆，2002年，第439—452页。

③ 参见汪向荣、汪皓：《中世纪的中日关系》，第266—273页。

④ 参见[日]木宫泰彦著，胡锡年译：《日中文化交流史》，北京：商务印书馆，1980年，第587—615页。

中,中国人对日本的认识得到不断深入和扩大。更重要的是,大批赴日的中国人有了亲身接触日本的机会,他们的所见所闻成为最切实可信的资料。而明代还出现了像郑舜功这样亲自赴日本考察者,他的《日本一鉴》成为了明代诸多研究日本著作中直接引用日方资料的唯一之书。其书中大量出现"其国书云""夷国书云""按国书""国书云"的字眼,并且对于日本的郡名、町村和官职名的记载基本符合日本的历史实情,这些都足以说明郑舜功参考了相当数量的日本典籍。因此在中日交流不断加强与深化的基础之上,对日本的研究有了多种途径的资料来源,这就为明代史学对日研究提供了可靠的史料保障。

5. 史学传统的内在助力

从中国古代史学的内在发展理路来说,明代史学出现对日研究的转向自是应有之义。中国古代史学中的一个重要传统就是重视对周边四夷的记载和研究,在本书第一章中已经详论,此不赘述。明代史学也承袭了这种重视域外载记的传统。明代对于日本的撰述和记载正适逢此种风潮,因此大量涌现也可谓正当其时。而这种史学传统发展的内在理路则是其最深层的原因。再从中国古代史学的功用论来讲,主要存在着垂范鉴诫与经世致用两种思想。明代对日研究的兴起和经世致用传统的影响密切相关。中国古代史学的经世致用传统由来已久,"殷鉴"的思想即是这种理念的最早萌芽。孔子的《春秋》成为经世致用传统的最早典范,史载"世衰道微,邪说暴行有作,臣弑其君者有之,子弑其父者有之。孔子惧,作《春秋》。……孔子成《春秋》而乱臣贼子惧"①。以后历代对史学的这种经世致用传统都不断地加以承继和发展。唐代史学理论家刘知几总结道:"史之为用,其力甚博,乃生人之急务,为国家之要道。有国有家者,其可缺之哉!"②可见古代史家是非常重视史之为用的。史学的功用主要体现在从历史中总结经验教训,以其中的反思和启发指导现实的实践活动。在明代倭寇之患日益严重的特殊时期,作为史家的职责就是要发挥史学的经世致用传统,总结历史经验教训以期指导现实问题。从这种目的出发,便出现了大量研究日本的历史著述。通过记述日本的历史文化和分析风土人情来全面地认识和了解对手,以寻求倭患问题的解决

---

① 杨伯峻译注:《孟子》卷6《滕文公章句下》,北京:中华书局,1960年,第155页。

② (唐)刘知几,赵吕浦校注:《史通·史官建置》,重庆:重庆出版社,1990年,第631页。

之道。比如《日本考》一书，除了记述日本的历史沿革、地理疆域、山川土产之外，还详细记录了日本的器物、语言、风俗等等，这样全面的记载可以使读者对日本有非常清晰和详细的了解，也为御边将士提供了第一手的军事资料。所以担任抗倭前线指挥官的宋应昌在给李言恭的信中就称："久因拮据戎事，致疏裁候，罪歉何如。然仰企故人之私，即身寓玄菟，未尝顷刻置也。昨辱飞翰下慰，兼惠日本志籍，示彼出没，资我运筹。具见门下留心国事，感甚。"①从这段话中可以体会出当时战争状态下，前线将士对于日本研究著作的重视和依仗，而这些因素也促使怀抱经世致用理念的史家们积极投身到这种对日本的研究之中。

第二节　薛俊及其《日本考略》

明代出现众多日本研究的专著，但是开启这个潮流的为薛俊的《日本考略》一书。此书不仅是现存第一部研究日本的专著，而且直接冠以"日本"之名，与以前相比其重要性不言而喻。因此对其书其人的分析显得十分必要，对于探讨明代的日本研究问题具有重要意义。但是在此之前还有一部以"日本"为名的书，长期被学术界所忽视，没有引起人们的注意。

一、最早以"日本"为名的专书

在明代以前没有发现任何一部研究日本的专书，现在能够见到的最早的只有薛俊著《日本考略》一书。但是在薛俊之前，明人张洪已经著有《日本补遗志》一书，这应该算是最早冠以"日本"之名的专书。然而到目前为止，学术界尚未发现此书，笔者查找《中国古籍善本书目》以及中日等国图书馆藏书目录也未曾觅见任何踪迹。所以对这部书的具体内容不得而知，是否为专门研究日本的著述也不敢妄下结论，只能从史料中寻找蛛丝马迹。

现存史料中此书最早出现在弘治《常熟县志》中，其中有一篇关于张洪的传记，内容如下：

---

① （明）宋应昌：《经略复国要编》卷12《与李临淮侯书》，台北：华文书局，1968年，第984页。

> 张洪,字宗海,号立庵。洪武二十三年,以明经除靖江三府教授。永乐初升行人,奉使日本国。二年,修茶马旧政于藩界,却其馈赆。时缅甸宣慰那罗塔杀孟养宣慰刁木旦,并其地。命公赍诏责还其地,立孟养后,那罗塔不服,凡六往返,始听命。那罗塔欲毒之,见公诚信,不果。既而复命,遂入文渊阁,与修《永乐大典》,充副总裁官。书成,差主安乐堂饭饥。寻升本司右司副。洪熙改元,进翰林修撰,修太宗、仁宗两朝实录。宣德间恳乞致仕,有白金彩段袭衣之赐。公天资明敏,标格奇古,为文章举动风生,下笔数千言立就。在翰林时,文武语敕多出其手。既归,力学不倦。所著有:《四书解义》《周易会通》《尚书补传》《诗经正义》《春秋说约》《礼记总类》《历代诗选》《史记要语》《续文章轨范》《琴川新志》;又有《揽辔集》《南夷书》《日本补遗志》《清溪集》《翰林类稿》《归田稿》《学选诗》《和陶诗》《小学翼赞诗》,共若干卷。成化间与吴思庵列祀子游祠。①

在此书卷三《图籍》中还列出了张洪的其他几部著作:《易经传义》《使归集》《贯道集》等书。此后正德年间王鏊所修之《姑苏志》中,也有一篇张洪的传记,所述内容基本相同。此段文字后来被焦竑收入《国朝献征录》中,另外还收有万历时期瞿汝稷为张洪所作的墓志铭,现摘录如下:

> 先生讳洪,字宗海,祁州人。……以明经征授靖江王教授,称病免。永乐元年以行人征,旋使日本。复使吐蕃。……竣事,编摹《大典》,晋行人司副。洪熙元年擢翰林院修撰。宣德元年同修《仁庙实录》。五年引年致仕。比归杜关谢将迎,日事著述。有《周易会通》《尚书补传》《诗书正义》《春秋说约》《礼记总类》《四书解义》《琴川新志》《日本补遗》《历代诗选》《史记要语》等。年八十有四卒。今篇帙湮灭,索之好事,汲冢靡藏,河间绝献。而苗裔寂寥,宗姓无考,词同中郎,馁甚羊舌,窀穸之托,樵牧来登。嘉靖末郭征君登贤至祖垄,得仆碑,剥落不可读,仅有先生姓字,知为马鬣所寄,但谋复封树缭,以修垣。逮万历戊戌,太学生徐汝良谓非表以贞石,则无以示永

① (弘治)《常熟县志》卷4,收入《四库全书存目丛书·史部》第185册,济南:齐鲁书社,1996年,第169页。

久。特营碑石，于是征君子梧，乞余文勒焉。①

由以上两段文字可以看出张洪著有《日本补遗志》一书。关于书名，万历以前的资料中均称《日本补遗志》，万历时期开始以《日本补遗》的书名出现。在清代，万斯同《明史·艺文志》和《千顷堂书目》中称《日本补遗》，而嘉庆《直隶太仓州志》和同治《苏州府志》中又称《日本补遗志》。在方志书中的书名基本一致，而《明史·艺文志》和《千顷堂书目》应该是根据张洪的墓志铭而采用的书名。所以张洪所著书名应该以距离其生活时代较近的《常熟县志》为准，书名应作《日本补遗志》。

万斯同《明史·儒林传》中为张洪列有一篇传记，关于其一生履历及著述基本和以上文字相同。只是最后补充道：

诸书多散失不传。常熟自元以前无以儒学名者，有之自洪始。始洪与侍讲王洪论诗，王自诵所作窃比汉魏，洪笑而未答，复自矜曰："终不作六朝语。"洪曰："六朝人岂易及，无论陆谢，且自视比江沈何如？子诗旁大李门墙，犹未窥其奥也。"王始屈服曰："平生喜读大李诗，君评我甚当。"洪作《学古诗叙》，备载其语，为学诗者夸诞之戒。②

但是在清朝定本《明史》中已经不见张洪其人与其书。清朝整理四库全书时没有关于《日本补遗志》的记载，只有将张洪《使规》和《南夷书》两书列入存目。正如万斯同在《明史》中所讲的那样，在清朝时张洪的大部分著作都已散失。现在能够见到的张洪的著作只有《南夷书》一部，另外在明人沐昂所编之《沧海遗珠》中收有张洪的五首诗作，张应遴所编之《海虞文苑》中还收有张洪与缅甸宣慰那罗塔六书。《南夷书》是张洪根据其永乐四年(1406)出使缅甸时的所见所闻而写成。据《四库提要》言，张洪此行还完成《使规》一书，此书：

① (明)瞿汝稷：《翰林院修撰止庵张先生洪墓碑》，收入(明)焦竑编：《国朝献征录》卷21《翰林院二》。此文还以《明翰林院编修止庵张先生墓碑》为名，收入(清)黄宗羲编：《明文海》卷451《墓文名臣二十三》，北京：中华书局，1987年，第4891—4892页。

② (清)万斯同：《明史》卷383《儒林传》，收入《续修四库全书·史部》第331册，上海：上海古籍出版社，2002年，第90页。

> 采古人奉使事迹,勒为一编。分十有六类:曰忠信,曰节义,曰廉介,曰谦德,曰博古,曰文学,曰识量,曰智愚,曰威仪,曰说辞,曰举贤,曰咨访,曰服善,曰详慎,曰勇略,曰警戒。各列事实于前,而断以己意。末为使缅附录,纪当日往返情形,并载所与缅酋书六篇。①

根据传记资料可知张洪一共有两次出使经历,出使缅甸就完成了两部著述,那么《日本补遗志》一书是否也是根据其出使日本的经历而完成的呢?首先张洪永乐元年(1403)出使日本之行的确有案可查,《明实录》中记载:“命左通政赵居任、行人张洪、僧录司右阐教道成,使日本国。赐居任、洪各纻、丝衣一袭,道成金襕袈裟及僧衣锡杖如意净瓶钵盂各一事。仍赐三人各钞十锭铜钱一万文。”②可以发现方志中的记载符合历史事实,张洪确实曾经出使过日本,但是并没有说明张洪是否著书。根据瞿汝稷所作墓志铭推断,张洪的大部分著作是在宣德五年致仕归乡之后完成。在墓志铭中《日本补遗志》和其他大部分著作并列其中,但是唯独不见《南夷书》和《使规》两部出使完成之作。这是否表明瞿汝稷暗示这三部书的性质和完成时间都不同呢?另外,从其书名来推断,《日本补遗志》应该是一种资料补遗性质的著述。张洪的其他几种著作,也大都是对于古籍的注释之作。从张洪个人才能方面来看,他曾经担任过翰林院修撰,又参加过编修《永乐大典》《太宗实录》《仁宗实录》,所以具备了一定的史才。他能够从古籍中搜集史料,完成关于日本的资料补遗性质的著作也不足为奇。或者这部书是张洪对于日本之行的追忆、补记都有可能。不过因为现在没有找到此书,一切都只能是臆测而已。

在明代通行的目录书中几乎都没有载录《日本补遗志》一书。在清朝,万斯同《明史·艺文志》中著录此书,而定本《明史》中则不见,《千顷堂书目》中记为:“张洪《日本补遗》又《南夷书》。”③从记载张洪传记的资料到目录书中几乎都没有标明此书的卷数,使人怀疑此书到底有多少人见到过。清人朱彝尊在《曝书亭集》中称赞朝鲜人申叔舟的《海东诸国

---

① 《钦定四库全书总目》(整理本)卷131《子部四十一·杂家类存目八》,第1734页。

② 《明太宗实录》卷22“永乐元年八月己未”条,“中研院史语所”校印本,第410页。

③ (清)黄虞稷:《千顷堂书目》,上海:上海古籍出版社,2001年,第217页。

纪》“比于张洪、薛俊、侯继高、李言恭、郑若曾所述尤瞭如指掌矣”①。朱彝尊所称薛、侯等人均有日本专著，将张洪与之并列说明，在朱彝尊看来他也是完成日本著述的。但是朱彝尊是否读过《日本补遗志》仍然没有证据。

由以上资料推断，明初张洪完成了第一部以“日本”为名的专书。目前中日学术界普遍认为薛俊《日本考略》是中国第一部冠以“日本”之名的专书，这种看法应该改正。张洪曾经作为使臣出使日本，对于日本一定有自己的看法与认识，是否写进《日本补遗志》中还不敢肯定。但是在明代众多研究者中，亲自到过日本的就不只郑舜功一位了，学术界的原有观点也应该加以修正。但是张洪与郑舜功相比仍有很大不同，二者出使的背景和目的完全不同，完成关于日本的著述也不相同。郑舜功作为明代众多研究日本者中的佼佼者，其赴日考察完成专著的举动值得肯定，但是亲自到过日本的经历就不能由其一人独享了。由于目前未曾发现张洪其书，所以只能作出有限的判断。但是在明人关于日本的研究中，几乎看不到有人引用张洪之书，可见在当时的影响力十分有限。虽然薛俊《日本考略》和郑舜功《日本一鉴》都在其之后，但是此二书的影响力远远大于《日本补遗志》，并且能够流传至今。所以本书在具体研究时，仍然围绕薛俊《日本考略》和郑舜功《日本一鉴》而展开。

二、薛俊与《日本考略》的成书背景

历史是由人民创造的，但是历史的小人物往往不会载诸史册。当若干年后发现他们的意义之时，已经难以寻觅他们的信息。虽然《日本考略》在今天看来意义非凡，但是薛俊在当时只是一个小人物，摆脱不了被历史埋没的命运。所以现在寻找薛俊的生平已是非常之难。从现存《日本考略》的序言，以及《筹海图编》等书引用其话语的片段中，仅仅可以知道他字梓山，浙江定海人，生员出身，曾任常州训导、浮梁教谕等职。康熙和光绪两朝的《定海县志》中提供的资料也仅此而已。这些基本是中国学者对其生平的了解程度。② 日本学者海野一隆认为薛俊生于1474年，

---

① （清）朱彝尊：《曝书亭集》卷44《书海东诸国纪后》，《钦定四库全书》本。

② 参见缪凤林：《明人著与日本有关史籍提要四种》，载《中央大学国学图书馆第二年刊》，南京：国学图书馆，1929年，第1页；汪向荣：《中日关系史文献论考》，长沙：岳麓书社，1985年，第223页。

卒于1524年，并且师事名儒王阳明。① 不知其以何为据，但在明朝嘉靖二十六年(1547)所修《潮州府志》中记载了一段关于薛俊的生平：

> 薛俊，字尚节，揭阳人，性孝友，不事嬉游。闻乡人陈琨有理学，往从之。领弘治十七年乡荐，授连江训导，升玉山教谕。尝师事王阳明，有所得，擢国子学正。闻母丧，奔至贵溪，卒于邸，广信，祀于名宦。②

到清朝雍正年间纂修《广东通志》时，对薛俊的事迹又进行了补充。乾隆四十四年(1779)纂修的《揭阳县志》中关于薛俊师事王阳明的时间和缘由说得更加清楚。其中记载：

> 薛俊，字尚哲，号靖轩，龙溪人。自少端慎，居父忧，哀毁尽礼，后虽遇吉庆不听乐。……弘治甲子领乡荐，授连江训导。……迁玉山教谕。弟侃师事王守仁，归以所闻者语俊，俊大喜。正德十一年守仁过玉山，遂请为弟子，问行己之要。守仁曰："闻子笃行久，试自言之。"曰："俊未知学，但凡事依理而行，不敢出范围耳。"曰："依理而行是理与心犹二也，当求无私行之则一矣。"自是有悟，学益进。……③

明代万历年间凌迪知所纂的《万姓统谱》中也记录了薛俊师事王阳明一事。但仔细推敲发现，此人并非《日本考略》的作者薛俊。虽然生活的时代基本差不多，但是一为定海人，一为揭阳人。并且为官经历也不尽相同，不能混为一人。海野一隆如果据此认为《日本考略》的作者师事王阳明，那么肯定是将二者混为一谈。

---

① [日]海野一隆：《地図に見る日本：倭国・ジパング・大日本》，东京：大修馆书店，1999年，第17页。

② (嘉靖)《潮州府志》卷7《日本藏中国罕见地方志丛刊》，北京：书目文献出版社，1991年，第271页。

③ (乾隆)《揭阳县志》卷6，台北：成文出版社，1974年据民国二十六年重刊本影印，第651页。

因为对于薛俊的生平事迹无法获取更翔实的资料，所以对于他写作《日本考略》个人主观因素难以找到确实证据。不过从《日本考略》的成书来说，主要有两个重要因素，即中日关系的变化和郑余庆的支持。这是此书写就的主要背景。

1. 宁波争贡事件与海防吃紧

如前所述，宁波争贡事件给中日关系造成了极大影响，也使海上倭寇日益横行。在宁波事件发生之时，宗设谦道一帮人烧杀掳掠，危及江浙沿海许多地方。而定海县正处于这次风暴的中心位置附近，所以也遭受到了倭寇的攻击。但是由于知县郑余庆指挥有方，一日数警，加强防范，才使得定海县得以保全。经过贡使的这次"所过焚掠"的侵袭，沿海官民对于倭寇之害有了更加清醒的认识。唯有加强海防，提高警惕，才能免遭倭寇侵害。而在此次事件的过程中，很多府县都束手无策，唯有坐以待毙，因此有必要对倭寇及其来源国日本有一个清楚的认识和了解。但是在此之前中国并没有关于日本的专门著述，只有散落在正史或者其他资料中的一些记载。在海防形势日益严峻的情况下，地方官员不可能亲自从浩如烟海的古籍中寻找资料，若有专门研究日本的著述则会提供极大的便利。正是在当时中日关系发生变化，沿海形势紧张的大背景下，产生了对于日本研究专著的强烈需求。这就是《日本考略》出现的主要背景。

2. 郑余庆的大力支持

嘉靖时期沿海地方的官员中，较有作为的应数定海知县郑余庆。在宁波争贡事件引发的沿海骚乱中，大部分州县遭涂炭，唯有郑余庆所辖定海逃过此劫。这主要归功于郑余庆采取了积极防御的措施，才使得定海得以保全。目击其弊的郑余庆并没有因此沾沾自喜，而是未雨绸缪，积极考虑以后倭寇再来袭击时的应对之策。兵法云：知己知彼，百战不殆。只有充分了解对手，才能更好地做好防御工作。了解对手的最好方法就是编写一部研究日本的专书，来提供有用的参考信息。因此郑余庆积极支持薛俊编写这部《日本考略》。郑余庆在为此书所作的序言中写道：

> 临事而有策，不若无事而有备者之克济也。故《书》曰："惟事事，乃其有备，有备无患。"洪惟国朝，混一区宇，薄海内外，罔不率俾，而犹以狡夷反复为虞。濒海地方，设兵以卫之，崇垒以城之，列堠以瞭之，连舰以逻之，遴武臣以督之，敕重臣以统之。其称贡也，则丰委

积以待之;其剽掠也,则张威武以擒获之。制甚周也。承平日久,继之以易,卒然不测,则莫知为计。余庆承乏定海,适遭其穷,以守城官兵并力据守,蕞尔区壤,独不罹害,幸亦多矣。窃以幸不可再思患,而预防之者不可不密,蚤夜辗转,以图后济。时则有若邑庠弟子薛生俊者,学务博,行务修。恒曰:“孝亲忠君,学者分内事。”虽未偶于时,而事理世故,盖语之素矣。乃命为《日本考略》若干卷,诚有俾于边防也。捐俸寿诸梓,嘉与有志忠爱其国与民者共之。外有《兵计略》,别为一卷,乃杂古兵法而参之己谋者。虑泄机关,而反资敌算,故芟之。是为引。时嘉靖癸未岁秋孟月吉旦,文林郎知定海县事闽人郑余庆书。①

从中可以看出郑余庆出于海防形势的长远考虑,所以要以预防为主。虽然定海县在宁波争贡事件中幸免罹难,但是很难保证下次倭寇来袭时还能这样幸运。只有尽早采取措施,才能有备无患。因此郑余庆下令县学的薛俊纂修《日本考略》一书,并且提供资金支持。在他的大力支持下,就产生了中国第一部研究日本的专书,在史学史上具有重要的意义。其实郑余庆能够做出这样的举动并非偶然,他本人一直比较重视文教,在任期间颇有作为。嘉靖《定海县志》中记载:“余庆以儒术饬吏治。师事洪贯、张琦,力梓琦诗文以广其传。礼聘薛博士俊纂成《定志》,躬为裁订。迹其所为,诚非碌碌者矣。”②由此可知郑余庆对于文化方面的建设也是不遗余力。薛俊不仅为郑余庆编写《日本考略》一书,还为其纂成县志,也说明薛俊在定海文教界的影响力以及其本人较高的学问素养水平。

三、《日本考略》的版本与内容

薛俊《日本考略》于嘉靖二年(1523)完成后即刊刻出版,嘉靖九年(1530)由定海知县王文光增补后再刊。但是目前没有发现嘉靖二年的原刊本,常见的皆为王文光增补本。由于《日本考略》一书是应防倭需要而编纂,主要目的在于实用,所以在郑余庆的督促下迅速成书。从前引郑余庆为《日本考略》所作序言中可以得知其成书在嘉靖二年七月,而宁波

---

① (明)郑余庆:《日本考略引》,收入《丛书集成新编》第98册,台北:新文丰出版社,1985年,第163页。

② (嘉靖)《定海县志》卷11《名宦传》,台北:成文出版社,1983年,第455页。

争贡事件发生在当年的五月初，所以在总共不到两个月的时间里《日本考略》就告完成。据此推测当时可能刊刻册数并不会很多，因为时间如此之短难以完成很大的印刷量。仅隔七年之后的嘉靖九年王文光就进行了增补重新出版，也从侧面反映了这一情况。当然还有一个另外的重要原因，即王文光所言："先尹郑公寿梓，而板随以归。"①因为郑余庆携板归乡，所以王文光想重刊的时候已经没有原板可用。因此王文光"询诸父老而得其书，始识倭夷本末。补拾其遗，乃令重刊以传"②。可见薛俊的原刊本流播并不广，很可能府衙之内都留存很少，因此才需要王文光寻访此书。由此之故才出现了嘉靖九年王文光增补本的版本，并且成为流传最广的版本。目前常见的《日本考略》的两种版本都是根据王文光的增补本而来：一是收入明人所编之《国朝典故》中，二是收入清人所编之《得月簃丛书》中。前者后来又被收进《四库全书存目丛书》，后者则被收入《丛书集成初编》中。虽然都本诸王文光的增补本，但是也有很大差异。《国朝典故》本中缺少郑余庆所作《日本考略引》和王文光《日本考略补》，而《得月簃丛书》本则有这两篇序言，却缺少《评议略》《防御略》以及王文光增补的《国朝贡变略》。除此之外，王文光增补本还传播到了朝鲜，出现了嘉靖四十四年(1565)的高丽金骥刻本。③

现在所见到的王文光增补本的《日本考略》只有一卷，共分十七略。但是明代朱睦㮮所作《万卷堂书目》中作两卷④，朱睦㮮乃是明朝宗室，根据其家藏万卷图书作成此书目。考虑到此书目作于隆庆四年(1570)，距离《日本考略》刊刻的时代最为接近，又是家中藏书，所以二卷之说比较可信。此后成于万历年间的两部目录书均记载为一卷，分别是徐𤊹《徐氏家藏书目》和祁承㸁《澹生堂藏书目》。但是在焦竑的《国史经籍志》中却著录为两卷。清人黄虞稷《千顷堂书目》中作三卷，但是吴骞根据《明季

① (明)王文光：《日本考略序》，收入《丛书集成新编》第98册，第163页。

② 同上。

③ 汪向荣：《中日关系史文献论考》，第224—226页。

④ 按：此据《续修四库全书·史部·目录类》第919册《万卷堂书目》卷2，上海：上海古籍出版社，2002年，第468页。缪凤林《明人著与日本有关史籍提要四种》(第2页)、汪向荣《中日关系史文献论考》(第222页)中均认为是四卷。

遗书目》批校为一卷。① 万斯同《明史·艺文志》中记作三卷。② 清朝四库馆臣作《四库存目提要》依据浙江天一阁所藏王文光增补本,记作一卷。根据前引郑余庆所作的序言来看,也称"若干卷",并且还有《兵计略》"别为一卷"。在明人郑若曾的《筹海图编》中,有两处引用关于沿海渔船防倭的言论,但是均不见于今本《日本考略》。《筹海图编》最后列有征引书目,今本中没有卷数。但是在乾隆《浙江通志》中记《日本考略》为二卷,并注明征引自《筹海图编》。根据这些信息判断,薛俊《日本考略》原本可能不止一卷,最大的可能为两卷。嘉靖、隆庆时期在《筹海图编》和《万卷堂书目》中所参照的《日本考略》都应该是两卷本的。在万历时期所见到的版本应该就是一卷本的了。根据现存一卷本的《日本考略》,可以发现在内容上具有以下特点。

1. 内容简略、重点突出

《日本考略》不仅部帙较小,而且在内容上也是极其简略。主要采用分类记述的方式,全书共分十七个略,从各个方面来介绍日本的情况。薛俊对于以"略"为名的原委在自序中作了解释,《得月簃丛书》本中云:"谓之略者,事关要害,姑述其概,而不条为之赘云。"③而在《国朝典故》本中文字却有不同:"事不关要,姑述其概。"④两处所强调的重点显然不同,前者的意思是此书事关重大但是仅叙述大概情况,后者的意思是对于不重要的内容仅叙述大概情况。就整部书的内容来看,基本都很简略,可以认为只是叙述了关于日本的大概情况。其中的《疆域略》《山川略》都极其简略。最简略的莫过于《户口略》,只有短短的二十七个字。

虽然整部书的篇幅很小,但是重点突出。对于处理日本问题比较重要的内容,都叙述得比较详细,比如《朝贡略》《评议略》《寄语略》等等。比如在《朝贡略》中,从光武帝中元三年倭人来贡一直写到嘉靖二年的宁波争贡事件,可以说把从古至明朝当代的中日朝贡关系史交代得比较清楚。对于中日之间关系的来龙去脉叙述一清,呈现在读者面前的就是一

---

① (清)黄虞稷:《千顷堂书目》,第217页。

② (清)万斯同:《明史》卷134《艺文志》,《续修四库全书·史部》第325册。

③ (明)薛俊:《日本考略序》,收入《丛书集成新编》第98册,第164页。

④ (明)薛俊:《日本国考略》,收入(明)邓士龙辑,许大龄、王天有主点校:《国朝典故》卷103,第2034页。

段简明的中日关系史。同时对于刚刚发生不久的宁波争贡事件记述详细,提醒人们要有足够的重视。而薛俊就朝贡的弊端所发表的议论很有见地,他认为:“四夷咸宾,固帝王之盛节,然彼狡者倭挟虚名以窥厚利,而使吾民脂膏,竭于供奉,吾民之命,悬于锋镝,父母斯民者,亦何忍乐受其名而不恻然于中邪!”①这是对于坚持朝贡徒慕虚名,而不顾百姓困苦的一种批评,反映了薛俊对此问题的独特见地。

2. 抄撮前史而成、错讹较多

由于在不到两个月的时间成书,所以薛俊在纂修时必须寻找便捷的方式。而从前史中抄撮资料则省时省力,因此其书中内容基本全部来自他书。对于这种以实用为目的,不需要很高学术含量的著作来说,这种编书方式无可厚非。全书十七个略,几乎每一篇都可以从前史中找到其史料来源。比如《州郡略》的内容就全部来自《宋史·日本传》,只是叙述日本七道的前后次序不同而已。《世纪略》的内容也是全部来自《宋史·日本传》,因为中国史籍中关于日本世系的记载最详细的就是《宋史》中奝然所叙述的情况。其后关于日本世系的情况基本不了解,所以《日本考略》中的《世纪略》也只能记载到宋代雍熙初年。

但是薛俊在抄撮前史时并没有深思熟虑,结果导致错讹百出。比如《户口略》中的“户可七万余”就来自《魏志·倭人传》关于邪马台户数的记载,但是把一千多年前的户数写到明代关于日本的记载中,显然十分荒谬。而“课丁约八十八万三千三百有奇”的记载也是《宋史·日本传》中数字,自然是不符合明代时日本的实际情况。这些都还只是因为抄撮时没有考虑时代问题所造成的错误,而由于其随意删改所造成的错误就更加可笑。比如在《属国略》中称对海国:“居绝岛,方可四百余里,山险多深林,禽鹿千余成群。无良田,人食海物自活,乘船南北市籴。”关于“禽鹿千余成群”很难理解日本当时会有这种现象,但是一查其史料来源之《魏志·倭人传》,才知原来是描写对马国的情况,不仅搞错名称,而且由于擅自改写才出现这种错误。《魏志·倭人传》中的原句为:“所居绝岛,方可四百余里;土地山险,多深林,道路如禽鹿径。有千余户,无良田,食海物自活,乘船南北市籴。”这种由于删改而导致的笑话,实在是荒谬。所

① (明)薛俊:《日本国考略》,收入(明)邓士龙辑,许大龄、王天有主点校:《国朝典故》卷103,第2043页。

以有的学者评价此书是:“错误百出,难以卒读的书籍,称不上差强人意的著作。”①

3. 首创《寄语略》、御倭目的鲜明

寄语就是用汉字来标注日语语汇的发音。《日本考略》中解释为:“寄即译也,西北曰译,东南曰寄。”②虽然《日本考略》的内容基本都是抄撮前史,整体上的史料价值不大,但是《寄语略》却是一个创举。在《寄语略》中,共分十五类,三百余语。这十五类分别是:天文、时令、地理、方向、珍宝、人物、人事、身体、器用、衣服、饮食、花木、鸟兽、数目、通用。从内容来看,几乎涵盖了日常生活的方方面面,并且都是非常实用的词汇。这些内容对于研究古代日语具有非常重要的价值。一些当时的发音今天仍然在使用,比如“狗”注音为“意奴”,就和现代日语中的发音“いぬ”几乎完全相同,类似的例子还有很多。中国人很早就开始用汉字记录日语的发音,比如《魏志·倭人传》中就有关于日本地名、人名的一些发音。此后历代的一些史书、文集中都出现了一些记载。如南宋罗大经《鹤林玉露》和元末陶宗仪的《书史会要》中就有关于日本寄语的内容。而能够单独作为一个门类,并且列出如此之多的语汇,《日本考略》要数第一部。从《日本考略》开创寄语略开始,明代的日本研究著作中都专门设有日本寄语的内容。如《日本考》《日本一鉴》《筹海图编》都设有寄语的专栏,不能不说是受《日本考略》的影响。而且《日本考略》中的《寄语略》还被冠以《日本寄语》的书名,收入到《说郛》丛书中。

《日本考略》中开创寄语略,体现了鲜明的御倭目的性。在《寄语略》的末尾,薛俊写道:

> 士君子非先王之法言不敢言,而方言固不足烦唇齿。然言者心之声,得其言或可以察其心之诚与伪,故特寄其常所接谈字,彷佛音响而分系之,似以资卫边将士之听闻,亦防御之一端也。然无义礼,

---

① 汪向荣:《中日关系史文献论考》,第229页。

② (明)薛俊:《日本国考略》,收入(明)邓士龙辑,许大龄、王天有主点校:《国朝典故》卷103,第2048页。

观者不必自为之释。①

这里道出了之所以重视日本语音的原委，只有了解其语言才能更好地做好防御工作。在《日本考略》中还有其他很多关于御倭的内容，比如专门设立的《防御略》。在《防御略》中，薛俊从选将用兵、武器装备、作战方式等各个角度阐述了御倭之策。这种鲜明的御倭特色，正符合在特殊背景下产生的《日本考略》的实用性特点。

第三节 《日本考略》的史学价值

虽然《日本考略》在内容上主要是抄撮前史，而且还出现了许多低级的错误，但是仍然不能抹杀它的历史价值和史学意义。《日本考略》产生于烽火连绵的动荡年月，开明代日本研究之先河，并引领一代研究潮流。虽然流传至今的《日本考略》已经不具其原貌，但是仍能从今天的一卷本中看到它在那个时代的影响力。下面试从几个方面来分别予以阐述。

1. 开创新的日本研究编写方式

明代以前的史著中，对于日本的研究主要是体现在正史的传记里，而没有专门的著述。明代这一研究方式发生了很大的转变，最主要的表现就是专书的出现。虽然最早冠以"日本"之名的专书是张洪的《日本补遗志》，可惜现在没有发现其书，并不清楚是否为专门研究日本的著作，而且在明代的影响也是微乎其微。《日本考略》是现在已知的最早关于日本的研究专著，而且在明代产生了很大的影响。从这个角度来讲，《日本考略》是中国古代史学中日本研究专书编写方式的开创者。

以《日本考略》为日本研究专书之开端，明代接连出现了大批这样专书编写方式的日本著作，如《日本一鉴》《日本图纂》《日本风土记》等等。这些著述改变了以往单篇研究的模式，开始采用专书的方式，都是在《日本考略》开创风气之后。《日本考略》中单独设立《寄语略》这一编写方式，对于其后的著作影响很大。在明代的日本研究著作中，大部分都设立

① （明）薛俊：《日本国考略》，收入（明）邓士龙辑，许大龄、王天有主点校：《国朝典故》卷103，第2055页。

了寄语的专栏,比如《日本风土记》中就有大量寄语的内容,而《日本一鉴》中寄语的收罗范围就更加广泛。

《日本考略》中还编有一幅日本地图,虽然在《国朝典故》和《得月簃丛书》本中都看不到,但是在高丽刻本和抄本中都还保留着这一页地图。① 日本学者海野一隆也把这幅图收入到其著作中。② 这幅日本地图基本是根据《日本考略》中的《州郡略》和《山川略》而绘成,其中标注出了五畿、七道、三岛的州郡名称和方位,此外还有永乐初年赐封日本的寿安镇国山。其后明代的日本研究著作中,如《日本考》《日本图纂》中都收有日本地图,但是基本是在《日本考略》的基础上完成的。虽然明代罗洪先的《广舆图》以及其后《筹海图编》《日本一鉴》和其他的海防类图书中的日本地图要更加先进,而且明人的日本地理研究水平在后期有了很大进步③,但是《日本考略》在日本地图编绘上的开创之功不容抹杀。

2.《日本考略》的日本认识与倭寇对策

明代以前对于日本的认识主要以正史的日本传为代表,在这些传记中对于日本基本都是客观描述其历史、地理、风土人情等等。对于日本人及其社会风俗的一般认识大多是沿袭《魏志·倭人传》中"不盗窃、少诤讼"的看法,认为日本是一个民风淳朴的国度。但是在元代,由于受到倭寇对东南沿海地区的烧杀抢掠的影响,文人们从倭寇之患中感受到了一种非人类性,仁者日本的形象荡然无存。在元代文人的诗文作品中,出现了很多丑化日本的行为,中国人眼中的"小日本"形象开始形成。④

《日本考略》中对于日本的认识包括两方面的内容。一方面是沿袭正史的看法,对于日本的历史沿革、天皇世系、州郡属国、物产风土、制度土俗等方面基本都是传统观点,也可以说是比较陈旧的看法。因为很多内容都是直接摘抄古史资料,所以很多已经不符合日本的实际情况,这是薛俊在日本认识上的局限性。另一方面就是从现实认识出发,对日本人

---

① 汪向荣:《中日关系史文献论考》,第225页。

② [日]海野一隆:《地図に見る日本:倭国・ジパング・大日本》,第18页。

③ 参见[日]秋山谦藏:《明代支那人の日本地理研究》,《历史地理》第61卷第1号,1933年1月,第31—61页。

④ 参见张哲俊:《中国古代文学中的日本形象研究》,北京:北京大学出版社,2004年,第164—182页。

以及倭寇的看法。《日本考略》中对于日本人的认识已经没有了以往史书中的仁慈形象，代之以“狼子野心，剽掠其本性也”①的看法。在此书的《评议略》中，薛俊引用《杨文懿公与张主客论倭奴贡献书》中的看法：“倭奴僻在海岛，其俗狙诈而狠贪，自唐以至近代，已常为中国疥癣矣。”②可见由于受到倭寇之乱的影响，特别是薛俊曾经亲历宁波争贡事件对百姓所造成的巨大危害，《日本考略》中的日本形象已经变得极其丑恶。薛俊对日本人的认识已经和对倭寇的认识紧紧联系在了一起，他对倭寇凶悍残忍的认识已经扩大成了对整个日本人的认识。虽然薛俊撰写《日本考略》多是摘录前史，没有用心向到过日本的中国人和来中国的日本人了解情况，但是据此认为此书“道听途说的成分极大，浮夸失实之处甚多”③也不完全正确。如果薛俊真的能够多做一些“道听途说”的工作，那么宁波沿海地区有很多到过日本的商人、水手可以供其咨询，对于日本人的认识绝对不至于如此。实际情况是薛俊并没有做深入的访谈和调查工作，只是凭借自己的所见所闻来构建他眼中的日本人形象。“当时和中国人，尤其是江浙沿海接触最多的日本人，不是经营朝贡贸易或者走私的商人，就是骚扰沿海一带，给中国人民带来苦难的倭寇。当然，这些人不代表日本人，但薛俊所见所闻和接触到的，却就是这批人。”④薛俊对于倭寇之害有深切的体会，所以他在书中对倭寇的形象描述就是由这种客观环境所造成的。只可惜他并没有对倭寇有全面的了解，也没有完全搞清楚倭寇和日本人之间的关系。而其后的一些日本研究著作受其影响，对于日本人的认识未能有所突破。

在对倭寇之害的认识基础上，薛俊在书中积极探讨御倭之策。在此书《评议略》中就有一篇《梓山私议》，是薛俊专门就倭寇问题提出了自己的解决之道。薛俊认为应该挑选精通兵法的守边重臣，同时要“修城堡，

---

① （明）薛俊：《日本国考略》，收入（明）邓士龙辑，许大龄、王天有主点校：《国朝典故》卷103，第2044页。

② （明）薛俊：《日本国考略》，收入（明）邓士龙辑，许大龄、王天有主点校：《国朝典故》卷103，第2056页。

③ 朱莉丽：《倭寇之乱下明朝人对日本的研究》，收入陈尚胜编：《中国传统对外关系的思想、制度与政策》，济南：山东大学出版社，2007年，第105页。

④ 汪向荣：《中日关系史文献论考》，第236页。

利器械，练士卒，习水战，以备不虞”①。本书还专辟《防御略》，集中探讨防倭御寇问题。在此略中，首先讨论粮草供给对军队的重要性，主要批评御倭部队中存在的“缓催、包揽、虚出、克减、冒支、代领”等腐败现象，必须依法严惩此类事件。其次讨论选将练兵的重要性以及具体方式，薛俊强调“靖内而攘外，以选将为要”。对于练兵之法，薛俊认为由于承平日久军队的战斗力已经下降，必须“照例出海者操于水，守城者操于陆，月阅之九，务俾五官不谬，五教不乱，夫然后以守则固，以战则克”②。薛俊还强调作战武器的重要性，针对倭寇的特点，短兵相接时主要以刀枪御敌，远则以弓矢克敌，并且要求火铳手必须练习左右手射击技术。在《防御略》的最后，薛俊针对东南沿海水战的特点，提出官哨船只务求坚固实用，并且增置小划船以加强哨探能力。同时要求放宽沿海居民下海禁令，让他们出海捕鱼的同时协助官船防倭御寇。可以说，薛俊所提出的防倭策略都是建立在其对海防的观察基础上的，很多措施都是十分有利于防倭御寇工作的。《日本考略》一书在定海军民中的传布，发挥了其防倭御寇的指导性作用。《日本考略》针对现实问题援引历史经验提出解决之道，正体现出了史学的经世致用功能，也是其史学价值之所在。

3.《日本考略》对中日关系史的总结

朝贡关系是古代中日关系史的重要内容。《日本考略》中对于中日关系史的记载，主要是日本朝贡中国的历史。《朝贡略》中从光武帝时倭国奉贡朝贺开始，一直记到嘉靖二年的宁波争贡事件为止。明代以前的中日关系史主要来自正史中的日本传，除了朝贡关系之外还有两国的文化交流等内容。《日本考略》中对于中日关系史的记载主要还是以朝贡关系为主，这也是薛俊对于两国交往史最重要的总结。甚至连嘉靖九年王文光对《日本考略》所作的补遗，也只是增补了一篇《国朝贡变略》，主要是更加详细地记载了明朝时期中日之间的朝贡关系史。

但是薛俊对于中日之间的朝贡关系是持批判态度的。他在《贡物略》中详细记载日本进贡物品之后，写下了这样一段按语：

---

① (明)薛俊:《日本国考略》,收入(明)邓士龙辑,许大龄、王天有主点校:《国朝典故》卷103,第2058页。

② (明)薛俊:《日本国考略》,收入(明)邓士龙辑,许大龄、王天有主点校:《国朝典故》卷103,第2060页。

书曰："明王慎德，四夷咸宾。无有远迩，毕献方物，惟服食器用。"故国朝制定贡物祇以适用，不贵异物，贱用物也。然以愚论之，贴金扇、描金粉匣等器，寒不足为衣，饥不足为食，远不足以昭德，近不足以展亲，况中国所制亦颇足用，夫何取重于彼而纷扰如是哉？①

通过这段话可以看出，薛俊对于明朝政府所坚持的朝贡政策持有怀疑态度。对于政府所标榜的朝贡只取所需而不贵异物的说法，薛俊通过自己的观察认定事实并非如此。日本所进贡的物品很多都是奢侈的消费品，并且通过明朝对其的回赐而大量获利。除了进贡物品外，日本使节还会运载其他货物来中国换回日本所需的物品回国牟利。除此之外，朝贡制度带来的最大危害就是引发的倭寇问题。虽然倭寇问题的爆发根源并不在朝贡制度，但是在薛俊看来正是由于朝贡的存在才给倭寇掳掠制造了可乘之机。虽然明朝对日本并没有征伐之心，"然彼之心亦不欲少强吾土，籍吾民而恣凭陵侵夺之谋也，其所以为边境患者，不过利吾之财与货。窥伺得间，则潜剽掠以行鼠窃之奸，不得间，则佯称贡以馨致鱼之饵尔。"②所以在这种情况下，薛俊从古圣先贤处理夷狄问题的大义出发，引用《皇明祖训》和《大明会典》为依据，追述明太祖、太宗时期处理明日关系的原则以及对朝贡的态度。在此基础上，他在《日本考略》中写道："俊处卑微，有怀无路，伏冀当道借重奏请，申明旧制，移文到彼，限以十年一贡，船止一正一副，水手多不过百，如不及限及逾限而至，即以寇论，人船逾数亦以寇论。"③薛俊在不敢直接批评朝廷政策的前提下，提出应该恢复祖制，只有对朝贡严格控制，才能最大程度地减轻倭寇隐患。可见薛俊在当时的历史背景条件下，不可能直接反对政府的决策，对于劳民伤财的朝贡制度也只能是加以改进进行维护而已。薛俊对于中日关系的看法，

---

① （明）薛俊：《日本国考略》，收入（明）邓士龙辑，许大龄、王天有主点校：《国朝典故》卷103，第2044页。

② （明）薛俊：《日本国考略》，收入（明）邓士龙辑，许大龄、王天有主点校：《国朝典故》卷103，第2058页。

③ （明）薛俊：《日本国考略》，收入（明）邓士龙辑，许大龄、王天有主点校：《国朝典故》卷103，第2058页。

还是被其将日本人视为倭寇的看法所占据,对两国关系不可能提出更加全面的认识。

4.《日本考略》的史料价值与史学认识

虽然《日本考略》的内容基本都是抄撮前史,但是其中由薛俊根据所见所闻而撰成的当代史部分,具有很高的史料价值。比如对嘉靖二年的宁波争贡事件的记载,因为事情就发生在《日本考略》撰成前的两个月,所以对此事的记载真实度较高。从当年五月初一日贡使发生争斗开始,对于战事进展情况以及宗设一伙逃窜路线和掳掠情况都有具体记载。这种对此次事件具体到每日的记载,对于明代倭寇问题的研究无疑具有极高的史料价值。从薛俊本身来说,他是此次事件的经历者,而考虑此书的读者基本都是事件发生时守卫定海的将士,所以记载的真实性不容怀疑。在此之后的日本研究或者御倭著作,在宁波争贡问题上的史料价值都没有超过《日本考略》一书。只是不知何故,在现存的王文光增补本中,由王文光增加的《国朝贡变略》居然把此次事件的发生时间记为嘉靖元年(1522),主要内容是记载五月以前宗设、瑞佐贡船先后来到宁波的情况。但是为何一书中对同一事件的发生时间记载不一致,而明人著作中都采用薛俊嘉靖二年之说但无人指摘王文光之误,可能现存版本系传抄过程中误写之故。

薛俊对于史学的认识最主要的就是经世致用思想。写作《日本考略》的目的就是为了供御边将士们学习之用,让他们了解日本,当然最主要的还是了解倭寇。虽然薛俊的认识还不够全面和完善,但是他在书中所提出的御倭之策极具实用性。而对于学术水平并不高的下层群体的读者来说,《日本考略》的编纂初衷已经基本实现。这种史学以经世的思想在明代的日本研究著作中体现得非常明显。防倭御倭都是它们最重要的功能,在这一点上和《日本考略》是一脉相承的。

《日本考略》在编纂方法上采用了分成十七个"略"的方式,这种分门别类的方法便于清晰地叙述日本的各方面情况。明代以后的日本研究著作大都采用了这种分门别类的编写方式。薛俊在自序中阐述了本书的编纂方法:"谓之考者,历稽载籍及广诹故老所闻,而非凿空以愚人也。谓之略者，事不关要，姑述其概，而不条为之赘也。"①这里体现了薛俊对史书编纂原则和编纂方法的观点。作为史书应该坚持求真求实的基本原则，不管是引用史料还是采访调查，都必须实事求是而不能穿凿附会。但是在这一点上《日本考略》并没有很好地贯彻这种原则，所以缪凤林评价道："明自嘉靖世倭氛大炽，一时学者多论述日本，皆空疏无足观，而梓山实为其初祖。国人著述之以考索日本标题者，亦以此书为首。"②在具体的编写时，根据需要以简洁为主，没有必要重复啰嗦。《日本考略》这种以"略"为主的特色在明代产生很大影响，如侯继高《日本风土记》中的《倭国事略》，郑若曾《筹海图编》中的《王官使倭事略》《倭国朝贡事略》等内容都是模仿了这一书写形式。

总之，薛俊采用"略"的方式成书，内容既简单概略，又重点突出，对于《日本考略》的普及和传播有很大的便利之处。产生于特殊社会背景之下的《日本考略》，其编纂方式适应了当时社会的需求，对于明代日本研究史籍的发展具有重要意义。

① （明）薛俊：《日本国考略》，收入（明）邓士龙辑，许大龄、王天有主点校：《国朝典故》卷103，第2034页。

② 缪凤林：《明人著与日本有关史籍提要四种》，载《中央大学国学图书馆第二年刊》，第4页。

第三章　明代日本研究史籍分析

继《日本考略》问世之后，明代出现了大批的日本研究史籍。其中既包括以日本为名的书籍，又有大量关于倭寇的著作。这些著作的出现和当时的社会现实紧密相连。嘉靖中后期，明朝的倭寇之乱愈加严重，中国东南沿海地区大部罹难。从这个时期开始，倭寇的情况发生了变化，真正的日本籍倭寇已经不占主流，大部分都是中国籍的从倭之人和海盗。如《明史》中叙述嘉靖三十四年(1555)五月倭寇进攻苏州等地时提到："大抵真倭十之三，从倭者十之七。"[①]基本反映了明朝后期倭寇的实际情况。此时扰乱东南沿海的主要以王直、徐海等人为代表。王直最初只是一个从事走私贸易的奸商，后来逐渐发展为一个拥有武装力量并且以日本为根据地的海盗集团的头目。王直招揽了大批中国籍和日本籍的海盗到中国东南沿海进行劫掠，称霸海上十余年，直至嘉靖三十七年(1558)被总督胡宗宪诱捕就擒。其后，王直的一些部下又在东南沿海肆虐数年。由于这个时期的倭寇大多以日本九州等地为大本营，所以明朝方面仍然要遣使诏谕"日本国王"，希望他们能够禁戢岛寇。曾经有蒋洲、陈可愿、郑舜功等人赴日，除了跟"日本国王"谈判外，还对王直等人直接开展招抚工作。由于往来中日之间的人数不断增多，所以此时中国人对于日本的认识和了解比以前有了很大进步。这个时期产生了许多日本研究的专著，此外还有很多关于倭寇问题的研究以及记录剿除倭寇事件的史籍。在明代中后期大批日本研究史著中，最具代表性的要数《日本一鉴》和《日本风土记》《日本考》，因此本章主要以此三部书为中心探讨明代的日本研究史籍问题。

第一节　郑舜功及其《日本一鉴》

虽然明代最早以"日本"为名的专书《日本补遗志》的作者张洪曾经出

① (清)张廷玉等:《明史》卷322《日本传》，北京:中华书局，1974年，第8353页。

使过日本,但是其书是否在他本人对日本观察的基础上而作还无法确定。现在已知的根据赴日调查写成的日本研究专著,最早的要数郑舜功的《日本一鉴》。此书是作者在两次赴日考察的基础上完成的,具有很高的史料价值和史学意义,有必要进行深入研究。但是到目前为止,国内学术界对于《日本一鉴》的研究寥寥无几,而日本学术界则有不少成果问世,既有校订整理本和索引,还有很多专题论文,其中关于日语语音的研究占据多数。①

---

① 国内关于《日本一鉴》并无专门研究,主要在中日关系史的研究著述中有所提及或者作为史料被引用,论文只有汤开建:《〈日本一鉴〉中的葡澳史料》,载《岭南文史》1995年第2期;朱鉴秋:《〈日本一鉴·桴海图经〉及明代中日海上航路的研究》,《海交史研究》2000年第2期。台湾方面有郑樑生:《郑舜功〈日本一鉴〉之倭寇史料》,收入《中日关系史研究论集》(十一)(台北:文史哲出版社,2001年)。日本方面有三ケ尻浩校订:《日本一鉴》(京都:出版者不明,1937年);木村晟编辑:《日本一鑑の總合的研究:大本山總持寺貫首梅田信隆禪師退董記念. 本文篇》(大阪:伽林,1996年);大友信一、木村晟编:《日本一鑑「名彙」:本文と索引》(东京:笠间书院,1982年);渡边三男:《「日本一鑑」について:明末の日本紹介書》,《驹泽大学研究纪要》,Vol. 13(1955/03);坂井健一:《日本館訳語と日本一鑑にみられる近世方音の研究》,《汉学研究》(日本大学中国学会),(1970/03)(通号7);木村晟:《日本一鑑「寄語」所引の下学集・節用集》,《驹泽大学文学部研究纪要》,Vol. 32(1974/03);木村晟:《『日本一鑑』の名彙》,《驹沢国文》,Vol. 13(1976/02);神户辉夫:《鄭舜功と蒋洲:大友宗麟と会った二人の明人》,《大分大学教育福祉科学部研究纪要》21(2),1999/10;中岛敬:《鄭舜功の来日について》,《东洋大学文学部纪要・史学科篇》(19),1994;中岛敬:《『日本一鑑』の日本認識》,《东洋大学文学部纪要・史学科篇》(东洋大学),(1995)(通号21);中岛敬:《『日本一鑑』研究史》,《东洋大学文学部纪要・史学科篇》(东洋大学),(1996)(通号22);片山晴贤:《『日本一鑑』の基礎的研究其之一》,《驹泽短期大学研究纪要》,Vol. 24(1996/03);中岛敬:《劉喜海の『日本一鑑』研究》,《白山史学》(白山史学会),(1996/04)(通号32);片山晴贤:《『日本一鑑』の基礎的研究其之二:名彙「器用」について》,《驹泽短期大学研究纪要》,Vol. 25(1997/03);片山晴贤、木村晟:《『日本一鑑』器用門の注釈的研究》,《驹泽短大国文》,Vol. 27(1997/03);近藤良一:《『日本一鑑』名彙の注釈的研究》,《驹泽大学北海道教养部研究纪要》,Vol. 33(1998/03);神户辉夫:《鄭舜功著『日本一鑑』について(正):「ふ海図経」と「絶島新編」》,《大分大学教育福祉科学部研究纪要》,Vol. 22,No. 1(2000/04);神户辉夫:《鄭舜功著『日本一鑑』について(続):「窮河話海」》,《大分大学教育福祉科学部研究纪要》,Vol. 22,No. 1(2000/04);片山晴贤:《『日本一鑑』の注釈的研究》,《驹泽国文》(驹泽大学文学部国文学研究室),No. 42(2005/2);徐兴庆:《〈日本一鑑〉的歴史意義及其漢日對音詞彙之價值》,《アジア文化交流研究》(関西大学アジア文化交流研究センター),No. 2(2007/03);片山晴贤:《『日本一鑑』名彙の研究(1)》,《苫小牧驹泽大学纪要》(苫小牧驹泽大学),No. 18(2007/10);中岛敬:《『日本一鑑』の諸伝本》,《江戸・明治期の日中文化交流》(东京:农山渔村文化协会,2000/10);等等。

一、郑舜功赴日与《日本一鉴》的完成

嘉靖时期倭寇猖獗,给东部沿海造成巨大损失,明廷主要采取剿抚并用的手段。① 嘉靖中期倭寇开始大规模劫掠活动,明廷派遣朱纨主持浙闽地区防务,开展剿倭活动并实施海禁政策。嘉靖二十七年(1548)朱纨派都指挥卢镗率军进行大规模剿倭行动,先后斩杀倭寇贼首李光头、许栋等人,并捣毁倭寇盘踞巢穴。在取得剿倭战争的初步胜利后,朱纨开始执行严厉的海禁政策,建立保甲制,逮捕走私商人。这种"片板不许下海"的严厉海禁政策,不仅使依靠海上贸易为生的小商小贩难以生存,而且也使沿海以通番获利的豪族势力受到一定程度的打压。朱纨的海禁政策虽然起到了很好的御倭作用,但是也触犯了势豪之家的利益,朱纨本人被他们构陷失位,最后落得一个仰药而死的结局。而朱纨一死,沿海倭寇大作,终于酿成嘉靖三十年代的大倭乱局面。② 此时正是王直一伙独霸海上之时,明朝的沿海防卫主要就是针对他们。嘉靖三十四年(1555)工部右侍郎赵文华上疏言备倭七事,其中提到:"察贼情,欲招通番旧党并海盐徒,易以忠义之名,令其入巢侦伺,因以为间。"③朝廷同意赵文华的奏请,派其祭祀海神并主持东南防倭之事。赵文华到达江南以后,先后排挤总督张经和周珫,并与浙江巡抚胡宗宪操控了东南的全部防倭大权。④ 胡宗宪针对王直一伙采取以抚为主的策略,并派遣蒋洲等人赴日劝降。

郑舜功使日同在嘉靖三十四年,不过是受总督杨宜的派遣。据郑舜功自称,"于岁乙卯(嘉靖三十四年,1555)赴阙陈言,荷蒙圣明不以愚昧罪功,特下兵部咨送总督军门,转咨浙福军门,文移浙江司道议。功使往

---

① 参见张声振、郭洪茂:《中日关系史》第1卷,北京:社会科学文献出版社,2006年,第379页。

② 参见郑樑生:《明嘉靖间浙江巡抚朱纨执行海禁始末》,收入《中日关系史研究论集》(五),台北:文史哲出版社,1995年,第1—34页。

③ 《明世宗实录》卷419"嘉靖三十四年二月庚辰"条,"中研院史语所"校印本,第7270页。

④ 关于此一时期靖倭督抚的变动情况,可参见郑樑生:《明嘉靖间靖倭督抚之更迭与赵文华之督察军情(1547—1556)》,收入《中日关系史研究论集》(七),台北:文史哲出版社,1997年,第79—126页。

日本国,采访夷情,随机开谕,归报施行等因。"[①]说明此年郑舜功曾经赴京请缨,并且得到朝廷批准。那么郑舜功以布衣的身份进京陈言之事是否可信呢?有学者认为,明代在嘉靖倭乱之时,曾经采取广开言路允许平民献计献策的制度。[②] 明朝兵部曾发出告示:"一应人等,但有御侮平倭长策者,俱许具开揭帖,不时赴部,以备采择。"[③]所以在这种特殊情况下,郑舜功得以献策并被委任赴日。于是他招募从事沈孟纲等人,歃血为盟,于此年受总督杨宜派遣,做赴日准备。但是郑舜功并没有从浙江出发,而是绕道广东。"功前奉使日本时,浙、直、福皆有贼,故取道广。"[④]从这里看出郑舜功之所以没有从宁波出发,是因为浙江近海倭寇猖獗,故避其锋芒绕道南行。[⑤] 绕道广东出发还有另外一个考虑因素。当时正是葡萄牙商人与日本商人相互勾结,混入广东开展海上贸易之时,因此郑舜功此行可借机了解活跃在广东海面上的日本人的情况,以防日后葡倭勾结寇扰中国。[⑥] 郑舜功一行于嘉靖三十五年(1556)五月从广东出港,经由台湾北部钓鱼岛附近,并顺琉球沿岸海域北上。本来打算直抵京都,可是遭遇暴风雨袭击,最后于当年七月漂至日本九州丰后国。《日本一鉴·桴海图经》中记录了郑舜功此行的经过和海上航路。[⑦]

郑舜功此行所抵达的丰后属于九州北部大友义镇的领国。郑舜功在《日本一鉴》中记录了其一行人在日本的活动情况:

> 自以大明国客之名,随谕西海修理大夫源义镇,禁戢所部六国地

① (明)郑舜功:《日本一鉴·穷河话海》卷9《接使》,民国二十八年据旧抄本影印本。标点参照郑樑生:《明代倭寇史料》第7辑,台北:文史哲出版社,2005年,第2913页。

② 武安隆、熊达云:《中国人の日本研究史》,东京:六兴出版,1989年,第70页。

③ (明)郑舜功:《日本一鉴·穷河话海》卷8《评议》,收入郑樑生:《明代倭寇史料》第7辑,第2896页。

④ (明)郑舜功:《日本一鉴·穷河话海》卷7《贡道》,收入郑樑生:《明代倭寇史料》第7辑,第2883页。

⑤ 参见[日]中岛敬:《鄭舜功の来日について》,《东洋大学文学部纪要·史学科篇》第19号(1994年),第67页。

⑥ 参见汤开建:《〈日本一鉴〉中的葡澳史料》,《岭南文史》1995年第2期,第50页。

⑦ 参见朱鉴秋:《〈日本一鉴·桴海图经〉及明代中日海上航路的研究》,《海交史研究》2000年第2期。

方，其余列国，止可移书，由其禁否。功按：大体必先晓谕日本王，乃得遍行通国，协一禁止。我舟因风不可泛海，又按丰后且有奸宄颠倒其间。功加深虑，随为批书，付与从事沈孟纲、胡福宁潜济二海，晓谕日本王，期得真情归报朝廷，以为东南长治久安之计，庶不负功捐躯图报之心也。从事去后，功于丰后国察知奸宄之渊薮。盗贼之盘根，必欲塞源拔本，期无东灭西生之患。既得要领，渐次晓谕修理大夫源义镇，与国臣鉴、续长、生鉴、增鉴、治亲、守鉴、速鉴、直国、僧清梁等，议欲遣人附舟报使，请奉国典，还国一体遵照施行，以顺天朝之意，此其先知向化之心也。功以白手空谈，仰伏圣德，用竭愚忠，获其听信，自谓一奇。遂不顾非时之险，与报使清授俱来。①

从这段记载中可以看出，郑舜功以明朝"国客"的身份在日本开展外交活动。关于"国客"之名，郑舜功解释为："国客之名，盖因奉使之际，遵蒙本部尚书杨令言，但以中国百有年来未尝遣使日本国，是故不敢承领文移，取辱使命。但以国客之名，先之以忠信之言，晓之以仁义之道，要之以文德之教，使蛮貊之民乐生于化日之下，自谓用夏变夷一端尔。"②郑舜功深知大友义镇只是割据一方的诸侯，必须宣谕日本国王在全国禁戢倭寇才有可能。于是他派手下沈孟纲和胡福宁二人赴京都，进行外交斡旋。日本方面的史料《京都将军家谱》中对此也有记载，其文曰："同二年（弘治二年，1556），筑紫ノ边民侵大明地，七月，大明上官郑舜功，来丰后赠书于京都。"③而郑舜功则只身留在丰后，一方面与大友义镇臣僚进行磋商，希望他们能够跟明朝合作，开展禁绝倭寇的行动。另一方面，郑舜功进行了细致的调查工作，既考察日本的情况，同时又刺探倭寇所盘踞的巢穴和活动的情况等军事情报。郑舜功在实地调查倭寇情况之后，与大友义镇诸臣商讨治倭策略，并拟定双方合作方针。在取得初步外交成果之后，郑舜功决定先行返国。于是大友义镇拨付舟船，并派遣僧人清授作为回使，于当年年底陪同郑舜功返华。在丰后逗留差不多六个月之后，郑舜功踏

① （明）郑舜功：《日本一鉴·穷河话海》卷9《接使》，收入郑樑生：《明代倭寇史料》第7辑，第2912—2913页。

② （明）郑舜功：《日本一鉴·桴海图经》卷1，民国二十八年据旧抄本影印本。

③ 《京都将军家谱》，转引自中岛敬：《鄭舜功の来日について》，第68页。

上回国的航程。原本顺风行驶只需五六天的航程,但是遭遇恶劣天气,致使在海上漂泊四十多天,最后于嘉靖三十六年(1557)一月,郑舜功一行人等回到广东,并于同年北上,历经数月后到达宁波。

随同郑舜功前来的日僧清授等人与明廷接洽,《明实录》中记载:"及前总督杨直〔宜〕所遣郑舜功出海哨探夷情者,亦行至丰后。丰后岛遣僧清授,附舟前来谢罪,言前后侵犯皆中国奸商,潜引小岛夷众,义镇等初不知也。"①这说明郑舜功的外交活动是取得了一定成功的,因为大友义镇已经遣使前来,并且向明廷解释他们对倭寇盘踞日本的事情并不知情。虽然日僧清授的解释未必可信,但是至少表明大友义镇政权在这个问题上的态度,还是愿意继续与明朝发展友好关系的。这一个时期,在杨宜派遣郑舜功之前,浙江巡抚胡宗宪已于嘉靖三十四年派遣蒋洲和陈可愿二人赴日宣谕。蒋洲、陈可愿二人皆为宁波生员,他们赴日的使命和郑舜功基本相同,不过出发地为定海。蒋、陈二人出海后即遭遇飓风,漂至日本五岛,正是王直、毛海峰集团盘踞之地。王直等告知蒋、陈二人此时日本正值内乱,各岛之间互不统摄,要想制止倭寇必须遍谕日本各岛。王直等人解释自己落草为寇的原因在于海禁政策使其失去生路,并非出于本心,如果朝廷能够既往不咎通贡互市,那么他们愿意杀贼立功,协助平定倭寇。于是王直留下蒋洲负责传谕各岛之事,而派兵船护送陈可愿回国。陈可愿未达日本即归引起胡宗宪的极大怀疑,他在上奏朝廷的奏章中云:"洲等奉命出疆,法当径抵日本,宣谕其王为正。今偶遇海峰等于五岛地方,即为所说阻而旋,就中隐情未可逆睹。以臣臆度,大约有二:或惧传谕国王,于若辈不便,设难邀阻;或由怀恋故土,拟乘此机会,立功自归。乞令本兵议其制驭所宜,俾臣等奉以从事。"②胡宗宪不仅对陈可愿半途而回表示不满,而且对王直等人仍然怀有戒心。明朝政府也认为,王直等人勾引岛夷为寇,此次虽然表示效顺,但是并未放弃武装,而其通贡互市的要求更像是代表日本政府而发,所以不能轻易相信。因此令胡宗宪继续加强海防,至于通贡互市的要求,要等到蒋洲回国之后再做决定。嘉靖三十六年蒋洲回国,两年日本宣谕之行的成果是:"山口都督源义长,且〔具〕咨送回被掳人口,咨乃用国王印。丰后太守源义镇,遣僧德阳等,具

① 《明世宗实录》卷450"嘉靖三十六年八月甲辰"条,第7649页。

② 《明世宗实录》卷434"嘉靖三十五年四月甲午"条,第7479页。

方物,奏表谢罪,请颁勘合修贡,护送洲还。”①但是胡宗宪对于蒋洲此行并不满意,并且将此前回国的郑舜功之事一并启奏朝廷。胡宗宪认为:

> 洲等奉使宣谕日本,已历二年,乃所宣谕止及丰后、山口。丰后虽有进贡使物,而实无印信勘合,山口虽有金印回文,而又非国王名称。是洲不谙国体,〔罪〕无所逭。但义长等,既以进贡为名,又送还被掳人口,真有畏罪乞恩之义。宜量犒其使,以礼遣回,令其传谕义镇、义长,转谕日本国王,将倡乱各倭,立法钤制,勾引内寇,一并缚献,始见忠款,方许请贡。②

胡宗宪对于两批使臣的日本之行都不满意,因为他们并没有见到日本国王,没有完成既定使命。虽然丰后和山口都派使臣前来解释,但是并不能代表日本全国,对于解决倭寇问题并无多大实际意义。因此胡宗宪对使臣极为不满,连自己派遣的蒋洲等人也不放过。而派遣郑舜功使日的总督杨宜早已于嘉靖三十五年二月被罢职,所以郑舜功自然难以摆脱相同的命运。不久即被胡宗宪罗织罪名下狱,前后身陷缧绁七年,随郑舜功来华的日僧清授则被发往四川茂州治平寺安置。此后由日本返回的从事沈孟纲、胡福宁等人同样遭受不公正的待遇,他们在广东潮州登岸时被诬执下狱。郑舜功得知后,在狱中为其申辩,但遭胡宗宪阻拦未能如愿。直到胡宗宪等人失势以后,郑舜功才得以出狱,此后步行赴京申辩,得以昭雪冤情。并将自己在日本的所见所闻编为《日本一鉴》一书。

对于《日本一鉴》的具体完成时间,现在仍然没有充分的材料可以证明。因为《日本一鉴》中有郑舜功获释出狱并且上言兵部昭雪冤情的记载,所以肯定是在此之后完成此书。郑舜功的冤情得雪,与陷其入狱的胡宗宪失势紧密相关。胡宗宪于嘉靖四十一年(1562)失势下狱,嘉靖四十四年(1565)死于狱中。所以郑舜功能够得雪冤情肯定在胡宗宪下狱之后,也即《日本一鉴》的完成在此时间之后。而《日本一鉴》中出现最晚的确切时间记载是《穷河话海》中记录倭寇犯华的嘉靖甲子年(四十三年,

---

① 《明世宗实录》卷450“嘉靖三十六年八月甲辰”条,第7649页。

② 《明世宗实录》卷450“嘉靖三十六年八月甲辰”条,第7649—7650页。

1564）。[①] 所以《日本一鉴》的完成时间最有可能是在隆庆年间或者万历初年。《日本一鉴》完成之后的最初刊本现在无人见到，可能已经不存于世。其后在清代有一些抄本传世，据日本学者中岛敬统计，留传至今的共有六大种类的十四种藏本，分别保存于中日两国的图书馆。[②] 现在比较常见的两种版本是中国的民国二十八年（1939）影印本和日本的三ケ尻浩誊写本。民国二十八年据旧抄本影印本，共一函五册，据日本学者渡边三男称其抄本是北京隆福寺街的古书肆文殿阁本。[③] 日本三ケ尻浩的誊写本于昭和十二年（1937）完成，主要依据京都大学国史研究室所藏本和京都大学附属图书馆所藏本。京大国史研究室的藏本是三浦周行的抄写本，系三浦氏1930年出访中山大学时抄写民国人的藏本。京大附属图书馆藏本则是富冈谦藏从上海乐善堂求得彭文瑞旧藏本而来。三ケ尻浩就是根据这两个底本誊写而成。[④] 除此之外，台湾学者郑樑生标点整理出版了《日本一鉴》的部分内容，收入《明代倭寇史料》第七辑。郑樑生所依据的是民国二十八年据旧抄本影印本，主要点校了和倭寇问题直接相关的《穷河话海》卷六至卷九共三卷的内容。[⑤]

二、《日本一鉴》的写作意图与基本内容

郑舜功，安徽新安郡人，生卒年不详。[⑥]《日本一鉴》中自称布衣身份，而其甘冒风险出使日本，并且能够根据自己的见闻完成著作，实属不易。对于自己选择出使及写作《日本一鉴》的原因，郑舜功自己写道：

> 日本之区悬绝沧海，自汉以来常通中国，魏晋隋唐亦常遣使，未

---

① （明）郑舜功：《日本一鉴·穷河话海》卷6《流逋》，民国二十八年据旧抄本影印本。

② 参见［日］中岛敬：《『日本一鑑』の諸伝本》，《江戸・明治期の日中文化交流》，东京：农山渔村文化协会，2000年，第179—191页。

③ ［日］渡边三男：《「日本一鑑」について：明末の日本紹介書》，《驹泽大学研究纪要》通卷第13号（1955年3月），第148页。

④ 参见［日］三ケ尻浩：《日本一鉴解题》，三ケ尻浩校订：《日本一鉴》，京都：出版者不明，1937年，第3页。

⑤ 郑樑生：《明代倭寇史料》第7辑，第2837—2918页。

⑥ 按：日本学者三ケ尻浩、渡边三男等人误将其籍贯冠为“广东新安人”，盖明代广东有新安县，属于广州府。但是郑舜功在《日本一鉴》中署为“新安郡人”，明代的安徽有新安郡。现在学界一般多认为郑舜功为安徽新安郡人。

> 究其①。北胡闰位虽屡使人,遭夷中沮,不得要领,辄恃兵卒致海患。逮今圣朝入贡出使乃得要领,海患寝息百数十年矣。自岁庚戌以来,奸宄祸乱,荼毒东南。功思旧章,冒干天听,荷蒙圣明,遣使海外,奉宣文德,化道裔夷,得其要领,期致治安。归罹娼嫉,卒致偾事。愤思张骞出自草茅,非奉使命终老无闻。功亦草茅,时际圣明,奉使化外,功将垂成,不罹娼嫉,然东海荡平矣,而功岂下张骞耶!蠢尔海寇十有余年,汛动风生,徒报燋烂,奚为长治久安之道哉!孤愤不已,遂以见闻类编成集,目曰《穷河话海》,及凡古今驭夷之事知则悉载。上陈天览,下匡时政,庶见草茅奉。②

《日本一鉴》共由三部分组成,分别为《穷河话海》九卷、《绝③岛新编》四卷和《桴海图经》三卷。以上引文是郑舜功叙述自己编纂《穷河话海》的意图。可以看出郑舜功写作的目的具有强烈的现实关怀,一方面东南沿海倭患不断、生灵涂炭,在这种情况下郑舜功在爱国激情的刺激下毅然选择为国出使,希望通过宣谕日本禁戢倭寇,来实现长治久安的目标。另一方面,郑舜功因为下狱之后不平于自己的境遇,愤思汉代张骞出使西域之壮举,以此自况,激励斗志。张骞为西汉时人,曾受汉武帝的派遣两次出使西域。当时汉朝受到北方匈奴的威胁,于是决定联合西域的大月氏共同抗敌。张骞出使西域十余年,其间曾被匈奴下狱,受尽苦难,但始终秉持汉节不辱使命。张骞不畏艰险完成出使任务,为国家安危奋不顾身的精神对于郑舜功是一个很大的鼓舞。因此同样出身于草茅的郑舜功,认为自己和张骞有很大的相同之处,如果不是遭受诬陷功败垂成,那么东南沿海的安定之功堪比张骞。然而正当自己事业即将成功之时,却遭人妒忌诬陷下狱,这对于郑舜功是极不公平也是难以接受的。为了昭示自己的清白,最好的办法就是把自己出使的详情类编成集,并恭呈圣

① 按:日本三ケ尻浩校订本作"……未究其化,胡闰位……"。但此处所据民国影印本为"北"字而非"化"字,疑"其"字后面脱漏一字。

② (明)郑舜功:《日本一鉴·穷河话海》卷1《序言》。按:据语意推断,此序言尚未结束,但中日现存版本均到此处为止。

③ 按:《日本一鉴》中此字为"隴",此为古体字,今已不用,故行文中均以"绝"字代替。

览，希望既可以使最高统治者了解自己的苦衷，又能够从中借鉴经验，对国家的海防大业有所帮助。郑舜功不仅在序言中表达了自己蒙冤受屈的不平心情，正文里很多处也都有“归罹媢嫉”的记载。如在此书卷七《咨文》的最后，郑舜功写道：“嘉靖丙辰，功奉宣谕，自以大明国客之名，书致其主，仰仗仁威，致其听信。归罹媢嫉，功志不伸，故乱不息也。”①此外在卷八《评议》、卷九《接使》等篇章中都有郑舜功为自己不幸遭际的鸣冤之辞。从此书字里行间中透露出的不平之情，可以看出郑舜功为自己申辩鸣冤是本书写作的重要意图之一。郑舜功的两位从事沈孟纲与胡福宁的下场更为悲惨，他们在潮州登陆后，不仅携带之批文被弓兵毁灭，二人还被诬执下狱。郑舜功得知消息后，向胡宗宪报告此事。胡宗宪不仅不信，更不施以援手。郑舜功只能亲自派从事鲍仲麒前往伸救，但未及赶到，沈、胡二人已冤死狱中。既有自己从事的冤死，又有自己的蒙冤下狱，所以郑舜功三次上奏朝廷申冤，但都被胡宗宪压下。直到胡宗宪去位以后，郑舜功才得以被释放出狱，因此步行至京上言兵部，终使多年冤情得以昭雪。针对这种奸臣当道，海患西灭东生、屡禁不绝的情况，郑舜功表达了自己的忧愤之情：

> 盖忧世者不得其情，得其情者不得其位，得其位者不得其信。世人皆醉，何忍独醒？故将宣谕之旨，节略微情，俾救世者昭文德忠信，以明赏罚劝惩。不惟孤愤得伸，奇冤得白，荒夷得所，堂堂天朝奠安矣。大抵奉使而难任人，若非成仁取义之怀，视死如归之志者，不能绥远，必致误国。故《易》有云：“开国承家，小人勿用。”甘难国家之难者，非怀忠信，不亦难乎！功贱学疏，不登科甲，谬承天使，敢不钦哉！②

郑舜功强调必须吏治清明、赏罚分明才能使抗倭斗争顺利进行下去，只有这样才能保证国家的长治久安。国家选用出使之人，必须挑选胸怀

① （明）郑舜功：《日本一鉴·穷河话海》卷7《咨文》，收入郑樑生：《明代倭寇史料》第7辑，第2872页。

② （明）郑舜功：《日本一鉴·穷河话海》卷9《接使》，收入郑樑生：《明代倭寇史料》第7辑，第2914页。

大志、不畏艰险者。只有像郑舜功这样怀抱忠诚之心的人才能完成出使之命,保证国家安定。而自己为国出使的经验,以及自己申辩冤情的经过,都应该载诸史册,为统治者提供治国经验。这是郑舜功写作此书的另外一层考虑。

在以上因素的影响之下,郑舜功在出狱以后即着手编纂《日本一鉴》。但是此书并非此时郑舜功白手起家,而是先前已经有了部分基础,这次是做最后的总集类编而成书的工作。郑舜功在《绝岛新编》的开篇即写道:

> 馆彼六月,咨其风俗,询其地位,得闻其说,得览其书。覆按,书言皆合于一,其不我诳,岂非忠信之验、文德之征者乎?故命从事将其图册绘录之。备按:书编遂为类聚以寄祗役之谈,归于王师计数之秋。辄以文告丁狱,故违忠信未即治安,是书弃置既久矣。曩在缧绁,适客问曰:使于四方,如琉球者有纪录,如松漠者有纪闻,天使日本,夫岂无录无闻焉?告语见闻曾有成集,又闻岛屿以赋图编。覆按之,其于通国地方名号,因夫字类闻见无遗,未逮见闻,敢滥编次书,书成一卷,万里欵然,绝岛新编,题答客问,亦天使人之效也。将贻救世士君子,我后之使者未必不资其说云。①

从这段话中可以看出,郑舜功在使日之时即留心观察和记录日本的情况,亲自调查当地的风俗、地理,并且查阅日本图书收集资料,已经初步完成了《日本一鉴》所需的素材。并且他还安排沈孟纲等人绘制抄录日本图册,以为其著述日本研究之书做准备。在《绝岛新编》中收有日本地图十一幅,郑舜功认为日本地图传来中国者共有七幅,其中之一即是从事沈孟纲从日本所得。可惜他们回国登陆潮州时,被弓兵所毁,但郑舜功推测此图就是《日本行基图》。郑舜功出使日本后即注意收集和访求日本地图,并根据自己的所行经历绘制了地形图,这些都收进《绝岛新编》之中。从《日本一鉴》三部分的编纂来说,《桴海图经》应该是最早完成的。《桴海图经》主要是记录郑舜功使日的随行见闻,其中《万里长歌》记录其航行所经海路以及沿途地貌,《沧海津镜》主要是把其航行所经历海岛和

① (明)郑舜功:《日本一鉴·绝岛新编》卷1,民国二十八年据旧抄本影印本。

路程均绘成地图,《天使纪程》主要记录在日本的情况,记载所经历的各处地理方位以及路程等情况。这些内容主要都是记录郑舜功使日历程和在日本所见地理风貌,所以应该在郑舜功使日或者下狱之前已经有了草稿。所以前引郑舜功所言“是书弃置既久”,应该指的就是这部分内容。但是当郑舜功下狱之后,促使他重新整理此书并最后完成是有感于访客的一次谈话。一般使外之臣多有见闻记录留存后世,如宋人洪皓出使金国十五年,后来完成《松漠纪闻》记载其在金国的所见所闻。再如曾于嘉靖十一年(1532)出使琉球的吏科给事中陈侃著有《使琉球录》一卷。此书中陈侃记录了出使琉球的航程和航海经验,所以郑舜功在《桴海图经》中就提到陈侃此书为其取道大小琉球之航线提供了借鉴。但是出使日本的使臣却未曾有人将见闻编集成书,因此在这种情况下,郑舜功觉得自己应该将使日之行写下来,以备后世出使日本者所参照。所以他把先前已有成书的《桴海图经》整理完毕,又完成《绝岛新编》和《穷河话海》。在《绝岛新编》中,郑舜功解释《广舆图》和《日本图纂》的地名时写道:“其他缘海地方名号,唐字、寄音并详《桴海图经》。”①因为在《桴海图经》中对于这些地名已经有详细的记载和说明,所以在《绝岛新编》中就没有必要赘述。通过这句话可以看出,郑舜功在编写《绝岛新编》时已经完成《桴海图经》,所以才会有这样前后关联的说明。《穷河话海》则是《日本一鉴》三个部分中最后完成的。在《穷河话海》中有多处地方,如提到入华之道、海曲各道水程等内容时,都作“事详《桴海图经》”或者“详见《桴海图经》”这样的说明。而在叙述日本疆土的内容时则说:“至于国郡、山川、海岛、田数及地方名号,而颇详于《绝岛新编》。”②通过以上的分析可以看出,《穷河话海》中有对《绝岛新编》和《桴海图经》说明的内容,《绝岛新编》中有对《桴海图经》说明的内容而没有提到《穷河话海》,而在《桴海图经》中完全没有提到另外两个部分。所以据此推断,《日本一鉴》三个组成部分的成书先后顺序应该依次为:《桴海图经》《绝岛新编》《穷河话海》。

《日本一鉴》三个部分的署名反映出郑舜功编纂此书的一些信息。书中每一卷的开头都有署名落款,前面几个字都是“奉使宣谕日本国新安

① (明)郑舜功:《日本一鉴·绝岛新编》卷1,民国二十八年据旧抄本影印本。

② (明)郑舜功:《日本一鉴·穷河话海》卷2《疆土》,民国二十八年据旧抄本影印本。

郡人郑舜功",但是其后的两个字各卷有很大不同。《桴海图经》卷一是"撰述"二字,卷二为"参绘",卷三为"编纪"。《绝岛新编》四卷全部为"叙编"。《穷河话海》九卷署名全用"纂叙"二字。可以看出《桴海图经》的编纂最为复杂,首先第一卷主要内容讲出使前的准备工作、出使的目的和沿海的形势等,其后《万里长歌》则记叙郑舜功从广东出发,沿海所用针路和航行所经过岛屿,以及最后在日本丰后登陆的情况。这些内容基本都是郑舜功自己所记,所以会冠以"撰述"之名。而第二卷《沧海津镜》主要由多幅地图组成,这些图主要是记录从广东到日本的海上岛屿情况,颇为类似航海沿途路线指南。这些图并不是完全由郑舜功独自绘制,跟随他使日的从事均参与了这项工作,所以郑舜功在卷首自称"参绘"。卷三为《天使纪程》,主要是在前卷对海道描述的基础上,着重记叙日本的地理情况和他们出使时的行踪。因为《天使纪程》是分条分类地记载日本岛屿的情况,所以郑舜功署为"编纪"。《绝岛新编》主要是记叙日本的情况,卷一由日本地图及其说明组成,其中既有日本访得和明人所绘的,也有郑舜功自己绘制的。在地图之后以及其他三卷中,主要是分门别类地介绍日本的地理情况,对于日本的山川河流、州郡府县、町坊市邑、日常器物等等都按照字类编排在一起,并且分别加以说明和考订。《绝岛新编》的内容基本就是把日本的地图和各种名称分类汇编起来,所以郑舜功才称此部分为"叙编"。《穷河话海》的篇幅最长,在前五卷之中分别围绕日本的历史、政治、疆域、物产、风俗、文化、语言等方面展开全方位的介绍和研究;而后四卷主要是记录两国交往的航海、朝贡等情况,以及海盗活动和禁戢倭寇的记载。这一部分内容主要由日本史和中日关系史组成,是建立在郑舜功对日本和倭寇情况全面了解和研究的基础上撰就,所以署为"纂叙"。

三、《日本一鉴》的研究方法与思想特色

《日本一鉴》作为明代代表性的日本研究著作,在研究方法上有其独特之处,值得重视和总结。首先从研究途径上来说,郑舜功注重实地的调查和研究,并且亲自赴日考察。他在日本停留的半年时间里,除了完成外交活动以外,主要的精力都放在对于日本的考察上。在研究方法上,他采用实地调查和采访的方式,取得大量宝贵的第一手资料。《日本一鉴》中记载了郑舜功在日本采访的情形,例如关于日本风俗的内容:

> 俗男女人齿喜黑。齿黑之法，乃以烂铁置于醋中，伺其油浮加五倍子。如法煎之，恒染齿黑，故有黑齿之名。昔诘此，夷答曰："饭白齿黑，自欲齿洁为之。"语曰："今俗之人，大为奸偷，有污黑齿，尤宜速洁之。"闻者唯唯。①

这段关于日本人黑齿之法的记载，应该是郑舜功在日本的亲眼所见。对于黑齿之俗，他并不能完全理解，因此亲自向日本人询问后才得以释疑。在我国先秦时期就有一些地区存在染齿的习俗，后来在一些少数民族中还保留这一习惯，如云南的布朗族、基诺族等的黑齿习俗一直延续到20世纪初期。② 关于域外民族的染齿习俗，最早要追溯到《山海经》中对于黑齿国的记载，这是先民对日本列岛染齿古俗的记录。③ 在《枕草子》《紫式部日记》《荣华物语》等日本古代书籍中都提到了染黑齿这一习俗。明代另一部研究日本的史籍《日本考》中也记录了日本的染齿习俗："其土官本身宗族子侄并首领头目，皆以铁锈水浸乌棓子末，悉染黑牙，与民间人以黑白分其贵贱，女子年及十五以上，不分良贱，亦染黑牙始嫁。"④可以看出明人对于日本染齿方法的认识基本一样，只是郑舜功的记载来源于他的实地采访，更加反映出当时日本人对染齿习俗的看法和解释。这对于研究日本古代民俗史无疑具有重要的史料价值。在《日本一鉴》中还有不少关于郑舜功调查日本风俗的对话记录，如关于日本女多男少的问题，文中记载道："昔扣东夷俗欲男少，其意云何？夷答曰：'好不须多。'而诘之曰：'今为寇盗中国者，众子与，孤子与？'夷笑不答。此即自知不善矣。"⑤这段记载惟妙惟肖地将郑舜功与日本人对话的场景展现了出来。通过一问一答的形式，郑舜功对日本风俗有了比较深刻的认识，而且用非常巧妙的提问方式获悉了部分日本人对于倭寇问题的看法。明代的日本研究者众多，但是像郑舜功这样亲自东渡日本实地考察者寥寥无

---

① (明)郑舜功：《日本一鉴·穷河话海》卷3《身体》，民国二十八年据旧抄本影印本。

② 参见唐星煌：《黑齿管窥》，《东南文化》1990年第3期，第52—55页。

③ 参见刘黎明：《〈山海经〉里"黑齿国"与日本古俗》，《文史杂志》1993年第5期，第46页。

④ (明)李言恭、郝杰编撰，汪向荣、严大中校注：《日本考》卷2《染牙》，北京：中华书局，1983年，第72—73页。

⑤ (明)郑舜功：《日本一鉴·穷河话海》卷3《男女》，民国二十八年据旧抄本影印本。

几,基本上不可能采用郑舜功的研究方法。但是到了清代这种方法得到了大范围的应用,如黄遵宪在《日本国志》中就有很多采访调查所得的内容。

其次,郑舜功在《日本一鉴》中重视中日两国书籍的记载,既有两者之间的对比互证,又能加以自己调查所得来验证。比如在谈到日本国王姓氏的时候,郑舜功先引用中国正史对其的记载,然后引证日本书籍中的记录,最后再说明日本的姓氏起源及列举各种姓氏。此外在叙述日本的职员、室宇等项内容时都采用这种征引中日两国史书对比的方法。除引用书籍之外,郑舜功还通过自己的观察来综合说明问题。比如在叙述日本的城池时,写道:

> 备按:《汉书》国有城栅,持兵守卫。《隋志》无城,《唐书》亦然,木栅有之,池则无言矣。审此夷岛,多无城池。惟山城者,山为城也。《国书》城郭四阿屋,抑其隘口。而称城者,凡廿余处。夫此之城,联木为之,其名木户,一名木构,兵守其间。夷中列国设值,战争则必构木,以为固守之计,无常木构焉。①

这段记载应该是根据郑舜功在日本的亲自观察而来,通过对两国书籍中记载的征引,把原本并不全面的信息通过自己的补充,完善对日本城池情况的认识。郑舜功对于日本书籍的征引反映了他接触过很多日本古籍,而且在《日本一鉴》中提到了日本两个重要的中国书籍藏书地——大和·下野文库和相模金泽文库。但是郑舜功游踪只限于九州,对关东地区的这两个日本中世藏书最丰富的文库只是听说和了解而已。《日本一鉴》中专列《书籍》一栏,列举了大量庋藏日本的汉籍和日本所撰书籍。虽然有些书籍系道听途说,"但本书记载日籍迄今最详,首先将《金叶集》《万叶集》等纯日本文学作品介绍给中国,在许多方面超过以往任何一种日本研究专作,系明代研究日本之代表作。"②在对日本书籍的了解和掌握的基础上,郑舜功可以征引日本图书,进而为他的日本研究服务。

---

① (明)郑舜功:《日本一鉴·穷河话海》卷2《城池》,民国二十八年据旧抄本影印本。

② 王宝平:《日本典籍在历史上的中国》,收入王宝平编:《中国馆藏日人汉文书目》,杭州:杭州大学出版社,1997年,第7页。

再次,郑舜功在日本考察研究时采用了笔谈的调查方式。中日两国有时在交往中会遇到语言的障碍,但是很多日本人可以读懂中国文字,所以可以通过笔谈的方式进行交流。笔谈交流的方式由来已久,《宋史》中记载:"奝然善隶书,而不通华言,问其风土,但书以对。"①就是通过这种文字交流的方式,宋人从奝然那里获得了一些有关日本的信息。郑舜功并不精通日语,所以在日本调查采访时也采用了笔谈的方式。如《日本一鉴》中研究日本的人物时云:

> 备按:《汉书》本岛之夷,不淫不妒,俗不窃盗,少诤讼。《隋志》质直有风雅。夫夷之善如此。及按《赢虫录》《异域志》《考略》诸书,皆曰倭夷狙诈狼贪,目为寇盗,憎若禽兽。今去古虽云世远,种类不易,何相反之如是哉?自奉宣谕,暑往寒来,履其山川。按其人物,知土产夷身间多毛,肋半腥膻,足皆短小,本性慕义,善与不善,身由地气之感生教,本自师之好恶。至接僧俗知书者,笔谈之间谕以善道,其果慕义,岂非天理所在耶!及按《国书》人物,夷复笔谈,皆昔夷中好人,向入书编,不忘于世。今夫好人愿被文化,图从编续,莫不哀矜,救世观音可为编首,百工诸艺为夷好人,原附录者仍不遗录。我后使人知其善者,可为续编。凡笔谈明其好恶,亦是启劝之道也。②

郑舜功对于日本人物习俗的考察,不仅有对中国古籍的征引,也有考证日本书籍的记录。而且还通过笔谈的方式,亲自向日本人询问,以得到对他们最切实的了解。对日本的这种研究方式达到了郑舜功所处时代的最高水平,其他日本研究著作均未能有所超越。郑舜功自己声称在日本半年期间:"咨其风俗,询其地位,得闻其说,得览其书。"③基本反映了郑舜功在日本考察时的实际情况。这种较为全面的研究日本的方法对后世影响较大,清代的很多日本研究著作都采用这种综合研究的方式。特别是笔谈的形式得到了很大应用,清末赴日考察者大多采用这一方式和日本人交流。其中黄遵宪和日本友人大河内辉声等人的笔谈资料仍然保留到现

① (元)脱脱等:《宋史》卷491《日本国传》,北京:中华书局,1977年,第14131页。

② (明)郑舜功:《日本一鉴·穷河话海》卷2《人物》,民国二十八年据旧抄本影印本。

③ (明)郑舜功:《日本一鉴·绝岛新编》卷1,民国二十八年据旧抄本影印本。

在,对于认识清代中国人的日本研究具有极高的价值。①

在对日本进行细致研究的基础上,郑舜功完成了《日本一鉴》。由于郑舜功亲自赴日考察,所以他对日本的认识以及研究都有自己的独到见解。《日本一鉴》中反映了郑舜功的思想见识和历史认识,主要表现在以下几个方面。

1. 强烈的致用意识

郑舜功撰写《日本一鉴》具有很强的目的性,前文分析其写作意图的时候已经提到。可以说《日本一鉴》的编纂主要有两种作用,一是为郑舜功辩白冤情,记录其出使之路,有向读者表明其建立功绩的意图。第二个作用是为统治者提供借鉴,通过他对海防和倭寇问题的了解与调查,为官方提供有用的信息。从郑舜功写作《日本一鉴》前后的经历来看,他长期蒙受不白之冤,但又不甘受屈,因此通过著书明志的方法来为自己申辩。中国史家通过著书立说以抒发胸中情怀者不乏其人,比如司马迁遭受李陵之祸后发愤著书以成就名山事业,他自言道:"夫《诗》《书》隐约者,欲遂其志之思也。昔西伯拘羑里,演《周易》;孔子厄陈蔡,作《春秋》;屈原放逐,著《离骚》;左丘失明,厥有《国语》;孙子膑脚,而论兵法;不韦迁蜀,世传《吕览》;韩非囚秦,《说难》、《孤愤》、《诗》三百篇,大抵贤圣发愤之所为作也。此人皆意有所郁结,不得通其道也,故述往事,思来者。"②司马迁无辜受刑之后,心中自然不平,他通过追忆前圣先贤发愤著书的事迹,坚定自己专心著书的志向,终于写成千古绝唱之《史记》。发愤著书的思想在明代得到继承和发展,和郑舜功同时代的思想家李贽就提出:"且夫世之真能文者,比其初皆非有意于文也。其胸中有如许无状可怪之事,其喉间有如许欲吐而不敢吐之物,其口头又时时有许多欲语而莫可所以告语之处,蓄极积久,势不能遏。一旦见景生情,触目兴叹;夺他人之酒杯,浇自己之垒块;诉心中之不平,感数奇于千载。"③郑舜功也是在这种精神的感召下,用《日本一鉴》来表达自己蒙受不白之冤的苦闷。在《日本一鉴》中多处记载其媢嫉下狱的不幸,还有其从事沈孟纲等人在潮州受

① 这些笔谈资料经实藤惠秀和郑子瑜整理,于1968年由日本早稻田大学东洋文学研究会出版,名为《黄遵宪与日本友人笔谈遗稿》。

② (汉)司马迁:《史记》卷130《太史公自序》,北京:中华书局,1959年,第3300页。

③ (明)李贽:《焚书》卷3《杂说》,北京:中华书局,1975年,第97页。

难的事实。通过反复载录这些事情，能够使读者体会到其发愤著书的不平则鸣之情。除了郑舜功和从事等人之外，随其来华的日僧清授也遭到不公正待遇，被发往四川寺院安置。郑舜功对于这样的安排十分不解，但又无可奈何，在《日本一鉴》中多处表达对清授不幸遭遇的同情。另外在书中收录多首清授所作之诗，其中有一首《留别郑国客》："长桥杨柳绾离情，每忆君恩泪暗倾。一谪四川何日返，梦魂惟绕武林城。"①这首清授写给郑舜功的诗里充满了悲别离的伤感之情，其他几首诗中也都表达出清授被发往四川的忧伤之情。郑舜功的赴日活动取得一定成功，但是却没有得到相应的表彰反而遭受不公待遇，与其关系密切的沈孟纲、清授等人均遭不幸。因此郑舜功希望通过《日本一鉴》来向当道者申冤，希望更多的人了解他们的不幸，为其平反奠定基础。这正体现了郑舜功积极致用的意识。

当然《日本一鉴》并不是完全为郑舜功个人之用而作，还具有强烈的经世之用。郑舜功使日的目的就是为消除倭寇之患，《日本一鉴》在很大程度上也是为此而作。书中记录了郑舜功在日本的观察，特别是关于倭寇在日本盘踞之巢穴的情报收集。在对日本和倭寇问题的认识基础上，郑舜功有自己的分析和御寇之道。但是这个问题并不是那么容易解决，所以郑舜功自己就说："驭夷一事，立言最难。如言不中，则醸夷狄之玩侮。若言格正，可启夷狄之畏怀。启畏怀始可以慰朝廷之宵旰，醸玩侮曷能以慰廊庙之忧勤，此立言者固不可以不谨。"②在这个问题上必须十分谨慎，《日本一鉴·穷河话海》中列举了吴莱、杨守陈、薛俊、唐顺之等人论倭之文。在每篇文章之后，郑舜功都加上自己的评论，表达对倭寇问题的看法，其中不乏真知灼见。如针对吏部侍郎杨守陈之书略中提到的"却其朝贡、严行海禁"的御倭策略，郑舜功评论道：

功谨按：以上之言，盖是致君泽民之诚，间有悬断遥度之失。失也者谓间则张其戎嚚而肆侵夷，不得间则陈其方物而称朝贡。殊不知朝贡者倭王臣也，奸偷者倭顽民也。夫此倭夷，久习中国之诗书，

① （明）郑舜功：《日本一鉴·穷河话海》卷4《词章》，民国二十八年据旧抄本影印本。

② （明）郑舜功：《日本一鉴·穷河话海》卷8《评议》，收入郑樑生：《明代倭寇史料》第7辑，第2896页。

颇知中国之仪文。未若北虏一概而言贼也。抑贼寇法必诛,向无流逋之隐诱,彼倭安敢犯我耶?又曰:然彼以贡献为名,既入我境而遂诛之,则类杀降,不武不义,此固中国仁义之言也。但原不得其要领,故议贡所不容者,则云驱逐而已。夫僧德阳龙喜者,盖缘招其来,至此任臣也。既不能劳来以劝,宣明国法,辄嗜杀之,况复有逃去者,可降明诏,数其不恭之罪,以示不杀之仁者乎。且招来贡夷,况既杀之,今其贡使必不复至,流逋得遂深固之谋。此怀鼠窜吞食之贼,苟能止之不来乎?贼寇年来痛靡国用,苦弊生民,若授其不急之贡物,使守祖宗成法,全活有用之边氓,驭夷之道得矣。①

从某种角度来说,明朝的海禁政策是促使嘉靖倭乱发生的原因之一。禁绝中日之间的朝贡贸易不利于经济的发展,也不符合两国人民的利益,反而逼迫从事海上贸易的商人采取极端做法。日本的寇盗以及中国的海贼王直等人,基本都是无法从正常贸易中获利而采取非法手段的。只有对双方之间的贸易活动加以积极的引导和严格的规范,才能从源头上化解倭寇问题。郑舜功正是看到了这一点,才提出驭夷之道的关键还是坚持祖宗之法,约束和规范朝贡贸易,才是真正有利于沿海人民的措施。除了对各种御倭之策作出评论并提出自己的看法外,郑舜功还把自己对于倭寇的观察和认识写进《日本一鉴》。通过《日本一鉴》中所描述的倭寇真实情况,可以使当权者从中得出自己的判断,进而为平息倭寇之患寻求解决之道。郑舜功希望"究心经世之士有能察功奉使之诚、效忠之实、纪录之详,庶乎有会心者,当知非泛泛焉"②。其致用的意识非常明显。

2. 用夏变夷的思想

郑舜功在《日本一鉴》中提出处理中日关系遵循的基本原则为用夏变夷的思想。这种观念并非郑舜功首创,中国很早就产生了用夏变夷的思想。从思想史发展的角度来看,用夏变夷的思想建立在华夷观念的基础之上。华夷之别的观念产生于先秦时期,华指的是华夏,夷指的是夷狄。华夷之别所要界定的,"主要是黄河流域特别是黄河中下游地区的华

---

① (明)郑舜功:《日本一鉴·穷河话海》卷8《评议》,收入郑樑生:《明代倭寇史料》第7辑,第2900页。

② (明)郑舜功:《日本一鉴·桴海图经》卷1,民国二十八年据旧抄本影印本。

夏族体同今日中国境内的其他族体之间的差异,以及这种差异所带来的一切问题。"[1]随着历史的发展,这种华夷之别主要体现在文化差异上,进而产生了华夷之辨的思想。特别是在儒家思想体系中,华夷之辨得到不断丰富和发展。孔子主张用"礼"来区别华夷之别,认为"夷狄之有君,不如诸夏之亡也"[2]。华夏和夷狄之间的区别,主要在于文化的先进与落后。这种文化的差异主要体现在是否对"周礼"的遵循上,以及由此衍生出的在道德上、思想上、制度上等各方面的优劣之分。这种思想发展到汉代的时候逐渐应用到对外关系的领域中,开始形成以华夷秩序为中心的古代国家关系体系。经过从《公羊传》到董仲舒再到何休的系统阐发,夷夏之辨成为汉代公羊学理论体系的重要组成部分,很好地服务于汉代大一统政治统治的需要。[3] 在儒家阐扬华夷之辨的同时,还出现了用夏变夷的思想。这种观念最早由孟子阐发,他在批评陈相、陈辛兄弟背叛其师陈良而向南蛮许行学习时提出:"吾闻用夏变夷者,未闻变于夷者也。"[4]后来这种思想被儒家奉为处理夷夏关系的文化模式,即用中原先进的文化来同化和改造周边的落后文化。唐代韩愈阐发这种思想道:"孔子之作《春秋》也,诸侯用夷礼,则夷之;进于中国,则中国之。"[5]这里包含了夷变夏和夏变夷两层含义,判断的标准则是礼制。其实,孔子只承认用夏变夷而不接受用夷变夏,他主张通过"修文德"和"来远人"的方法而不是武力征服来实现用夏变夷的思想。[6] 到了元朝,随着蒙古入主中原,儒家用夏变夷的思想得到进一步发展。特别是汉族儒士出身的郝经就提出:"今日能用士,而能行中国之道,则中国主也。"[7]而在北方理学宗师许衡的带动下,汉人士大夫纷纷仕蒙。明太祖朱元璋在"驱除鞑虏、恢复中华"的旗号下建立政权,既继承传统儒家思想中的夷夏之防理念,又提出"朕既为

---

① 何芳川:《"华夷秩序"论》,《北京大学学报》1998 年第 6 期,第 30 页。

② 杨伯峻译注:《论语译注 · 八佾篇第三》,北京:中华书局,1980 年,第 25 页。

③ 参见汪高鑫:《论汉代公羊学的夷夏之辨》,《南开学报》2006 年第 1 期,第 87 页。

④ 杨伯峻译注:《孟子译注》卷 5《滕文公章句上》,北京:中华书局,1960 年,第 125 页。

⑤ (唐)韩愈撰,马其昶校注:《韩昌黎文集校注》卷 1《原道》,上海:上海古籍出版社,1986 年,第 17 页。

⑥ 参见樊文礼:《中国古代儒家"用夏变夷"思想与理论的变迁》,《烟台大学学报》2005 年第 3 期,第 340—341 页。

⑦ (元)郝经:《陵川集》卷 37《与宋国两淮制置使书》,收入《四库全书 · 集部》第 1192 册。

天下之主,华夷无间,姓氏虽异,抚字如一”①的理念来处理华夷关系。在华夷观念的影响下,明朝将周边国家逐步纳入到华夷体系文化圈中,并以此建立与近邻诸国的朝贡制度。

郑舜功生活的嘉靖年间正是南倭北虏日益严重的时期,在外部威胁的压力下,明朝出现了一股强调夷夏之防的极端民族主义思潮。这是在民族危机加剧的情况下,对传统“非我族类,其心必异”思想的一种扩大,最后导致的是闭关保守。郑舜功在处理中日关系上,坚持一种较为开放的心态,主张坚持用夏变夷的思想。比如他在《日本一鉴》中记叙日本的农桑时就提出:

> 备按:《汉书》曰土宜禾桑。历按:夷岛田地有余,而力不足,故不尽耕。虽有五谷,而民鲜能于播种。虽曰园圃,而民莫善于时蔬。诚谓广种薄收也。故斯民也,乃有饥馑之苦欤。此国西南海夷近见流逋寇掠,以往暴殄天物致起流劫之心,屡犯边腹。十有余年,四海来宾,今此风闻悉目为倭寇,其诸司牧乌得知之哉。昔奉宣谕,乃知彼之详。其目海寇名曰破帆,一曰白波,彼深耻此。功按:是夷犹为可化,设使师之以耘耨,教之以培壅,示之以浇灌。然则彼部之民,尽皆得而食之矣。彼既无饥馑之苦,又岂有流劫之祸耶? 又按:彼蚕其土可事彼桑,少培而蚕桑也。惟其越中颇事之,询其桑叶小而麄,蚕丝麄而短,皆由治桑不善矣。设使教以治桑之法,养蚕之方,其广务之。然则彼部之民,尽皆得而衣之矣。夫如是,则其民不饥寒也,岂有流劫之祸耶? 大抵论兵讨贼,东没西生,使务农桑,当问奴婢。设使先劳以农桑,次教训以文学,此可以语用夏变夷,两利俱安之要道。使蛮貊之民依依乐土,何必频年航海也哉! 何必频年航海也哉!②

这段话包含两层含义,一是能否用夏变夷,二是如何用夏变夷。郑舜功通过自己在日本的实地考察,认为日本土地有余却不善于耕种,所以造成收获不丰,导致饥馑之苦。而一部分流民迫于生计便开始劫掠,从事海盗营生。日本人对于海盗之徒深以为耻,所以郑舜功觉得其虽为夷民但仍有

① 《明太祖实录》卷53“洪武三年六月丁丑”条,第1048页。

② (明)郑舜功:《日本一鉴·穷河话海》卷3《农桑》,民国二十八年据旧抄本影印本。

改造的可能。通过教给他们先进的生产技术,改进日本的耕种和养蚕方法,那么他们就可以解决衣食等生活问题。在此基础上再以先进文化教化他们,就可以实现用夏变夷的目标。所谓"仓廪实而知礼节,衣食足而知荣辱",郑舜功就是想通过这种方式来解决夷夏之防的问题,最终倭寇问题也就不攻自破了。从倭寇的发生来讲,因为饥馑为寇的日本浪人只占少数,郑舜功并没有认清倭寇的真正根源。但是在当时的历史条件下,郑舜功通过自己的亲自调查,发现倭寇发生之一端,从而与其他明代日本研究者的观察有很大不同,实属不易。在处理对外关系上,郑舜功坚持儒家传统的华夷观。"伏念圣帝仁王之立中国而抚四夷,近则驭之以情,远则怀之以德,此治天下常经也。抑且绝海之夷,远隔万里鲸波,若非察其性情,宣乎文德,容其向化,祸乱何时而定耶！此昔区区所以辄奋狂愚,但欲变夷从夏,定乱尊王。"①郑舜功希望通过自己的出使,完成国家变夷从夏的大任。在儒家坚持用文化和礼制教化夷狄的理念下,郑舜功强调还要从物质器物层来努力,包括传授生产技术等经济的手段来达到用夏变夷的目的。这为明代处理中外关系提供了一种新的思路。

郑舜功留日半年有余,虽然比其他未曾到过日本的研究者条件优越,但是毕竟受时代所限,对日本的认识还有很多不足与缺陷。由于他主要停留在九州地区,所以对于日本其他地区的认识并不清楚,而且很多时候只是以其所接触的九州人来评说日本人,这是他不可取的一面。而对日本的某些认识有时也会出现极为荒唐的推测,比如《日本一鉴》中叙述日本的马时,郑舜功加按语道:"按,倭之岛古名野马台,疑多产马,故名之。"②野马台当作邪马台,邪马台国的记载最早见于陈寿所著《魏志·倭人传》中。《魏志·倭人传》反映的是日本弥生时代后期的情况,邪马台国是当时由女王卑弥呼统治的三十国中最强大的一个。③ 邪马台国的名称应该是根据日语的对音而来,并非郑舜功所言产马之多的缘故。郑舜功在《日本一鉴》中广泛征引中日两国书籍,在引用时皆能注明出处,这点值得肯定。不足的是,不仅其中有些日本书籍纯属子虚乌有,而且对于中国典籍也有搞错之处。比如他在介绍日本物产时,多次引用《汉书》,

---

① (明)郑舜功:《日本一鉴·桴海图经》卷1,民国二十八年据旧抄本影印本。

② (明)郑舜功:《日本一鉴·穷河话海》卷2《鸟兽》,民国二十八年据旧抄本影印本。

③ 参见汪向荣:《邪马台国》,北京:中国社会科学出版社,1982年。

但是查其引用文字并非出自《汉书》，而是源自南朝范晔所著《后汉书·倭传》。《汉书》为东汉班固所著，与《后汉书》《史记》在唐代时就并称为“三史”，郑舜功在《日本一鉴》中将二书混为一谈，实为不该。虽然《日本一鉴》中还有不少舛误，算不上一部成熟的日本研究著作，但此书系郑舜功亲自赴日考察所得，建立在第一手资料的基础上，其在日本研究的水平和认识上都达到了一定的高度，这是值得肯定的。《日本一鉴》中对于日本地理知识和物产的介绍很多，却不能说“跟明政府的抗倭工作没有太大的关系，具有明显的纯研究的性质”①。因为就《日本一鉴》的编纂来说，它是郑舜功为特定目的而作，具有很强烈的经世致用目的，即使对于日本地理、风俗等基本情况的介绍也是为其整体思想服务的。比如对于日本语音的研究，《日本一鉴》中专辟一卷《寄语》，看似仅仅为了介绍日本语言，其实具有很强的实用性。郑舜功在此卷序言中称：

> 即今奸宄未定，疮痛未平，干戈未已。用诈取胜，罔辩蛮貊之音，文德虚灵，必本忠信之说。于斯二者，寄语不为无用也。覆按：嘉靖癸未而日本国两起贡使仇杀之时，鄞有上舍薛俊者作为《考略》，于中寄语分聚一十五类，三百余条。推原当时未知倭字，彷佛倭音，不免有讹。抑今贼寇东灭西生，鴃舌莫辩，兵有误听，将有误闻。自奉宣谕，得知倭字四十七数，以志华文，调定寄音，翻译具备。……故采日用文字类分十八，凡字之下以为寄音。庶通其言，文教东夷，此为要领。赋之于公，以行边鄙，庶使兵无诳将之愆，将无诳君之罪。此即文告之验，奉使之征乎！②

最早在日本研究专书中出现寄语是薛俊的《日本考略》，其中收录了三百多个日本语汇。薛俊创立《寄语略》的目的是为了边防的需要。“然言者心之声，得其言或可以察其心之诚与伪，故特寄其常所接谈字，彷佛

① 朱莉丽：《倭寇之乱下明朝人对日本的研究》，收入陈尚胜编：《中国传统对外关系的思想、制度与政策》，济南：山东大学出版社，2007年，第99页。

② (明)郑舜功：《日本一鉴·穷河话海》卷5《寄语》，民国二十八年据旧抄本影印本。

音响而分系之，似以资卫边将士之听闻，亦防御之一端也。”①郑舜功继承了设立寄语的编纂方法，而且通过他自己在日本的观察和搜集，不仅改正了《日本考略》中的一些错误，而且扩大了收录范围，《日本一鉴》中共收日本语汇达三千四百余个。郑舜功之所以不遗余力地收集和研究日本语音，并不是纯粹为了介绍日本语言，而是为沿海防卫的将士学习之用，最终目的还是服务于御倭守边的大业。

要之，郑舜功的《日本一鉴》在明代日本研究史上具有重要的地位。郑舜功受浙江总督杨宜之命亲赴日本，完成使命归国之后却遭娟嫉下狱。郑舜功在狱中与访客的一次谈话，激发了他编纂《日本一鉴》的写作欲望，最终发愤著书，既希求昭示自己的不白之冤，也为以后使者赴日提供参照，更重要的目的在于为统治者守边防倭提供借鉴。《日本一鉴》中对于日本的研究，以及研究的方式和方法，特别是体现出郑舜功的经世致用意识和用夏变夷的思想，都对明代日本研究具有重要影响。更突出的一点在于，郑舜功通过亲身赴日考察，认识到应该明确区分日本政权和倭寇之间的关系，提出了处理倭寇问题的正确策略。同时他还提出中日之间应该加强经济和文化交流的主张，这是对中日关系发展的建设性意见。在当时的背景下，郑舜功的这种见识和主张实属难得，这与其亲自赴日考察的经历密切相关。正因如此，《日本一鉴》无愧为明代日本研究史籍中的代表作。

第二节　《日本风土记》与《日本考》

在明代日本研究史籍中，《日本风土记》和《日本考》是比较特殊的两部书。不仅因为他们对于日本的研究比较重要，更是因为二者之间的复杂关系。两部书的内容几乎完全一样，但是书名不同，作者也不同。《日本考》在中国流传较广，但是《日本风土记》在中国有存目却无书，而保存在它研究的对象国日本的图书馆里。那么对于这两部书的关系应该如何看待，它们对于日本的研究程度如何，这些都是明代日本研究中的重要问

① （明）薛俊：《日本国考略》，收入（明）邓士龙辑，许大龄、王天有主点校：《国朝典故》卷103，北京：北京大学出版社，1993年，第2055页。

题。本书在吸收前人研究成果的基础上,试图探讨这些问题。

一、《日本风土记》与《日本考》之关系

由于两书关系极为复杂,在明代很少有人关注或提到此问题,后世也论之不多。直到近代随着《日本风土记》在日本的清理发现,两部书的关系才逐渐走入学者的视野。

1. 侯继高与《日本风土记》

侯继高是明代后期著名的抗倭将领,但不似戚继光、俞大猷那样被人熟知。甚至在清代所修《四库全书总目》中误将其名书为"侯继国"①,将其著作《全浙兵制考》书为《两浙兵制》。而《全浙兵制考》所附录之《日本风土记》又是明代日本研究的重要著作,因此有必要对其人其书进行梳理。②

侯继高,号龙泉,祖籍盱眙(今属江苏省)。以往资料对其生卒年多语焉不详,日本学者川越泰博根据新出《中国明朝档案总汇》的记载,考证侯继高生于嘉靖十二年(1533),卒于万历三十年(1602),享年七十岁。③ 嘉靖二十七年(1548),年仅十六岁的侯继高世袭指挥同知,开始了其一生的戎马生涯。先后出任吴淞把总、广东都司、狼山副总兵、南京右军都督府佥事、浙江总兵、广东总兵等职,一直战斗在东南沿海抗倭斗争的最前线。侯继高一生中精彩的剿倭战役有万历十七年(1589)二、三月间的花脑洋、浪冈洋大捷,以及十八年(1590)的嵊泗枸杞岛大捷。枸杞

---

① 对此进行勘误的有胡露、周录祥:《〈四库全书总目〉存目补正十二则》,《图书馆杂志》2007年第8期。同文还载于《图书馆理论与实践》2008年第1期。

② 关于侯继高和《日本风土记》,中日两国学者已有不少介绍和研究。本书主要参考已有研究成果,根据史料对其进行重新梳理。这些研究主要有:汪向荣:《关于〈日本考〉》,收入汪向荣著:《中日关系史文献论考》,长沙:岳麓书社,1985年;李小林:《侯继高及其〈日本风土记〉》,《兰州大学学报》2006年第1期;[日]安田章:《日本风土记解》,收入京都大学文学部国语学国文学研究室编:《日本风土记:全浙兵制考》,京都:京都大学国文学会,1961年;[日]川越泰博:《『全浙兵制考』の撰者侯継高とその一族》,收入川越泰博编:《明清史论集:中央大学川越研究室二十周年记念》,东京:国书刊行会,2004年;[日]大友信一:《「日本風土記」"山歌"考》,《文芸研究》,日本文坛研究会,(1962/08)(通号40);[日]赤松祐子:《「日本風土記」の基礎音系》,《国语国文》,东京:中央图书出版社,Vol. 57, No. 12(1988/12);等等。

③ [日]川越泰博:《『全浙兵制考』の撰者侯継高とその一族》;中国第一历史档案馆、辽宁省档案馆编:《中国明朝档案总汇》第61册《金山卫选簿》,南宁:广西师范大学出版社,2001年。

岛一战充分显示了侯继高的指挥才能，他运用声东击西的战术，全歼来犯倭寇。此战后，侯继高在枸杞岛的山岗巨石上镌刻“山海奇观”四个大字。[①] 侯继高还是一位文武全才，不仅能带兵作战，还善于著述、精通书法。除了“山海奇观”之外，他还在浙江题写了“白华山”“磐陀石”“海天佛国”等字，笔力遒劲、苍劲雄奇。“海天佛国”四字的摩崖石刻如今已是浙江普陀山的名胜古迹，“海天佛国”也成为普陀山观音道场的专有美称而名扬天下。此外，侯继高还著有《游补陀洛迦山记》《全浙兵制考》等书。

《全浙兵制考》是侯继高的代表作，但是在目录书中却名称不一，如《四库全书总目》中称《两浙兵制》，《明史·艺文志》录作《全浙兵志考》等等。近代学者汪向荣也称作《两浙兵制考》。[②] 但是现存万历刻本及其他抄本均题署《全浙兵制考》，而且《四库采进书目》也载为“《全浙兵制》四卷，六本”，所以李小林等学者将此书名订正为《全浙兵制考》。[③] 现在能够见到的《全浙兵制考》主要有万历刻本和以此为祖本的日本抄本。万历刻本目前藏于日本国立公文书馆内阁文库。其内容由两部分组成，前半部分共三卷，第一卷首列全浙海图、海图总说和水陆兵制，然后纪杭嘉湖、宁绍两个地区之兵制和各该区之倭乱，第二卷纪台金严、温处两区之兵制与其倭乱，而每一区都附图以补充说明。另外，第二卷附《近报倭警》，第三卷《造修福船略说》后附《纂造新修旧大小福鸟船料数》。后半部分为《日本风土记》五卷。[④] 日本抄本主要有两种。一是由日本江户时期著名儒学家林鵞峰雇人所抄本，现存于内阁文库。其抄本书后附录一段跋语，可以基本明了此书来源：

> 《全浙兵制》并《日本风土记》八卷。长崎市舶司牛込氏所藏也。

---

① 李小林在其《侯继高及其〈日本风土记〉》一文中记为万历十六年。按：“山海奇观”四字之下有小字注曰：“大明万历庚寅春，都督侯继高统率临观把总陈九思、听用守备宋大斌、游哨把总詹斌、陈梦斗督汛于此。”按此记载应为万历十八年。

② 参见汪向荣：《关于〈日本考〉》，收入《中日关系史文献论考》，第 254 页、第 263 页注释 5。

③ 参见李小林：《侯继高及其〈日本风土记〉》，第 48 页。

④ 关于日本藏本的情况介绍，参见郑樑生：《佚存日本的〈全浙兵制考〉》，收入《中日关系史研究论集》（二），台北：文史哲出版社，1992 年，第 131—151 页。

以未播于世间，故深密之。唯许余一见。延宝丁巳二月二十八日朝借寄焉。其日巳刻分附塾生十八人摸写之，至翌日未刻，毕一部之功，凡四百四十余页也。本书腐损，次第混杂，悉改定之，而始末分明。自非把笔者之多，则岂得如此之速乎！可以喜也，因述其趣，跋其后。①

落款为“延宝五年(1677，清康熙十六年)丁巳二月二十九日弘文院林学士。”可以发现此抄本来自万历刻本，所以内容完全一样。而另外一种日本抄本则流传到中国，存于天津图书馆，后被影印收入《四库全书存目丛书·子部》第31册。此本称作“棉氏旧抄本”，但是却无法获知何人、何时所抄。只能根据该书所钤印章得知，此书最初由日本江户时代文人大田南亩收藏，此后流入中国被浙江嘉惠堂收藏，以后又被天津图书馆收购。② 此抄本与林鵞峰所抄本字体不同，内容上也只有前三卷而缺少《日本风土记》，只附录了其目录。

关于万历刻本的具体付梓时间，目前尚存疑问。李小林根据该书出现最晚的时间记录(一是卷二《附录近报倭警》中有“万历二十年六月二十三日，据辽东都司呈称……”，二是卷三《造修福船略说》的落款之语“万历二十年岁次壬辰仲夏之吉，钦差镇守浙江等处地方总兵官后军都督府都督佥事侯继高识”)推定，此书是在万历二十年(1592)六月二十三日以后刊刻的。又根据(雍正)《浙江通志》的记载“《两浙兵制考》四卷，万历癸巳将军侯继高撰”，推断此书撰于万历二十一年(1593)。③ 目前所见到的万历刻本及其抄本的《全浙兵制考》内容基本相同，但是却与《四库全书总目》中的内容大异其趣。李小林曾经列表对比过天津图书馆所藏日本抄本与《四库全书总目》所述本内容之不同，并指出：“日本抄本(棉

---

① 此段跋文多有转引，参见李小林：《侯继高及其〈日本风土记〉》，第49页；[日]安田章：《日本风土记解题》，第22页；[日]川越泰博：《『全浙兵制考』の撰者侯継高とその一族》，第29页。

② 参见李小林：《侯继高及其〈日本风土记〉》，第48页。

③ 参见李小林：《侯继高及其〈日本风土记〉》，第49页。按：此处关于《附录近报倭警》的最晚记录时间有误，在以上引文之后尚有“二十四日又据分守镇海辽海东宁道兼理边备右参议荆州俊呈……”和“至二十五日又据辽东都司呈……”等字样，按此逻辑推断，应为万历二十年六月二十五日以后刊刻，而非二十三日以后。

氏旧抄本）和《四库全书总目提要》本所据的本子，应当不是同一个本子。但它们分别依据什么版本进行抄写的，或作提要的，因资料的缺乏，笔者尚不清楚，留待日后解决。”①可惜由于资料的匮乏，目前尚未见到学界有最新的突破研究。为了分析问题，有必要先把《四库全书总目》的内容摘引如下：

《两浙兵制》四卷（浙江巡抚采进本）

明侯继国撰。继国号龙泉，金山卫人。世袭指挥使。是书第一卷首列全浙海图，附以说，并及沿革兵制。又析杭、嘉、湖三府为一图，宁、绍二府为一图，台、金、严三府为一图，温、处二府为一图。图后均有说，并详列其兵制、烽堠、倭犯。第二卷载造战船、福船、鸟船、沙船、唬船、火器、军器及营操、申操、哨操、伍操等图。第三卷载《倭警始末》。第四卷为《日本风土记》。于一时海防军政，最为详悉。惟《日本风土记》有录无书，疑装缉者偶佚之也。考明《神宗本纪》，二十年五月，倭犯朝鲜，陷王京。朝鲜王李昖奔义州求救。二十一年正月，李如松攻倭于平壤，克之。四月，倭弃王京逃，使小西飞请款。二十三年正月，封平秀吉为日本国王。二十四年九月，平秀吉抗不受封，复侵朝鲜。此书中《倭警始末》载朝鲜国王奏，二十一年九月、十月、十一月，倭贼仍于庆州机张县、蔚山郡丽阳县、梁山郡等处肆意攻掠。而经略宋应昌为倭奏请封贡，乃即在此数月内。则倭之请贡非实可知。又载充龙港船商许豫，侦知倭贼初败于平壤，即食尽矢穷，思逃无路，乃以封贡议和，是堕其计。又称倭贼素诈，议和后新造大艘十余只，将欲为乱，恐和非实。与李昖所奏情事相符。乃应昌力主和议，反斥李昖妄奏。是二十四年日本之叛，应昌罪无可辞。此书实可以曲证史事。而应昌所著《经略复国要编》，于李昖之奏，许豫之侦，辽东巡按之讦，概不录入，则自张其功而匿其短也。此书又可以勘其谬矣。② 惟考《平壤录》，载日本谢表无年月，当时断为沈惟敬捏造，而此书载之。又多列案牍全文，辞旨鄙俚，失于删润，是则不免小

① 李小林：《侯继高及其〈日本风土记〉》，第49页。

② 《钦定四库全书总目》（整理本）卷100《子部・兵家类存目》，北京：中华书局，1997年，第1307—1308页。

疵耳。①

无可否认的是,《四库全书总目》存在不少的错误之处,学术界对此已经做了很多的考订和勘误工作。就比如此处所引《全浙兵制考》的提要内容,书名和作者都与事实不符。除了前文所列举的前人研究之证据外,根据提要进行本证也可订正书名。两浙或者全浙都是包括浙东、浙西的意思,但是此提要中已经说明第一卷首列"全浙"海图,而非"两浙"海图,说明四库所见本中用的主要是"全浙"这一名词。再查万历刻本和其他抄本,书中用的全部都是"全浙"这一固定称呼。从这个角度也可以证明《四库全书总目》所记书名存在问题。但是尽管存在这样一些明显的失误,仍然不能否定《四库全书总目》的价值所在,更不能全盘否定此条提要。唯一合理的解释就是《四库全书总目》中所依据的《全浙兵制考》和万历刻本不同。为了更好地分析它们之间的异同,现将万历刻本《全浙兵制考》的目录和《四库全书总目》的内容列表对比如下:

两种《全浙兵制考》内容对比表

万历刻本《全浙兵制考》目录	《四库全书总目》列举内容
第一卷:全浙海图、海图总说、水陆兵制、杭嘉湖区图、杭嘉湖区图说、杭嘉湖区兵制、卫所烽堠、本区倭乱纪、宁绍区图、宁绍区图说、宁绍兵制、卫所烽堠、本区倭乱纪。	第一卷首列全浙海图,附以说,并及沿革兵制。又析杭、嘉、湖三府为一图,宁、绍二府为一图,台、金、严三府为一图,温、处二府为一图。图后均有说,并详列其兵制、烽堠、倭犯。
第二卷:台金严区图、台金严图说、台金严兵制、卫所烽堠、本区倭乱纪、温处区图、温处区图说、温处兵制、卫所烽堠、本区倭乱纪。附录近报倭警。	第二卷载造战船、福船、鸟船、沙船、唬船、火器、军器及营操、申操、哨操、伍操等图。
第三卷:造修福船略说。附纂造新修旧大小福鸟船料数。	第三卷载《倭警始末》。
附《日本风土记》一至五卷。	第四卷为《日本风土记》。

① 根据《钦定四库全书总目》(整理本)(第1308页)中所注,浙、粤本有此句,今据此补。按:《钦定四库全书总目》(整理本)之"整理凡例"云:《钦定四库全书总目》完成之后,于清乾隆五十四年(1789)由武英殿首次刊印,是为殿本。乾隆六十年(1795)浙江官府根据杭州文澜阁所藏殿本重刻,是为浙本。同治七年(1868),广东又以浙本为底本翻刻,是为粤本。清代三刻本中,以殿本最佳,以浙本流传最广。此次整理,以殿本为底本,以浙、粤二本为参校本。

通过以上对比表可以发现，两种《全浙兵制考》确实不一样，但是可以发现内在的联系。《四库全书总目》所叙是对《全浙兵制考》每卷内容的概括，并不完全等同于目录。仔细对比可以看出，《四库全书总目》所据本第一卷的内容基本等同于万历刻本第一卷和第二卷的内容。如果把万历刻本第二卷附录的内容去掉，那么其第一卷和第二卷的主要内容就是先列全浙海图及其图说和兵制，然后分别叙述杭嘉湖、宁绍和台金严三个地区的地图、图说、兵制、烽堠和倭乱。从目录和内容上可以判断出，《四库全书总目》所据本就是把万历刻本的前两卷合并为一卷，在结构和内容上应该基本相差无几。差别最大的是第二卷和第三卷，内容完全不同。《四库全书总目》所据本第二卷的内容主要由图组成，分别是各式的船、器、操的图。这些内容都是关系到沿海防卫和作战的关键，所以身为地方军事最高长官的侯继高非常重视。比如就舟船来说，他认为士兵在海上作战全赖舟船之力，舟船是否坚固不仅关系到能否克敌制胜，而且关乎船上士兵的数十条生命。“是以继高留心其间，每遇造修之时，必躬亲监督，若匠首然。而且命之曰某也斧，某也凿，某可为艕，某可为底，某当抱极，某当勾拴。自起艂以至竣工，逐舱、逐板、逐缝，一一为理。”①可以看出侯继高对造修舟船十分的关心和熟悉。而对于关乎作战的各种战船、兵器以及士兵的操练等事项，他肯定也是极为关切，因此才会在《全浙兵制考》中一一具列。而万历刻本《全浙兵制考》中只有关于福船造修的说明，以及附录造修各种福船、鸟船所需的工料数式。再从第三卷倭警始末来说，应该是对倭警问题一种完整记述。万历刻本中附录了《近报倭警》，其中收录了郑迥所提供的军事情报，以及辽东战场上正在进行抗倭援朝战争的前线指挥官的奏报。郑迥原籍福建长乐，时为琉球国中山王府长史掌司事长史，得知丰臣秀吉即将进攻中、朝两国的情报后，立即遣通事郑迪与海商陈申渡海向明朝呈报。另外还载有当时流寓日本九州萨摩地方行医的许仪后，与郭国安合力侦备倭情，遣朱均旺越海向明朝所送

---

①（明）侯继高：《全浙兵制》卷3《造修福船略说》，收入《四库全书存目丛书·子部》第31册，济南：齐鲁书社，1995年，第194页。

情报的详情。[①] 可以看出万历刻本中的记载,只是作为附录的内容,而且都是他人的情报或者奏报,而非侯继高本人著述。但是《四库全书总目》本中的《倭警始末》则与此不完全相同,提要中提到载有朝鲜国王李昖的奏报以及充龙港船商许豫侦知的情报,还有日本谢表的具体时间。这些内容都不见于万历刻本。《倭警始末》应该和《近报倭警》的形式相似,主要备载军事情报和官方奏报,所以四库馆臣才称"多列案牍全文,辞旨鄙俚,失于删润"。但是此处又不称附录,并且四库馆臣在提要中也未作出说明。《倭警始末》当为采录他人奏报排比而成,形成一种对倭警事情的前后排列记录。通过以上对《四库全书总目》本的内容概要和万历刻本的对比,可以得出这样的推断,《四库全书总目》所据本和万历刻本这两种《全浙兵制考》为完全不同的版本。

日本学者安田章根据《四库全书总目》中所提《倭警始末》载有许豫侦察倭情的记录,查找到《明实录》中的记载:"(万历二十二年五月)癸未,先是尚书石星遣指挥史世用等往日本侦探倭情,世用与同安海商许予偕往。逾年予始归,报福建巡抚许孚远。"断定两处记载为同一件事情。因此推断认为四库全书存目本为内阁文库本的增补改订版,时间为万历二十二年五月以后。[②] 循此思路,可以继续深入探讨。《四库全书总目》所言"惟考《平壤录》,载日本谢表无年月,当时断为沈惟敬捏造,而此书载之",乃指明人诸葛元声所作《两朝平攘录》中记载明日和谈之事。当时明朝派遣沈惟敬等人赴日议和并册封日本国王,但丰臣秀吉拒受册封,和谈破裂。但是沈惟敬等人却谎称丰臣秀吉接受册封,并进贡称谢。万历二十五年(1597)三月副使杨方亨回京,向明廷捏造丰臣秀吉受封言谢之语,并呈上沈惟敬在日所购物品假称日本之贡。而兵部尚书石星等人却信以为真。"然谢表竟不至。三月后惟敬再往釜山,方差官具进,又无

---

① 关于许仪后的生平事迹以及其与郭国安等人此次密报倭情的详细原委,可参见管宁:《许仪后事迹考略》,《江西社会科学》1992 年第 4 期;管宁:《许仪后、郭国安等忠君报国活动事迹考》,《中国历史博物馆馆刊》1994 年第 2 期。按:笔者新近发现日本琉球大学附属图书馆伊波普猷文库藏有《全浙兵制考》手抄本一册。标题为"《全浙兵制考》第二册《附录近报倭警》",只抄录许仪后此次报告内容,而无《全浙兵制考》其他部分。此部分基本抄自万历刻本,但多有漏字。此抄本用纸为近代红线方格稿纸,且印有"冲绳县教育委员会用"字样,可以断定此抄本时代距今较近。

② 参见[日]安田章:《日本风土记解题》,第 5 页。

年月。徐黄门断其假捏无疑。”①明代史籍中并没有见到此表,而在朝鲜史籍李朝实录中保留了此表的内容,但是也没有具体时间。② 而《四库全书总目》言《全浙兵制考》载有此表的年月。据此推断,《四库全书总目》所见到的《全浙兵制考》应该是在万历二十五年以后刊刻完成的。

那么《全浙兵制考》与《日本风土记》的关系如何呢？万历刻本中,《日本风土记》是作为《全浙兵制考》的附录出现的,并且在书首的目录中载有详细目录。而《四库全书总目》所见到的增补改订版中则只是在目录中附有详细目录,而无《日本风土记》全书,四库馆臣解释为“惟《日本风土记》有录无书,疑装缉者偶佚之也”。可见四库馆臣是承认《日本风土记》为《全浙兵制考》的附录,只是可能因为装缉者的疏忽而遗漏。四库馆臣的说法应该是说《全浙兵制考》在出版时就已经没有《日本风土记》了,肯定不可能是说浙江进书时佚失,也不可能是藏此书者佚失。根据前面对于《全浙兵制考》两个版本的推断,那么可以认为万历刻本中附有《日本风土记》,而《四库全书总目》所据万历二十五年以后的刻本中已经没有《日本风土记》了。如果万历二十五年以后的刻本中附有《日本风土记》的话,那么四库馆臣所见到的这本不可能如此凑巧,正是装缉漏掉的这本。《四库采进书目》中提到“《全浙兵制》四卷,六本”,和《四库全书总目》中提到的卷数一致。而万历刻本《全浙兵制考》前三卷为侯继高所撰,其后为附录的《日本风土记》五卷,则两个版本的卷数差别较大。《四库全书总目》中所称“第四卷为《日本风土记》”应该是一种推测,因为他们并没有见到《日本风土记》,只是根据书前的目录而推断的,并且对于目录是否为“附录”也未透露任何消息。现在知道万历刻本是《全浙兵制考》三卷三册,附录《日本风土记》为五卷,两册。那么《四库全书总目》为四卷,六本,首先四卷是虚数,而六本为实数,按照当时的装订情况来看,万历刻本基本是每卷一册,那么《四库全书总目》所据本第一卷是融合万历刻本前两卷的,所以至少应为两本,那么三卷正好为六本。所以浙江所采进的《全浙兵制考》原本就没有《日本风土记》。而目录中有《日本

① (明)诸葛元声:《两朝平攘录》,收入吴丰培主编:《壬辰之役史料汇辑》(下),北京:全国图书馆文献缩微复制中心,1990 年,第 91 页。

② 参见吴晗:《朝鲜李朝实录中的中国史料(六)·上编》卷 38《宣祖昭敬大王实录十四》“二十九年(万历二十四年)”条,北京:中华书局,1980 年,第 2323 页。

风土记》并以一卷的名目出现，极有可能已经不是万历刻本中所言的附录五卷本了。如果《日本风土记》还是五卷的话，那么四库馆臣不可能写为一卷。所以《四库全书总目》所据本第四卷的《日本风土记》目录不可能和万历刻本中那么详细齐全，最大的可能就是只有“第四卷日本风土记”八个字。因为仔细推敲《四库全书总目》的话，可以发现所讲的前两卷主要是从正文内容来谈的，而第三卷在目录中可能就只有“倭警始末”四个字，因为提要中并不似前两卷那样仔细介绍。所以据此推断目录中第四卷也只有“日本风土记”这几个字，否则如果为五卷详细目录的话，提要中肯定也会像前两卷的介绍一样作更多一点的说明。汪向荣曾分析说：“无论从书的内容，或是从书的版本、式样等看，都无法说明《日本风土记》和《两浙兵制考》是属于同一部书的，完全是两部独立成册的不同书籍。其所以将《日本风土记》列为第四卷者，可能是侯继高（国）本人的意思，因此《两浙兵制考》的卷首会附有《日本风土记》字样。当然也不排除后人因为两书所署的作者是同一人，而将两书并为一书的可能。”①但是从日本内阁文库所藏万历刻本《全浙兵制考》和《日本风土记》来看，两书在一部书之中。《全浙兵制考》共五本，前三本为《全浙兵制考》三卷，第四、五本封面题“全浙兵制考附日本风土记”字样，两本共五卷内容。前三本版心为“全浙兵制考”，后两本版心为“日本风土记”。但是从两书的版式上来看，都为白口、单边栏，版心单鱼尾，每半页均为九行，字体也基本相同。所以基本可以判定两书应为同一部书并同时刊刻。汪向荣所依据的可能只是《四库全书总目》的内容，所以才认为将《日本风土记》列为第四卷，其实在万历刻本中封面标明的是“四”和“五”，只代表册数而非卷数。而且在万历刻本《全浙兵制考》的总目录中标明的是“附日本风土记目录”，然后按第一卷到第五卷的顺序排列，并非如《四库全书总目》所言列为第四卷。因为在总目录中就已列明附录《日本风土记》，所以也可以排除后人合二为一的可能。经过以上的推断，基本可以认为《日本风土记》和《全浙兵制考》的关系是：万历刻本《全浙兵制考》中，《日本风土记》是以五卷两册的内容作为附录，列于书后。《四库全书总目》所据本《全浙兵制考》中，并没有《日本风土记》，只是在目录中有“第四卷日本风土记”八个字。

---

① 汪向荣：《关于〈日本考〉》，收入《中日关系史文献论考》，第256页。

那么为什么万历刻本和《四库全书总目》所据本会有如此差别呢？这就牵扯到了侯继高与《日本风土记》的关系。其实并没有确凿证据证明《日本风土记》为侯继高所作。在万历刻本中《日本风土记》只是以附录的形式出现，如果确实为侯继高所作的话，为什么要以附录而不是以正文的形式出现呢？如果说《日本风土记》是为了配合《全浙兵制考》的内容而附录其后的话，那么万历二十五年以后的刻本中为什么又改造为第四卷呢？一种合理的可能是《日本风土记》原本是一种单行本，后来因为某种原因被附入《全浙兵制考》中。《日本风土记》对于当时两浙地区的海防有一定的参考价值，这和《全浙兵制考》存在着很大的共性。《全浙兵制考》刊刻的万历二十一年左右正是日本准备进攻朝鲜，中日关系紧张的时刻，而且《近报倭警》中也提到日本欲借唐人为先导进攻江浙的事情。所以刊刻者感觉有必要将《日本风土记》收录其中，但又不是侯继高的著述，只能以附录的形式出现。如果再结合和《日本风土记》内容完全一样的《日本考》来看的话，则这种可能性更大。因为署名为李言恭和郝杰考梓的《日本考》是在万历二十一年正月十九日至十月十一日之间上梓的，并且基本可以断定《日本考》是在《日本风土记》的原版上略加改动而翻印的（这些内容将在后文详细介绍），那么说《日本考》和万历刻本《全浙兵制考》刊刻时间相差无几，同样一部书在极短的时间内连续两次印刷，肯定是有特殊需要的。《日本考》主要是提供为辽东抗倭前线之用的，《日本风土记》主要是为浙江前线所用，所以最大的可能就是此书原有母本，现在两地先后刻印。那么《日本风土记》就不能归属为侯继高的著述。所以有学者就推断说："有一个可能，即该书的原作者，既非侯继高（国），也非李言恭和郝杰；书名原来也不一定有。这份原稿可能是当时专供防倭抗倭高级将领用来作为了解敌情的参考资料。侯继高（国）也好，李言恭和郝杰也好，都只是将这份材料翻印以广传播而已。"①

再来看看目录书中的记载，《日本风土记》最早以单行本的形式出现，是在祁承㸁的《澹生堂藏书目》中。② 祁承㸁，字尔光，浙江山阴人，万

---

① 汪向荣：《关于〈日本考〉》，收入《中日关系史文献论考》，第257页。

② 李小林《侯继高及其〈日本风土记〉》（第47—48页）中认为《千顷堂书目》"侯继高《日本风土记》四卷"为单行本最早出现记录，并称《明史·艺文志》完全因袭这一记载。按：《澹生堂藏书目》要早于《千顷堂书目》。

历三十二年(1604)考中进士,曾官至江西布政使参政,一生嗜好藏书,晚年居家整理藏书,并于万历四十八年(1620)编成《澹生堂藏书目》。在《澹生堂藏书目》中著录曰"《日本风土记》四卷一册　侯继高",另外还有"《全浙兵制考》四卷四册　侯继高",但是并未著录《日本考》。清人黄虞稷的《千顷堂书目》则对三部书都有记录,分别为"侯继高《全浙兵制考》四卷""侯继高《日本风土记》四卷""李言恭《日本考》五卷"。《明史·艺文志》中和《千顷堂书目》的记载完全一致。由于祁承㸁生活于明朝万历年间,《澹生堂藏书目》又是根据其藏书编纂而成,所以其史料价值和真实性要高于黄虞稷的《千顷堂书目》。从《澹生堂藏书目》来看,其所藏《全浙兵制考》为四卷四册,应该不是万历二十一年刻本。万历刻本《全浙兵制考》中附录《日本风土记》为五卷,而祁承㸁所藏之《日本风土记》为四卷。可见祁承㸁所收藏的《日本风土记》应该和万历刻本所附录的不是同一个版本。由于祁承㸁一生主要生活于江南地区,而且《澹生堂藏书目》中并未见著录李言恭、郝杰的《日本考》,也印证了前文所作的推断,流播于江浙地区的主要是《日本风土记》,而《日本考》主要在北方传播。那么祁承㸁所见之《日本风土记》可能就是最早的版本,也即《全浙兵制考》所附录的那个版本,其中并没有署名。祁承㸁很可能只是根据他所见到的《全浙兵制考》目录中有《日本风土记》,而据此将《日本风土记》定名为侯继高所作。而在《澹生堂藏书目》中又没有发现《日本考》,说明祁承㸁并不知李言恭、郝杰已经翻印此书,所以更加使他确认将《日本风土记》的作者署为侯继高。其他著录《日本风土记》为单行本的目录中,如《千顷堂书目》《明史·艺文志》都列《日本风土记》为"四卷",可能都是从目录书中径直抄录,而未见到该书。可以说,《日本风土记》本来就是一部单行的书,后来由于某种原因,在刊刻《全浙兵制考》时被作为附录收进书中,后人遂把《日本风土记》看作是侯继高名下的史籍。

2.《日本考》之考梓及其与《日本风土记》的关系

《日本考》是明朝万历年间刊行的一部重要著作,但是根据学界的研究,它基本是一部完全翻刻《日本风土记》的著作。但是《日本考》的命运不似《日本风土记》那样坎坷,《日本风土记》清朝时可能就已经在中国销声匿迹,却漂洋过海一直保存在它研究的对象国日本的图书馆中。《日本考》自万历年间刊刻后,就一直在中国传布,随着20世纪30年代北平图书馆将万历刊本影印出版后,引起了学者的极大兴趣。谢国桢、吴玉年、汪向荣等人均作过相关介绍和研究。日本学者渡边三男也曾完成《译注日本考》一书，将其介绍到日本。《日本风土记》长期湮没于日本的图书馆中不被人所知，而《日本考》却在中国不断得到重视。继北平图书馆影印后，万历刊本又被收入《四库全书存目丛书》中，此外由汪向荣、严大中整理的校注本也收入到《中外交通史籍丛刊》中出版。学界对此书的日本研究也开始重视起来。那么《日本考》的刊刻者及其背景是怎样的呢？《四库全书总目提要》中写道：

> 明李言恭、郝杰同撰。言恭字惟寅，岐阳武靖王文忠之裔，以万历二年袭封临淮侯。杰字彦辅，蔚州人，嘉靖丙辰进士，官至南京兵部尚书。方言恭督京营戎政时，杰为右都御史。会倭患方剧，乃共摭所闻为此书，记其山川地理及世次土风，而于字书译语，胪载尤详。后倭陷朝鲜，封贡议起，杰以力争不合，徙南京。而言恭子宗城卒为石星所荐，充正使往封。至釜山，而倭情中变，易服逃归，被劾论戍。盖徒恃纸上空言，宜其不能悉知情伪也。①

由于四库馆臣没有见到《日本风土记》，所以无从知道二书的关系，也就只能认为是李、郝二人撰著的了。但是四库馆臣对于此书的作用评价并不高，特别是对于作者李言恭之子李宗城叛逃一事，更加认为纸上谈兵之无用。四库馆臣的评价不免有失偏颇，《日本考》只是一本介绍日本情况的书，当时抗倭前线战事变化多端，不可能具有锦囊妙计的作用。并且李宗城本为纨绔子弟，又受奸臣沈惟敬所害，不能因其过失而贬低《日本考》的价值。

关于李言恭和郝杰的情况，汪向荣在《关于〈日本考〉》一文中有过详细的讨论，主要依据《明史》中的相关传记。本书在此基础上，从《明实录》等原始资料中查找史料予以补充二人为官履历。李言恭，万历三年

① 《钦定四库全书总目》（整理本）卷78《史部·地理类存目》，第1055页。

(1575)十月三十日袭封临淮侯①，十四年(1586)二月十三日总督京营戎政，十六年(1588)加太子太保，二十年七月十三日加少保，二十四年四月因其子李宗城使朝鲜逃归而被免职，二十七年(1599)卒。郝杰，嘉靖三十五年(1556)中进士，隆庆元年(1567)任畿辅巡抚，万历十七年(1589)擢右佥都御使，巡抚辽东，十九年进右副都御使，二十年七月初六升兵部右侍郎，总督蓟辽保定军务，二十一年正月十九日协理京营戎政，十月十一日任南京户部尚书，二十八年(1600)卒于官。《日本考》中李言恭所署的官衔为"总督京营戎政少保兼太子太保临淮侯"，根据上面对其履历的梳理则知吻合此职务的时间为万历二十年七月十三日至二十四年四月。《日本考》中郝杰所署的官衔为"协理京营戎政都察院右都御使兼兵部右侍郎"，则符合其职务的时间应为万历二十一年正月十九日至十月十一日。《日本考》上梓的时间应该为二人职务都完全符合所署官衔的时间，所以据此可以判断出《日本考》的刊刻时间应该为万历二十一年正月十九日至十月十一日之间。② 而前文已述，侯继高《全浙兵制考》即在此年刊刻，而且附有《日本风土记》。如果比对一下万历刻本的《日本风土记》和《日本考》，很容易发现二书的内容几乎完全一样。关于此二部书的关系，中日两国的学术界普遍都认为是一书两刻。

从时间上来说，《日本风土记》刊刻在前，而《日本考》则是在《日本风土记》原刻板的基础上略作剜补而印刷。之所以这样说的证据有二：第一，《日本风土记》的版心全部刻有"日本风土记"的字样，《日本考》的版心全部刻为"日本考"，但是《日本考》中卷二第三、十二、三十四页和卷三第八、九页的版心居然还保留着"日本风土记"的字样。第二，《日本考》第一页和后面字体完全不同。《日本风土记》第一页前半页正文为八行十七字，《日本考》则变为六行十七字，内容略作删减，空出的两行为李言

---

① 按：汪向荣《关于〈日本考〉》(第252页)中根据《明史》卷105《功臣世表》的记载，断定为此时袭封，而《四库全书总目》记载错误。现查知临淮侯李庭竹卒于万历二年闰十二月十四日，《明神宗实录》卷43"万历三年十月甲午条"载："以临淮侯李庭竹嫡长男李言恭承袭祖爵。"(第982页)故应以次为准。

② 按：汪向荣在《关于〈日本考〉》(第253页)中认为郝杰是万历二十年七月后才以兵部右侍郎协理京营戎政的，所以把《日本考》的上梓时间定为万历二十年七月至次年十月之间。日本学者渡边三男在《新修译注日本考》(第399页)、安田章在《日本风土记解题》(第7页)中和汪向荣推测时间相同。今据《明实录》的记载，知此推测时间段并不完全准确。

恭和郝杰的署名。《日本考》每一卷第一页因为署名的问题，都与后面各面的版式不同。以上两点基本可以说明《日本考》是由《日本风土记》而来，而且两书中板面大小、每半页行数和行字数，乃至字体都一模一样。所以汪向荣在《关于〈日本考〉》一文中就指出："从这种印刷情况看来，也完全可以认为《日本考》实际上就是《日本风土记》同一刻板的改名复刻本。"①

《日本考》与《日本风土记》使用的基本是相同的刻板，而且出版时间也相差无几，为什么会出现一书两刻并且更改书名和作者的情况呢？汪向荣给出了四种可能的解释。第一可能为三人合作编纂此书，因故分手后各自上梓出版，但是因为两书很明显是用同一副刻板印刷，所以这点不可能。第二是李、郝二人收买了侯继高的刻板后改名出版，但是从三人社会地位而论，此推测很难成立。这两种可能已经被汪向荣自己否定掉。第三种可能是侯继高刊行《日本风土记》后，为了扩大影响，或为使抗倭人士或朝廷决策官员了解日本，由声誉和威望大于他的中央高官李、郝二人重印。从侯继高编纂的《全浙兵制考》来看，他之所以将《日本风土记》附录其后，还是想提高自己在这个问题上的影响，即使献给朝廷或者提供给御倭将士使用，那么署上自己的名字岂不是更加有利？所以这种可能性非常小。对于将侯继高作为《日本风土记》的作者，日本学者渡边三男并不同意，并且提出三个疑问。第一，《日本风土记》与侯继高其他的自撰书(《全浙兵制考》第一卷、第三卷)风格不同。第二，如果侯继高是原著者，而李言恭、郝杰再行改名刻印，那么他们相互都位居高位并且时间非常接近，在中国这是不太可能的。第三，《全浙兵制考》第二卷附录的《近报倭警》是许仪后提供的关于日本的最新资料，其中有与丰臣秀吉相关的军事情报，而《日本风土记》在最新情报方面没有什么影响。因此渡边三男认为，《日本风土记》是万历初年一部根据《日本考略》《筹海图编》等资料编纂而成的抄写或者刊行的书，侯继高上梓《全浙兵制考》时将其与其他资料一起作为附录放到书中。李言恭、郝杰是将《全浙兵制考》的附录之书以别的书名单独刊行。两书相继刊行可能只是偶然的巧合。②日本学者安田章也认为，在没有足够的证据出现之前，还不能说侯继高就

---

① 汪向荣：《关于〈日本考〉》，收入《中日关系史文献论考》，第256页。

② 参见[日]渡边三男：《新修译注日本考·解说》，东京：新典社，1985年，第401页。

是《日本风土记》的编纂者。①

除了以上三种推测外，汪向荣还提供了第四种可能情况，兹引录如下：

> 有一个可能，即该书的原作者，既非侯继高(国)，也非李言恭和郝杰；书名原来也不一定有。这份原稿可能是当时专供防倭抗倭高级将领用来作为了解敌情的参考资料。侯继高(国)也好，李言恭和郝杰也好，都只是将这份材料翻印以广传播而已。因此李、郝在易版而刻上署名时，只用“考梓”等字样，而不是“编、撰”字样。而李、郝和侯之间，很可能都熟识，在李、郝要翻印之前，已知侯也曾刊刻过这材料，因而利用这一刻板，只在个别处所，作了些改动；有的几页更因疏忽，而没有加以剜改。这样两书就以同样版式而问世。②

汪向荣此处认为原书可能是一部专供防倭将领使用的参考资料，但是为何侯继高刊印在前，而李言恭在后呢？如果只是一部参考资料，身居中央军事要职的李、郝二人应该首先得到此版，不可能先由浙江总兵侯继高刊刻。而且如果是一种颁发给各地防倭将领的参考书，那么李、郝等人手中肯定有此书，何必借用侯继高之版并作剜改呢？并且其他各地防倭将领也未见有人刻印此书。所以第四种可能也难以成立。

对于这个问题的分析应该结合明代当时的时代背景和社会文化环境来考察。明代中后期随着手工业和商业的发展，刻书业也发生了巨大的变化。伴随着经济的发展，明代形成了三大刻书中心。明人胡应麟曾对此说道：

> 凡刻之地有三：吴也，越也，闽也。蜀本宋最称善，近世甚希。燕、粤、秦、楚，今皆有刻，美自可观，而不若三方之盛。其精，吴为最；其多，闽为最；越皆次之。其直重，吴为最；其直轻，闽为最；越皆次之。③

① 参见[日]安田章：《日本风土记解题》，第10页。

② 汪向荣：《关于〈日本考〉》，收入《中日关系史文献论考》，第257页。

③ (明)胡应麟：《少室山房笔丛》，上海：上海书店出版社，2009年，第43页。

因此明代形成了以金陵为中心的吴地、以杭州为中心的越地和以建阳为中心的闽中这三大刻书中心。但是就书坊刻书业而言，几乎明代的两京十三省无处不在刻书，呈现出一派繁荣的刻书景象。在商品经济发达，以赢利为目的的书商日增的明代中后期，书商与文人开展了多方面的合作，大量的科举用书、名家选本、通俗戏曲小说等读本被刊刻出版，成为这个时期刻书业的一大特色。[①] 而在史学领域，明代的普及性史书的流行已成社会风气，需求量极大，刻书业随之兴旺，“至明嘉靖朝以降，普及性史书的编纂和刊行已成千帆竞发之势，万历朝达于极度繁盛，直至明末。”[②] 在这种潮流中，书坊主发挥了很大的作用。他们在利益的驱动下，往往通过多种手段打开销路，比如会采用在书籍中配有插图、彩色套印等手段来吸引读者。另外又会利用序跋和加以评点等形式来为书籍做广告，在这些序言中有些还是书商在刻印时假托作者或者他人的名义加上的。[③] 不仅书序有伪托者，有些书籍中的评点也是书商伪称为名人所作。甚至常有书坊将别人刻印的作品略作修改，换个书名便算是本坊新书。[④] 在普及性潮流的影响下，明代书坊主为了推销售卖便公然将一些史书伪托为名人所作。比如题名王世贞撰的《凤洲纲鉴》《王凤洲先生纲鉴正史全编》等书，今存即有八九种，应属冒名伪托。[⑤] 再如《国朝纪要》一书，《明史·艺文志》言系王世贞著作，其实通过考证现存的明刻本《国朝纪要》发现此书并非王世贞所撰，而是明代书坊为了赢取读者而抄录纂辑成书的伪托之作。[⑥] 在这样的文化环境下，可以推知将《日本风土记》附录到《全浙兵制考》之中极有可能是书坊所为。《日本风土记》并不是侯继高

① 参见许婉璞：《明代中晚期刻书业的特色及文化意义》，《中国出版》2005 年第 7 期，第 54—55 页。

② 乔治忠：《明代史学发展的普及性潮流》，收入乔治忠著：《中国官方史学与私家史学》，北京：北京图书馆出版社，2008 年，第 403 页。

③ 参见方志远：《明代城市与市民文学》，北京：中华书局，2004 年，第 292 页。

④ 参见卢宇苗：《明代书坊主的推销手段在通俗小说传播上的运用》，《徐州工程学院学报》2006 年第 4 期，第 31—33 页。

⑤ 参见乔治忠：《明代史学发展的普及性潮流》，收入乔治忠著：《中国官方史学与私家史学》，第 407 页。

⑥ 参见孙卫国：《王世贞史学研究》，北京：人民文学出版社，2006 年，第 196 页。

所撰，此书最大的可能是由书坊主抄纂而成。从《日本风土记》本身来看，其中大部分内容抄自薛俊的《日本考略》和郑若曾的《筹海图编》。此书第三卷中所录日本字母都用汉字记录了其读法，汪向荣认为这些读音不但和现在的读音不同，在当时也不是标准的京音，而可能是根据提供原始材料的人的口音而来。这些人基本是浙江宁波一带人士，所以具有浙东地区的口音。① 所以极有可能是书坊编有《日本风土记》一书，然后与侯继高编纂的《全浙兵制考》合刊到一起，这样也可以借助侯继高的名气来提高此书的身价。

那么李言恭和郝杰为什么要刻印《日本考》呢？谢国桢为北平图书馆《善本丛书·日本考》的“跋”中写道：

> 言恭生而岐嶷，喜读书，及长工诗，与王凤洲、李沧溟辈称海内十才子，有《贝叶斋》《青莲阁》二集行世。与胡应麟为友，应麟《少室山房集》与之往还倡和甚繁；通于日本情事，应麟送之诗，有“月支奉旧朔，日本祈新封”之句。督京营戎政，时倭乱方剧，与右都御使杰摭拾旧闻，同撰《日本考》，黄虞稷《千顷堂书目》、《四库全书地理类存目》均著录其书。②

因为谢国桢没有见到《日本风土记》，所以将李言恭和郝杰作为《日本考》的编撰者。但是在“跋”中还是能够了解到李言恭确实对日本极为留心，本身具备一定的日本知识，加之当时的历史条件，所以才会考梓出版《日本考》。郝杰曾经出任过辽东巡抚和兵部右侍郎总督蓟辽保定军务等职，必然要接触和处理与日本相关的事务，而各地方官所汇总的情报又充实了他的日本知识。可以说李、郝二人都是对日本具有一定了解的官员。《日本考》上梓的时间正是明朝抗倭援朝战争的第一阶段。当时的情况是，万历二十年四月丰臣秀吉发动侵朝战争，两月之内朝鲜三京沦陷。七月，明朝应朝鲜国王李昖吁请派祖承训率军赴朝抗倭。八月，明朝主张议和，并于九月派出沈惟敬赴平壤与日方会谈。万历二十一年一月明将李如松率军收复平壤，三月再派沈惟敬与日方会谈。五月，明军进至庆州，

① 参见汪向荣：《关于〈日本考〉》，收入《中日关系史文献论考》，第259页。

② 参见谢国桢：《日本考·跋》，收入汪向荣、严大中校注：《日本考》附录，第265页。

除全罗、庆尚二道外朝鲜大部已收复。七月末明朝军队班师回国,抗倭援朝战争第一阶段基本结束。《日本考》的上梓时间是在万历二十一年正月十九日至十月十一日之间,正是朝鲜战场由如火如荼到进入和谈的阶段,因此李、郝二人才将《日本考》上梓出版以满足战事需要。因为二人并没有日本著作,只能利用现成的《日本风土记》为基础,稍作剜补修改后即加以印刷。当时任抗倭援朝前线最高指挥官的经略宋应昌,于万历二十一年十一月初九日写给李言恭的书信中提到:"久因拮据戎事,致疏裁候,罪歉何如。然仰企故人之私,即身寓玄菟,未尝顷刻置也。昨辱飞翰下慰,兼惠日本志籍,示彼出没,资我运筹。具见门下留心国事,感甚。"①宋应昌所说的"日本志籍",很可能就是由李言恭和郝杰一同编纂出版的《日本考》。② 从时间上来说,宋应昌作此书的时间在万历二十一年十一月,而《日本考》的上梓时间最迟不晚于当年十月,所以正好非常符合《日本考》刊印完毕发往前线的时间段。再从内容上来说,宋应昌所说的"示彼出没,资我运筹"可以从《日本考》中找到相关内容。在《日本考》中有"寇术"等内容的篇章,专门介绍倭寇的作战方式和进退策略,以及倭寇的行动规律,对于抗倭前线指挥官的宋应昌一定帮助不小。可以说,《日本考》的刊印在抗倭战场上肯定是发挥了不小的作用,这也就是李言恭、郝杰之所以考梓《日本考》的缘由所在。那么李、郝二人是如何得到《日本风土记》的刻板的呢?因为《日本风土记》为书坊所刻,其刻板自然由书坊保存,所以极有可能是李、郝二人用合适的价钱从书坊购得此版,然后剜改书名和作者并予以印刷。所以当万历二十五年重刻《全浙兵制考》时,《日本风土记》也就成了"有录无书"的样子,因为原版已经被李、郝二人购走并剜补为《日本考》,这也就是后来四库馆臣所见到的那本《全浙兵制考》。由于是书坊所刻,所以将作者误为"侯继国"也极有可能是书坊所为,很难说成是由于四库馆臣照录原书而致误。

以上只是从明代中后期的文化背景出发,结合时代背景对《全浙兵制考》《日本风土记》和《日本考》三书之间的关系作出的大胆推测。由于没有更多的史料可资证明,所以对此问题的研究还有待日后发掘新资料并

① (明)宋应昌:《经略复国要编》卷12《与李临淮侯书》,台北:华文书局,1968年,第984页。

② 参见汪向荣:《关于〈日本考〉》,收入《中日关系史文献论考》,第246页。

继续深入探讨。

二、《日本考》(《日本风土记》)[①]的日本研究

虽然《日本考》的原作者并不清楚,但是此书却受到明朝高官的重视并两度刻印,使其在明代日本研究史籍中的地位较为突出。根据《日本考》的内容,现就与此书编纂有关的两个问题进行探讨。

1.《日本考》的编纂方式与资料来源

《日本考》全书共分五卷,每卷又分成若干个子目,分别记述不同的事项。全书基本按照分门别类的方式,把日本的地理、沿革、社会、风俗、语言、物产等方面都进行了详细的记载。从具体内容上看,《日本考》和其他明代日本研究史籍一样采用了摘抄前史的做法,特别是前两卷的内容,基本来自于薛俊的《日本考略》和郑若曾的《筹海图编》《郑开阳杂著》。李小林将几部书比对后发现,《日本考》第一卷除"畿内部"有目无文外,其他各目内容完全抄自郑若曾的著述。第二卷三十七个子目中有十七个来自薛俊的《日本考略》,从内容上可分为"完全照抄""照抄并有所增加""删改而有所增加""析一目为二目,或五目,大量增添其有关内容"四种情况。[②] 如果继续深入对比的话,可以发现仍有不少问题。《日本考》卷一的内容基本抄自郑若曾《筹海图编》和《郑开阳杂著》中有关日本的部分,但是在编排上略有不同。《筹海图编》卷二和《郑开阳杂著》卷四是郑若曾关于日本研究的两个部分,二者内容基本相同。《日本考》中所附录的日本地图方向为"上南下北、左东右西",而《筹海图编》中日本地图的方向为"上北下南、左西右东",两幅图看起来方向完全不同,但是如果把《日本考》的地图顺时针旋转180°后就可以发现两幅图基本一样,图中所标地名也基本一致。可以断定《日本考》所附录的日本地图有可能就是来源于《筹海图编》或者郑若曾《日本图纂》中的日本地图,只是将地图标识方向作了变动而已。《日本考》卷一中的《倭国事略》是从《筹海图编》卷二中的《日本国论》和《日本纪略》两个部分抽取出来而成的,基本内容没变,只是将后者的若干句子和段落组合而成。《筹海图编》后面

---

① 由于《日本考》与《日本风土记》为一书两刻,内容几乎完全一样,所以在分析它们的日本研究问题时,为了行文方便只以《日本考》代称两书,并且在引用时均以通行常见的汪向荣、严大中校注本《日本考》作注释。

② 参见李小林:《侯继高及其〈日本风土记〉》,第49—50页。

分畿内部、畿外部和海曲部三个部分讲述日本的行政区划，而《日本考》则只在目录中保留了畿内部的名称，而实际上正文中却只有“畿内部”三字而无实际内容。《筹海图编》中将日本分为三部，主要依据是薛俊《日本考略》中的《州郡略》，其中记载云：“畿内所部有山城……畿外所部东海道有伊贺……其海曲之地又有一支岛……”①郑若曾将其概括为畿内、畿外和海曲三部。另外《筹海图编》中“驿、户、课、乡”四个条目，在《日本考》中只有“驿、户、课”三项，内容则一字不差。《筹海图编》的“户、课、乡”三条内容全部来自《日本考略》中的《户口略》。而《日本考略》中的《州郡略》或者《户口略》的内容都是来自前史，诸如《宋史·日本传》和《魏志·倭人传》，所以《日本考》只能算是二次传抄的内容。对于《筹海图编》中郑若曾的按语，《日本考》也进行了抄录，但是将人名撤掉。如《筹海图编》中在“倭好”条目的最后加有一段郑若曾按语：“若曾按：日本所贡倭扇、描金盒子类，皆异物也。……”②《日本考》则改成：“按其日本所贡倭扇、描金盒子类，皆异物也。……”③除了开头的两三个字为了删掉郑若曾的名字而改动外，后面整段的按语完全一样。《日本考》第二卷中有十七个条目的内容来自薛俊的《日本考略》，其后各卷中则只有第五卷的“文辞”和“诗赋”两部分内容来自于《日本考略》。

《日本考》在编纂上基本沿用明代日本研究史籍常用的分类排比的方式，根据不同的内容进行分类叙述。在史料来源上除了抄袭前史外，还通过其他途径补充了新的资料。比如第二卷的其他条目以及后面三卷的大部分内容，都不见于明代其他研究日本的史籍，说明这是由《日本考》的作者亲自调查搜集所得的资料。

2.《日本考》的日本研究及其评价

由于《日本考》关于日本地理、沿革等的内容基本全部来自薛俊和郑若曾的著作，所以《日本考》中对此问题的认识只是承袭他人的看法。而且由于传抄的缘故，原书中错误的地方，很多都在《日本考》中延续着。

---

① （明）薛俊：《日本国考略》，收入（明）邓士龙辑，许大龄、王天有主点校：《国朝典故》卷103，北京：北京大学出版社，1993年，第2035—2036页。

② （明）郑若曾撰，李致忠点校：《筹海图编》卷2下《倭好》，北京：中华书局，2007年，第201页。

③ （明）李言恭、郝杰编撰，汪向荣、严大中校注：《日本考》卷1《倭好》，第32页。

本书第二章中提到过《日本考略》误改前史的例子，在《日本考》中仍然存在。比如《日本考》第二卷“属国”条目下记对马国云：“居绝岛，方可四百余里，山险多深林，禽鹿千余成群，户无良田，食海物自活，乘船南北市籴。”①很明显就是抄袭《日本考略》而导致的错误，“禽鹿千余成群”是薛俊删改《魏志・倭人传》而致谬，《日本考》中则是以讹传讹。同时由于《日本考》第一卷和第二卷关于日本的内容分别抄自薛俊和郑若曾的著述，所以在有些内容上存在着重复或者不连贯之处。

《日本考》在抄袭《日本考略》时还对有些内容进行了补充，比如在“朝贡”条目下就补充了嘉靖二年以后的情况，一直记到嘉靖三十六年。《日本考》卷二《国王世传》中补充的一段材料值得注意，此条目基本抄自《日本考略》的《世纪略》，当然史料来源都是《宋史・日本传》。《日本考略》中只记到宋雍熙初年，《日本考》则补充了这样一句话：“至今尚以天皇为号，远不记世，迩来天文天皇乃当世也，传永禄天皇，我国嘉靖庚申，彼国号天正，元年。”②嘉靖庚申为嘉靖三十九年（1560），系日本永禄三年。而日本天正元年为中国万历元年（1573）。虽然两处记载跟中日两国的时间无法吻合，但是通过这种年号的记载，反映出《日本考》的作者收集到了日本当时的年号情报，其采访的对象可能是往来于中日之间的两国商人。日本使用“天正”年号，并且为中国人所了解，应该是在万历时期。从这里看出，《日本考》母本的完成应该是在万历年间，而非嘉靖或者隆庆时期。此外，《日本考》中还有很多关于日本风俗的记载，这些在其他书中并不多见，与以前相比对于日本的认识是一大进步。③

《日本考》后面三卷对日本的称呼有所改变，改“彼国”为“本国”。如“字书”条目下写道：

> 本国自古及今尚无学校，虽有字书，全无真正字体，而官民子弟幼学皆从师于释教，虽释教颇通中国真字，但本国以习草为常，以真正字书视非切要，故不习耳。……今将启蒙四十八字音注明确，集成

---

① （明）李言恭、郝杰编撰，汪向荣、严大中校注：《日本考》卷2《属国》，第47页。

② （明）李言恭、郝杰编撰，汪向荣、严大中校注：《日本考》卷2《属国》，第54页。

③ 参见陈建平：《〈日本考〉所见的日本婚葬礼俗》，《西南师范大学学报》2000年第5期；李小林：《明人私撰日本图籍及其对日本的认知》，《求是学刊》2005年第4期。

草字于后，另将我书四十八篇，另分呼音、读法、释音、切意，妥帖辨证，别分一卷，以便彼①我国人之易译也。②

这里提到的“我书四十八篇”并没有见到，在《日本考》中只是录有三十九首日本歌谣，按照“呼音、读法、释音、切意”四栏进行分类记录。此后第五卷“棋格”条目介绍象棋时又写道：“象棋彼国设名正棋，呼音少棋，以正字呼为少者是也。棋盘横连河界九行，直亦九行，与中国象棋盘相似，正用行而不行路也。”③此处是用“彼国”来代指日本，但是其后却写道：“正棋、围棋、双陆三者，本国而有俗譬。正棋可比西番兵马出行征讨之状，围棋可比大唐征战之势，双陆可比本国人马之形。虽乃本国俗戏之言，相继似不远矣，故附录也。”④这里又用“本国”来代指日本。如果结合全书中作者对中国的指称也都不确定这一点来说，似乎全书各篇并非一气呵成，而是具有各自的独立性。在“棋格”之后的“总图仿开于后”中，又有一段按语写道：“已上系本国出征出行之切要，谨录于此，以御不宁，后之学者，不可不留于心耶。”⑤根据其中所记录的各日出行忌讳的方向，可以知道此处和前一条目“征行所禁”都是讲明朝军队出征应注意的问题。而其后条目“捷法”中又是类似于七言律诗形式的文字，把前面所提的问题概括了进来。其最后一句曰：“识破东夷真妙法，民安国泰静边疆。”⑥这里又用“东夷”来代指日本。不过这首诗很像是东南沿海抗倭将士中传唱的民谣，可能只是作者听来后摘录到书中的。

《日本考》第四卷是语音部分，非常类似于明代其他日本研究史籍中的寄语部分。全卷共分五十四类寄语，首先写明事项名称，然后用汉字标注发音。与其他书籍寄语的不同之处在于，《日本考》中还在每个词条下都用日语平假名书写发音。在此卷卷首自称：“已下天文等类，俱令书其

---

① 按：中华书局本《日本考》无“彼”字，今据北图影印本《日本考》及《日本风土记》补足。

② （明）李言恭、郝杰编撰，汪向荣、严大中校注：《日本考》卷3《字书》，第97—98页。

③ （明）李言恭、郝杰编撰，汪向荣、严大中校注：《日本考》卷5《象棋》，第247页。

④ （明）李言恭、郝杰编撰，汪向荣、严大中校注：《日本考》卷5《双陆》，第261页。

⑤ （明）李言恭、郝杰编撰，汪向荣、严大中校注：《日本考》卷5《总图仿开于后》，第263页。

⑥ （明）李言恭、郝杰编撰，汪向荣、严大中校注：《日本考》卷5《捷法》，第264页。

本国草书，以见音语确也。”①虽然在分类上如“天文”“时令”等和别的书比较接近，但是在具体用汉字注音上则大不相同。② 比如关于“雨”的汉字注音，《日本考略》中作“挨”，《日本一鉴》中作“押蔑”，而在《日本考》中则用“挨迷”，并用日语平假名“あめ”注出。在全部五十四个小类中，只有最后两个有所不同。在目录中都是两字标题，正文均与目录相同，惟独最后两类目录中是两字标题，但正文中却标为“鸟兽类”“人事类”。不仅多出一字，而且汉字注音之下缺少了日语平假名发音，显得与前面各类格格不入。但是与《日本考略》一比较即可发现，原来此二类完全抄自《日本考略·寄语略》，而且还把《日本考略》中的“通用类”和“人事类”合二为一，在《日本考》中通称“人事类”。当然《筹海图编》的寄语部分又是全部抄自《日本考略》，而《日本考》对两书其他内容都有摘抄，所以具体抄自哪一部书尚不确定。

分析至此，可以发现《日本考》的内容至少有一半是原封不动地照搬自他书。其他的内容，因为资料所限，尚不清楚其来源为何，但是根据此书编纂的特点和风格，以及对日本的代称前后不一的情况来推断，录自他书或者道听途说的可能性很大。因此此书中所体现的日本认识，在很大程度上也都不能代表作者本人的观点，况且现在还不能确定原作者。就李言恭、郝杰二人据《日本风土记》原样改题重印为《日本考》一事，汪向荣推断侯继高肯定是事前知道，而且是同意了的。③ 侯继高的《全浙兵制考》中附录《近报倭警》的内容里抄录了时为辽东巡抚都御使郝杰的奏疏，说明在明代抗倭前线的高级军事将领之间是互有情报往来的，对于各自的情况是有一定了解的。而且李言恭、郝杰要想获得《日本风土记》的刻板，必须经过侯继高的知情和同意。如果结合以上对《日本风土记》内容的分析，可以推断出侯继高并不可能是这样一部书的作者。所以在侯继高的《全浙兵制考》中，《日本风土记》只能以附录的面目出现。而李言

---

① （明）李言恭、郝杰编撰，汪向荣、严大中校注：《日本考》卷4《语音》，第141页。按：《日本考》因为剜改而把此句删减，今据《日本风土记》补足。

② 按：日本学者坂本健一、木村晟编有《〈日本风土记〉·〈日本寄语〉·〈日本馆译语〉·〈琉球馆译语〉·〈朝鲜馆译语〉·〈日本一鉴〉寄语对照手册》一书，将明代几部日本研究书籍中的寄语部分加以列表对照，颇能看出各自的不同。

③ 参见汪向荣：《关于〈日本考〉》，收入《中日关系史文献论考》，第258页。

恭和郝杰剜改后进行刊印时,也只是署“考梓”,而非“编撰”或者“纂修”等词语。

第三节　明代日本研究史籍的特点

明代开始出现专门研究日本的史籍,其后这种趋势进一步扩大,大批日本研究史籍不断涌现,明代中后期出现了中国第一次日本研究的热潮。这种研究热潮的出现跟当时明代社会和中日关系的变化紧密相关,当然也受中国史学发展的影响。在前文对明代几部具有代表性的史书进行分析的基础上,下面就明代日本研究史籍所体现的主要特点总结如下。

1. 对日本的研究比较全面

明代之前的日本研究,主要集中表现为正史中的单篇日本传记,由于篇幅的限制以及了解的不够深入,对日本的研究主要集中在史地等个别方面。到了明代,随着中日交流的深入,伴随朝贡贸易的频繁商业往来,使得关于日本的信息来源有了很大扩展。当嘉靖中期倭寇问题日益严重之时,明人对日本的研究愈加重视,于是便把得到的关于日本多方位的信息都充实到日本研究的著作当中去了。比如在《日本考》中就有关于日本的琴法、琴谱的详细描述。对于日本的制琴材料、取音分类、操琴之法等都有介绍,此外还记录了《忆中华调》《又回文词》两组日本琴谱。此书中还记录了象棋、围棋、双陆三大日本棋类游戏。特别是对于象棋的棋子造法、棋子步法、棋盘式样都有详细的叙述,而且还有多幅图画具体解说象棋的规则和比赛方法,关于如何布局、棋子步法、何为胜负等问题都可以通过图画以及附带的说明而一目了然。这种深入到日本社会生活内部的研究和记录,在明代以前是未曾出现的。明代日本研究史籍中还有其他一些关于日本社会细节的记录和描写,这些都说明明代对日本的研究比以往更加全面和深入。

2. 重视地图和寄语

地图在中国的起源很早,中国历来很重视地图的作用。史载刘邦攻入咸阳以后,手下大将皆争夺金银财宝,唯独萧何“先入收秦丞相御史律令图籍藏之”①。后来刘邦击败项羽坐稳天下,丞相萧何掌握的图籍功不可没。此后历代都很重视地图的编绘。明代学者在对日本进行研究的过程中,自然十分重视地图的作用。比如《日本图纂》一书就是郑若曾在胡宗宪幕府时所作,“以坊行《日本考略》一书舛讹难据,因从奉化人购得南澳倭商秘图,持以询诸使臣、降倭、通事、火长之属,汇订成编。前为图三幅,附以论说。后载州郡、土贡、道路、形势、语言、什器、寇术,而仪制、诗表别为附录。”②此书中的日本地图非常重要,并且因为直接得自日本人之手,所以更加符合日本当时的实际地理情况,因此得到明人的重视,很多日本研究史籍中都转引《日本图纂》的地图。书中还载有《日本岛夷入寇之图》,将倭寇的来犯路线一一标明,对胡宗宪领导的东南防倭工作起到了很大作用。此后这些内容都收录到郑若曾编纂的《筹海图编》之中,胡宗宪称赞此书道:

> 用是详核地利,指陈得失,自岭南迄辽左,计里辨方,八千五百余里,沿海山沙险厄延袤之形,盗踪分合入寇径路,以及哨守应援,水陆攻战之具,无微不核,无细不综,成书十有三卷,名曰《筹海图编》。余展卷三复,而叹郑子之用心良苦矣。图以志形胜,编以纪经略。东南半壁,按籍瞭然,讵不足以备国家掌故,而为经世之硕画乎?③

从抗倭军事将领胡宗宪的评价中就可以知道,日本研究史籍在实际御倭斗争中的用途之大。郑舜功的《日本一鉴》中附载的地图更多,其中既有他自己亲自在日本搜集到的地图,也有一些是由其从事沈孟纲等人绘制的。另外在书中还绘有多幅郑舜功赴日路线之图,把沿途所经过的航海路线和沿岸岛屿都记录在图中,为以后使日者提供了极大的便利。

明代的日本研究史籍中还很重视对日本语言的记录。最早掀起明代日本研究热潮的史籍——《日本考略》中就专门辟有《寄语略》的专栏,将日本的语言发音用汉字标注出来。薛俊此举影响极大,不仅明代以后研究日本的史书中几乎都辟有寄语的专栏,而且《日本考略》中的寄语部分

① (汉)司马迁:《史记》卷53《萧相国世家》,北京:中华书局,1959年,第2014页。

② 《钦定四库全书总目》(整理本)卷78《史部·地理类存目》,第1053页。

③ (明)胡宗宪:《筹海图编序》,收入(明)郑若曾撰,李致忠点校:《筹海图编》,第991页。

还以《日本寄语》的书名被收入到丛书当中。《日本考略》中虽然只收有三百余个日本语汇，但是其影响很大，明代以后研究日本的著作中的寄语部分，“在音注上，一般都是祖承《日本考略》的。”①薛俊之后，明人收录的日本语汇不断增加，《日本考》中扩展到了一千多个，特别是亲自到过日本的郑舜功所著的《日本一鉴》中，收录的日本语汇达到了三千四百多个。这些日本研究著作之所以如此重视日本语言，用薛俊的话来讲就是：“言者心之声，得其言或可以察其心之诚与伪。”②如果要对日本进行深入的了解，必须熟悉他们的语言，特别是在明代倭寇问题十分严重的情况下，与其周旋不懂日本语言是行不通的，因此明代的日本研究史籍都非常重视语言，注意寄语部分的书写。

3. 重视倭寇问题的研究

倭寇问题是引发明代日本研究出现热潮的原因之一，所以在这些史籍中无一例外地都很重视对倭寇问题的研究。比如《日本一鉴》就是因为要解决倭寇问题，所以郑舜功才赴日宣谕并调查了解倭情，归国之后完成此书。在书中，对于倭寇的成因，倭寇的盘踞之地、犯华路线，以及解决倭寇之道，郑舜功都有自己的看法。虽然今天看来郑舜功的有些观点并不正确，但是他对倭寇问题的重视和研究，在那个时代具有重要的意义。除了这些研究日本的专书外，明代还有一些其他类史书中载有日本研究的专篇，比如张燮《东西洋考》中的《日本考》、茅元仪《武备志》中的《日本考》等等。这些史书中的日本研究，也都重点关注倭寇问题。张燮《东西洋考》的《日本考》中对于明代从洪武至万历时期历次的倭寇犯华事件都有记录，而且重点关注其家乡福建地区的倭寇问题。书中对于倭寇之乱的看法值得重视，他认为正是由于沿海之人勾结倭寇才使问题逐渐扩大，他还在书中引用朱纨奏疏中的话：“去外夷之盗易，去中国之盗难；去中国之盗易，去中国衣冠之盗难。”③以此说明嘉靖中后期内地奸豪在倭乱大作中所起的推波助澜的作用。并且在分析日本人的习性时，考述历代对日本人的评论，最后总结道：“盖造物者突开东南几番杀气，而华人导

① 汪向荣：《中国第一部研究日本的专著》，收入《中日关系史文献论考》，第236页。

② （明）薛俊：《日本国考略》，收入（明）邓士龙辑，许大龄、王天有主点校：《国朝典故》卷103，第2055页。

③ （明）张燮：《东西洋考》卷6《日本考》，北京：中华书局，1981年，第113页。

之;讵云'喜盗轻生,好杀天性'然哉!"①明代还有一些专门记录倭寇问题的书籍,如卜大同《备倭记》、采九德《倭变事略》、郑茂《靖海纪略》、茅坤《纪剿除徐海本末》、殷都《日本犯华考》、张鼐《吴淞甲乙倭变志》、王士骐《皇明御倭录》、郭光复《倭情考略》、黄俣卿《倭患考源》等等,此外还有很多著录于《明史·艺文志》等目录书中但今已不存的史书。这些书籍本身就是对倭寇问题的记录和研究,而它们对于专门研究日本的史籍又是一个重要的补充。王士骐在《皇明御倭录》的小序中写道:"纪倭事者,有薛俊之《考略》,有王文光之《补遗》,而郑若曾之《筹海图编》加详焉。臣不佞读之,而叹其用意之勤也。已稍稍参以国史,始恨事略者百不得一,而一且失真,士大夫不考于先朝之故事,而动以野史为证,则所误多矣。"②因此王士骐参照国史的记载,采用编年纪事的方式将明朝的御倭大事编排为一书。明朝有如此之多的记录倭寇问题的书籍出现,为明代日本研究史籍的编撰提供了丰富的资料来源。

4. 编纂内容的因袭传抄

明代日本研究史籍很多,但是仔细研读可以发现,这些书中的内容大多来自于因袭传抄。其中关于日本历史沿革以及地理风貌的内容,大多因袭自历代正史的记载。这一点在《日本考略》中体现得较为明显,薛俊主要是根据《魏志·倭人传》《宋史·日本传》的内容,完成关于日本的沿革、疆域、州郡、属国、山川、世纪等几个"略"的内容。这些内容又被后来其他日本研究史籍所传抄,如郑若曾《日本图纂》中的《日本纪略》部分基本就是从《日本考略》中因袭而来,而《日本考》的"沿革""疆域""属国"等篇目就是完全照搬自《日本考略》。当然对待这些史籍中的抄袭现象不能拿今天的标准去评判,因为在当时的历史情况下,并没有足够的条件发现更多关于日本的史料,而且这种抄袭的目的也是为了社会现实的需要。就如《日本考》一书,它是李言恭和郝杰利用《日本风土记》的刻板进行印刷的,而且出版之际还进行了剜改书名和更换署名的行为,但是在明代并不为人所诟病。因为《日本考》一书是为了满足当时抗倭援朝战场的需要,只有在李、郝二人的名下才能更方便地在御倭将士中广为传播,

---

① (明)张燮:《东西洋考》卷6《日本考》,第119页。

② (明)王士骐:《皇明御倭录·小序》,收入《四库全书存目丛书·史部》第53册,济南:齐鲁书社,1996年,第4页。

发挥应有的作用。在明代众多的日本研究史籍中，只有《日本一鉴》较为特殊，因为作者郑舜功亲自到过日本，所以此书中关于日本的研究很多都是得自第一手资料。《日本一鉴》中在描述日本的社会风俗、自然物产等事物时，首先会引用历代史书中的记载，并注明出处，然后根据自己在日本的实地调查说明实际情况，并进行更正既往记载或者补充记录的工作。《日本一鉴》中记载：

> 因诣阙过吴门，比有监生郑若曾闻而顾之，愿闻要领。功因出书以示，未若曾曰："昔为《图纂》《图编》时，但倭夷事风闻未真。今见是书，惜见不早。世昔《纂》《编》类，愿为改正。"功固辞之。若曾复曰："事在国家，愿勿我辞。"嗟夫，若曾尚未食肉，初见功书，惜乎不早。夫志宁波者，志在家国也，又岂不欲早见功书乎？①

这说明明代日本研究者中已经有人知道郑舜功此书的价值。郑若曾曾在胡宗宪的幕府中效力，并著有《日本图纂》《筹海图编》等史籍，身在抗倭前线大营当然比较了解日本的情况，但还是需要用郑舜功的著作来更正自己书中的错误，可见郑舜功日本研究的价值所在。而这种利用他书的记载来补充或者完成自己著作的行为，在明代比较常见，也正如郑若曾所言的那样，是一种为国家效力的行为。所以对于明代日本研究史籍中的这种因袭传抄的现象也不能过于苛责。

5. 强烈的史学致用意识

经世致用是中国史学的优良传统，明代的日本研究史籍主要是在现实的因素刺激下而出现的，所以这种史学经世的意识就更加强烈。本书在分析《日本考略》《日本一鉴》以及《日本考》等史籍时已经专门就每部书中所体现的经世致用思想进行了分析，可以说不仅仅是在这几部书中体现得十分明显，就整个明代日本研究史籍来说经世致用的意识均是比较突出。面临如此严重的倭寇问题，为了寻求御倭之策，必须有所参照，这就需要对日本有所了解。但是明代以前关于日本研究的著作并不多，所以当东南沿海狼烟四起之时，一大批日本研究史籍便应运而生。郑若曾在《筹海图编》的序言中写道：

---

① （明）郑舜功：《日本一鉴·穷河话海》卷8《评议》，民国二十八年据旧抄本影印本。

> 壬子以来，倭之变极矣。久乃得今少保胡公，祇承天威，殚虑纾策，元凶授馘，余党底平。当变之始作也，莅事者欲按往迹，便地利，侦鲰迹，以图完全之功。而纪载蔑如，无所从得。仅有《日本考略》，而挂纤漏巨，无关成败，咸以为恨。荆川唐公顺之谓予宜有所述，毋复令后人之恨今也。稿未半，荆川不逮。龙池王公道行，顾予旅舍，固命成之。会少保公征辟赞画，参预机宜，且获从幕下诸文武士闻所未闻。越数月，而书竣事。①

在倭寇之乱的情形下，一时名流的士大夫如唐顺之、王畿等人极力支持郑若曾完成《筹海图编》。因为在当时的情况下，只有《日本考略》可以参照，而此书又舛讹较多，因此编纂内容全面的日本研究图书就成了当务之急。唐顺之等人都是明代学界名士，他们正是在史学以经世的思想指导下，积极敦促郑若曾完成御倭著述，来服务于当时的抗倭大业。而身为浙江抗倭前线总指挥的胡宗宪，更是大力支持其幕僚郑若曾完成此书，以利于他的战斗需要。所以郑若曾的书中处处体现了为现实需要而撰述的意识，经世致用的思想贯穿了《筹海图编》编纂的始终。明代的日本研究史籍中所体现的强烈的经世致用意识，反映出史学与社会的紧密关系，也显示了史学对现实的积极意义。

---

① (明)郑若曾：《筹海图编·序》，李致忠点校本，第9页。

第四章　清朝前期的日本研究

明清易代,中国历史经历了一个巨大的变化。从中国史学中的日本研究来说,明清时期出现了两次热潮,创作了一大批极有价值的史籍,代表了中国传统社会日本研究的最高水平。清朝继承了明代日本研究的成果,同时又有很大的超越和发展。本章主要探讨清朝前期日本研究史籍的相关问题。①

第一节　清日关系的演变与日本研究的三个阶段

从 1644 年清军入关到 1912 年清帝逊位,清朝主宰中原 268 年,在中国历史上可谓长久。清朝统治下的中国,在政治上没有出现外戚、宦官专政的局面,保持了朝政的相对清明和政治的安定,同时开拓了新的疆土,扩大了版图,巩固了中国多民族统一的局面。在经济上实行了一些有利于发展的新政策,出现了康雍乾时期的盛世局面,但是后来的闭关自守又使中国经济发展日益缓慢。处于世界性近代化过程中的清朝,由于诸多传统因素的制约,落后于高速发展的英国等西方国家,以至于在本来发展缓慢的基础上,又进一步拉大了差距,处于落后局面。② 在对外关系上,清朝比前朝也有一定的发展,对外交往的国家增多,在新的国际背景下处理对外关系的方式发生了很大的变化。清日关系是中国封建社会晚期最重要也是最为复杂的对外关系。

---

① 按:学术界关于清朝历史发展阶段的分期观点不尽相同,本书所称之“清朝前期”是指清朝日本研究的第一个阶段,即从清朝建立至日本明治维新前后(1644—1870)的这段时期。

② 参见杜家骥:《论清朝在中国历史上的地位》,《学习与探索》2001 年第 3 期,第 120—125 页。

一、清日关系的演变

清日关系史的发展伴随了清朝的始终。1644 年 10 月清世祖福临移都北京，年号顺治元年，正式开始了中国最后一个封建王朝——清朝的历史。正是在这一年，围绕日本越前国漂流民救难和遣返事件的中日交涉，标志着清日关系史的开端。[①] 而当时正处于德川幕府时期的日本，认为此时乃“崇祯登天，弘光陷虏，唐鲁才保南隅，而鞑虏横行中原。是华变于夷之态也”[②]。所以当清朝通过朝鲜将这批漂流民送还的时候，日本在回谢书中非但没有感谢清廷，反而贬称清廷为鞑靼。在中国国内仍有大批的反清复明人士在进行斗争，特别是郑成功集团以福建、台湾为基地对抗清廷，并且几次赴日本乞师。[③] 日本德川幕府也曾积极谋划出兵中国，但是最后出于中国战事形势变化以及出兵困难等因素的考虑而作罢。

随着清朝统一中国，为了切断盘踞台湾的郑成功势力与大陆的联系，清朝对东南沿海地区的海外贸易实行了严格的限制政策。不仅禁止东南沿海商民出海贸易，而且对于西方商船也只开放澳门作为对外贸易的港口。并且先后颁布“禁海令”和“迁海令”，使沿海的对外贸易受到很大打击。直到康熙二十二年（1683）清军平定台湾以后，才逐步开放海禁，允许商民出海贸易。二十四年（1685）清政府又开放广东澳门、福建漳州、浙江宁波和江南云台山四处榷关，同外国进行互市贸易。[④] 开禁之后，清政府为了解决铸造铜钱的原料问题，鼓励商船到长崎开展贸易。其后的数十年里，每年都是七八十艘清朝商船驶往长崎进行贸易。所以日本的金、银、铜的流出量很大。据日本宝永六年（1709）长崎奉行报告，从正保五年（1648）到宝永五年（1708）凡六十年间流出的黄金约达 240 万余两，白银达 37 万余贯，从宽文二年（1662）到宝永五年凡四十六年间，铜流出一亿余斤。[⑤] 日本原本就国土面积狭小、资源有限，如果照此速度发展下去，那么日本的金、银、铜不久就会枯竭，因此引起幕府的重视，决心对此

---

① 参见王晓秋：《试论清代中日关系的开端》，《郑州大学学报》2008 年第 2 期，第 137—139 页。

② [日]林春胜、林信笃编：《华夷变态》上册，东京：东方书店，1981 年，第 1 页。

③ 参见[日]石原道博：《明末清初日本乞師の研究》，东京：富山房，1945 年。

④ （清）夏燮：《中西纪事》卷 3《互市档案》，长沙：岳麓书社，1988 年，第 40 页。

⑤ 参见[日]木宫泰彦著，胡锡年译：《日中文化交流史》，北京：商务印书馆，1980 年，第 649 页。

加以限制。于是幕府根据新井白石的建议，于正德五年（1715）推行“正德新令”，规定：每年来日清朝商船定为30艘；贸易银额限定为6000贯；每年铜输出量不超过300万斤；对于限定的清朝商船每年发给信牌，持有信牌者准许互市，否则不许。实行信牌贸易后，赴日商船大幅减少。此后日本幕府虽然放宽限制，但是随着乾隆时期的海禁和日本铜产量的减少，直到鸦片战争前，清朝赴日贸易商船大体保持在每年10艘左右。由于日本实行锁国政策，只开放长崎一港，允许中国和荷兰船只到此贸易，所以这个时期的清日贸易主要是中国船只到长崎进行民间贸易，而没有官方的直接接触行为。虽然这个阶段两国处于锁国状态，但是中日文化交流并未中断。大批的明朝遗民东渡日本，其中诸如朱舜水、陈元赟、吴任显等人，对于中国文化在日本的传播发挥了很大作用。作为中日贸易港口的长崎也是文化交流的窗口，负责中国事务的长崎地方官称作唐通事，他们将从中国船主那里得来的情报编成“唐人风说书”，由长崎奉行呈送江户幕府，成为日本了解中国的主要渠道。后来由江户幕府儒官林恕及其子林凤冈将这些“风说书”陆续结集收入《华夷变态》和《崎港商说》中，成为中日文化交流史的珍贵文献。① 通过长崎这个交流窗口，中国文化对日本江户时代的儒学、文学、工艺美术、医药等方面都产生了重要的影响。②

1840年鸦片战争爆发，腐败的清王朝被英国的坚船利炮所击败，随后签署了中国近代史上的第一个不平等条约——《南京条约》，不仅割地赔款而且还要开关通商，中国闭关的大门被迫打开。此后西方殖民者的侵略铁蹄开始不断侵扰中国，英、美、法三国又强迫清政府签订《虎门条约》《望厦条约》和《黄埔条约》，获取了在中国的协定关税、领事裁判、最惠国待遇等一系列特权。1856—1860年英法联军发动了第二次鸦片战争，战败的清政府又被迫与西方列强签订《天津条约》和《北京条约》。这些条约迫使清政府再次增开天津、南京等十一个对外商埠，而且允许外国公使驻京和外国人自由前往内地传教、游历和经商，中国的大门进一步洞

---

① 参见王勇、孙文：《〈华夷变态〉与清代史料》，《浙江大学学报》2008年第1期，第141—147页。

② 参见王晓秋、大庭修主编：《中日文化交流史大系·历史卷》，杭州：浙江人民出版社，1996年，第225—248页。

开。在西方侵略者的冲击下，中国一步步陷入半殖民地半封建社会的深渊。地处东亚的日本同样未能避免西方殖民者的侵扰。1853 年美国培理舰队驶入江户湾浦贺海面，向日本递交国书，要求开港通商。1854 年 1 月培理再率舰队来到江户湾，停泊于神奈川河口。在美国的武力威胁下，幕府在横滨接待了美舰，并于当年 3 月签订了《日美和亲条约》（又称《神奈川条约》）。根据条约规定，日本向美国开放下田和箱馆（函馆）两个港口，此外还需给予美国最惠国待遇。"条约中虽没有关于自由通商的条款，但日本的大门从此被打开，开始结束闭关自守的局面。"①英、俄、荷等西方列强紧随其后，仿效美国的办法，先后逼迫日本与他们分别签署了亲善条约。就这样，东方的两个封建国家——中国和日本，在西方列强的炮舰之下先后被敲开了国门，结束了闭关锁国的状态。

在中国鸦片战争失败的刺激以及西方列强的压迫下，日本开始寻求变革之道。幕府开始放松独裁统治，并引进西方军事技术，创办洋学所，奖励近代工业。但是幕府的改革并没有改变日本半殖民地的状况，于是倒幕派开始倡导尊王攘夷运动，并开展倒幕活动。终于在庆应三年十二月九日（1868 年 1 月 3 日）以下级武士为核心的倒幕派发布"王政复古大号令"，宣布废除幕府将军制，将一切权力归还天皇，并成立明治政府。庆应四年（1868 年）一月三日新政府军与幕府军队在京都近郊的鸟羽、伏见展开激战，经过四昼夜的战斗幕府军队被击溃。此后又经过一年半的战争，新政府军彻底征服幕府军及其残余势力，取得了内战（戊辰战争）的胜利。取代幕府统治的明治新政权开始了一系列的政治改革，于 1868 年 4 月开始改革藩政，推行"版籍奉还"，让诸侯交出对土地和人民的封建领有权。1871 年明治政府进行废藩置县改革，实现了对中央机构的改组，"日本真正实现了政治上的统一"②。此后明治政府又进行了资产阶级的官制、法制等方面的政治改革，以及建立常备军、设立军官学校与武官制、建立警察制度等军事方面的改革，在财政方面对土地、地税进行改革，并且建立金融机构、发行纸币。此外还推行"殖产兴业"政策，大办国营企业，发展资本主义经济。仅仅经过十几年的时间，日本便摆脱了工业落后

---

① 吴廷璆：《日本史》，天津：南开大学出版社，1994 年，第 318 页。

② 米庆余：《明治维新——日本资本主义的进步与形成》，北京：求实出版社，1988 年，第 57 页。

的面貌，初步实现了资本主义工业化。日本在社会文化方面推行“文明开化”政策，变革社会风习，在教育上设置大学和派遣留学生。并且开始在国内传播西方启蒙思想，发展日本的新闻出版事业。

刚刚走上资本主义道路的日本明治政府便开始谋划侵略朝鲜和中国的政策。先是倒幕维新的领导者木户孝允积极倡导“征韩论”，接着明治政府便开始酝酿以侵略中国为目的的“大陆政策”。1870 年日本派遣外务大丞柳原前光前来中国，并在天津会见直隶总督李鸿章，积极斡旋与清朝通商签约的事宜。1871 年李鸿章与伊达宗城分别代表中日两国在天津签订《中日修好条规》和《中日通商章程》，这是近代史上中日两国间签署的第一个条约，也是清日两国建立外交关系的开始。就在中日签约的当年，琉球国的船只因遭遇飓风漂至台湾，结果被当地生番高山族人杀死 54 人。这一事件的发生为明治政府侵台制造了机会，于是日本借口惩办生番于 1874 年出兵台湾。虽然清政府仓促备战，但是日本却在台湾遇到高山族的顽强抵抗，加之英国的反对，最后清日双方决定以谈判来解决冲突。最终结果是清政府采取妥协的政策，中日签订《北京专约》，清政府赔偿日本军费 50 万两白银了事。侵台一战增强了日本政府吞并琉球的信心，终于在 1879 年强行将琉球改为冲绳县，完成扩张计划。根据《中日修好条规》的约定，日本于 1874 年派遣柳原前光为首任驻华特命全权公使，清政府则推迟到 1877 年底才派出以何如璋为首的驻日使团。由此中日双方开始了互派外交官，互设公使馆和领事馆的外交时代。

随着日本维新后势力的增强，其对外侵略扩张的野心也不断膨胀。1879 年日本在朝鲜制造江华岛事件，但是作为朝鲜宗主国的清朝却不加干预，并默认日本强迫朝鲜签订不平等的《江华条约》，进一步助长了日本的侵略气焰。此后日本积极准备对中国的战争，不断扩充军备。明治政府采用德国军制改编陆军，并且扩建海军建立强大的舰队，同时还向中国派遣间谍刺探军事情报。与此同时，处于内忧外患压力下的清政府也在积极扩建海军，并打造了一支庞大的北洋舰队。但是清政府的军备建设，“无针对日本的侵略进行积极备战的认识，与日本针对中国积极备战的情况截然不同。”①1894 年朝鲜爆发东学党起义，日本等待的战争时机

① 张声振、郭洪茂：《中日关系史》第 1 卷，北京：社会科学文献出版社，2006 年，第 496 页。

终于到来。朝鲜政府无力镇压起义,遂向清政府请求派兵支援。6月5日清政府派遣叶志超、聂士成率军赴朝,而日本也同时向朝鲜派兵。此后日本不断挑衅,并扶植以大院君为中心的傀儡政权,胁迫朝鲜于7月25日"授权"日军驱逐中国军队。日本不宣而战,中日甲午战争正式爆发。8月1日清朝对日宣战,但是清军将领叶志超贪生怕死,指挥无方,清军在平壤会战中遭遇惨败。9月17日,由伊东祐亨率领的日本联合舰队在大东沟外的黄海海面突然向清政府的北洋舰队发起进攻。中日两大舰队实力相当,经过激战,北洋舰队被击沉5艘,日本联合舰队也遭受不小损失,双方并无绝对胜者。但是李鸿章此后却命令北洋舰队躲进威海卫,不准再度出洋,从而使中方失去黄海的制海权。在陆战中,清军节节失利,日本则从鸭绿江和花园口两路进攻辽东半岛,接连攻下大连和旅顺,并在旅顺制造了惨绝人寰的大屠杀。① 1895年1月日军开始进攻威海卫并伺机侵略台湾,2月2日日军占领威海卫。失去陆上保护的北洋舰队,完全暴露在日军的炮火之下,很快便全军覆没。在军事上失利之后,清政府派遣李鸿章于3月14日赴日本马关议和。4月17日,日本明治政府强迫清政府签订《马关条约》。通过条约,日本获得了在中国通商口岸开设工厂的权利,并割占台湾及其附近岛屿,还获得了2亿两白银的军费赔偿。甲午战争彻底改变了中日之间的平等外交关系,从此日本加入了西方列强侵略中国的行列。

1900年中国爆发义和团运动,西方列强组成八国联军出兵中国,日本参与其中并派出二万二千人的军队。日本希望通过镇压义和团扩大在中国的势力范围,进而获取更多的利益。日本对《马关条约》后被"三国干涉还辽"之事一直耿耿于怀,不断寻找机会重新夺回东北。但是沙俄却趁镇压义和团之机占领了中国东北,这与日本再次侵略中国东北的野心发生尖锐冲突。1904年日本联合舰队进攻旅顺口的俄国舰队,日俄战争由此开始。日俄两国在中国东北展开激战,但是清政府却宣布保持中立。俄国在战场上不断遭受日军重创,加之国内爆发革命,已经无力应战,而日本有限的资源和兵力已经告罄,也已无力再战。因此双方在1905年签署《朴茨茅斯和约》,日本继承了俄国在中国东北的所有特权和利益。清

① 关于日军在旅顺大屠杀的情况,参见王芸生编著:《六十年来中国与日本》第2卷,北京:生活·读书·新知三联书店,1980年,第137—139页。

朝政府在列强的压力下，与日本签订《中日满洲协约》，听任日本继承俄国在东北的特权。1906年日本在东北成立“南满洲铁道株式会社”，成为对中国东北进行政治、经济、文化等多方面侵略的殖民机构。“满铁”还设立多个调查部，对中国进行情报收集，为全面侵华做准备。1911年中国爆发辛亥革命，1912年中华民国正式成立，随后清帝宣布退位，清日关系史由此结束。

二、清代日本研究的三个阶段

清代的日本研究与清日关系的发展紧密相关，清代日本研究史籍的出现在很大程度上是受清日关系演变的影响。如前所述，清日关系的演变经历了几个阶段的发展历程，受其影响清代的日本研究在不同的阶段也具有不同的特点。同时对于中日两国来说，各自国内政治、经济和文化都有不同程度的发展和变化，对清日关系又产生了很大的影响。结合中日两国历史的各自发展进程，以及清日关系的演变，可以把清代的日本研究分为以下三个阶段。

1. 第一阶段：清朝建立至日本明治维新前后（1644—1870）

这个阶段的中日两国在很长的时期内都处于闭关锁国的状态。中日之间的往来主要依靠清朝驶往长崎的商船，这是此时中日之间相互认识的最主要渠道。这个阶段对于日本的研究著作并不多，其研究相对于明代中后期来说显得比较沉寂。清朝官方完成了《明史·日本传》，对于明代的中日关系史进行了较为详细的记载。乾隆年间完成的《大清一统志》中专门辟有日本条，对于其建制沿革和风俗土产进行了描述。在官方的大型类书《古今图书集成》中还收录了历代关于日本的记载。私家研究方面，最重要的成就要算翁广平的《吾妻镜补》（又名《日本国志》）。此书根据流传中国的日本书籍《吾妻镜》而作，《吾妻镜》是一部记录镰仓幕府历史的书籍。翁广平在此基础上补充资料，进而完成这部多卷本的日本通史，代表了清朝前期日本研究的最高水平。由于这个时期中日间主要以长崎贸易为主，因此还产生了反映这些贸易情况的日本考察著作，如陈伦炯的《海国闻见录》、童华的《长崎纪闻》和汪鹏的《袖海编》等。当日本在“黑船来航”开国之时，正好有一位中国人罗森担任美国舰队的翻译官，他将自己在日本目睹这一历史事件的见闻写成《日本日记》，发表于香港的中文月刊《遐迩贯珍》上，这是近代中国人的第一部日本见闻录。虽然《日本日记》不属于研究日本性质的史书，但是对于清代下一个阶段的日本研究具有开拓意义。

2. 第二阶段:《中日修好条规》签署至甲午战争爆发(1871—1894)

1871 年《中日修好条规》的签订标志着清日之间正式建立外交关系,日本明治政府也于此年完成废藩置县改革,实现政治上的真正统一,开始在发展资本主义的道路上起飞。随着清政府履行条约规定,派出第一个驻日使团,清人的日本研究有了很大进展,逐渐开始掀起高潮。这个阶段中,驻日使臣及其随员扮演着日本研究的重要角色,他们利用身在日本易于考察的便利条件,对日本进行了细致的研究。比如第一任驻日参赞官黄遵宪就利用在日本出使的机会,广泛搜集资料,不仅完成了日本研究史诗——《日本杂事诗》,而且还为其鸿篇巨制《日本国志》的写作进行了深入的考察。另一位较有成就的日本研究者是使馆随员姚文栋,他也完成了《日本地理兵要》《日本国志》等日本研究史籍。除了使臣在外交活动之外进行的日本研究,清政府对明治维新后崛起的日本比较关注,派遣官员赴日考察和研究。较有代表性的是傅云龙和顾厚焜,他们受清政府委派赴日考察明治维新的改革和成就,二人分别完成日本研究的重要史著——《游历日本图经》和《日本新政考》。除了大部头的研究史籍外,这个阶段中还出现了许多私人的日本考察游记,他们的见闻和记录也是对日本研究的重要成果。其中具有重要影响的,如王之春《谈瀛录》、王韬《扶桑游记》、李筱圃《日本纪游》、陈家麟《东槎闻见录》等等。这个阶段的日本研究主要是以认识明治维新后日本的新变化为主,以及清朝对东邻日本的一种警惕和调查。

3. 第三阶段:甲午战争至清朝覆亡(1895—1912)

1895 年中国在甲午战争中惨败给东瀛的近邻日本,被迫签订丧权辱国的《马关条约》,国人为之震动。甲午战败不仅宣告清政府洋务运动的失败,而且促使一部分人开始探求维新变法的道路。同样是在西方列强的炮口下开放国门,两国却走上了不同的发展轨迹,而甲午战败的教训,也使清政府对日本的明治维新刮目相看。此时的康有为认识到日本明治维新对于中国改革的借鉴意义,因此完成研究日本明治维新的编年体史书——《日本变政考》,提供给光绪皇帝作为戊戌变法的参考。《日本变政考》也带动了这个阶段围绕着戊戌变法、以寻求政治变革为目的的日本研究。作为向日本学习的方式之一,清政府在甲午战败后开始派遣青年学生赴日留学。1896 年开始派出首批 13 名学生赴日留学,此后在 1898

年的戊戌变法时期还把派遣学生留日作为制度确立下来。在清政府的实力派人物张之洞等人的大力支持下，清朝的留日学生不断增多。这些留日生日后对中国的近代化和中国革命都发挥了很大的作用，而他们在日本的所见所闻也成为这个时期日本研究的重要组成部分。这个阶段还有大批的赴日考察者，分别对日本的教育、军事、工业、商业和政法等方面进行了细致的考察和研究，并且完成了数量巨大的日本考察记。其中如姚锡光《东瀛学校举概》、张大镛《日本武学兵队纪略》、刘学洵《游历日本考察商务日记》、刘庭春《日本各政治机关参观详记》等一些较为著名的考察记录。除了这些考察记和游记外，这个阶段还有在国内潜心研究日本者，如王先谦就完成了二十二卷本的《日本源流考》，成为清代日本研究史籍的殿军之作。总之，这个阶段的日本研究主要以考察和学习日本为主，进而完成日本研究的著作。

第二节　以长崎为中心的日本研究

在清朝第一个阶段的日本研究中，由于两国基本都处于闭关锁国的状态，所以只能算作明清两次日本研究高潮中间的过渡阶段。清朝前期的日本研究中，影响较大的著作要算以长崎见闻为重点的三部史书——《海国闻见录》《长崎纪闻》和《袖海编》。

一、三部史籍的作者及成书

1. 陈伦炯《海国闻见录》

《海国闻见录》共两卷，陈伦炯所著。陈伦炯出身于清代水师将领之家，其父陈昂曾随靖海侯施琅远征澎湖、台湾。《清史稿》中收有其父子二人的合传：

> 陈伦炯，字次安①，福建同安人。父昂，字英士，弱冠贾海上，习岛屿形势、风潮险易。施琅征台湾，征从军，有功，授游击。累迁至碣石总兵，擢广东右翼副都统。尝上疏言："西洋治历法者宜定员，毋多留，留者勿使布教。"又以沿海居民困于海禁，将疏请弛之。会疾作，

① 按：陈伦炯的字应为"资斋"，《四库全书总目提要》及诸刻本的署名中均作"资斋"。

命伦炯以遗疏进,诏报可。伦炯初以荫生授三等侍卫。雍正初,授台湾总兵,调广东高廉。坐事降台湾副将。复授总兵,历江南苏松、狼山诸镇。擢浙江提督。卒。昂疏并言:"臣详察海上诸国,东海日本为大,次则琉球。……"下兵部,但令沿海将吏昼夜防卫,寝昂议。伦炯为侍卫时,圣祖尝召询互市诸国事,对悉与图籍合。时互市诸国奉约束惟谨,独昂、伦炯父子有远虑,忧之最早云。①

通过陈氏父子的经历可以看出,二人均出入东西洋,对于海外形势有切身的考察和了解。陈氏父子又都担任过清朝军事将领,跟政府高层过往甚密。陈伦炯还曾出任康熙皇帝的侍卫,能够解答康熙关于海外形势的询问,所以他的海外知识对于清廷就显得比较重要。这也决定了《海国闻见录》一书在清朝的影响和价值。陈伦炯从小便随父亲出洋游历,并且留心观察海外情况,这样为其日后写作《海国闻见录》一书打下了良好的基础。

《海国闻见录》成书于雍正八年(1730),刊刻于乾隆九年(1744),以后又有《昭代丛书》本、《艺海珠尘》本和《小方壶斋舆地丛钞》本,1985年中州古籍出版社出版了李长傅的校注本。《海国闻见录》全书分上下两卷。上卷由八篇文章组成,分别为《天下沿海形势录》(记述清朝沿海地理形势)、《东洋记》(记述朝鲜、日本及琉球)、《东南洋记》(记述中国台湾、菲律宾群岛、西里西伯岛、摩鹿加群岛及婆罗洲)、《南洋记》(记述印度支那半岛、马来半岛及巽他群岛)、《小西洋记》(记述南亚、西亚及中亚)、《大西洋记》(记述非洲及欧洲)、《昆仑》(记述南海中之昆仑岛)、《南澳气》(记述千里石塘、万里长沙,即南海诸岛)。下卷主要由六幅地图组成,分别是《四海总图》《沿海全图》《台湾图》《台湾后山图》《澎湖图》和《琼州图》。此书涉及内容非常广泛,不仅在记述的地理范围上非常广大,而且举凡各地风土人情、物产资源也都有介绍。所以清朝四库馆臣才称赞道:

凡山川之扼塞、道里之远近、沙礁岛屿之夷险、风云气候之测验以及外蕃民风物产,一一备书。虽卷帙无多,然积父子两世之阅历,

① 赵尔巽等:《清史稿》卷284《陈伦炯传》,北京:中华书局,1977年,第10194—10195页。

参稽考验，言必有征。视剿传闻而述新奇、据故籍而谈形势者，其事固区以别矣。①

正如《四库全书总目》所言，《海国闻见录》是累积陈氏父子二人的阅历而完成的。陈伦炯自小随父出入东西洋时，陈昂便经常给他讲解一些沿海形势和海道情形。特别值得一提的是《海国闻见录》中关于日本的记载。此书《东洋记》中详细记录了长崎的通商情况，以及对日本信息的掌握，另外还有对清日关系的认识。这种对日本的记载和认识，缘于父子二人均曾亲自到过日本。由"唐船风说书"所组成的日本史料集《华夷变态》中收录了一篇《大明客总管陈昂为禀请》的文书，记载陈昂在日本贞享三年(康熙二十五年，1686)航海时遭遇飓风漂至日本之后，"复乞当国主，发回长崎，搭船回说信万代公侯。"②其实陈昂此行并非偶然之故，而是肩负朝廷使命，陈伦炯叙述其父平定台湾后，"奉施将军令，出入东西洋，招访郑氏有无遁匿遗人，凡五载"③。所以陈昂的日本之行应该是具有其子所称的这种特殊使命。陈伦炯子承父业，作为康熙的亲信侍卫，服务于内务府系统，他也曾经亲自到过日本。陈伦炯自言："少长，从先公宦浙，闻日本风景佳胜，且欲周咨明季扰乱闽、浙、江南情实。庚寅(1710)夏，亲游其地。"④康熙四十九年的这次日本之行，为陈伦炯对日本的认识和研究打下了良好的基础，为日后完成《海国闻见录》做好了准备。康熙时期陈氏父子就是皇帝的亲信，在雍正时期二人地位得到进一步提升。由于二人的海外经历和从政经验极为丰富，所以成为朝廷了解和控制沿海形势的得力助手。由于陈氏父子在东南海外事务上为朝廷所器重，所以雍正八年问世的《海国闻见录》就带上了一层政治背景的色彩。可以说"该著是陈伦炯为适用1727年后雍正关注东南沿海事务的政治动向而完成

① 《钦定四库全书总目》(整理本)卷71《史部二十七·地理类四》，北京：中华书局，1997年，第981页。

② [日]林春胜、林信笃编：《华夷变态》上册，东京：东方书店，1981年，第642页。

③ (清)陈伦炯撰，李长傅校注，陈代光整理：《〈海国闻见录〉校注·原序》，郑州：中州古籍出版社，1985年，第18页。

④ (清)陈伦炯撰，李长傅校注，陈代光整理：《〈海国闻见录〉校注·原序》，第19页。

的时政著作”①。

《海国闻见录》中的《东洋记》主要是记载以日本为主的东南沿海各国的制度、地理、海道、风土和民俗等情况，其中对于日本的记录尤为珍贵，这是清代前期对日认识的真实反映。由于陈氏父子丰富的海外经验以及到过日本的经历，所以《东洋记》中关于长崎的情况和日本的论述都颇有价值，对于中日关系史的认识以及为清政府处理东北亚国际关系都发挥了重要作用。

2. 童华《长崎纪闻》

童华的《长崎纪闻》是一部专门记录日本长崎和中日贸易情况的书籍。童华（1675—1739），字心扑，浙江山阴人，贡生出身，捐资授知县，雍正四年（1726）升直隶省正定知府，七年（1729）改任苏州知府，乾隆年间转任福州知府、漳州知府等职。②《长崎纪闻》作于雍正十三年（1735）童华任官甘肃酒泉时的客舍中，主要记载他在雍正七年至雍正九年（1731）任职苏州知府时对长崎贸易的了解情况。在此书的序言中童华写道：

> 乙卯春乞解郡务，仍以不善事上官，被劾羁管。足不出户，弹琴静坐之外，苦无书可读。乃追思在苏时，曾办洋铜百万，于各商交铜之际，询以长崎风土，至今犹能记忆，因信笔录出，名曰《长崎纪闻》。盖以华在吴二年办铜多而为日久，故问之详而知之悉。附以《铜政条议》，合成一书，冀于国家公事外不无小补。③

可以体会得出童华在酒泉时的一种寂寞之情，但是当其回忆在苏州任官

① 易惠莉：《清代中前期的对日关系认识》，收入华东师范大学中国现代思想文化研究所编：《思想与文化》第5辑，上海：华东师范大学出版社，2005年，第363页。

② 日本学者松浦章对童华的经历有详细的考证，主要依据的史料为：（清）袁枚《小仓山访文集》卷7《苏州府知府童公传》，（清）彭绍升《二林居士集》卷21的传，《清史列传》卷75和《国朝先正事略》卷52的童华传记，（清）沈大成《学福斋集》卷17《前苏州府知府童公华传》，以及《清代官员履历档案全编》、光绪《畿辅通志》和同治《苏州府志》。本书对童华经历的论述主要参考松浦章的考证。参见［日］松浦章：《清代雍正期の童華『長崎紀聞』について》，收入《关西大学东西学术研究所纪要》33，第42页。

③ （清）童华：《长崎纪闻》，收入北京图书馆古籍出版编辑组编：《北京图书馆古籍珍本丛刊》79《子部·丛书类》，北京：书目文献出版社，1998年据乾隆刻本影印，第794页。

时却又无比欣慰。童华以其能够掌印苏州而颇为得意,在《长崎纪闻》的序言中也曾提到:“三吴名胜甲于天下,朱轮五马昔人所荣。自唐宋以来,文学侍从之臣、风流尔雅之士得守苏州者,莫不望若登仙,传为佳话。”①所以这段为官经历成为童华仕途中颇为精彩的回忆。童华在苏州知府任上三年,在当地也是做出了一番政绩。童华对自己为官苏州的评价是:“百废渐举,民乐而安之。虽文学不逮前人,而政事则庶几无愧焉。”②同治《苏州府志》称童华在任期间“为治精勤廉干,发奸擿伏如神,事有不可,持之甚力”③,应该是比较公允的评价。既然是仕途中的得意篇章,自然在童华的记忆中格外深刻,也就无怪乎会在塞外的客舍寂寥中怅然回忆。《长崎纪闻》就是童华的回忆之作,对苏州任职期间了解到的长崎贸易情况进行追述。中日之间在长崎所进行的贸易,是苏州经济生活中的重要组成部分,作为地方最高长官的童华自然要全权负责。而当时进行长崎贸易,主要是清政府进口日本的铜,来作为铸造铜钱的原料,所以雍正帝对苏州事务也十分关注,童华自然责任重大。所以他才将自己在苏州三年任职期间所积累的办铜经验和建议写成《铜政条议》,与《长崎纪闻》合为一书,希望有助于国家决策。

童华并没有亲自到过日本,他写的《长崎纪闻》主要是依据其督办苏州洋铜事务时咨询所得。当时每年有数十只的清朝商船来往于中日港口之间,大批的商人踏足日本长崎,他们对日本的了解比较真实。童华在办铜之际,往往向这些商人直接询问长崎的情况,通过他们的见闻变成自己的记忆,四年之后就有了《长崎纪闻》的问世。《长崎纪闻》的篇幅不大,主要采用笔记条列的形式来叙述。日本学者松浦章将《长崎纪闻》的内容划分为十八个部分,分别是:长崎地理及其统治实情、五岛地理与其防备设施、长崎市内的情况、荷兰贸易概况、东南亚诸国与日本的交易关系、根据正德新例的信牌配布和取引铜情况、商船贸易概况、信牌与铜贸易、铜贸易的内容、长崎市内的物价、长崎市内的三所唐寺、长崎的庙、关于长崎的关帝庙、天妃庙及林九舍、严禁基督教、长崎的住民及其妓女、长崎的

---

① (清)童华:《长崎纪闻》,收入《北京图书馆古籍珍本丛刊》79,第 793 页。

② (清)童华:《长崎纪闻》,收入《北京图书馆古籍珍本丛刊》79,第 794 页。

③ (同治)《苏州府志》卷 70《童华传》,收入《中国地方志集成 · 江苏府县志辑》,南京:江苏古籍出版社,1991 年,第 827 页。

交通手段(马、轿、舟)、长崎的金流通和与中国的交流史、唐时代的日中关系等。① 从《长崎纪闻》所记载的内容可以看出,此书主要是围绕长崎贸易为中心的日本研究。特别是对于当时中日之间进行的信牌贸易有很详细的记录,同时对于长崎风土人情的描述也具有很高的价值。

3. 汪鹏《袖海编》

继雍正年间完成的《海国闻见录》和《长崎纪闻》之后,清朝乾隆年间又出版了一部日本研究之作——汪鹏的《日本碎语》(又名《袖海编》)。汪鹏,字翼沧,浙江钱塘人。② 与陈伦炯和童华身为清廷高官不同,汪鹏的身份只是一介布衣商人。他作为从事中日贸易的商人,经常往来于中国和日本之间。汪鹏以中国商船船主的身份赴日贸易,见诸日本长崎史料的记载就有八次。③ 在商人的身份之外,汪鹏还精通诗文书画,尤其是他的画作在清代具有一定的知名度。在中日文化交流史上,汪鹏贡献很大,最主要是因为他替清代藏书家鲍廷博在日本搜求善本。鲍廷博是清代著名的藏书家,搜罗古籍范围广泛,家藏万卷,多为海内外的孤本、善本。鲍氏刊刻的《知不足斋丛书》中多为足本、稀见抄本和善本,具有很高的价值,在中国典籍史上具有重要影响。《知不足斋丛书》中收录的海外孤本《古文孝经孔氏传》、梁代皇侃的《论语义疏》以及日本学者校订的《七经孟子考文补遗》,这些珍贵的书籍都是汪鹏在日本时帮鲍廷博搜集到的。除了这些之外,汪鹏还带回了日本松井元泰的《古梅园墨谱》等其他书籍,对于中日之间的书籍交往和文化交流贡献颇巨。

汪鹏不仅游走于商人和学者之间,还把自己在日本的见闻和经历编为《袖海编》一书。关于此书的写作旨趣,他在《袖海编》的序言中写道:

> 东坡云:"我持此石归,袖中有东海",真得诗家三昧。余客东瀛,寓居山馆,岩壑在望,云烟满目,而跬步不能出,直有抛南岳卷沧溟之志。是坡所袖者,以石为海;吾所袖者,以海为石。今姑就其所

① 参见[日]松浦章:《清代雍正期の童華『長崎紀聞』について》,收入《关西大学东西学术研究所纪要》33,第43—49页。

② 按:汪鹏的字与籍贯各处记载略有不同,根据周迅的考证,应以"字翼沧,浙江钱塘人"为是。参见周迅:《汪鹏事辑》,《文献》1997年第2期,第236—237页。

③ 参见[日]松浦章:《乾隆时代の长崎来航中国商人》,《咿哑》第10期,1978年6月。

见闻略为记识，名曰《袖海编》。海耶？石耶？不得而知之矣。或云：昔有波斯持宝石入中国，其值千万。吾子他日言归，藉得如波斯之所挟持，岂非快事。然时探鲛室，过蜃门，其又斯编之余绪乎！诸同人闻之其毋哂！乾隆甲申重九日竹里漫识于日本长崎唐馆。①

乾隆二十九年(1764)汪鹏作为中国商船船主赴长崎贸易，客居于唐馆中时完成此书。《袖海编》的得名来自于宋代苏东坡的诗篇，其诗序云："文登蓬莱阁下，石壁千丈，为海浪所战，时有碎裂，淘洒岁久，皆圆熟可爱，土人谓此弹子涡也。取数百枚以养石菖蒲，且作诗遗垂慈堂老人。"②苏轼取石而置之家中，以之象征东海气魄和意蕴。而汪鹏则是将海外见闻带回，或许会像波斯人带到中国的宝石那样价值连城。从中可体会得到汪鹏对此书的期待和珍视。事与愿违的是，此书在当时并未得到足够的重视。此书稿本归于藏书家鲍廷博，梁玉绳曾从中摘取十六条，后来以《日本碎语》为题名编入文集《清白士集》中。梁玉绳在序言中言道：

元人朱世，字希贤。以所历海洋山岛与夫风物所闻、舟航所见，各成一诗，诗尾缀以古句，名《鲸背吟》。徐伯龄蟫精雋载之。吾杭汪翼沧贾于海外，著《日本碎语》一卷，亦云《袖海编》。备记彼国山川、风俗、物产，史家作外国传，必有取乎此。余尝怂恿鲍君以文刻入《知不足斋丛书》，尚未果。略采数则如左，非希贤之诗滑稽比也。③

---

① (清)汪鹏：《袖海编》，收入(清)涨潮、杨复吉、沈楙悳等编纂：《昭代丛书戊集续编》卷29，上海：上海古籍出版社，1990年，第1079页。(清)王锡祺辑：《小方壶斋舆地丛钞》(杭州：杭州古籍书店，1985年)第十帙收有此书，不过其序言节略为："乾隆甲申余客东瀛，寓居山馆，岩壑在望，云烟满目，而跬步不能出，直有抛南岳卷沧溟之志，姑就其所见闻略为记识。东坡云：'我持此石归，袖中有东海。'海耶？石耶？吾不得而知之矣。"

② (宋)苏轼：《东坡全集》卷18，《钦定四库全书·集部》第56册。

③ (清)梁玉绳：《清白士集》卷24《日本碎语·序》。按：日本东洋文库藏有日本刊本《日本碎语》一卷，序言和内容与梁玉绳文集中完全一样，只是将梁氏的十六条合并为十四条而已，此日本刊本可以断定来源于梁玉绳摘录本。唐力行《关于〈日本碎语〉的碎语》(载《安徽史学》1996年第4期，第83—85页)一文中将其在东洋文库发现的日本刊本《日本碎语》作了介绍，但是却未能考证此刊本的来源，概是不知梁玉绳文集中收有此书之故。

梁玉绳对于《袖海编》的价值给予了积极的肯定,并且还极力推荐鲍廷博将此书刊刻到《知不足斋丛书》中。但是由于此书并不符合《知不足斋丛书》的收录标准,所以鲍廷博未采纳梁玉绳的建议。① 此后鲍氏所藏《袖海编》稿本于乾隆五十一年(1786)被杨复吉收入《昭代丛书》中,光绪年间又被收入《小方壶斋舆地丛钞》初编第十帙中。不过梁玉绳所摘录的《日本碎语》有三条内容不见于以后的两部丛书本,"很可能梁氏所见是汪鹏的初稿本,以后又经过作者修改,才定名为《袖海编》。"②

汪鹏从一个商人的视角来观察日本,《袖海编》中主要记载的是长崎贸易的情况。由于他多次到达长崎,并且身为中国商船的船主,所以他的记载就非常贴近当时的实际情况。比如《袖海编》中关于长崎唐馆的描述,以及华商宴饮狎妓的情景,都非常逼真。汪鹏商人的身份,又不同于陈伦炯和童华,所以《袖海编》中表现更多的是一种非政治性。有学者评价道:"这是此前所有清代有关日本的文字所没有的著述倾向。这一特色决定该篇能真实地反映往来长崎的华商带回江南的日本信息的文化形态,这也是汪鹏个人关于日本的见闻感想不乏历史价值的原因所在。"③

二、围绕长崎贸易的日本研究

由于这个时期中日都处于闭关锁国的状态,只有长崎一港作为中日贸易的窗口,所以清朝前期的日本研究主要围绕长崎展开。在三部代表性的史籍《海国闻见录》《长崎纪闻》和《袖海编》中,大量的笔墨都用来记载长崎贸易的景象,由此扩展为对长崎社会、风土人情和政治状况的描述。其主要的特点就是通过长崎一隅来认识和研究日本。

1. 长崎贸易的概况

长崎作为当时中日贸易的窗口,每年都有大批的中国商船来航,中国人对日本的研究基本都是从记载长崎贸易的状况开始。由于德川幕府初期对清船的贸易额和船数不加限制,所以来日清船不断增加。这种政策

---

① 按:唐力行《关于〈日本碎语〉的碎语》一文认为有两个原因,一是出洋贸易有违海禁之令,鲍廷博怕担通倭之嫌;二是鲍廷博的《知不足斋丛书》主要网罗儒家经典的遗编,了解世界、认识新事物并不在"知不足"的范畴,《日本碎语》这类介绍夷情的书不屑入选。

② 周迅:《汪鹏事辑》,《文献》1997 年第 2 期,第 235 页。

③ 易惠莉:《清代中前期的对日关系认识》,收入华东师范大学中国现代思想文化研究所编:《思想与文化》第 5 辑,第 368 页。

造成的结果就是日本金、银、铜的大量外流，幕府意识到这个问题后遂对清船加以限制。但是当时对日贸易获利丰厚，所以清船来日数量仍在增多，当幕府加强控制后，许多清船又进行走私贸易活动。于是在宝永六年(1709)新井白石向幕府提出对中日贸易加强控制的三条建议。最终促使德川幕府于正德五年(1715)推出了“正德新商法”，将每年来日商船限定为三十艘，贸易银额限定为六千贯，并且发给信牌作为贸易凭证。① 信牌制度由此确立，中日之间也开始进入信牌贸易的时代。中日长崎贸易中的信牌制度，在这个时期的日本研究中都被作为一件大事来记载。在苏州负责采办洋铜事务的童华，其《长崎纪闻》中就根据清商的描述记载了信牌贸易的情况：

> 康熙五十年后，长崎始给倭照，以船之大小，定铜数之多寡，大约每船七百箱者居多，大者至千八十箱，千二百箱而止，每箱百斤。其照用蜡纸，写宋字，字甚端楷。定铜数，填商名，用其国年号，钤译司印。译司者，通事也，凡九姓，大都皆商种也，司贸易之事。商人无照者，船不得收口，货不得入市。一时江浙嚣然，大照一张值七八千金，小照四五千金，以质子钱家亦可得一二千金，贵逾拱璧矣。新商无照者，租一照约输铜一百二十箱，仍须旧商同去，供验明白，方准收货。其照三年一换，逾期而往则销毁不给。各商求如期而出，以奉倭法，始有钻谋求托之弊。岛中给照、毁照之权，俱在通事，于是通事至唐馆，踞首座，颐指气使，直呼商名，少不如意，辄骂詈而去。商人蠖行鼠伏，媚词泉涌，自同奴隶，积威约之渐也。②

正德新例颁布后所实行的信牌制度并非凭空产生，而是新井白石仿照中国元朝市舶法中的公验制拟定出来的。当时德川幕府发给的信牌样式，日本学者木宫泰彦已经做了还原。③ 信牌用汉文书写，内容主要是对信牌贸易的规定，另外记有长崎译司的姓名和清商船主的姓名，并且落款用日本年号。这和《长崎纪闻》中对信牌的描绘完全一致。童华在书中还

---

① 参见[日]木宫泰彦著，胡锡年译：《日中文化交流史》，第649—657页。

② (清)童华：《长崎纪闻》，收入《北京图书馆古籍珍本丛刊》79，第797页。

③ 参见[日]木宫泰彦著，胡锡年译：《日中文化交流史》，第654页。

真实记录了实行信牌制度后，长崎通事的权力大增，对清商的控制和压榨大大增于以前。这些珍贵的记载反映了当时长崎贸易的实况，也为研究信牌贸易制度对清日关系的影响提供了宝贵的史料。

不仅对于当时中日贸易制度的规定有这样详细的记载，而且清人对于长崎贸易的具体交易程序也记录得清清楚楚。比如作为清船船主的汪鹏，多次赴日进行贸易，他在《袖海编》中这样记载当时的交易程序：

> 货库距馆殊近。唐船维缆之后，当年司事者示期上办。上办即以货贮库，有关验，有揭封。揭封者，其物零星，在货不货之间，另为封识之，以待请给上办，犹曰到办。到办则专事此番交易也，故曰某办船。……曰清库，司事者与客会集货库，将上办所贮货物一一盘查，各为号记，俾无遗失。并将各货包皮秤明斤两，以便出货时除算，明晰而清楚也。曰王取，使院择而有取，不在卖额之内。曰插番，司事人领本国远商开库视货。货之高低，唐山客与商虽觌面，都不交谈，其所事在串，串之为言插也。曰讲价，通事之官进馆集客列坐，授以批价文簿，评论低昂，随时增减，至有竞而哗者，非一日所能。定则书卖字于货口之上，盖以图记，则交易之事粗毕，专待出货。每数艘讲价已定，本国商人咸集于会馆，看板则知某货共有若干，其货之优劣，前于插番时见之矣。看板后各商书其所值之价，密封投柜，名曰丢票。然后择善价而售之，不劳较论，亦交易之良法也。①

清船到达长崎开展贸易要进行一套严格的程序才能完成交易。正德新例实施后，每当清朝商船进港都要先查验信牌，然后还要查验货物品种和数量清单。其后的卸货和运进仓库等程序也都要有长崎地方官员仔细检查货物并进行严格的评议，然后才可以进行交易。②《袖海编》中关于当时交易程序的详细记载，再现了中日长崎贸易的真实场景。

锁国时代的日本除了向中国开放长崎贸易外，还准许荷兰人前来贸易。《长崎纪闻》中记载了荷兰商人在长崎的贸易情况，并且日本还为荷

① （清）汪鹏：《袖海编》，收入（清）涨潮、杨复吉、沈楙悳等编纂：《昭代丛书戊集续编》卷29，第1080页。

② 参见［日］木宫泰彦著，胡锡年译：《日中文化交流史》，第657—660页。

兰商人设立“红毛馆”与中国商人的“唐人馆”相对。《长崎纪闻》中还记录了荷兰商人与清商交易的不同,“以条铜给唐商,以片铜给红毛”①。作为商人的汪鹏对荷兰商人了解得更多一些,他在《袖海编》中记道:“唐船而外,有红毛船来贩,定例二艘,七月下旬到港,九月下旬返棹,信风来去,不违时日。其舟主名噶必丹,即本国之官,今岁到者,来岁押船归国,递相更替。其馆舍亦壮丽可观。红毛故奉日本正朔者,年例春正至都会入觐,四月返崎,贡献惟虔,赐予亦厚。”②为了加强思想控制,德川幕府禁止天主教在日本活动,并且在贸易港口严防基督徒登岸。《长崎纪闻》和《袖海编》中都记载了日本的禁教措施,比如日本将天主像刻于铜板之上,令登陆长崎者赤脚踩踏其上,以查验是否为教徒。《长崎纪闻》中还记录日本禁教的具体政策:“正月初三日,岛人男女皆跣足践铜板以为胜会,唐人践板以一足,岛人双足践之,红毛人上岸亦令践板而入。”③可见当时日本的禁教之严。

2. 对于长崎的认识

除了对长崎的贸易情况记录之外,清人还关注长崎地方的制度、风俗和物产等情况。陈伦炯是这批研究者中最早到过日本的,他在《海国闻见录·东洋记》中记载长崎的情况曰:“长崎产乏粟菽,难供食。指开贸易入公家,通计终岁所获利,就长崎按户口均分。”④虽然文字不多,但是陈伦炯已然概括了长崎地贫,主要依靠对外贸易的特点。乾隆年间多次到长崎进行贸易的汪鹏,对于长崎的风土人情有更深刻的了解,《袖海编》中写道:

> 长崎一名琼浦,风土甚佳,山辉川媚,人之聪慧灵敏,不亚中华。男女无废时旷职,其教颇有方,斯民也三代之所以直道而行也。向使明周官之礼,习孔氏之书,大体以明彝伦增秩,事举政修,何多让焉。……崎人服药每味不过一二分,至三四分为重剂矣。盖口服之

---

① (清)童华:《长崎纪闻》,收入《北京图书馆古籍珍本丛刊》79,第797页。

② (清)汪鹏:《袖海编》,收入(清)涨潮、杨复吉、沈楙悳等编纂:《昭代丛书戊集续编》卷29,第1081页。

③ (清)童华:《长崎纪闻》,收入《北京图书馆古籍珍本丛刊》卷79,第799页。

④ (清)陈伦炯撰,李长傅校注,陈代光整理:《〈海国闻见录〉校注》,第35页。

奉甚薄,故少疾病,而多丰厚。情欲之窦早开,则多夭折,而鲜寿考,年登六十即为上寿,不闻有耄耋者。日本为海东富强之国。长崎孤寫海隅,素称穷岛,然贫窭者绝少。每家资十万,夜悬一灯于门,倍者灯亦倍之,以示无敢私有之意。①

汪鹏对长崎的观察是十分仔细的,而这种观察中也带有自身对于中华文化优越感的一种自豪。他将长崎的良好秩序归诸对中国礼乐文化的模仿和学习,仍然是受传统华夷秩序观念的深刻影响。《袖海编》中关于长崎民众贫穷者极少的记载是和陈伦炯所提到的获利均分的状况是互相联系的。而书中关于长崎地方的民俗,比如室内的装饰布置,招待客人的方式,以及服药、年寿等细节小事,都反映了汪鹏对长崎的了解程度之深。童华的《长崎纪闻》中对于长崎的认识更加全面。其中诸如长崎市内的物价水平,还有长崎的寺庙、地理情况和市内的情况以及当地居民的生活习惯、服装等事物都记载得十分详细。

3. 对于日本的认识

虽然这个时期的研究主要集中在长崎贸易方面,但是仍然不乏一些关于日本情况的记载,而且对于关乎国家大计的中日关系问题也都有一些论述。陈伦炯父子深受康熙、雍正二帝的器重,又曾亲自到过日本,对于日本的认识自然在清朝前期具有重要地位。《海国闻见录 · 东洋记》中对日本的记载为:

国王居长崎之东北,陆程近一月,地名弥耶谷,译曰京。受封汉朝。王服中国冠裳,国习中华文字,读以倭音。予夺之权,军国政事,柄于上将军,王不干预。仅食俸米,受山海贡献,上将军有时朝见而已。易代争夺,不争王而争上将军。倭人记载,自开国以来,世守为王,昔时上将军曾篡夺之,山海应贡之物不产,五谷不登,阴阳不顺,退居臣位,然后顺若如故。至今无敢妄冀者。官皆世官世禄,遵汉制,以刺史千石为名,禄厚足以养廉,故少犯法。即如年佥举一街官,街官者,乡保也,岁给赡养五十金,事简而闲。通文艺者为高士,优以

① (清)汪鹏:《袖海编》,收入(清)涨潮、杨复吉、沈楙悳等编纂:《昭代丛书戊集续编》卷29,第1081页。

礼，免以徭。俗尚净洁，街衢时为拭涤，夫妻不共汤羹，饮余婢仆尚弃之。富者履坐絮席，贫者履坐荐席，名曰毯踏棉。各家计摊毯踏棉之多寡为户口。男女衣服，大领阔袖；女加长以曳地，画染花卉文采。裈用帛幅裹绕，足着短袜以曳履。男束带以插刀；髡须而薙顶；额留鬓发至后枕，阔寸余，向后一挽而系。发长者修之。女不施脂而傅粉，不带鲜花，剪彩簪珥，而插玳瑁。绿发如云，日加涤洗，熏灼楠沉，髻挽前后，爪甲无痕，惟恐纳垢。至于男女眉目肌理，不敢比胜中华，亦非诸番所能比拟，实东方精华之气所萃。人皆复姓，其单姓者，徐福配合之童男女也。徐福所居之地，名曰徐家村，其冢在熊指山下。某国男子年五十余，阳多痿。奴者侬也，故呼之曰倭奴。俗尊佛，尚中国僧，敬祖先，时扫坟庐；得香花佳果，非敬佛僧，则上祖坟。人轻生，有犯法者，事觉，向荒山割肚自杀，无累他人。立法最严，人无争斗。语言寂寂，呼僮仆，鸣掌则然诺。无售买人口，佣工期满即归。①

在短短六百余字的篇幅中，陈伦炯将日本的政治体制、官僚制度、风俗习惯、衣着装扮、姓氏、宗教、法制、语言和工役制度等方方面面的问题交代一清。其中言及的国王与上将军的关系，正反映了幕府时期日本天皇与将军的关系实态。陈伦炯对于日本人的风俗习惯，特别是对男女的服装、打扮的描写都是源自于他的亲自观察，真实记录了日本江户时代的风俗文化的全貌。陈伦炯的特殊地位，使得他对日本的认识和研究对清廷产生了很重要的影响，也间接影响到清帝对日政策的制定。而陈伦炯细致的观察和凝练的语言，使《东洋记》代表了清初日本研究的最高水平。《长崎纪闻》和《袖海编》中也有关于日本的记载，但是在政治上的影响力自然不及陈伦炯之作。经常往返于中日之间的汪鹏，记载日本风俗习惯时仍然要在《袖海编》中注明引用了陈伦炯《海国闻见录》对日本人“语言寂寂，呼僮仆，鸣掌则然诺”的文字。当然《袖海编》中还补充了一些关于日本的信息。汪鹏善于书画，所以对日本的墨谱比较关注，而且还曾带回日本松井氏所著《墨谱》，并示之梁玉绳等人，对中日两国制墨工艺交流做出了很大贡献。② 所以在《袖海编》中汪鹏介绍日本的制墨工艺

① (清)陈伦炯撰，李长傅校注，陈代光整理：《〈海国闻见录〉校注》，第35—36页。

② 参见周迅：《汪鹏事辑》，《文献》1997年第2期，第231页。

云:“日本贡墨最佳。其官工为古梅园和泉椽,世制贡墨,以南山向阳松枝取烟,用鹿骨胶制成,其质轻而细,其色黑而漆,其式仿古,不下数十百种,有《墨谱》班班可考。彼国寻常人亦不易得,即得亦不敢用。”①汪鹏对日本制墨工艺的记载,丰富了清朝前期对于日本的认识和研究。

三、三部史籍的研究特点及影响

清朝前期的日本研究著作数量不多,但是这三部围绕长崎贸易的史籍对于清初的日本认识较具影响。三部史籍对于日本的研究,不仅有其自身的特点,而且具有不少共同点。在研究的方式上,它们都重视对于日本的亲身见闻和考察。《海国闻见录》和《袖海编》都是建立在作者亲身赴日经历的基础上,其中《袖海编》的著者汪鹏作为清朝商船的船主多次到长崎进行贸易,其日本阅历不可谓不丰富。《长崎纪闻》的作者童华虽然没有到过日本,但是他在负责办铜事务时认真向来往中日之间的清商咨询,通过咨询那些亲自到长崎贸易的商人,童华还是掌握了大量关于日本的资料。这种研究方式改变了明代日本研究中主要依靠本土传闻的传统路数。在写作方式上,三部史籍基本都采用笔记条列的方式,将长崎以及日本的情况按照一定的顺序进行分条记载。虽然三部书的卷帙均不大,但是都依照笔记的形式有条不紊地书写下来。在结构的安排上,《长崎纪闻》和《袖海编》具有很大的相似性,都是由记载长崎贸易的情况,然后扩展到记载长崎的风土人情和日本的社会、风俗习惯等问题。

三部史籍在清代的日本研究中具有一定的影响力,特别是陈伦炯的《海国闻见录》要比《长崎纪闻》和《袖海编》更胜一筹。由于陈伦炯特殊的政治地位,不仅他本人做过康熙皇帝的侍卫,而且父子二人都是朝廷倚重的海防将领,所以他的《海国闻见录》对朝廷决策产生了很大影响。其《东洋记》中关于日本的记载和东北亚国际关系的认识,对于清政府对日关系的认识和外交政策制定都具有一定的影响力。而且《海国闻见录》的内容对于清朝中期的日本认识和研究具有重要参考价值。《东洋记》中记载:

所统属国二:北对马岛,与朝鲜为界,朝鲜贡于对马,而对马贡于

① (清)汪鹏:《袖海编》,收入(清)涨潮、杨复吉、沈楙悳等编纂:《昭代丛书戊集续编》卷29,第1082页。

> 日本。南萨峒马，与琉球为界，琉球贡于萨峒马，而萨峒马贡于日本。二岛之主，俱听指挥。气候与山东、江、浙齐。长崎与普陀东西对峙，水程四十更。厦门至长崎七十二更。北风从五岛门进，南风从天堂门进。对马岛坐向登州，萨峒马坐向温台。地产金、银、铜、漆器，纸笺、花卉、染印，海产龙涎香、鳆鱼、海参、佳蔬等类。萨峒马，山高巉岩，溪深水寒，故刀最利。兼又产马，人壮健。①

这段关于对马和萨摩二岛的描述，以及日本在东北亚国际关系中的地位论述的文字影响很大。清代中期的名宦梁章钜在道光二十七年(1847)写就的《浪迹丛谈》中，有一节专门论述日本的文字，其中很多内容都是脱胎于《海国闻见录》。比如其中写道：

> 气候与江、浙齐，产金磁器、漆器、金文纸、马，出萨峒马者良。萨峒马即萨摩州也，其地山高水寒，刀最利，故倭人好以为佩。所统属国，北为对马岛，与朝鲜接，南为萨峒马，与琉球接。对马岛与登州直，萨峒马与温、台直，长崎与普陀东、西对峙，水程四十更。厦门至长崎，北风由五岛入，南风由天堂入，水程七十二更。海道以更计里，一昼夜为十更云。其与中国贸易者，长崎岛为百货所聚，商旅通焉。②

很明显可以看出，这段文字基本来源于《海国闻见录》。梁章钜曾任广西巡抚、江苏巡抚兼署两江总督等职，在鸦片战争时期积极支持林则徐的禁烟运动，但是他并没有到过日本，对于日本的认识主要还是受陈伦炯的影响。鸦片战争后，清朝的一批先进的士大夫开始睁眼看世界，但是很多著作中对于日本的认识还是受陈伦炯等清朝前期士人的影响。福建巡抚徐继畬于道光二十三年(1843)著的《瀛环志略》是近代系统介绍世界史地知识的名著，书中关于日本的篇章主要来源于陈伦炯的记载，并注明"节采《海国闻见录》"③。差不多同时代的另一部介绍世界史地的书籍《海

① (清)陈伦炯撰，李长傅校注，陈代光整理：《〈海国闻见录〉校注》，第36—37页。

② (清)梁章钜：《浪迹丛谈》卷4《日本》，北京：中华书局，1981年，第67页。

③ (清)徐继畬：《瀛环志略》卷1《东洋二国》，清道光二十八年福建巡抚署刻本。

国图志》中，有13处引用了陈伦炯的《海国闻见录》①。鸦片战争后魏源等人开始关注世界，并且遵照林则徐的嘱托，在《四洲志》和《澳门月报》等资料的基础上加以增补，于道光二十二年(1842)完成《海国图志》五十卷本。此后又于道光二十七年(1847)和咸丰二年(1852)进行增补重版了六十卷本和一百卷本的《海国图志》。在百卷本的《海国图志》中，魏源增补了一卷关于日本的记载，其中引用了《明史》《皇清通考·四夷门》《澳门纪略》《外国史略》等书中对日本的记载，但是关于日本地理情况和风俗制度等方面介绍最详细的还是《海国闻见录·东洋记》。而魏源在《海国图志》中引用陈伦炯关于日本记载的这段文字，又于同治九年(1870)被吕调阳全文转录到由其注释的《海录》一书中。② 在清朝中叶完成的日本通史——《吾妻镜补》中也大量引用了《海国闻见录》和《袖海编》的内容。从清朝中期的这些域外研究之书频繁征引的情况可以看出，清朝前期围绕长崎贸易展开的日本研究对于后世具有重要的影响。

第三节 闭关时代的日本通史——《吾妻镜补》

清代在鸦片战争之前的日本研究并未掀起高潮，但是仍然出现了有分量的著作，这就是翁广平所著的《吾妻镜补》。清代前期的日本研究者中，有官员出身的陈伦炯和童华，还有商人身份的汪鹏，而翁广平则是典型的学者。从《吾妻镜补》中，可以看到清朝中前期的学者士大夫是如何研究和认识日本的。目前中日两国学术界对于《吾妻镜补》已经作了一些研究，对于本研究启发很大，但是已有研究主要集中于中日关系史和日本观的角度，对于诸如翁广平日本研究中所体现的史学思想等问题探讨

---

① 参见李巨澜：《魏源与〈海国图志〉》，载(清)魏源著，李巨澜评注：《海国图志》，郑州：中州古籍出版社，1999年，第27页。

② 原文参见(清)谢清高口述、杨炳南笔录，安京校释：《海录校释》，北京：商务印书馆，2002年，第286—287页。

得尚不够深入。① 因此本书在充分吸收前人研究成果的基础上，继续对翁广平及其《吾妻镜补》进行研究。

一、翁广平与《吾妻镜补》

在中国古代学术史的发展中，清代出现了很多著名的学者和文人，在经学和史学上清代学术都有突出的贡献和成就。翁广平虽然未能在清代位居一流学者之列，但是却凭借他的日本研究著作——《吾妻镜补》，为其在清代学术史和中日文化交流史上留下了浓重的一笔。

1. 关于翁广平

翁广平，字海琛，号海邨，江苏吴县平望人。生于乾隆二十五年(1760)，卒于道光二十二年(1842)，享年八十三岁。② 翁广平生而聪颖异常，七岁时即能通解文字，但是却一直在科场失利，直到四十七岁的时候才博取了一个秀才的功名。翁广平兴趣极为广泛，他对书画、诗词、书法、金石等都颇有造诣，而且在格物致知之学上也兴趣浓厚。据史载他曾经

---

① 这方面的研究成果有冯佐哲、王晓秋：《〈吾妻镜〉与〈吾妻镜补〉——中日文化交流的历史见证》，载《文献》1980 年第 1 期，后又收入北京市中日文化交流史研究会编：《中日文化交流史论文集》，北京：人民出版社，1982 年；冯佐哲、王晓秋：《从〈吾妻镜补〉谈到清代中日贸易》，载《文史》第 15 辑，后收入冯佐哲著：《清代政治与中外关系》，北京：中国社会科学出版社，1998 年；廖源兰：《〈吾妻镜补〉杂谈》，载《上海高校图书情报学刊》1992 年第 4 期；[日]石原道博：《鎖国時代における清人の日本研究(上)——翁広平の日本国志について》《鎖国時代における清人の日本研究(下)——翁広平の日本国志について》，《茨城大学文理学部纪要・人文科学》通号 16、17；[日]藤塚邻：《清儒翁广平の日本文化研究》，收入《日鮮清の文化交流》，东京：中文馆书店，1947 年；[日]佐藤三郎：《翁広平の「吾妻鏡補」について——江戸時代の中国人の日本研究》，《日本历史》(450)；[日]渡边三男：《吾妻鏡補所引の日本語彙：校本「海外奇談国語解」》，《驹泽大学文学部研究纪要》(20)；等等。

② 按：关于翁广平的卒年，冯佐哲、王晓秋认为卒于道光二十三年(1843)，而王宝平依据《补疑年录》认为卒于道光二十二年，江庆柏编《清代人物生卒年表》(北京：人民出版社，2005年，第 658 页)中根据《中国美术家人名辞典》也将其卒年定为道光二十二年。日本学者藤塚鄰认为《补疑年录》书前有道光十八年秋即翁广平七十九岁时为其所作的序言，但是书中却有翁广平的卒年，于理不通，认为可能是出版之际后人补入的，所以藤塚鄰的书中没有写明翁广平的卒年。虽然翁广平的卒年肯定是后来补入，但是翁广平能为吴椒的《补疑年录》作序，并为此书六位参阅人之一，必当与其关系极为亲密，即使出版之际补入，考虑到翁广平与吴椒的关系，肯定不会搞错翁广平的生卒年，所以笔者将其卒年定为道光二十二年。冯佐哲、王晓秋也认为翁广平享年八十三岁，如果依照其生于乾隆二十五年，卒于道光二十三年的说法，根据中国古人纪岁的习惯则应为享年八十四岁，所以其说有自相矛盾之嫌。

渡海夜宿普陀山，观赏日出归来之后，即著有两千余言的《日食即日月合璧论》，以后还著有《月盈亏论》《陨星论》等文章。翁广平对这些自然现象的探讨“多创解，为前人所未有”。[①] 他的这些研究在中国古代天文学和自然科学史上都有着重要意义。但是从中也可以看出翁广平“性喜异学”的特点，在学问上又引发他喜读异书。他热衷于搜求日本书籍，家中藏有《论语徵》《古梅园墨谱》等日籍，而且对于日本的茶道和画册都十分留意，撰有相关文章。所以桐城派的代表人物姚鼐曾称赞翁广平：“经史百子、象纬舆地、六书音韵学，与夫山海之经、殊方异域之志，莫不淹贯。”[②]翁广平不仅兴趣广泛，而且著述甚丰，除了为人熟知的《吾妻镜补》之外，尚著有《听莺居文钞》30 卷、《六书原》4 卷、《天文论》1 卷、《传国玺考》1 卷、《万里寻亲记》1 卷、《杵臼经》1 卷、《金石书画跋尾》4 卷、《平望志》24 卷以及诗文集和诗话多卷。但翁广平一生经常处于十分窘迫的境地，仅靠一亩薄田和训蒙维持一家生计，是名副其实的“穷乡朴学之士”。王宝平在对翁广平的生平作了系统考察之后，总结的一段话颇能概括翁氏一生，兹摘录如下：

> 翁氏人穷志不短，工绘画，好金石，喜异书，精天文，著述宏富。他尤其致力于地方文献的辑佚与编纂，业绩显著。其中，《平望志》为其代表作，浓厚地反映出他的修志理论与风格。翁氏的学识固然取决于自己的努力，另一方面，与其父的熏陶，唐仲冕、姚鼐、黄丕烈等名流的交往亦密不可分。他虽身处贫寒，但教子有方，二子皆能绍其家学。小海通绘画，大年嗜金石，各自独步一方，均有作品遗世，翁氏足矣。[③]

---

① 以上具见(同治)《苏州府志》卷 107《翁广平传》，收入《中国地方志集成·江苏府县志辑⑨》，第 715 页。

② (清)姚湘：《听莺居文钞·序》，转引自王恩豪：《姚鼐集佚文辨识补遗》，《古籍研究》2009 年卷，第 209 页。

③ 王宝平：《〈吾妻镜补〉著者翁广平考》，收入杭州大学日本文化研究所、日本神奈川大学人文学研究所编：《中日文化论丛(1996)》，杭州：杭州大学出版社，1997 年，第 159—160 页。

2.《吾妻镜补》的成书

由于翁广平兴趣广泛和勤奋好学,才有机会接触到了《吾妻镜》一书,进而为完成其日本历史著作《吾妻镜补》创造了条件。因此要了解《吾妻镜补》的成书,首先必须了解《吾妻镜》的情况。

(1)《吾妻镜》及其在中国的流播

中日两国的传统史学关系极为密切,由于受中国的影响,日本的传统史学也有很大发展,出现了数量众多的史书。日本史学史上具有开山性影响的史书是《日本书纪》,它是公元720年由天皇政权敕撰完成,其体例就是模仿中国纪传体史书中本纪的写法。其后日本朝廷又先后完成了《续日本纪》《日本后纪》《续日本后纪》《日本文德天皇实录》《日本三代实录》五部史书,与《日本书纪》合称为"六国史"。可以说,"日本官方修史活动完全是在中国传统史学的影响下产生的"①。"六国史"完成之后,天皇的大权旁落于幕府将军手中,因此官方的修史活动主要由幕府来支持完成。《吾妻镜》就是由镰仓幕府修纂的史书,是一部记录源氏三代——赖朝、赖家、实朝和藤原氏两代——赖经、赖嗣以及宫将军宗尊亲王共六代将军的实录。《吾妻镜》全书五十二卷,记事起自日本安德天皇治承四年(1180,南宋孝宗淳熙七年)源赖政举兵,迄于龟山院天皇文永三年(1266,南宋度宗咸淳二年)宗尊亲王返京,前后共87年的历史。《吾妻镜》所记叙的主要是和幕府政治有关的事情,取材于幕府正式的记录、幕府官吏的记录、公卿日记、神社寺院的古文书以及《平家物语》《源平盛衰记》等书。此书用汉文写成,但是有很多变样的日本式汉文。此书除了详细记载幕府政治变迁的各个事件外,还有大量关于支撑幕府根基的镰仓武士精神的描写,并且书名题为"镜"就是寓意为后世的武家政治提供鉴戒。《吾妻镜》中宣扬历史的发展取决于神的意志的历史观,对后世影响很大。日本的武士都很重视《吾妻镜》,德川家康就是此书的热心读者,据说他的政策多出自此书。②

《吾妻镜》完成后,有许多抄本传世,主要有北条本和吉川本两种。北条本原传于小田原的北条氏,后流入德川家康手中。日本后阳成天皇

① 乔治忠:《论中日两国传统史学的比较研究》,《学术月刊》2006年第1期,第88—89页。

② 以上参见[日]坂本太郎著,沈仁安译:《日本的修史与史学》,北京:北京大学出版社,1991年,第94—97页。

庆长十年(1605,明神宗万历三十三年)印行的活字本即以其为底本。此底本流布最为广泛,近代由黑板胜美博士新订增补国史大系中的《吾妻镜》就是以北条本为底本。① 现在藏于北京图书馆的是日本后水尾天皇宽永三年(1626,明熹宗天启六年)的刻本,卷末有林道春写的跋。此宽永刻本大约在清初传入中国,清代著名学者朱彝尊所见到的很可能就是现藏北京图书馆的这部《吾妻镜》。② 朱彝尊在《曝书亭集》中有一篇专门为《吾妻镜》所作的跋,内容如下:

《吾妻镜》五十二卷,亦名《东鉴》,撰人姓氏未详。前有庆长十年序,后有宽永三年国人林道春后序,则镂版之岁也。编中所载始安德天皇治承四年庚子,讫龟山院天皇文永三年七月,凡八十有七年。岁月日阴晴必书,余纪将军执权次第,及会射之节。其文义郁轖,又点倭训于旁,绎之不易。而国之大事反略之,所谓不贤者识其小者而已。外藩惟高丽人著述往往流入中土,若郑麟趾《高丽史》、申叔舟《海东诸国纪》,以及《东国通鉴》《史略》诸书,多可考证。日本职贡不修,故其君长授受次第自脊然所纪外,相传颇有异同。临淮侯李言恭撰《日本考》纪其国书、土俗颇详,而国王世传未明晰,合是编以勘《海东诸国纪》,则不若叔舟之得其要矣。康熙甲辰获睹是书于郭东高氏之稽古堂,后四十三年乃归插架,惜第六、第七二卷失去。庆长十年者,明万历三十二年,宽永三年者,明天启四年也。③

朱彝尊留心海外情势,对东亚日本和朝鲜的书籍较为重视,在《曝书亭集》中还有一篇《书海东诸国纪后》。朱彝尊在康熙三年(1664)首次见到《吾妻镜》,康熙四十三年(1704)便收藏于自家书架。朱彝尊去世后,曹寅曾为其刻印全集,二人关系极为密切。朱氏的藏书后来也大部归曹寅所有,北图藏本《吾妻镜》有曹氏藏书印,很可能就是朱彝尊收藏而传

① 参见[日]黑板胜美编:《吾妻镜·凡例》,东京:国史大系刊行会,1932年。

② 参见冯佐哲、王晓秋:《〈吾妻镜〉与〈吾妻镜补〉——中日文化交流的历史见证》,《文献》1980年第1期,第186—187页。

③ (清)朱彝尊:《曝书亭集》卷44《跋吾妻镜》,《文渊阁四库全书》本。按:日本庆长十年当为明万历三十三年,宽永三年当为明天启六年,朱彝尊跋文时间有误。

于曹氏之本。[①]《吾妻镜》在清代流传多年,可是学者多不解“吾妻”之名为何意,朱彝尊和翁广平等人都是如此。清人蔡澄的《鸡窗丛语》中记载曰:“日本国有《吾妻镜》一书,亦名《东鉴》。吾妻二字不可解,或曰地名。尝与秀水朱竹垞太史考之,日本地里无名吾妻者。太史戏曰,日本本名倭奴,东海诸国半以奴为名,且有名姐奴者,既可称姐,何不可称妻耶!相与一笑。”[②]尤侗的《外国竹枝词》中认为吾妻是岛名,曾为翁广平《吾妻镜补》作序的石韫玉也认为日本有吾妻岛,故有此名。[③] 所以当时清初的士人虽有不少人见过《吾妻镜》,可是均不能理解其真意。直到光绪十年(1884)日本学者冈千仞来中国游历拜访文廷式时,才使清人听到日本人对此的解释:“吾妻,地名,函根以东总称。日本武尊皇子东征时,风波荡舟,茫无所从,夫橘姬代皇子投海而死。及凯旋过雄井岭时,东望叹曰,吾妻不能共归乎。故相传称关东曰吾妻,《吾妻镜》犹曰《关东通鉴》。”[④]文廷式补充道:“此书当时实录,日记类以和文,中土人不能读和文,且甚芜杂,千仞辈亦倦读不能终。唯镰仓(按此关东源赖朝开幕府之地)实录,乃证古者所必取云。据此,则近时翁广平撰《吾妻镜补》记日本通国之事,实未知二字之义也。”[⑤]可惜文廷式并未见到《吾妻镜补》一书[⑥],对它的评论尚欠公允。总之,“吾妻”日文训读为あずま,主要指镰仓、江户、关东地方,总指东国之谓,所以《吾妻镜》又称为《东鉴》。

(2)《吾妻镜补》的成书

《吾妻镜》流布中国以后,引起学者的兴趣,其中最为关注此书的当然是“性喜异书”的翁广平。翁广平第一次见到此书是在武林振绮堂汪氏家中,当时见到的只是一个抄本。此抄本共计二十四册,每册三十余页,很可能就是抄自朱彝尊所藏本。翁广平读之欣喜不已,打算借回抄

① 参见冯佐哲、王晓秋:《〈吾妻镜〉与〈吾妻镜补〉——中日文化交流的历史见证》,《文献》1980 年第 1 期,第 187 页。

② (清)蔡澄:《鸡窗丛语》,收入(清)文廷式:《纯常子枝语》卷 36,扬州:江苏广陵古籍刻印社,1990 年,第 548 页。

③ 按:因日本有吾妻岛而得名之说影响颇广,乃至近人廖源兰仍持此观点。参见廖源兰:《〈吾妻镜补〉杂谈》,《上海高校图书情报学刊》1992 年第 4 期,第 50 页。

④ (清)文廷式:《纯常子枝语》卷 36,第 548 页。

⑤ (清)文廷式:《纯常子枝语》卷 36,第 548 页。

⑥ (清)文廷式:《纯常子枝语》卷 4,第 92 页。

写，可惜主人不允，只得作罢。此后翁广平又读到朱彝尊在《曝书亭集》中为《吾妻镜》所作的跋文，以及朱竹垞友人蔡澄在《鸡窗丛语》中与朱共读《吾妻镜》的记事，遂引起翁广平欲读此书的极大兴趣。后来翁广平的这一愿望终于在其同乡潘稼堂太史的长子处得以实现，潘氏藏本乃是从长州尤侗的水哉轩所藏抄本而来，翁广平便向其借阅半年，得以饱览。[①]此抄本不满三百页，虽然是一个不完全的本子，但是却成为翁广平完成《吾妻镜补》的重要参考。这也正是翁氏友人石韫玉所讲的："翁子以日本国《吾妻镜》一书阙略未备，积一生心力穷搜博采，撰成《吾妻镜补》若干卷。"[②]但是《吾妻镜》一书毕竟存在很大的缺漏，翁广平又广搜其他日本书籍，特别是得到清商于日本购得的《年号笺》等书之后，才得以着手完成其日本著作。翁广平作于嘉庆十九年（1814）闰二月望日的序言中交代了写作《吾妻镜补》的缘由：

> 明季有《吾妻镜》一书……然所记改元甚疏略，记事仅八十七年。而八十七年中某年月日之阴晴灾异纤悉必书，余则书将军之执权及射会狩猎等事而已。余向欲仿史家编年之例为日本作通鉴，而《年代纪》《吾妻镜》所载第一代神武天皇当周僖王甲寅年，余以甲子会记推之，无论僖王无甲寅年，而年数之多寡亦不符，又无他书可以引证，事遂寝。壬申岁有商于日本者，携其国中《年号笺》一卷归以赠余，实本《吾妻镜》而改正者，其日月阴晴概从删削，其他灾异则存之，其人物之生卒、著书之始末及制度营建、军旅诸事稍有增益，国王相继之次第与改元尤为详备。自皇极天皇以迄于今俱系以甲子，皇极当唐太宗贞观十六年，神武天皇当东周惠王十七年。余因以诸王历年之数推之，毫厘不爽。于是自王极以前溯至神武，亦系以甲子，又以《日本年代擘要》《日本小志》与夫历代国史纪载之书，择其文之

① 以上参见冯佐哲、王晓秋：《〈吾妻镜〉与〈吾妻镜补〉——中日文化交流的历史见证》，《文献》1980年第1期，第189页；冯佐哲、王晓秋：《从〈吾妻镜补〉谈到清代中日贸易》，《文史》第15辑，第104—105页；［日］藤塚邻：《清儒翁廣平の日本文化研究》，收入《日鮮清の文化交流》，东京：中文馆书店，1947年，第123页。

② （清）石韫玉：《吾妻镜补·跋》，载（清）翁广平：《吾妻镜补》卷首。

雅驯事之近理者，摘录数十百条，补其阙漏。①

在这样的情形之下，翁广平广搜群书，经过七个寒暑，五易其稿，终于在嘉庆十九年完成了这部《吾妻镜补》。从书名来看，似乎只是在为日本史书《吾妻镜》作补充，其实不然，书中只有部分内容是采用《吾妻镜》的内容和形式，而大部分篇章都是采用中国史书的写作形式，并且广泛采用其他与日本相关史籍的内容而完成。可以说《吾妻镜补》一书的另外的书名《日本国志》更能准确概括全书。时隔七十余年之后，日本研究的集大成者黄遵宪又完成了同名的《日本国志》，再加上姚文栋的《日本国志》，三部同名的日本研究史籍代表了清代日本研究的三个阶段和三种风格。从这一点上说，翁广平《吾妻镜补》的成书对于清代日本研究史学的意义重大。

二、《吾妻镜补》的传本与主要内容

《吾妻镜补》完成以后，却一直未能刊刻，主要以抄本传世，现在保存于中日两国的多家藏书机构之中。由于众手传抄，《吾妻镜补》在篇帙上就出现了二十八卷本和三十卷本两种。就其内容来说，每个部分又具有不同的特点。对于以上的几个问题，王宝平曾专门探访中日两国的藏本，并由日本京都朋友书店影印出版了《吾妻镜补》，为学者研究提供了极大的方便。日本学者石原道博很早就对藏于日本静嘉堂文库的《吾妻镜补》进行了研究，特别是对此书的内容介绍较为全面。本节在充分吸收以上研究成果的基础上，试就《吾妻镜补》的传本和内容两个问题作进一步的探讨。

1.《吾妻镜补》的传本

翁广平完成《吾妻镜补》后，曾多方寻求刊刻，却一直未果，如今只能以流行的多种抄本传世。《吾妻镜补》完成后，学林对它极为期待，虽交付书商准备付刻，而最终却未能刊刻。因此急于读到此书的学人只能进行抄录，当时翁广平的好友程恩泽在等待刻本未果的情况下，只能派人到翁家抄写。而程恩泽的这个抄本很快就传到了日本，为桂岩山樵所得，后来存于静嘉堂文库。程恩泽的题款已经残缺不全，难以辨析，不过此抄本

① (清)翁广平:《吾妻镜补·序》,载王宝平编著:《吾妻鏡補:中国人による最初の日本通史》,京都:朋友书店,1997年,第1—3页。

卷头有桂岩山樵的识语，当中写道：

桂岩山樵识于京寓。道光己丑(1829)秋获此，深以为慰。此册首题识为程恩泽手笔。大意谓，此书已付刻而未果，复遣人至翁海琛处抄得，珍而藏之云耳。其后遭兵燹，此书卒未发刻，可宝也。①

从嘉庆十九年(1814)《吾妻镜补》成书，到程恩泽完成抄本，再到道光九年(1829)传播到日本，可以发现此书传播到日本的速度奇快。而此书在日本也得到了学者的重视，从桂岩山樵的识语中可以想见他见到此书时的喜悦之情。后来《吾妻镜补》又在日本出现了多种抄本，可以看出清人对日本的研究在日本引起了不小的关注和影响。可惜《吾妻镜补》的命运多舛，因为兵乱等种种原因，使其一直未能得到刊刻，也在一定程度上影响了它的学术意义和影响力。像清末的著名学者文廷式就未能见到其书，不能不说是《吾妻镜补》的一种遗憾。王宝平调查了现在所能见到的中日两国藏书机构的八种《吾妻镜补》的抄本，具体情况如下②：

(1)北京图书馆藏本

二十八卷，十册，每半页九行，每行二十一字，各卷捺有“兴亚院华北连络部调查所图书”和“兴亚院华北连络部图书”两种印章。全书内容按照翁广平的序文、凡例二十则、引用书目、吾妻镜补目录、本文、蔡寿昌后序、石韫玉跋的顺序排列。卷末记有“吾妻镜补卷××终”一行字。可能为民国初年的写本。

(2)北京大学图书馆藏本

二十八卷，六册，行款与顺序同北京图书馆一样。有“燕京大学图书馆珍藏”印。卷首有薛龄于1940年撰写的解说，其中讲到此本是根据哈佛大学图书馆1939年从北京书肆文禄堂购得的十二册本影抄改装为六册本。卷末列有抄写者姓名、抄写时间和字数。据此可知三人用两月时间抄完，全书共有366页，98061字。换言之，二十八卷本的《吾妻镜补》

---

① 转引自[日]石原道博：《鎖国時代における清人の日本研究(上)——翁広平の日本国志について》，《茨城大学文理学部纪要·人文科学》通号16，第3页。

② 参见王宝平：《「吾妻鏡補」について》，载王宝平编著：《吾妻鏡補：中国人による最初の日本通史》，第13—15页。

有接近十万字的篇幅。

(3)上海图书馆藏本一

二十八卷,每半页九行,每行二十一字。全书由翁广平的自序、蔡寿昌的后序、石韫玉的跋和凡例二十则、引用书目、吾妻镜补目录以及本文等几个部分构成。卷末没有“男雒小海校字”六个字。可能为民国时代的写本。

(4)上海图书馆藏本二

三十卷,八册,每半页十二行,每行二十一字,钤有“长兴王氏诒庄楼藏”印。各卷末有“男雒小海校字”六字。第十一卷的绘图全部欠缺,八页白纸之后紧跟着后文的内容。封面为桑皮纸,四针眼。

(5)上海图书馆藏本三

三十卷,八册。行款、顺序和上海图书馆藏本一相同,封面、藏书印、卷末和上海图书馆藏本二相同。

(6)东洋文库藏本

二十八卷,十二册,行款、顺序和北京图书馆藏本相同,稍有不同的是引用书目置于凡例二十则之前。卷首捺有记载整理时的椭圆形印章“财团法人东洋文库/昭和十四年九月廿五日”。可以在书中见到多人的笔迹,为民国时代的写本。

(7)静嘉堂文库藏本

三十卷,八册,行款、顺序、卷末与上海图书馆藏本三相同。钤有静嘉堂文库的藏书印。第二、三册中能够见到修补的痕迹。第一册有识语的断片,幸好有桂岩山樵的识语,能够明白残缺断片的大意。

(8)驹泽大学图书馆藏本

王宝平调查时并未能见到此本,只是根据福岛邦道的解说得知,此藏本为二十八卷,八册,九行二十一字的精写本。

以上就是王宝平在整理出版《吾妻镜补》时所见到的中日两国的藏本。但是笔者根据《中国善本书目》的记载发现,在中国大陆一共有四家藏书单位存有此书。① 四种均为清抄本,只有上海图书馆藏本为三十卷本,其他三种都为二十八卷本,分别藏于浙江图书馆、湖北省图书馆和武

① 参见中国古籍善本书目编辑委员会编:《中国古籍善本书目·史部下》,上海:上海古籍出版社,1993年,第1081页。

汉大学图书馆。将二十八卷本与三十卷本进行对比,可以发现两种版本内容基本一样。卷数不同是因为,三十卷本比二十八卷本多出第十一卷的地图部分,另外三十卷本中的国语解分成两卷而二十八卷本中合成一卷。还有一点不同就是蔡寿昌的后序和石韫玉的跋在三十卷本中位列卷首,而二十八卷本中位列卷末。值得注意的是,翁广平完成此书时既不是三十卷也不是二十八卷,根据嘉庆十九年完成的序言中提到全书有世系表十卷,地理、风俗和艺文等类二十六卷。但是在石韫玉受翁广平之邀所作的跋文中却只说是若干卷,考虑到《吾妻镜补》付刊未果的情形,可能翁广平最初成稿时的卷册安排和自序中一致,以后又进行了一定的调整,变成了现在所见到的抄本的样子。

现在比较常见的是由王宝平整理出版的影印本,他的底本是根据上海图书馆藏长兴王氏诒庄楼所藏的三十卷八册抄本,并且根据前列上海图书馆藏本之三补足第十一卷。1997 年由日本京都朋友书店出版发行,为研究者提供了极大的便利。

2.《吾妻镜补》的主要内容与特点

就三十卷本的《吾妻镜补》来讲,根据其主要内容可以划分成世系表、地图与地理志、风土志、食货志、通商条规、职官志、艺文志、国书、国语解、兵事和附庸国志共十一个部分。下面就分别介绍各个部分的主要内容及其特点。

(1)世系表

《世系表》是《吾妻镜补》中所占篇幅最大的部分,一共有十卷,约占全书的三分之一。在世系表中,作者记录了日本神武天皇以前二十三世以及其后一百二十世即后桃园天皇为止的天皇世系和国家大事。因为日本诸书关于神武天皇以前的世系记载互有不同,因此翁广平在世系表的开始首先列表对比这种差异。《世系表》中一共分成四栏,分列四类不同记载的史书,分别是第一类《吾妻镜》《历代纪元考》《海东诸国纪》,第二类奝然《年代纪》《文献通考》《宋史》《日本考》,第三类《仙台国记略帝系》《日本小志》,第四类《年号笺》《年代擥要》。从神武天皇开始则合并为一栏,按照世系先后排列记叙。每代天皇之下记载其在位时间,并且以大事年表的方式,择要记载日本的国家大事。

翁广平在《吾妻镜补》中首列《世系表》的原因有二:一是他所依据的日本记事诸书均以世系为首,所以翁广平一仍其旧。第二是鉴于《世系表》的重要性。这里有一个发生于乾隆年间的故事颇能说明这点。翁广平的好友,自称为“独学老人”的石韫玉在为《吾妻镜补》所作的跋文中写道:

> 高宗朝禁民间私钱,偶得宽永通宝钱。司农不知其所自来,谓中国无此年号,遂令有司者治之。诸封疆大吏无一人知者,守令仓皇莫知所措。吾乡王慧音先生识为日本钱,以朱竹垞集中《吾妻镜跋》为证。每岁商人向彼国市铜,因以其钱如中国耳。维时桂林陈文恭公巡抚江苏,据其言以入告,由是士大夫始知有《吾妻镜》之名,然求其书卒不可得也。观翁子之书,洵可谓好古多闻矣。宋时徐仲车足迹不出户庭而周知天下之务,翁子殆有过之无不及也。①

石韫玉所记的乾隆年间发生的这件事并非虚构,在《清高宗实录》卷419“乾隆十七年七月甲申”条有相同内容的记载,以后清人陈康祺《郎潜纪闻二笔》卷14“禁用宽永钱”条和王先谦《东华续录》等书中都转载了此事。从中可以看出此事在清朝的影响,也反映出当时乾隆朝君臣对日本年号和国情的无知,但是因为有了朱彝尊对《吾妻镜》的介绍,才得以避免一场政治风波。此事产生的巨大影响,对翁广平刺激很深,因此他认识到了日本年号和国情的重要性,表现在《吾妻镜补》中就是对日本世系和年号等情况的详细记载。

(2)地图与地理志

在三十卷本《吾妻镜补》中有一卷为日本地图,但是却不见于二十八卷本中,可能后者在抄写时由于操作困难或其他原因而放弃。《吾妻镜补》有地图一卷是确定无疑的,并且对于地图来源等问题,翁广平都在凡例中作了说明:“日本地里图始见于《筹海图编》,后有《日本图纂》《两浙海防续编》等书,其图无甚异同,因仿其大略为一卷,以长崎图与海船图附焉。”②关于日本全貌的地图主要引用的是明代的资料,也反映了清初对

---

① (清)石韫玉:《吾妻镜补·跋》,载王宝平编著:《吾妻鏡補:中国人による最初の日本通史》,第10—11页。

② (清)翁广平:《吾妻镜补·凡例》,载王宝平编著:《吾妻鏡補:中国人による最初の日本通史》,第14页。

于日本地理和地图的研究进展并不大,体现出明代在郑舜功等人的努力下对于日本地图的搜集和绘制工作影响重大。这种影响一直持续到清代中期,赴日考察者逐渐增多,特别是像《游历日本图经》等书问世后,清代学人对日本地图的研究工作才有了大的进展。在《吾妻镜补》中值得称道的是对长崎图和海船图的附录,这是体现清初日本研究水平的一种发展,也反映出清初中日之间以长崎为中心的贸易程度。其后的两卷《地理志》主要是配合第十一卷的地图,第十二卷记载日本的地理疆域和行政区划,第十三卷主要记录长崎的街、町等详细地理情况。最后附载《日本针路》,依据是《渡海方程》和《海道针经》,主要记载的就是中日之间的航路指南。

(3)风土志

明清的日本研究者向来重视对日本风土的记载,明代就有专门以《日本风土记》为名的史书。在凡例中翁广平提到作《风土志》的原因:"日本有《风土记》等书,无从得见,乃以《日本考》与志书与史传所记,及近时闻见之榷者,作《风土志》二卷。"①翁广平在《吾妻镜补》书前的引用书目中曾经列出日本著刻的《日本风土记》,此处说明未见此书,从侧面反映出他所列的引用书目并非完全引用到书中。当然日本有很多名之为某某风土记的书籍,但是翁广平此处所言并无确指。从所引书名可以知道应该是记载日本风土情况的,其名称和明代《全浙兵制考》中附录的《日本风土记》基本一样。但是翁广平只是见到和《日本风土记》为一书二刻的《日本考》,并且本部分内容基本来自《日本考》。从这种情况推断,翁广平并不知道明代尚有《日本风土记》一书。在两卷的《风土志》中,翁广平广泛征引了几十种文献,详细地介绍了日本的风土人情,内容涉及各个方面,堪称一部详细的日本社会风俗史。

(4)食货志

食货是关系到国计民生的重要问题,所谓"厥初生民,食货惟先"②。最早设立《食货志》的史书是东汉班固的《汉书》,他在书中称:"《洪范》八政,一曰食,二曰货。食谓农殖嘉谷可食之物,货谓布帛可衣及金刀龟

---

① (清)翁广平:《吾妻镜补·凡例》,载王宝平编著:《吾妻鏡補:中国人による最初の日本通史》,第15页。

② (汉)班固:《汉书》卷100下《叙传下》,北京:中华书局,1962年,第4242页。

贝,所以分财布利通有无者也。二者,生民之本,兴自神农之世。……食足货通,然后国实民富,而教化成。”①这种重视食货的思想对中国史学的影响很大,以后历代史书中多有《食货志》的设立,发展至20世纪上半叶就出现了以陶希圣为代表的食货学派,开展对中国社会经济史的研究。对于域外的研究来说,食货的内容非常重要,但是对于日本的食货情况记载并不详细。“食货诸书所载甚略,乃益以今所有者,作《食货志》一卷,以出洋货物附焉。”②因此在这种情况下,翁广平专门设立一卷《食货志》来记载日本的各种特产、贸易和进出口货物等内容。在本卷中,翁广平主要摘录各种史书中关于日本物产的记载,值得一提的是,他还引用了大量描写日本特产的诗文。比如柱彦良的《日本扇歌》、欧阳修的《日本刀歌》和苏轼的《鳆鱼行》等等。另外对于当时中日贸易的情况记载较多,其中出洋货物的详单以及交易情况都是研究中日关系史的重要史料。

(5)通商条规

清初中日之间的长崎贸易是两国关系中的大事,特别是日本正德五年颁布的“正德新令”对中日关系影响甚大,所以翁广平在《吾妻镜补》中专辟一卷进行记述。翁广平并没有到过日本,所以他对长崎贸易的认识主要来自于和他交往密切的赴日商人,以及从他们手中得到的日本书籍。他在书中的凡例里提到:“前朝与日本通商无定例,亦无定处。国朝康熙中,其国中御门天皇正德五年定于长崎交易。《东洋客游略》有《通商条规》,录为一卷,盖日本之原文也。”③正是翁广平主要抄录原文,所以才使我们看到当时日本对长崎贸易规定的真实情况。他所抄录的条规共九条内容,为深入研究清代中日贸易史提供了珍贵的原始资料。其中收录的若干份通商则例、收税清单和礼单,都反映了当时长崎贸易中贸易税和贸易品的具体情况。④

---

① (汉)班固:《汉书》卷24上《食货志上》,第1117页。

② (清)翁广平:《吾妻镜补·凡例》,载王宝平编著:《吾妻鏡補:中国人による最初の日本通史》,第15页。

③ (清)翁广平:《吾妻镜补·凡例》,载王宝平编著:《吾妻鏡補:中国人による最初の日本通史》,第15页。

④ 关于《通商条规》所反映的长崎贸易情况,可参见冯佐哲、王晓秋:《从〈吾妻镜补〉谈到清代中日贸易》,《文史》第15辑,第107—123页。

(6)职官志

《职官志》只有一卷，内容十分简略，主要记载日本的官职变化沿革，以及主要的职官称谓。“斋然之《职员表》今失传，乃杂采诸史说部，作《职官志》一卷。”①翁广平根据历代史书中所提到的日本官名完成此卷，同时还从《年号笺》《平攘录》等书中查找讯息，对一些官名不同之处做出考证。根据《东洋客游略》和《袖海编》等书，翁广平还着重记载了长崎的官吏设置。另外他还根据正史中的记载，简单附载了日本的附庸国的《职官志》，主要记录了一些官名和品级。

(7)艺文志

《艺文志》共有七卷，在《吾妻镜补》中所占的篇幅仅次于《世系表》。《艺文志》根据内容可以分成两个部分，一部分主要是记载诗文。“日本文章始见于《宋书》所载雄略天皇一表，唐太宗时始作诗，今仅传一首，赵宋时仅三首、文一首。前明及国朝作诗颇多，鲜有全稿流入中华，乃于各选本与他书所载、石墨所镌辑为《艺文志》诗文共六卷。附庸国所作依时代附焉。”②另外一部分主要是条列书目，“日本颇有著述流传中华者，不过十之一二，其书目之见于《年号笺》《年代擘要》《全唐诗》逸者列次其目为一卷，附《艺文志》。”③中国正史中最早设立《艺文志》的是班固的《汉书》，以后的一些纪传体史书中，也有不少设立《艺文志》。但是这些《艺文志》主要是登录书目，和单独成书的目录书的性质一样，都是排列书名为主，而没有收录原文者。翁广平采用《艺文志》的名称，却改换了纪传体史书中的惯例，用其来抄录诗文。可以说这部分内容的设立，应该是受到明代一些日本研究史籍的影响，比如薛俊的《日本考略》就有《文辞略》来记载诗文，以及《日本考》和《日本一鉴》等书都有这样的内容。所以说翁广平是保留了文辞部分的内容和形式，而冠之以《艺文志》的名称。还有一点值得注意的是，《艺文志》中翁广平除了收录日本人的诗文外，还

① (清)翁广平:《吾妻镜补·凡例》，载王宝平编著:《吾妻鏡補:中国人による最初の日本通史》，第15—16页。

② (清)翁广平:《吾妻镜补·凡例》，载王宝平编著:《吾妻鏡補:中国人による最初の日本通史》，第16页。

③ (清)翁广平:《吾妻镜补·凡例》，载王宝平编著:《吾妻鏡補:中国人による最初の日本通史》，第16页。

附录了一些中国人的诗文，当然是跟日本有关的文辞，比如朱彝尊的《跋吾妻镜》、卢文弨的《七经孟子考文补遗题辞》、翁广平的《孝经书后》等等。另外在书目部分中，对于在中国佚失而在日本校刊者也都著录其中。

（8）国书

《国书》共一卷，主要条列了105个日语假名的汉字对音，依据的资料是《日本夷译语》（54个）和《海外奇谈》（51个）。凡例中讲道："海外之书各国不同，日本通俗之书仅数十字，纂为《国书》一卷，仿《八纮译史》例也。"[①]《八纮译史》为清人陆次云所纂，主要记载域外诸国之事，但是多为道听途说采录旧史，且有很多奇谈怪闻，所以四库馆臣称其"亦多传闻失实"[②]。翁广平对国书的记载，很类似于明人所称之字书，也就是用汉字来对音日语假名。

（9）国语解

《国语解》的得名来自于中国的正史。"辽、金两史俱有《国语解》，兹仿其例，作《国语解》三卷。"[③]辽、金两朝都为少数民族建立的政权，都有自己的语言。修撰《辽史》和《金史》的元代史家充分认识到少数民族政权的这种特殊性，不仅让其"国语"入史，而且还对其进行训释，著成《国语解》，具有重要的史学价值。[④] 清朝乾隆皇帝又重修辽、金、元史的《国语解》，并且最后撰成《钦定辽金元三史国语解》，足以看出对《国语解》的重视。翁广平在《吾妻镜补》中引用《海外奇谈》《日本图纂》《东洋客游略》等书，将日语词汇用汉字来对音，共分天文、时令、地理、人物、鸟虫、花木、衣服、房屋、俗语等十几个小类，收录一千多个语汇。这部分内容其实就是明代日本研究史籍中的寄语部分，形式几乎完全一样。但是卷末收录的长崎的町名、街名的汉字对音属于清代的新内容，对于增进对长崎的认识具有重要价值。

---

① （清）翁广平：《吾妻镜补·凡例》，载王宝平编著：《吾妻鏡補：中国人による最初の日本通史》，第16页。

② 《钦定四库全书总目》（整理本）卷78《史部三十四·地理类存目七》，北京：中华书局，1997年，第1056页。

③ （清）翁广平：《吾妻镜补·凡例》，载王宝平编著：《吾妻鏡補：中国人による最初の日本通史》，第16页。

④ 参见赵梅春：《辽、金史〈国语解〉的史学价值》，《兰州大学学报》2001年第5期，第66—70页。

(10)兵事

《兵事》仅有一卷,内容也较为简单。"日本历朝颇有兵事,兹仅载用兵朝鲜一事,以概其余。"①日本虽然战事不断,但是能够依据的资料有限,所以翁广平只能依据明人诸葛元声的《两朝平攘录》来完成《兵事》的内容。丰臣秀吉发动的侵朝战争,是日本军事史上的重要事件,翁广平引用《平攘录》来记载日本用兵朝鲜的经过。

(11)附庸国志与杂记

在《吾妻镜补》的最后一卷中,翁广平记载了日本的附庸之国。《附庸国志》列举了马韩国、辰韩国、邦马国等数量众多的附庸国,但是由于其依据的主要都是旧史资料,很多小国早已不存在,而且还误将朝鲜半岛的百济和新罗也作为日本的属国。另外对于一些无法编入其他门目的杂事,也都附录在最后一卷之中。

三、翁广平日本研究的思想特点

《吾妻镜补》又称《日本国志》,是我国最早的一部体例规范的日本通史,代表了清朝前期日本研究的最高水平。翁广平对于日本研究的诸多思想都体现在《吾妻镜补》一书中,王宝平曾将《吾妻镜补》的特色归纳为三点:文献主义、态度峻严、内容独特。② 本人将结合前人研究成果,试从史学史和日本研究史的角度,进一步深入分析翁广平的日本研究思想特点,并归纳为以下几点。

1. 为异域修史、体例创新

中国传统史学重视域外的载记,产生了大量探求外部世界的史书。就传统史学中对日本的认识来说,明代以前主要是正史中的单篇传记,在明代开始出现研究的专书。但是明代修纂日本研究专书的目的是为了了解日本,更重要的目的是为现实服务,并没有产生修史的积极意识。比如薛俊的《日本考略》只是为了应对宁波之乱后预防倭寇问题再次发生的现实目的,郑舜功的《日本一鉴》除了现实目的之外,虽然有狱中友人谈话以《松漠纪闻》《使琉球录》等著作来激发,但是也只不过是使臣的一种

① (清)翁广平:《吾妻镜补·凡例》,载王宝平编著:《吾妻鏡補:中国人による最初の日本通史》,第17页。

② 参见王宝平:《「吾妻鏡補」について》,载王宝平编著:《吾妻鏡補:中国人による最初の日本通史》,第7—9页。

记录而已，尚没有上升到修史的高度。只有到了翁广平修撰《吾妻镜补》时，才产生了一种为域外修史的动机。他在序言中写道：

> 《周礼》职方氏所掌，自九州之外，凡蛮夷闽貉戎狄之地不遗记载。盖同此覆载之中，虽在荒服无不被中朝之文命也。太史公作《史记》有东越、西南夷诸传，后之作史者援以为例焉。海东诸国日本为大，汉初始通中国，嗣是历朝皆献方物，且购求典籍释藏以归，而文明之象渐启矣。刘宋时国王武进表，辞颇雄健。唐时诸使臣都有工辞翰者。赵宋初僧奝然入贡，其表文周骈体并献其国《年代纪》《职官表》□□卷，故史传中不特记其山川风土而君长之授受□□焉。……余向欲仿史家编年之例，为日本作通鉴。……凡七阅岁五易稿而成，□□《吾妻镜补》，亦可备海东一方之掌故也。余尝谓诸史外国传不过附见于正史耳，未有专为一书者。惟宋叶隆礼有《契丹国志》，□国朝徐澄斋有《中山传信录》，余友洪北江（亮吉）、严铁桥（可均）俱有《西夏志》。在属国者，高丽有《通鉴》有《史略》，安南有《志略》，朝鲜申叔舟有《海东诸国记》。而日本素有著述，所纂《七经孟子考文补遗》收入《钦定四库全书》，苟非渐被于圣朝文命之敷，而能若是乎！余之补此也，盖仿《契丹国志》《西夏志》之例，而其世系之相承，未尝有更姓革命之变，是岂契丹诸国所可比乎！又况人文炳蔚，著作斐然，直超高丽、中山而上之，则此邦之文献洵足备輶轩之采访也。若其附庸之世系、风俗、山川、疆域一时未能博采，仅载其略。①

由此可以看出，翁广平对日本的评价较高，是一种用华夏文明之风的标准来衡量日本，认为其在文化上已经渐被中原之风。除了文教之风兴盛外，日本没有发生易姓革命的历史也让翁广平赞赏不已，所以才有“海东诸国日本为大”的慨叹。日本国王一姓传继的历史的确让经常改朝换代的中国称奇，宋太宗召见奝然时就感叹道：“此岛夷耳，乃世祚遐久，其臣亦继袭不绝，此盖古之道也。中国自唐季之乱，宇县分裂，梁、周五代享历尤促，大臣世胄，鲜能嗣续。朕虽德渐往圣，常夙夜寅畏，讲求治本，不

① （清）翁广平：《吾妻镜补·序》，载王宝平编著：《吾妻鏡補：中国人による最初の日本通史》，第1—4页。

敢暇逸。建无穷之业，垂可久之范，亦以为子孙之计，使大臣之后世袭禄位，此朕之心焉。"[①]虽然宋太宗宣扬"皇天无亲、惟德是辅"的变易史观理论，强调自己的德治是为臣民谋福利，其实内心仍然表露出对日本万世一系的羡慕之情。以承认政权革命和朝代更替为前提，在中国就产生了儒家的正统论思想。当正统论传到日本的时候，日本人对此进行了扬弃和改造，他们将认可改朝换代的因素完全排除，而汲取并强化了正统论中皇位血缘承袭的内容。在此基础上，日本构建了《日本书纪》中的创世神话，正统观念也演变为维护天皇万世一系、血缘传承的依据。[②] 翁广平当然不可能认清中日之间正统论的差异，但是他对日本的人文和著作还是极为称道，认为在高丽等国之上。因此他决定以《契丹国志》《西夏志》等为例，纂修一部日本的通史。

翁广平最初的设想是模仿编年体为日本作通鉴，但是随着材料的增多，他开始逐渐扩大范围和形式。从体例上来讲，《世系表》类似于纪传体中的本纪，以编年的方式列出天皇世系并且附以年中大事。对于人物列传，翁广平的处理方式是："日本记事诸书，俱以世系为首，今仍之。其人物并无列传，略记其所著书名或其生卒之岁月而已，故此书亦不为列传。其间有可考者，则于《艺文志》小传中或《风土志》中详之。"[③]《吾妻镜补》中各个部分的志类似于纪传体的书志部分。明代研究日本的诸书如《日本考略》《日本一鉴》等等，都是根据内容分类条列事项，没有称为"志"者。翁广平开始将纪传体中的这个组成部分运用到研究日本的史书中，并且成为整部书的主体部分，所以《吾妻镜补》又名《日本国志》。虽然翁广平的这种做法仍然没有脱离中国史学中纪传体体例的传统，但是他在实际著述中的灵活运用，可以看作是域外史地撰著中的体例创新，并且对清代后期的日本研究史籍影响甚大。清代后期黄遵宪的《日本国志》在编写体例上就跟《吾妻镜补》有很大的相似性，不能不说是对翁广平体例创新的继承和发展。

---

① （元）脱脱等：《宋史》卷491《日本国传》，北京：中华书局，1977年，第14134页。

② 参见乔治忠：《论中日两国传统史学之"正统论"观念的异同》，《求是学刊》2005年第2期，第109—116页。

③ （清）翁广平：《吾妻镜补·凡例》，载王宝平编著：《吾妻鏡補：中国人による最初の日本通史》，第13页。

2. 注重考据、力求信史

翁广平生活的乾嘉时期正是我国考据之风盛行的时代,《吾妻镜补》就体现了这种扎实考证的特点。翁广平产生为日本修史的愿望较早,但是所能够依据的《年代纪》和《吾妻镜》等书中都记载第一代神武天皇当周僖王甲寅年,而翁广平经过考证认为不仅周僖王无甲寅年而且年数的多寡也不对,因此在存疑的态度下他绝不轻易下笔。当他从赴日商人手中得到《年号笺》等其他史料进行考据之后,才肯进行日本通史的写作。他在《吾妻镜补·世系表》的"神武天皇"条目下作出考证,认为:

> 《吾妻镜》诸书皆曰以周僖王甲寅即位。考周僖王以庚子立,在位五年,是甲辰无甲寅,盖纪载之伪也。惟《年号笺》云当周惠王十七年。考惠王以己巳立,则十七年是辛酉。又以日本诸王之历年与中国史鉴及纪载之书核之干支,毫厘不爽,故余纂此书断自辛酉始。①

通过这种考证可以看出,翁广平对于日本史事中的问题极为重视其准确性,不盲目信从一说,当发现问题时注意进行详细的考证,力求真实可信。《吾妻镜补》中的考证并非仅此一处,在《世系表》中还有很多对年代进行考订的例子。翁广平采用的考据方法主要就是将多种史籍相互比对,只要存在不同,肯定必有伪说,因此再参以其他史料或者从常理等角度进行判断,从而得出正确的结论,此后才写进《吾妻镜补》之中。翁广平的这种注重考据、力求信史的态度正反映了清朝乾嘉时期的考据学风,而他的这种风格和研究又充实了乾嘉学术的内容,同时对于明清的日本研究也具有重要的价值。

3. 广征博引、注明出处

《吾妻镜补》中大量参引中日两国的史籍,对于史料的运用力求广泛和全面。而且值得称道的是,翁广平在是书中还单独列出《引用书目》一个部分。这在以前的史书中极为少见,有点类似于后来史学著述中的参考文献。在《引用书目》中,翁广平共列出了汉籍149种,另外还有日本人

---

① (清)翁广平:《吾妻镜补》卷1《世系表》,载王宝平编著:《吾妻鏡補:中国人による最初の日本通史》,第33—34页。

所著刻的书籍41种。根据《吾妻镜补》正文中的内容,可以发现翁广平并没有全部引用所列书目中内容,特别是一些日本的书籍并没有见到,有些内容只是转引或者仅知其名,所以颇有点参考文献的用意。另外在正文之中,凡是翁广平引用之书一般都会在文字末尾注明所引书名,做到不掠他人之美。这种方法类似于明代郑舜功在《日本一鉴》中的做法。翁广平注明史料出处,详列引用书目的治学态度值得肯定。当然这种思想也和他纂修地方志的实践是分不开的。翁广平著述甚丰,《平望志》就是他所著的地方志之一。在《平望志》的纂修中就体现了翁广平著书广征博引的特点,而且渗透着引用他人书籍要注明出处的思想。他与友人的书信中就讨论作志书的方法:

> 夫作志之要大略有三:曰纂辑、曰体例、曰采访。假如前人曾有旧志,不过续之而已,或增其门目而已。今事属创始,则当遍阅吴北诸志、苏州通志、通省志、一統志与夫诸子百家之事。凡一事一句之有关黎里者悉为摘录,或用其全文,而与他书有异者则附于其后,而注其出处。或两书互相发明,仅述其事。而出我手笔者亦当注曰本某事,参某书,既不没作者之苦心,亦见我言之有本也。①

翁广平《吾妻镜补》的做法和他的修志理论是一脉相承的,既广征博引,不放过任何一条相关的材料,同时又采取十分谨严的态度,凡是征引他书的内容必须注明出处。而对于自己写作的内容仍然要注明依据所自,既不埋没他人之功,同时又能体现本人言之有据。这种实事求是的治学态度,使《吾妻镜补》的史学价值大增,同时又为翁广平在修志和日本研究的方法论上增色不少。

4. 重视长崎贸易、时代特色鲜明

长崎是日本锁国时代对华开放的唯一港口,清朝前期的中日贸易只能通过长崎这个窗口来实现。长崎贸易对于清朝具有重要的意义,为了解决铸钱原料的问题,清朝需要通过长崎从日本进口大量的铜。所以清

---

① (清)翁广平:《听莺居文钞》卷28《与吕湘渔论作志书》,北京图书馆抄本。转引自王宝平:《〈吾妻镜补〉著者翁广平考》,收入杭州大学日本文化研究所、日本神奈川大学人文学研究所编:《中日文化论丛(1996)》,第155页。

朝对长崎贸易极为重视,这也是清朝前期中日关系史上的重要内容。翁广平所处的时代正是中日长崎贸易鼎盛的时期,所以在《吾妻镜补》中对长崎贸易的记载也极为重视,体现了史家对现实的关注和史学的时代特色。日本政府于1715年颁布的"正德新令"对中日贸易影响较大,日本通过制定清商规则来限定长崎贸易,对清初的中日关系产生不小影响,双方由此开始迈入信牌贸易的时代。明朝时期的中日贸易主要是勘合贸易,由明朝政府颁给日本勘合作为贸易凭证,这样日本船只才可以来华朝贡和贸易。但是在清朝这一情况却发生了改变,清朝商人赴日贸易必须持有日本政府颁发的信牌。翁广平对于这一事件给予了充分的关注,在《吾妻镜补》中专门有一卷《通商条规》来记载当时长崎贸易的规则。此卷内容主要采自《东洋客游略》等书,并参以自己对清商的采访调查。另外,在《吾妻镜补》的《食货志》和《地理志》中还有大量记载长崎贸易的内容。在这些部分中,翁广平广泛征引《袖海编》《海国闻见录》等书,详细记载了长崎的地理情况,对于其市村街町的方位名称以及管理港口贸易的官员人等都有记录。在《食货志》中,翁广平首先征引明末抄本《海防续编》条列《出洋货物》,然后又根据清朝文献列《出洋货物近时交易》一栏,可以清晰地对比发现不同时期中日贸易的内容。这些记载对于研究中日贸易史和两国关系史都具有重要的史料价值。翁广平在研究日本的著述中重视记载两国关系中的重大事件,《吾妻镜补》体现出了鲜明的时代特色。

通过本章的分析可以发现,在清朝第一个阶段的日本研究中,史籍的出现和研究内容跟中日两国商贸关系和文化交流紧密相关。这个时期的中日两国都处在闭关锁国的状态,主要通过长崎的贸易维系着交往,所以产生了以记载和研究长崎贸易为主的三部史籍。在《海国闻见录》《长崎纪闻》和《袖海编》中,作者通过记载长崎贸易的情况来介绍日本,并为以后的日本研究提供了重要参考。当日本史籍《吾妻镜》伴随着中日文化交流的进程传到中国之后,促成翁广平编纂完成了《吾妻镜补》(《日本国志》)一书。《吾妻镜补》是清朝人撰写的第一部日本通史,翁广平在书中广征博引,并对许多问题作出考证。《吾妻镜补》中重点记载了当时长崎贸易的相关情况,体现出了鲜明的时代特色。翁广平编纂的《吾妻镜补》,代表了清朝第一个阶段的日本研究的最高水平。

第五章 明治维新与清朝日本研究史籍的大量涌现

清朝第二个阶段的日本研究和日本明治维新紧密相关。同样是在西方列强的炮火下被迫开关,但是清朝在鸦片战争之后仍然继续遭受殖民者的欺凌和掠夺,而日本则通过明治维新迅速走上了资本主义发展道路。清朝人逐渐开始关注日益强大起来的东邻,特别是清朝的驻日使馆人员和东游考察者,他们创作了大量的日本研究史籍。与清朝第一个阶段的日本研究相比,此时面临的是新的世界形势和日本的新变化,所以在研究内容和方式上都有着很大的不同。本章主要围绕清朝第二个阶段的日本研究史籍展开探讨。

第一节 日本明治维新与清人研究的出现

日本历史上有两次重大的变革,第一次是公元 7 世纪的大化改新,第二次是 19 世纪的明治维新。前者主要是仿照中国唐朝的制度,废除部民制、实行颁田收授法和租庸调制,另外建立了中央集权制的行政体制。大化改新是日本历史上的重要变革,从此以后日本开始进入了封建社会。[①]后者主要是仿照西方的道路,在政治、经济、军事和文化等方面实行了一系列的改革,逐步走上近代化道路。明治维新使日本摆脱了封建制度的束缚和西方列强的压迫,此后迈入资本主义强国之列。从对中国的影响来说,明治维新的意义非同一般。明治维新使日本成为西方列强殖民扩张时代唯一走上近代化道路的亚洲国家,这对处于半殖民地半封建社会

① 按:关于大化改新后的日本社会性质,中日史学界观点不一。本书主要采用吴廷璆的观点,认为大化改新后的日本社会性质应是封建社会。参见吴廷璆:《日本史》,天津:南开大学出版社,1994 年,第 56—57 页。

苦难中的中国无疑具有重要的参照价值。明治维新也使此后中国对日本的研究发生了重大的改变,积极关注日本的新变化,努力探求日本维新成功的原因,成为大量日本研究史籍出现的重要推动力。

一、日本明治维新与近代化之路

明治维新的发生是由当时日本内外两方面的因素促成的。从内部条件来讲,日本建立封建制度国家以后,历经近千年的发展,到18世纪时已经逐渐落后于经过产业革命的西方国家,赶不上世界的总体发展趋势。在明治维新之前,日本处于幕藩体制之下,掌握国家实权的是幕府将军,天皇只是名义上的最高统治者。这种幕藩体制具有四个基本特征:第一是将军拥有最高所有权的领主土地所有制,以维持和剥削自耕小农为基础;第二是集权与分权相结合的政治制度,实行幕、藩、村三级制,从地域上分而治之;第三是严格的身份等级制度,把人分为不同的集团进行分而治之;第四是闭关自守的锁国制度。总而言之,幕藩体制的本质是:"在武士掌握土地垄断权的基础上,把封闭在日本列岛上的每一个人,固定束缚在某一等级和某一地区,从纵的和横的两个方面分而治之。幕藩体制是日本历史上最严密的封建统治制度。"①从外部因素来讲,当时西方主要国家都已完成产业革命,并且凭借着军事技术力量优势开始对亚洲进行侵略。继英法对中国发动鸦片战争并成功打开清朝的国门以后,西方列强又开始加快侵略日本的步伐。1854年3月在美国培理舰队的炮火威逼之下,日本政府被迫在横滨签订《神奈川条约》。此后英、俄、荷等国也效仿美国之例,纷纷与日本签订亲善条约,从此日本国门洞开,结束闭关锁国状态,成为西方殖民者角逐的对象和利益的攫取国。在这种内忧外患的困境之下,日本的一些下级武士和豪农富商出身的草莽志士举起了"尊王攘夷"的大旗,开始发动倒幕政治运动。终于在1868年1月倒幕派发布"王政复古大号令",宣布废除幕府将军制,将一切权力归还天皇,并成立明治政府。随后经过戊辰战争,新政府军击溃幕府军队,宣告德川幕府灭亡,确立了以明治天皇为首的新政权。

1868年3月,刚刚成立的明治政府公布了资产阶级改革的基本纲领——《五条誓文》。其基本内容分别是:广兴会议,万机决于公论;上下一心,盛行经纶;官武一途,以迄庶民,各遂其志,人心不倦;破旧来之陋

---

① 沈仁安:《明治维新新论》,《日本学论坛》1986年第3期,第39—40页。

习，基于天地之公道；求知识于世界，大振皇基。虽然《五条誓文》中还保留了一定的封建成分，但是它反映了资产阶级的政治经济要求，成为明治政府实行改革的基本纲领，规定了日本要走资本主义道路。[①] 随后明治政府在政治、经济、军事、文化、法制等各个方面展开了一系列的改革。日本人深谙“见贤思齐”之道，善于学习是日本民族的特点。正如美国学者赖肖尔所讲，“清醒地认识到向外国学习的可能性是他们与众不同的一个优点。”[②]在明治维新的这场变革中，日本政府意识到西方制度和技术的先进性，摆出全盘向西方学习的姿态，努力实现日本的工业化和近代化。

从广泛的意义上来讲，明治维新还应包括 1868 年政变以后二三十年的改革和发展过程。经过明治政府的改革努力，日本在 19 世纪后半期迅速从闭关锁国的落后封建社会跨入先进的资本主义社会，从一个濒临沦为半殖民地的国家转变为亚洲唯一的民族独立国家。日本已经基本实现了成为欧美式近代化国家的目标。在日本实现近代化的过程中，封建制度的奄奄待毙和西方列强加诸日本的压力的内外部双重危机，使日本向现代社会过渡的进程大为加速。[③] 而日本人则是抓住了这一机遇，成为最早实现近代化的亚洲国家。与此相比，差不多同样处于内外部危机下的中国则迟迟没能完成这一任务，长期陷于半殖民地半封建社会的泥潭之中而难以自拔。这样的强烈反差，自然引起当时清朝内部有识之士的关注，他们开始了解和研究日本实现近代化的道路及原因，引发了研究日本的热潮。

二、清人赴日与日本游记

中国自 1840 年鸦片战争中被英法联军的坚船利炮打开国门以后，地主阶级中的一批有识之士便开始寻求自强和富国之道。于是在这种背景下，一些知识分子和士大夫开始睁眼看世界，积极了解国外情势。其中著名者如林则徐在 1841 年组织人员翻译了英国人所著的《世界地理大全》，并且亲自加以修改和编辑而成《四洲志》一书，成为近代中国最早系统介

---

① 吴廷璆：《日本史》，第 370 页。

② ［美］埃德温・奥・赖肖尔著，陈文寿译：《当代日本人——传统与变革》，北京：商务印书馆，1992 年，第 67 页。

③ ［加拿大］诺曼著，姚曾廙译：《日本维新史》，北京：商务印书馆，1962 年，第 207—208 页。

绍世界地理和现状的书籍。继林则徐之后，又有魏源《海国图志》、徐继畬《瀛环志略》等系统介绍世界地理知识的著述问世。另外还有单独介绍某个国家的书籍，如陈逢衡专门介绍英国情况的《英吉利纪略》、梁廷枏专门介绍英国史地的《兰仑偶说》和有关美国史地的《合省图说》等。近代最早到达日本并且完成见闻记录的是广东人罗森。罗森跟随美国培理舰队于1854年到达日本，正好亲眼目睹了日本打开国门的全部过程。罗森原本不懂日文，只是因为他懂得英文，而且日本读书人又能识写汉文，所以经过传教士朋友的介绍成为了培理将军的翻译。在日本期间，罗森经历了美日两国谈判和签约的全部过程，而且还游览了日本各地。回国后，罗森将其在日本的见闻以及与日本官员、文人接触的情况写成《日本日记》一书，分三次发表在香港英华书院发行的中文月刊《遐迩贯珍》1854年11月号、12月号和1855年1月号上。《日本日记》是现知的近代中国人所写的第一部日本见闻录，不仅是日本开国事件的目击记，而且记录了他与日本各界人士的文化交流活动，被学者称为“中国第一部有较高价值的日本游记”。①

日本明治维新以后，通过实行一系列的改革举措，使日本的国力不断增强。刚刚走上资本主义道路的日本就开始谋划侵略朝鲜和中国的政策，在西方殖民者侵略浪潮下的日本也跃跃欲试。1871年日本政府与清朝签订《中日修好条规》，虽然日本谋求与西方国家一样在中国获得“最惠国待遇”侵略特权的目的没有实现，但是通过开港通商等规定已经开始了向中国进行势力渗透的步伐。在此之后不久，就发生了1874年的日本侵台事件和1875年的朝鲜江华岛事件，以及日本企图吞并琉球的事件。日本咄咄逼人的气势，使得清日之间的外交关系日趋紧张。在这样的情况下以及根据清日条规的约定，清政府于1877年派出以何如璋为首的第一届驻日使团。随着中日两国正式外交关系的确立，赴日的中国人特别

---

①　参见王晓秋:《近代中日文化交流史》，北京:中华书局，2000年，第103页。《日本日记》发表之原本《遐迩贯珍》不易见到，现有王晓秋根据日本小岛晋治提供的日本辑印本而点校出版的本子可供参考，收入钟书河主编《走向世界丛书》之《早期日本游记五种》[(清)罗森等著，王晓秋点，史鹏校，长沙:湖南人民出版社，1983年]。近年又有日本学者松浦章等人将《遐迩贯珍》杂志全部影印出版，其中可见《日本日记》原貌。参见[日]松浦章、内田庆市、沈国威编著:《遐邇貫珍の研究》，吹田:关西大学出版部，2004年。

是知识人不断增多,记录其见闻的日本游记也日渐增多。首任驻日公使何如璋处理外交事务之余,还将自己的见闻编为《使东述略》一书。此书和他的另外一部由65首七言绝句构成的《使东杂咏》真实记录了何如璋在日本的所见所闻,特别是对于日本明治维新以来的官制、兵制、学校、国计和疆域等情况的记载都极为重要。虽然何如璋使日时间不长,游览之地未广,但是正如其所言:"宽之岁月,悉心以求,庶几穷原委、洞情伪,条别而详志之,或足资览者之考镜乎?是固使者之所有事也。"①考虑到何如璋的高官身份和影响力,他的《使东述略》对于清人的日本认识和研究具有重要的意义。

这一个时期的日本游记还有很多。比如在何如璋赴日前一年访问日本的李圭,他曾作为清政府的代表参加1876年在美国费城举行的万国博览会。借此机会李圭完成了环球旅行的壮举,归国后完成《环游地球新录》一书,由李鸿章作序并筹资刊印。书中有一卷为《东行日记》,记载了李圭途经日本时游览各地的见闻。李圭按照长崎、神户、大阪、横滨、东京这样的旅行路线,记载了他看到日本经过明治维新以后的变化。其中记录他在东京时的所见:

> 宫阙、衙署、武营、兵制半仿西式,职官、兵士、巡捕及一应办公之人,皆泰西装束。闻其国君后、命妇亦然。戌正二刻,回同泰号。晚餐毕登船。窃谓日本一国,当咸丰初年仍是大将军柄政,君位几同虚设,国势极不振。近年来崇尚西学,效用西法有益之举,毅然而改者极多。故能强本弱干,雄视东海,而大将军遂不专其国政。惜乎变朔望、易冠服诸端,未免不思之甚也。②

李圭通过自己的亲眼所见,体会到了日本经过明治维新后学习西方所带来的变化。他称赞日本效用西法对国家实力增强的积极作用,但是对于"变朔望、易冠服"等变革措施却难以接受,这也反映了清朝洋务派对待

① (清)何如璋:《使东述略》,收入《早期日本游记五种》,长沙:湖南人民出版社,1983年,第68页。

② (清)李圭著,谷及世校点:《环游地球新录》,长沙:湖南人民出版社,1980年,第126—127页。

西学的态度。李圭访日时间虽然短暂，但是毕竟皆为亲眼目睹，百闻不如一见，其积极意义还是值得肯定的。[①] 除了派遣驻日使团之外，清政府还委派官员以观光游历的名义赴日进行调查，他们也都完成了调查报告式的日本游记。比如曾任广西巡抚的王之春就在1879年受清廷委派赴日游历，归国后完成三卷本的《谈瀛录》。《谈瀛录》中详细记载了王之春在日本的所见所感，特别是对于明治维新后日本学习西方先进科学技术所取得的成就给予了积极的肯定。此书对于日本的地理、户口、兵制、官制、租税、国债、教育和物产等方面都有很详细的记录，特别重要的是还附有《日本地图》和《中国界连日本图》，可以称得上是中国近代较早的比较准确详细的日本地图。[②] 王之春在《谈瀛录》中对于日本情况的详细记载，为清朝政府的对日认识提供了重要参考。[③]

除了清朝官方人士的日本游记之外，民间士人尚有不少东渡者，他们也都撰写了赴日的游记。其中著名者如王韬，他将自己在日本游历时每日所记的诗文汇辑为《扶桑游记》一书。王韬是中国近代思想史上的重要人物，很早就提出了变法自强的主张，并且遍游英、法等西方国家。他曾著有《普法战纪》十四卷，专门记载普法战争的爆发原因和经过，并且深入探讨双方的胜败之因和对世界局势的影响。此书传入日本后，引起了很大的反响。日本人冈千仞曾经说："《普法战纪》传于我邦，读之者始知有紫诠王先生。之以卓识伟论，鼓舞一世风痹，实为当世伟人矣。"[④]由于此书的影响，使得王韬1879年的日本之行受到了极大的欢迎。他在日本游历的四个月间，与日本各界人士进行了广泛的文化交流。在《扶桑游记》中记载了王韬与日本当时的文化界名流冈千仞、重野安绎、冈本监辅、鬼谷省轩、宫岛诚一郎等人的交游，对于清朝文人认识日本文坛风貌大有裨益。此外王韬还游历了日本的名胜古迹，以及记录了明治维新后日本的一些新变化。但是对于学习西方的问题，王韬反对全盘西化，他认为

---

① 参见王晓秋：《近代中日文化交流史》，北京：中华书局，2000年，第176页。

② 王晓秋、大庭修主编：《中日文化交流史大系・历史卷》，杭州：浙江人民出版社，1996年，第296页。

③ ［日］佐藤三郎：《中国人の見た明治日本：東遊日記の研究》，东京：东方书店，2003年，第77页。

④ ［日］冈千仞：《扶桑游记・跋》，收入（清）王韬著，陈尚凡、任光亮校点：《漫游随录・扶桑游记》，长沙：湖南人民出版社，1982年，第314页。

“善为治者,不必尽与西法同”①。对于日本学者冈本监辅所著的《万国史略》,王韬认为此书搜罗颇广,有助于欲了解西方掌故的人士,同时对于日本学习西法也是很有用的一部著作。并且王韬进一步谈到对于仿效西法的观点:“余谓仿效西法,至今日可谓极盛;然究其实,尚属皮毛。并有不必学而学之者,亦有断不可学而学之者。又其病在行之太骤,而摹之太似也。”②王韬作为接受封建教育成长起来的知识分子,虽然时刻不忘旧文化,极力提倡孔孟之道,但是在面对鸦片战争之后的国际形势时能够放弃闭关锁国的思想,主张向西方学习。而在全盘西化思想萌芽时,他又能够保持清醒的认识,主张有选择性地学习西方,不应该仅仅学习西法中皮毛性的东西。特别是在游历日本看到明治维新后日本学习西方的得与失之后,王韬所得出的认识对于中国的改革具有启发意义。《扶桑游记》作为王韬游历日本的见证,记录了王韬的日本认识和改革思想,对于清人的日本研究有着重要影响。

三、媒体中的日本报道和日本书籍翻译

除了赴日官民的一些日本游记以外,清朝人还通过报纸等媒体的报道以及翻译的日本书籍来了解日本,这些内容对于清代日本研究史籍的出现也具有重要作用。最早的中文报纸要追溯到1815年由英国人马礼逊在马六甲创办的《察世俗每月统记传》,此后的一批中文报纸均由外国传教士所创办。其中著名者如1833年发刊于广州的《东西洋考每月统记传》、1853年在香港发行的《遐迩贯珍》、1854年发刊于宁波的《中外新报》、1857年发刊于上海的《六合丛谈》、1872年发刊于北京的《中西闻见录》等等。③ 其后又有西人在中国发行日报,如1872年由英国人美查创办发行的《申报》。中国人自己所办的最早报纸是1873年在汉口出版的《昭文新报》。此后又有上海的《汇报》《新报》,香港的《循环日报》,广州的《广报》等各种民报之产生,均为当时深悉外情之士所办。④ 这些由中外人士发行的报刊有很多报道世界各国事务的内容,对于中国人了解外部世界发挥了很大作用。这也与当时中国的实际情况密切相关,鸦片战

① (清)王韬:《扶桑游记》,第232页。

② (清)王韬:《扶桑游记》,第248页。

③ 参见戈公振:《中国报学史》,上海:上海古籍出版社,2003年,第78—83页。

④ 参见戈公振:《中国报学史》,第143页。

争时林则徐等人就积极提倡翻译外国报刊以了解敌情,在洋务运动时期更是重视对外国事务的了解。1873 年由洋务派主办,江南制造局承办的国际时事季刊《西国近事汇编》在上海出版。该刊主要编译世界各国的政治、经济、文教、外交、军事、法律等全方位的信息,是一份以国际要闻为主要内容的时事译刊。清政府的许多官员大都通过阅读报刊来获取外国的信息,各地大臣也都将搜集到的国外报道奏报给清廷。由于受地缘政治和近代中日关系演变的影响,在晚清报刊的国际报道中,对东邻日本的报道占有特别突出的地位。① 当时的国际报道,总体上只注重东亚一隅,对其他列强,不过从隔期的外国报章杂志上翻译一点,聊备一格而已。②

从 19 世纪 60 年代洋务运动开始到 1894 年中日甲午战争爆发,《上海新报》《申报》《西国近事汇编》《万国公报》等几家报刊成为报道日本事态最显赫的媒体。在这几种报刊中,《上海新报》以完全平等的态度来报道日本事态,并且充分肯定日本抛弃旧制度从器物、制度到观念层面都全面学习西方的做法,高度评价日本步武泰西的实际效果。③《申报》是近代中国影响最大的中文报刊,它对日本的报道涉及了政法、经济、文教、军事、对外关系等各个方面。可以说,《申报》对日本的报道在数量上已经初具规模,并且在中体西用观的影响下肯定日本求强求富的做法。但是甲午战争以前的《申报》仍然无法摆脱夜郎自大的心态,在思想上视日本为东夷小国,对日本维新事态的发展缺乏正确的把握。④《西国近事汇编》是清朝洋务派委派上海江南制造局创办的刊物,该刊一直对明治政府的近代化举措和效果给予褒扬和介绍。它对日本的认识已经超越效仿日本以自强的水平,不仅积极肯定日本实行宪政、改正朔、易服色、普及西学、改信西教、兴办报刊等措施,而且从思想上已经提升到了仿日维新的高度。⑤《万国公报》的国外报道主要译编自西文报刊,而对于日本的报道则有一些是由清朝驻日使馆随员和游客如姚文栋、李圭等人提供的信

---

① 郑翔贵:《晚清传媒视野中的日本》,上海:上海古籍出版社,2003 年,第 2 页。

② 胡道静:《上海新闻事业之史的发展》,《上海市通志馆期刊》第 2 卷第 3 册,第 994 页。转引自郑翔贵:《晚清传媒视野中的日本》,第 2 页。

③ 参见郑翔贵:《晚清传媒视野中的日本》,第 19—20 页。

④ 参见郑翔贵:《晚清传媒视野中的日本》,第 109—110 页。

⑤ 参见郑翔贵:《晚清传媒视野中的日本》,第 157 页。

息。《万国公报》的日本报道主要还是围绕明治维新内政和中日关系来进行,基本上以平等的态度来对待日本,绝少天朝上国的优越感。该刊还以近代西方的价值观念评价日本的明治维新,积极肯定日本殖产兴业、富国强兵、文明开化、民主立宪等维新措施及其取得的显著成效。① 除了这些影响较大的报刊外,由《申报》馆发行的时事画报——《点石斋画报》中也有很多关于日本情况的报道内容。《点石斋画报》发行于1884年,停刊于1898年,该刊为旬刊,每十日出版一期,每期八页,创刊十五年间共发行了四千余幅作品。《点石斋画报》中有许多幅关于日本的画作,其中涉及了中日关系、明治日本的新风俗和社会风景、日本的习俗和异闻奇谈等内容。《点石斋画报》中对明治维新后日本社会的报道,反映了当时中国民间画家眼中的明治日本,既有对这种变化的赞美、兴奋、惊愕和发现的一面,也有批判、误解、偏见和猎奇的一面。② 通过这些媒体对日本的报道,它们的广大读者群进一步加深了对日本的了解。

在19世纪的七八十年代,不仅有中国人主动地到日本出使和游历,还有一大批的日本官员、文人和学者到中国访问和游览。这些日本人到中国后不仅遍游中国各地,写了很多的中国游记,而且许多人还跟中国文人有过密切的交往。比如竹添进一郎就曾专程到苏州拜访著名学者俞樾,并请其为《栈云峡雨日记》作序。而另一位日本学者冈千仞更为中国人所熟知,他于1884年6月刚到上海之时,《申报》就立即对此事做了报道。冈千仞在华期间,与许多中国官员和文人墨客进行文化交流活动,他会见的既有达官显贵如李鸿章、张之洞、盛宣怀等人,还有名流学者如俞樾、李慈铭、汪士铎、袁昶、王韬等人。③ 这些日本人的到访,为没有亲身赴日的中国人了解日本提供了不少信息。另外在这个时期,日本的很多书籍传入中国,而且已经开始进行翻译日本书籍的工作。根据《中国译日本书综合目录》中的统计,在1895年以前中国翻译的日文书有十种左右,而在甲午战争以后中译日文书则急剧增多。④ 虽然这个时期翻译的日本书籍并不多,但是这种趋势已经开端,对于中国研究日本必将发挥很大作

① 参见郑翔贵:《晚清传媒视野中的日本》,第196—197页。

② 参见石晓军:《『点石斎画報』にみる明治日本》,东京:东方书店,2004年,第7—8页。

③ 参见王晓秋、大庭修主编:《中日文化交流史大系·历史卷》,第310—316页。

④ 参见谭汝谦主编:《中国译日本书综合目录》,香港:香港中文大学出版社,1980年。

用。可以说,在这个时期的报刊等媒体中对日本的报道以及中日文人和书籍交流活动的影响,对于清人日本研究史籍的大量出现无疑起了非常重要的铺垫作用。

第二节　清朝驻日使馆人员的日本研究史籍

1877年11月26日(光绪三年十月二十二日)清朝首任驻日公使何如璋偕同副使张斯桂、参赞黄遵宪以及随员、跟役等一行三十余人登上了"海安"号兵船,正式开始了他们的日本之行。经过四天的海上航行,"海安"轮于11月30日驶入日本长崎港,并鸣放二十一响礼炮致意。日本长崎戍兵亦同样鸣放礼炮,并悬挂龙旗答礼。12月7日船抵神户,当第二天午后使团一行登岸时受到了空前热烈的欢迎,"汉官威仪,见所未见,日人间有从西京、大阪百十里来观者。西人亦欢携妇孺,途为之塞。"①12月19日使团一行住进日本外务省为其在横滨准备的出张所(宾馆),从此清朝驻日外交官在日本的活动正式开始,中日两国的外交关系也进入了一个新的时代。此后何如璋不断派人赴东京租地建立使馆,经过参赞黄遵宪等人的努力,终于在东京芝山租借到月届僧院作为使馆驻地。1878年1月23日清朝驻日使团正式移寓东京芝山月届僧院,公使何如璋描述搬入此处时的景象为:"院舍二所,间架与中土异。四旁窗槅,无庭户堂檐之别;非略加改葺,不堪居住。院后小院,绿树环植,中亘斜坡,开曲沼。外距芝山数百武,古松满径,苍翠万重,风起涛生,与海浦惊潮、山寺疏钟相答。虽居都市中,大有林栖幽趣。"②虽然使馆的房舍略显简陋和粗糙,但是周围环境极为幽雅。从此以后这里不仅成为中国处理对日外交关系的重要枢纽,而且也成为中日文人墨客诗文酬唱的文化交流之所。从使馆成立到甲午战争之前,清朝驻日外交人员成为这个时期中日文化交流的重要使者。其中由使节与日本人的往来诗文成为交流的特色,特别是在黎庶昌驻日期间这种中日汉诗酬唱活动达到了高潮。黎庶昌将这种文化交流作为外交活动的重要内容,每逢重阳节等重要节日都会举行文人聚

---

① (清)何如璋:《使东述略》,收入《早期日本游记五种》,第54页。

② (清)何如璋:《使东述略》,收入《早期日本游记五种》,第63页。

会,而且参加人数众多,有时甚至达到近百人。当然这样的诗会往往带有一定的政治目的性,比如黎庶昌就考虑到当时中日两国虽有利益冲突,但是两国地理上比邻而居,而兵力上清不如日,所以主张采取现实主义的态度与日友好。为实现中日两国睦邻友好的目标,黎庶昌利用自己的优势,将政治借助于文化活动,将外交寓于诗文唱和之中。① 这些中日文人的唱和诗篇也大多结集出版,如石川鸿斋所编《芝山一笑》,孙点所编《癸未重九讌集编》《戊子重九讌集编》《己丑讌集续编·登高集》《己丑讌集续编·修禊编》等,除了这种历年的重阳会和修禊会所编的《登高集》和《修禊编》之外,还有祖饯和告别内容的《题襟集》,这些中日文人酬唱诗文集成为研究中日文化交流的宝贵资料。可以说甲午战前的中日诗文交流无论在深度上还是广度上都迎来了一个前所未有的黄金时代,从这种意义上讲此时期的中日关系是友好的。② 除了参加诗文酬唱之外,驻日使馆人员还与日本人士进行笔谈交流。由于很多使团成员并不会说日语,而日本文士大多能看懂汉字,因此两国人士谋面时往往通过用笔写汉字来进行交谈,通常称为"笔谈"或者"笔话"。通过这种交流,当时的驻日使馆人员了解到很多日本方面的信息,为他们研究日本提供了方便。利用身在日本的有利条件,这些清朝驻日使馆人员纷纷开始撰著研究日本的史著。本节将主要分析这些使馆人员编纂的日本研究史籍。由于黄遵宪及其《日本国志》的影响较大,将辟专节分析,本节暂以其他人员的日本研究史著为主。

一、姚文栋编译的日本研究史籍

世界各国之间的相互了解需要借助于文字和语言,但是不同民族间的语言又各不相同,因此翻译就架起了交流的桥梁。中日之间虽然都属于汉字文化圈,但是在语言和文字上还是存在很大差异,仍然离不开翻译工作。从唐代开始就有大批的汉文书籍传往日本,其中一些通晓汉文的日本人就开始了翻译工作,特别是到江户时代出现了很多中国明清小说的日文训点本。鸦片战争之后,日本对中国研究世界史地的书籍进行了

---

① 参见王宝平:《试论清末中日诗文往来》,收入王宝平主编:《中日诗文交流集》,上海:上海古籍出版社,2004年,第11页。

② 参见王宝平:《试论清末中日诗文往来》,收入王宝平主编:《中日诗文交流集》,第15页。

大量的翻译,如仅在1854—1856年的三年间,《海国图志》的日文选译本就有十五种之多。① 中国对日文的翻译则主要从明代开始,许多研究日本的史籍中都有"寄语"的部分,《日本考》中则用汉文切意的方式翻译了多首日本和歌。近代中国人最早的一部汉译日本书籍是1883年出版的《琉球地理志》②,其编译者就是清朝驻日使馆随员姚文栋。

姚文栋,字志梁(一作子梁),咸丰二年(1852)生于上海。姚文栋出身于书香门第,其先祖三代皆为精通舆地、留心时务之人。1867年姚文栋考中秀才,先入县庠受教,以后转入上海有名的龙门书院就读。龙门书院为上海道台丁日昌于1865年创办,经过山长刘熙载十四年的苦心经营,办成了一所注重实学、强调躬行实践、着力培养经世致用人才的学校,在中国早期近代化过程中起到了重要作用。③ 既有深厚家学渊源的熏陶,又接受过新式学校的良好教育,姚文栋很快成长为兼备传统学养和西学知识的人才。由于受当时边疆危机的影响,姚文栋的学术兴趣点主要放在边防舆地之学上。他在1880—1881年间先后编写了《西陲荟要》《增订北徼汇编》《外蒙古喀尔喀四部图说》《塞外金石记》《海运汇编》《俄约汇编》等边疆地理书,以及著名的《筹边论》。在《筹边论》中,姚文栋呼吁唤醒国人对边疆危机的高度警惕,提出边患应以防俄为主,并且应该重视海防和西南地区防务,形成了一套自己的边防思想。④ 由于姚文栋在边疆舆地之学上的声名鹊起,很快得到"曾门四子"之一的黎庶昌的赏识,并邀请姚文栋随同出使日本。于是在1882年年届而立的姚文栋便以清朝驻日使馆随员的身份,跟随驻日公使黎庶昌东渡日本,开始了他的外交生涯。

姚文栋跟随清朝第二任驻日公使黎庶昌于光绪七年十二月二十六日履任,其身份为随员,每月的月薪为库平银60两。1884年第三任公使徐承祖继任后,姚文栋成为前任随员中为数不多的留任者之一,其月薪前两

---

① 参见王晓秋:《近代中日文化交流史》,第34页。

② [日]实藤惠秀:《明治日支文化交涉》,东京:光风馆,1943年,第134页。

③ 参见石维峰:《刘熙载与上海龙门书院》,《传承》2009年第10期,第96—97页。

④ 参见张敏:《略论姚文栋边防思想及实践》,《史林》1999年第2期,第74—75页。

年为80两，最后一年为72两。① 光绪十三年八月三十日，姚文栋因作为洪钧的随员出使俄国和欧洲各国而离开日本。姚文栋在日本前后六年的时间里，主要发挥其擅长舆地之学的特点，着力研究日本的地理等问题，并且完成了大量的编译工作。在编译日本地理之书的基础上，姚文栋还不断扩大自己的研究范围，拟定了一个庞大的日本研究著述计划，其内容涉及日本的地理、文学、历史、经济和军事等各个方面。姚文栋曾自拟《东槎二十二种目录》，详列了他构想中的日本著述书目：《琉球地理志》《日本国志》《日本火山温泉考》《日本海陆驿程考》《日本地理兵要》《日本东京记》《日本近史》《中东年表》《日本氏族考》《日本古今官制考》《日本矿产考》《日本会计录》《日本艺文志》《日本艺文志补》《日本文源》《海外文传》《海外同人集》《归省赠言》《墨江修禊诗》《重九登高诗》《梅影唱和诗》。从这份书单中可以体会到姚文栋对日本研究的全面性，正如日本学者佐藤三郎所言，姚文栋对日本"有着一套综合的研究计划"②。

《琉球地理志》是姚文栋编译的第一部日本史籍，1883年由清朝驻日使馆刊行。此书的编译完成乃是姚文栋感于当时中日两国形势而为。正如当时担任横滨正理事官的陈允颐所言："姚君子梁博涉能文章，邃精舆地家言。自来东瀛，益究当世之务。"③姚文栋认为当时外交的当务之急是处理琉球问题，此书的编译正是为使馆中人员了解琉球而作。琉球本为太平洋海域中的一个岛国，15世纪初期成立为独立王国，存在历时近五百年。琉球在历史上一直是中国明清两朝的藩属国，并与日本、朝鲜等国家保持着长期的邦交关系。1868年日本明治政府成立，随即将天皇的改元诏书和太政官令传达到琉球。在明治政府此后颁布的"人民告谕大意二遍"中提到"总是蝦夷、琉球远在僻壤，然生于日本之土地者皆如天皇之赤子"，这说明此时明治政府已将琉球国视为日本国土的一部分，而琉球人民皆是日本天皇的子民。④ 随着日本实力的增强，开始逐步实施

---

① 参见王宝平：《清末驻日外交使节名录》，收入浙江大学日本文化研究所编：《中日关系史论考》，北京：中华书局，2001年，第239—255页。

② ［日］佐藤三郎：《近代日中交涉史の研究》，东京：吉川弘文馆，1984年，第10页。

③ （清）陈允颐：《琉球小志序》，载（清）姚文栋编：《琉球地理小志》，清光绪九年刻本。

④ 参见何慈毅：《明清时期琉球日本关系史》，南京：江苏古籍出版社，2002年，第142—143页。

吞并琉球的计划。先是在明治五年(1872)日本宣布废琉球王国为藩,然后乘1874年因台湾事件出兵的机会做好解除琉球与清朝的藩属关系的准备。1876年日本出兵琉球,强行接管其司法和警察权,琉球王国基本名存实亡。但是琉球国王尚泰并不甘心亡国,他秘密向清朝乞援,希图助其复国。清朝驻日公使何如璋就此事与日本政府进行交涉,在谈判陷入僵局的情况下,日本竟然于1879年宣布改琉球藩为冲绳县,琉球王国宣告灭亡。此后李鸿章仍然拒不采纳何如璋主张对日强硬的建议,总理衙门在与日本的交涉中还是坚持妥协拖延的对策,甚至寄希望于美国总统格兰特居中调解。清政府的这种态度正中日本下怀,随着朝鲜问题的日益严重,中日双方都不再重视琉球问题,清政府也就等于默认了日本吞并琉球之结果。当时中国舆论界自然不能接受这一结果,曾经赴日东游的王韬就著有《琉球向归日本辨》,指出"日本之通于琉球,实后于我国",并且考诸旧史列出八条琉球向来不归属日本的证据。① 而日本国内不仅大肆宣扬琉球属于日本的合法正当性,而且出版了很多关于琉球地理方面的书籍。为了给驻日使馆和清政府提供相关的信息,姚文栋便着手编译日本官方及民间有关琉球问题的书籍。出版此书时日本已将琉球改为冲绳县,而姚文栋仍名之曰《琉球地理志》。关于此事,曾与姚文栋一起在龙门书院求学的张焕纶在序言中说:"日人近更名琉球为冲绳,是编仍琉球之称。余知姚君之意将使日人读之幡然而悔,图我华人读之益长其兴废继绝之思也。岂不尚哉!"②关于《琉球地理志》的史料来源,姚文栋称:

> 近时日本文士纪载琉球事实者甚多,然多秘不示外人,故未得见也。予东来后,就修史馆新纂地书中摘译琉球一门,参以海军省《实测图说》,为《琉球小志》两卷。今见学校中幼童肄业之本,其说琉球地势亦为简明,因复译之,名曰《琉球说略》,以附于《小志》之后。其原书为文部省刊行本,亦日本官书也。③

---

① (清)王韬:《琉球向归日本辨》,收入(清)王锡祺辑:《小方壶斋舆地丛钞》第十帙,台北:台湾学生书局,1975年,第473—476页。

② (清)张焕纶:《琉球地理志序》,载(清)姚文栋编:《琉球地理小志》。

③ (清)姚文栋:《琉球说略序》,载(清)姚文栋编:《琉球地理小志·附录》。

除了姚文栋所言的以上官书外,姚文栋在《琉球地理小志》中还翻译了日本学者中根淑的《琉球立国始末》《琉球形势大略》《冲绳岛总论》,大槻文彦的《琉球新志自序》以及重野安绎的《琉球志后序》。姚文栋在翻译这些日本人关于琉球论述的时候,还在其文的上方加以眉批批驳其谬误。并且姚文栋还撰有一篇跋文,专门考证琉日关系史,批驳琉球人为日本皇室后裔的谬论。文中姚文栋还反诘道:

> 夫宽文中作《日本通鉴》,不尝自称为吴太伯后乎!而《善邻国宝记》及《通鉴提要》等书皆云垂仁天皇时遣使大夫聘汉,汉帝赐以印绶。然则我以一旅之师灭日本而县之,告于万国曰:"日本为我中华吴太伯之裔,且有汉以来聘贡于我,今改建郡县,诸国不劳过问。"试问日本臣庶之心服乎?否乎?今之琉球何以异是!至于文为制度,琉日间有相同,乃皆是沿袭中华古制,此尤不足置辩者矣。①

从这段跋文中可以看出,姚文栋对日本的典籍以及中日关系史都非常熟悉,所以才会提出对日本强有力的反驳。这也充分显示了姚文栋对日本研究的深入和他的外交才能。姚文栋还在书中附录《琉球小志补遗》一卷,翻译有关大岛的疆域、度数、形势和沿革等内容。而他的目的也非常明显,"此卷纪载琉球北岛明万历三十七年入于日本,当时不遣一介责问。彼始公然以琉球为附庸,中山之不祀忽诸,实嚆矢于此。他日如议球案,要当并问此岛也。"②姚文栋编译《琉球地理志》主要就是为清政府和驻日使馆交涉琉球之事提供参考,他已经出色地完成了这一任务。编纂此书也体现出了姚文栋究心当世之务,著述以经世致用的思想。

姚文栋编译的另外一部日本地理史籍——《日本地理兵要》,于1884年由清朝总理衙门同文馆聚珍版刻印。该书主要是翻译日本地学之书,姚文栋自序其成书来源为:"日本近颇留意地学。立于官者,内务省有地理局,海军省有水路局;士民私立者,有东京地学协会。虽人才奋起,而著述未多。兹编系取陆军省军人所诵习之《兵要地理小志》,照译汉文,旁搜近人航海记载以附益之。又以沿海港湾、岛屿、礁岬等为海道要端,博

---

① (清)姚文栋:《琉球地理小志·跋》。

② (清)姚文栋:《琉球小志补遗·识语》。

考详稽，分条胪载。”①全书共分十卷，首卷为总论部分，概要性地介绍了日本的疆域、建置、山川、沿海、气候、人情、风俗、历史、政体、物产、户口、兵制等情况，正文主要翻译自《兵要地理小志》，另外还有附录在正文各项之后的补充内容，则是翻译自日本人中根淑《日本总论》和《八道论》、坂谷素《三府记》、古贺煜《海防臆测》、会泽安《论兵制》以及《西人论日本水师事宜》等篇章。第二至十卷分别介绍了东海道、畿内、东山道、北陆道、山阴道、山阳道、南海道、西海道和北海道各藩的情况，各卷的综论主要译自《地志要略》《兵要地理小志》，附录部分翻译了中根淑对各藩的总论之说、柏原长繁《大日本环海航行记》、肝付兼行《能登水陆略记》和《隐岐回航略记》、珸瑶瑁《水道图说》等篇章，以对正文各项内容进行补充和说明。从该书的内容中可以看出，姚文栋所关注的主要是日本的军事地理信息，对于各道的描述除了沿革内容之外，重点关注的是沿海军事要塞之地的海道、港湾和岛屿等情况。在《日本地理兵要》的例言中，姚文栋开篇即分析了元兵征日失败和英美迫使日本屈服的原因，其秘诀就在于能否选择正确的攻日策略。因此姚文栋分析了进攻日本的几条可行路线：

> 自香港至横滨，即彼所谓南洋，一水汪洋，驶行无阻，可以直捣浦贺，进逼品川，东京、横滨皆震动矣，此正道也。西攻下关，牵掣其势，此间道也。如其东西出殁，变化无方，则不由长崎，北溯下关，而自朝鲜釜山浦南下，先据对马、壹岐，此一道也。不由下关，西赴神户，而自南洋径入加太等海峡，或据淡路以逼之，此又一道也。自长崎南绕北夺佐贺关，捣攻下关之腹，此又一道也。或自珲春、图们江出师，潜渡青森，据箱馆，此又一道也。由箱馆南下，会于横滨，此又一道也。或兵船抵新潟，而陆行四五百里，出东京之背，此又一道也。或扰山阴沿海，西赴长门，会于下关，此又一道也。或自福建、台湾进师，先据鹿儿岛，而分兵以助攻东京，此又一道也。自鹿儿岛西上长崎，此又一道也。②

---

① （清）姚文栋：《日本地理兵要·例言》，收入王宝平主编：《日本军事考察记》，上海：上海古籍出版社，2004年，第3页。

② （清）姚文栋：《日本地理兵要·例言》，第2—3页。

姚文栋详细列举了进攻日本的种种可行性道路,并且紧接着分析了日本的军事战略要害所在,以配合说明他的进攻日本之路线的理论。姚文栋因为《日本地理兵要》中的这种言论,所以被日本学者实藤惠秀归之为"攻日论者"。[①] 在姚文栋之前,已经有陈其元的《日本近事记》(1874年)、陆廷黻的《东征日本》(1881年)、张佩纶的《密定东征之策》(1882年)等人的攻日言论,但都是基于日本出兵台湾和吞并琉球等事而发。这些攻日之论当时并没有得到清政府的支持和重视,而清政府也无力攻日。姚文栋提出这种理论当然也是受当时中日关系影响而发,在当时除了日本出兵台湾和吞并琉球事件之外,朝鲜问题也日益突出。朝鲜作为清朝最重要的藩属国,关系到中国的切身利益,因此中日两国都十分看重在朝鲜的势力争夺。1879年日本制造江华岛事件后,清政府并没有采取强硬的处理态度,这也助长了日本侵略朝鲜的野心。1882年朝鲜发生壬午兵变,日本政府借机出兵,并取得在朝鲜的驻兵权。与此同时,清政府也派遣海陆两军出兵朝鲜控制局面,中日双方在朝鲜的对抗之势日益紧张。而日本政府则在国内加紧备战,不断扩建其海陆军的规模,矛头直指中国。当时作为驻日使馆人员的姚文栋自然感觉到了这种气氛,所以他对当时"日本海陆军人咸诵习内务省所颁之《清国兵要地理志》一书,吾地形彼军人固讲之有素矣"[②]的情况非常焦急,因为与之相比清朝并没有多少人了解日本的兵要地理情况。正因如此,他才积极编译《日本地理兵要》,"意欲借被先导,为吾指南。然纸上空谈究不如兵轮实测,总望吾国轮派将弁东来测量,庶几考核得真,讲求渐熟,可备异时缓急之用。或请将此书印给外海水师各营,令其粗明梗概,则亦不无小裨。"[③]《日本地理兵要》很好地诠释了姚文栋编译史籍以服务国家的鲜明目的。

姚文栋编译的日本史籍中最为重要的一书是《日本国志》,此书和黄遵宪的《日本国志》同名,但是影响远不如后者。其一,姚著并未刊刻发行;其二,姚著并非专著而是译作。由于姚文栋的《日本国志》现在只有

① [日]实藤惠秀:《明治日支文化交涉》,第192—194页。

② (清)姚文栋:《日本地理兵要·例言》,第3页。

③ (清)姚文栋:《日本地理兵要·例言》,第3页。

一部抄本保存于南京图书馆,所以知之者不多。① 但是在书稿完成时,曾有中日两国学者读过此稿,并为其写了序言,如薛福成、星野恒、川口嚣、宫原确等。姚文栋此书初稿完成于1884年,当时日本学者的跋中称之为《日本志稿》,后来收入《东槎杂著》中的《日本国志凡例》和薛福成的序言中才改称此书为《日本国志》。《日本国志》全书按地域划分为十卷,分别是疆域、东海道、畿内、东山道、北陆道、山阴道、山阳道、南海道、西海道和北海道。在每卷之下又按照性质分为二十四门,分别是:疆域、形势、沿革、郡数、户口、田圃、租税、府县治、军镇、学校、名邑、山岳、原野、河渠、湖沼、港湾、岬角、岛屿、暗礁、灯台、灯船、浮标、工场和物产。在《日本国志》书前列有《日本国志凡例》,其中介绍了本书的"编次""事物异称""采用书籍""参订姓氏"和"未备"。通过《日本国志》的内容划分可以看出此书和《日本地理兵要》较为接近,似乎是姚文栋研究日本地理的集成之作,而且列有九十九种参考书目和十二位参订此书的日本学者名氏。但是事实并非如此,王宝平将此书与《日本地志提要》对比后发现:

> 姚文栋引以为豪并受到学界高度重视的《日本国志》,实非姚的研究著作,而是全文译自《日本地志提要》!与原书相勘,姚文栋删去了原书中的神社、佛寺、牧场、驿路、瀑布、温(矿)泉等项以及归属问题悬而未决的琉球卷(原书第75卷),并将原书的"户数""人口"二项合为"户口"一项。②

由此可知,姚文栋的《日本国志》和他编译的其他日本史籍一样,只是进行了翻译和介绍。由于《日本国志》送交总理衙门后未能得到重视,也没有刻印发行,所以此书流布不广,影响也远不如黄遵宪的《日本国

① 按:《中国古籍善本书目·史部》著录称:"日本国志十卷,姚文栋撰,清光绪十四年姚文枬家抄本,姚文枬跋。"(上海:上海古籍出版社,1993年,第1082页)国内多数学者都称并未发现此书(如吴伟明:《姚文栋——一个被遗忘了的清末"日本通"》,《日本学刊》1985年第2期,第55页;盛邦和:《黄遵宪史学研究》,南京:江苏古籍出版社,1987年,第117页;王晓秋:《近代中日文化交流史》,北京:中华书局,2000年,第186页)。近年王宝平发现此书并对作专门介绍(王宝平:《新发现的姚文栋的代表作——〈日本国志〉》,载日本《中国研究月报》1999年5月号)。

② 王宝平:《黄遵宪与姚文栋——〈日本国志〉中雷同现象考》,收入胡令远、徐静波编:《近代以来中日文化关系的回顾与展望》,上海:上海财经大学出版社,2000年,第230页。

志》。但是当时看到此书的一些日本学者还是给予了积极评价,比如星野恒就说:

> 志梁从其公使来寓我邦多年,译我群地志书,集其大成。每卷以国为纲,分群目以纬之。自建置、气候、山川之大,以至租税、户口、驿站之细,犁然备举,简而不遗,洵地经之善者也。……今志梁有是编,彼邦人读之,殆疑东方生一新国然,足以一扫前人浮夸之习矣!或曰:"此编集腋以成,词罕己出,其谓之何?"予曰:"此何伤也!班史麟止以前全袭《史记》,《艺文志》采刘向《别录》,《杨雄传》用其《自序》,皆不为掠美。况以外人而记寓邦之事,非有所因,何得无误。若使志梁唾弃一切自创新奇,必将贻杜撰之讥,岂能传信于后耶!"①

星野恒清楚姚文栋此书主要是编译日本的地志之书而成,对他的编译方法也给予了积极的肯定,可惜星野恒并没有言明此书抄译自《日本地志提要》。而姚文栋的另一位日本友人宫原确则认为《日本国志》引用多种书籍,他写道:

> 清国姚君志梁……又成《日本志稿》十卷,征言于余。余读之,山川之险易、都邑之盛衰、港岬岛屿之星罗棋布,以至风俗、人民、物产、节候,巨细毕陈,不蔓不漏。……此书引用殆及百家,皆我邦人所撰。姚君之善于取材,不遗片善,固为可惊,亦以知我邦人之于地理钻研者多,虽当代名人如姚君者,亦必于是取资焉。②

显然宫原确并不清楚《日本国志》的史料来源,他只是根据姚文栋所列"参考书目"作出"引用殆及百家"的结论。而另一位日本人士川口嚣对《日本国志》的评价更高,他在为姚文栋所作的序言中称:

---

① [日]星野恒:《跋日本志稿》,收入《海外同人集》卷上,载王宝平主编:《中日诗文交流集》,上海:上海古籍出版社,2004年,第77—78页。

② [日]宫原确:《日本志稿·前题》,收入《海外同人集》卷上,载王宝平主编:《中日诗文交流集》,第78—79页。

> 姚君志梁成《日本国志》若干卷，盖遍搜我邦人撰著集其大成，犹魏默深之于《海国图志》也。然默深身未尝出禹域，其所志非其所践，网罗虽密，采择未精，恐未足为一部完书也。志梁则久客于我邦，足迹殆遍通邑大都，又亲与我学士大夫交，于内地形势瞭若指掌。斯编之翔实，可以征信于后，岂《海国图志》之比哉！……志梁幸犹在我邦，若就我诸史博考详稽，撰一部日本国史以订前史之谬、以祛学者之疑，此事虽若繁杂，然志梁已浏览我诸史，又具三长，岂可委之异人任乎！……使志梁副余所请，则他日书成与斯编同为太史氏所采，传信于天下后世，而嘉惠学者不浅矣。①

川口嚣仍然没有说明《日本国志》的史料来源，只是知此书采译日本之书而成。《日本地志提要》由日本内务省地理寮地志课组织编修，地志学界的权威塚本明毅担任总阅，被称为“日本地志的根本资料”②。此书的编纂极日本地志学界一时之选，塚本明毅在《上日本地志提要表》中云：“（此书）紬绎传记，研参舆图，咨诹地方，剖疑纠谬，振饬曹员，分课责成。凡其所纂修，辨疆域、考形势、举风俗、论沿革，大则户口、贡租、县治、军镇，次则山岳、河渠、郡邑、邮驿，以及金矿、温泉、方物、土产，庞求博采，胪列具陈，以勒成一书，名曰《日本地志提要》，为卷凡七十有七。”③此书本为参加 1873 年在奥地利维也纳举办的世界博览会而作，1872 年 10 月起稿，仅用时五个月即告完成。因为时间紧迫，初稿存在很多谬误脱漏，因此在世博会后又令纂修人员持稿到各府县实地参观订正。经过校勘修订的《日本地志提要》于 1875 年完成，并由塚本明毅上呈明治天皇。《日本地志提要》较为真实全面地反映了当时日本的地志全貌，也代表了日本地理研究的最高水平，此书于 1881 年 9 月在意大利威尼斯第三届万国地学会上展出，并获得特别奖。姚文栋编译《日本国志》采用《日本地志提要》作为底本，说明他对日本的情况比较了解，而且在助手的协助下将如

① ［日］川口嚣：《日本志稿·前题》，收入《海外同人集》卷上，载王宝平主编：《中日诗文交流集》，第 78 页。

② ［日］内务省地理局编纂物刊行会编：《日本地志提要·序》，东京：ゆまに书房，1985 年。

③ ［日］塚本明毅：《上日本地志提要表》，收入《日本地志提要》第 1 册，第 5—6 页。

此重要的日本地志书籍翻译为中文,对于中国的日本研究具有筚路蓝缕之功。

总而言之,姚文栋在出使日本的六年期间,编译完成了大量日本史籍,对于清朝的日本研究贡献颇多。就目前所见的史籍来看,姚文栋的关注点主要集中在日本的地理方面。这和姚文栋的学术根基和兴趣相关,他到达日本半年后就加入了东京地学协会,并且经常参加该协会的学术活动,直到任期届满离任后改选为该协会的通信会员。① 虽然姚文栋没能如川口嚣期望的那样完成一部系统的日本国史,但是他还是做出了很多基础性的工作,由他编译的日本书籍涉及众多领域,为清朝日本研究的深入开展打下了良好的基础。日后由其子姚明辉所编《姚景宪公全集目录》中列有"东槎三十种"目录,除了前文所列的由其自拟的《东槎二十二种目录》以外,尚有和日本相关的《日本通商始末》《日本经解汇函》《日本沿海大船路小船路详细路线图》和《东槎杂著》等书。系于姚文栋名下的这些书籍中,现在能够见到的只有其中的九种,学术界一般都认为其他未曾见书者可能未刊或未脱稿。② 但是就姚文栋编译日本书籍的完整计划性来说,这些史籍很可能已经完成,因为这些书目经姚文栋自拟并且由其子最后整理,应该对此比较熟悉。另外这些书籍大部分为翻译之作,所据材料齐备,完成并非难事。比如姚文栋所编《日本国志》几乎是全部翻译自《日本地志提要》,但是却删去了原文中的神社、佛寺、牧场、驿路、瀑布、温(矿)泉等内容,而这些和未见到的《日本火山温泉考》《日本海陆驿程考》《日本矿产考》等书籍似乎存在很大的相关性,或许就是利用这些《日本国志》中舍弃的材料而完成。此外在《日本地理兵要》中讨论日本的山川时,姚文栋附有双行小注云:"予别有《日本火山温泉考》,篇帙稍多,不附录于此。"③由此可推知《日本火山温泉考》应该已经成书,只是至今未曾见到而已。总之,姚文栋编译完成了数量众多的日本史籍,只是因为很多书籍未刊,所以也在一定程度上降低了他的影响力,但是仍然无愧

① 王宝平:《清代中日学術交流の研究》,东京:汲古书院,2005 年,第 215—217 页。

② 按:这九种分别为《琉球地理志》《日本国志》《日本地理兵要》《日本会计录》《海外同人集》《归省赠言》《墨江修禊诗》《重九登高诗》《东槎杂著》。

③ (清)姚文栋:《日本地理兵要》卷 1《山川》,第 18 页。

于“黄遵宪第二”[①]的美誉。

二、《东槎闻见录》与《日本环海险要图志》

在以徐承祖为正使的第三届驻日使团成员中，除了姚文栋编译完成日本史籍外，同为随员身份的陈家麟也完成了日本研究的史籍《东槎闻见录》。此后连续供职于以黎庶昌和李经方分别担任正使的第四、五两届驻日使团中的随员王肇鋐，著有《日本环海险要图志》一书。这两部史籍是清朝驻日使馆成员完成的日本研究史籍的代表作。

1. 陈家麟及其《东槎闻见录》

陈家麟，字铁士，安徽六合人，曾经做过李鸿章幕府的幕僚，也是清末为中日文化交流做出过杰出贡献的皖人代表。[②] 光绪十年（1884）十一月十日至十三年（1887）十一月三十日期间，陈家麟作为清朝第三届驻日使团中的随员出使日本。[③] 在驻日三年的外交生涯里，陈家麟对日本进行了细致的观察和研究，将主要的认识都写进了《东槎闻见录》一书中。

陈家麟《东槎闻见录》一书始作于光绪十二年（1886）十二月，终于十三年九月，历时十个月完成，后由清朝驻日使馆以聚珍版印刷。《东槎闻见录》全书共四卷，其下又分为五十九个小目，分别为：经纬、历算、气候、时刻、疆域、形势、山川、田地、建置、都会、户口、社寺、车船、桥梁、物产、名胜、古迹、官署考、帝统、诸侯世系、政治、官制、刑罚、学校、文字、书籍、逸书、史家、古文家、诗家、画家、医家、钱币、国债、赋税、银行、矿山、兵制、炮台、台标、制造（机器附）、铁道、电线、邮便、通商、姓氏、时令、风俗、宫室、街市、饮食、服饰、婚姻、丧葬、人物、艺事、流寓（僧附）、游览、杂载。另外在目录之前还列有“总论”一栏和王肇鋐为其所作《日本四大岛全图》一幅。经过这样细致的分目，此书的内容几乎涵盖了日本的方方面面。但是陈家麟并不以此自诩，而是承认自己还有很多尚未涉猎和不甚了解的内容。对于日本其他方面的研究，陈家麟采取了比较谨慎的态度，他在《凡例》中称：“是编均就闻见者列入，其未经闻见仅凭臆度者一概不

---

① ［日］实藤惠秀：《明治日支文化交涉》，第144页。

② 参见舒习龙：《清末皖人与日本交往述论》，《云南民族大学学报》2007年第1期，第112—116页。

③ 参见王宝平：《清末驻日外交使节名录》，第243页。

录。"①这种做法和态度被奉使游历日本的傅云龙高度称赞,在其为《东槎闻见录》所作序言中写道:"不闻不见则不一录,此汉学家实事求是意也。"②由于仅有十个月的时间来完成此书,陈家麟只能就收集到的资料进行写作,而他所坚持的实事求是的态度保证了本书的学术质量。不仅在全书的总体内容上是这样,而且在此书的细节问题上陈家麟仍然坚持实事求是的学风。例如他在第一卷"经纬"条目下详细记录了日本地理位置的经纬度,而在最后又加按语云:"兹特参《海军测量图》,将经纬分为四分,以醒阅者之目。其无实测处则加一'约'字,以待考,或不至差毫厘缪千里矣。"③陈家麟这种追求严谨的态度,为《东槎闻见录》在日本研究的价值上增色不少。

《东槎闻见录》另外一个特点在于广征博引而又不掠他人之美。该书主要引用了中日两国的资料,在日本方面主要是翻译了许多史籍和统计资料,在中国方面则摘录了一些日本游记和研究著述(如黄遵宪《日本杂事诗》中的"注")。陈家麟首先在《凡例》中详细开列了他所参引的日本书籍:

是编采译《日本地志提要》、《大八洲记》、《山川疆域考》、《畿内志》、《日本帝国形势总览》、《车船表》、《物产志》、各名所《图绘》、《牌铭》、《游记》、《官署考》、《日本御系图》、各《将军家谱》、《日本政纪》、《职官录》、《刑罚一览志》、《日本文粹》、《国史纪事本末》、《经籍访古志》、《图书馆目录》、《大日本史》、各家《文集》、《诗集》、《皇国名医传》、《货币沿革考》、《赋税全书》、《银行条例》、各《矿山出入表》、《日本海陆兵制》、《万国兵制》、《灯台表》、《铁道章程》、《电线公报》、《驿递法令》、《类聚通商税则》、《姓氏录》、各道《风土记》、《伟人传》、《事实文编》、《先哲丛谈》、《琼浦通长崎古今集览》、《长崎闻见录》、《海外异传》、《台湾纪事》、《朱舜水文集》、《元元倡和集》、《张斐笔谈》、《先民传》、《耆旧得闻》、《华夷变态》、《归化僧传》

① (清)陈家麟:《东槎闻见录·凡例》,清光绪十三年(1887)铅印本,第2页。

② (清)傅云龙:《东槎闻见录叙》,载《东槎闻见录》卷首,第1页。

③ (清)陈家麟:《东槎闻见录》卷1《经纬》,第1页。

诸书。①

这份参考书目中有日本重要的史籍，还有许多明治维新以后的统计报表，另外尚有一些在日中国移民的汉文著述和笔谈资料，这些都和《东槎闻见录》的内容一一对应。而且这份参考书目不似姚文栋《日本国志》中所列的那样只是一种摆设，在《东槎闻见录》中凡是引用的书籍都在最后附以小字注明。陈家麟自称这种做法是"籍以征信，不敢掠人之美"②。《东槎闻见录》中详细注明引用资料出处，不仅可以增强此书内容的真实可信性，而且便于他人按图索骥作进一步的查核和研究。从治学态度的角度讲，陈家麟不掠他人之美的做法体现了对先贤研究的尊重之意，相比于姚文栋《日本国志》全文照译他书而不言明的做法，陈家麟自然更值得称道。

陈家麟在《东槎闻见录》中所体现出的对日本明治维新的观点较具代表性。《东槎闻见录》的卷首有一篇对日本的总论，其中陈家麟谈到自己对明治维新的看法是：

> 所更革者若干事，所讲求者若干条。立学校、整矿物、开铁道、设银行，以及机器、电线、桥梁、水道、农务、商务各事，此利政也。易服色、废汉学、改刑罚、造纸币、加赋税，以及用人、宫室、饮食、跳舞之属，此弊政也。初年萨摩之乱，用兵三载，负债千万，至今未偿。近则自由各党潜伏国中，一有不防即思蠢动。火器之利、铁甲之坚，能自信乎？利之能兴、弊之未去，能自恃乎？③

在正文的"政治"小目中，陈家麟继续阐述了日本由于改用西法而导致的萨摩之乱、国债高筑等弊端。④ 就陈家麟的维新观来讲，他赞成日本学习西方器物层的东西，而反对抛弃传统、动摇国体的根本变革。虽然陈家麟谈到了明治维新带来的有利之处，但是更多的还是否定根本性的变革，而

① （清）陈家麟：《东槎闻见录·凡例》，第1页。

② （清）陈家麟：《东槎闻见录·凡例》，第2页。

③ （清）陈家麟：《东槎闻见录·总论》，第2页。

④ （清）陈家麟：《东槎闻见录》卷2《政治》，第12页。

且对于由此引起的弊端和深远危害保持悲观的态度。陈家麟并没有全盘否定日本的明治维新,但这仅是在他认为不足以动摇国家根基的前提下。从陈家麟的明治维新观可以看到清朝洋务派所倡导的“中体西用”的影子,陈家麟本人作为封建的士大夫不可能完全认同资产阶级的改革。他这种观念的形成,一方面是由于深受中国传统思想的影响,甚至在出使之际仍然要请假回国参加科举考试,所以不可能抛弃他赖以生存的封建体制;另一方面由于他出使日本,亲眼所见日本采用西法后在技术上取得的进步,所以又对因变革而产生的物质上的先进性表示赞同。这种思想表现在《东槎闻见录》中,就是既有他对日本在铁道、机器、银行、邮便、商务等方面的进展大书特书,同时又有他访求日本古迹特别是访求汉籍逸书的大量篇章。可以说陈家麟在日本研究中所体现的明治维新观,颇为代表了清末一大批封建士大夫的基本观点。

2. 王肇鋐及其《日本环海险要图志》

王肇鋐,字振夫,江苏元和县人,出身为附监生。他和驻日使馆的陈家麟、徐明远等人同为林天龄的学生。林天龄,福建长乐人,字受恒,号锡三,咸丰十年(1860)进士及第,官至翰林院侍读学士,有《林锡三先生两游紫琅倡和诗稿》存世。同为林天龄门下的徐明远曾言欲著《日本通志》,他在给同门陈家麟《东槎闻见录》一书所作的序言中称:“余尝欲集同志数人纂《日本通志》一书,以到此未满两年,征文考献,犹有未周,载籍虽博,半皆其国之方言文字,非假以岁月翻译不为功,逡巡者久之。”① 王肇鋐的另一位同门陈家麟则完成了日本研究之书《东槎闻见录》。所以在这样的学术氛围和同门友好的帮助下,王肇鋐有了较好的开展日本研究的基础。他在光绪十一年(1885)东渡日本,研究日本的沿海地理形势,并用两年的时间完成《日本环海险要图志》一书。王肇鋐在描述当时自己赴日考察的情形时道:

> 余自乙酉岁东游日本,览其地孤立苍瀛之中,依山为城,临海为池,洵足恃险要以自固。虽沿海之地港湾极多,无处不可为攻守门户,然全地成自山脉,礁滩蔓延,问津者稍不加意鲜不遭厄。爰不谅愚蒙,博采各种沿海实测、图录,两逾寒暑,译辑成书,名之曰《日本环

① (清)徐明远:《东槎闻见录·叙》,载《东槎闻见录》书前,第6页。

海险要图志》，俾航海者有所凭依。①

通过王肇鋐的自述可以看出，他关注的主要是日本沿海险要之地，是一种属于军事地理性质的研究，和姚文栋翻译《日本地理兵要》有着相似的背景和目的。王肇鋐的初稿完成于光绪十三年（1887）冬，全书只有十二卷，所收日本实测图籍的时间截至十二年（1886）。但是初稿完成后，因为“刊刻无资、抄写非易”，于是“先将总图付铜镌，以公诸世。欲览东国形势者，亦足识其大概。至其余各分图，惟望当道巨公采访实事者，有以成之，则幸甚。”②随着中日两国关系的紧张，对日本军事和沿海形势的研究成为当务之急，因此清朝总理衙门于光绪十六年（1890）派遣王肇鋐再次赴日修辑《日本环海险要图志》。王肇鋐此行是作为清朝驻日公使黎庶昌的随员身份出行，主要任务就是修辑原书，并得到月俸五十两的待遇。③ 一年后清朝改派李经方为驻日公使，王肇鋐继续留任为随员，月俸不减，修书任务照旧。经过王肇鋐两年时间的努力，此书终于告成，内容由初稿的十二卷增至二十卷，实测的数据也补充到此书完成之时，修订了初稿中的错误，并补足了缺略之处。二十卷本《日本环海险要图志》的内容安排是：第一卷总叙环海全岸形势、天时、风信、潮流、海流、经纬度表、航海法，第二至五卷叙九州海岸，第六卷叙九州、四国间之丰后水道，第七卷叙四国南海岸，第八卷叙四国中土间之纪伊水道，第九至十三卷叙中土各海岸，第十四至十六卷叙在中土、四国、九州间之日本内海，第十七卷叙北海道及千岛列岛，第十八卷叙豆南诸岛，第十九卷叙州南诸岛，第二十卷叙琉球并属岛。

王肇鋐编纂《日本环海险要图志》的方法和其他使馆人员基本相同，主要也是采用翻译日本书籍和资料的方法，但是王肇鋐在史料来源的选择上还是颇具眼光的。王肇鋐在《凡例》中列举了此书征引的主要书目和地图：

---

① （清）王肇鋐：《日本全国海岸图·附识》，载（清）王肇鋐：《日本环海险要图志》，国家图书馆藏清抄本。

② （清）王肇鋐：《日本全国海岸图·附识》。

③ 参见王宝平：《清末驻日外交使节名录》，第246页。

> 《日本寰瀛水路志》、《东京府地志》、《京都府沿海志》、《神奈川县沿海志》、《和歌山县沿海志》、《爱知县沿海志》、《大分县沿海志》、《山形县沿海志》、《日本地学辞书》、《日本地志提要》、伊能忠敬《日本实测录》、灯塔局《航路标识便览表》,以及海军省《实验笔记》、《水路报告》等杂志百余种。文部省《日本全图》、内务省《府县分辖图》,又《日本全图》、《海道航线图》、松本氏《里程测量图》、伊能忠敬《日本实测图》,以及近时测量部辑制二十万分之一地图百余幅,又二万分〔之〕一地形图若干幅,海军省实测海图一百四十余幅,英海军海图若干幅。①

从开列的这个单子上可以看出王肇鋐在日本收集资料是颇为下了一番工夫的。王肇鋐引用的这些地志之书基本都是日本官方组织修纂的,其中的地图也都是文部省编绘而且是经过政府部门进行实地测量得出的数据,所以不管是真实性还是应用性都具有极高的价值。王宝平在对其中藏于内阁文库的资料进行梳理后认为,这些资料均是由当时最高权威的机关和研究者编集的。② 因此也可以看出《日本环海险要图志》从材料来源上就奠定了其价值所在。但是由于条件所限,王肇鋐无法将其中丰富的地图资料都收录到书中,他在《凡例》中解释道:"阅此书者自必与海图对观。惟此次虽增辑大备,而目中所列之图非尠,尚未请有经费开刻,故有志而无图。"③

王肇鋐的日本研究中很重要的一个特点就是重视图表的作用。除了上文所谈他引用了大量的日本地图外,还参考了许多日本官方的统计报表。并且在《日本环海险要图志》中可以看到列有大量的各式各样的表格。就地理研究的特性来讲,追求地图和数据的准确性是最基本的要求。因此王肇鋐在此书首列《日本全国海岸图》,并且在注释中写道:"地理非图不明,非实测者不精,山川形势未可妄意伸缩也。"④从中我们可以感受到王肇鋐对待地理研究的科学态度和严谨性。因为地图上的一个偏差虽

---

① (清)王肇鋐:《日本环海险要图志·凡例》。

② 参见王宝平:《清代中日学術交流の研究》,第274—279页。

③ (清)王肇鋐:《日本环海险要图志·凡例》。

④ (清)王肇鋐:《日本全国海岸图·附识》。

然在图上不甚明显，但是当按比例放大数倍而具体到现实中时就会差距巨大。在《日本全国海岸图》中可以看到王肇鋐学习日本地图绘制的方法，运用了诸多新式的标识，而且采用了铜板镌刻的方式，无论是对于中国的地图绘制还是印刷技术来说都是不小的进步。王肇鋐的《日本环海险要图志》和姚文栋的《日本地理兵要》相比，显然前者统计数据的时效性更优于后者，而且大量的地图和数据表格也比后者纯粹的文字描述要形象得多。经过前后的对比可以看出，《日本环海险要图志》标志着清朝驻日使馆人员在对日本地理的研究上取得了巨大的进步。

《日本环海险要图志》中还体现出王肇鋐的日本研究具有明确致用目的的特点。王肇鋐是奉清朝总理各国事务衙门之命赴日的，其主要任务就是完成《日本环海险要图志》。从王肇鋐个人的治学兴趣上来讲，他极为重视经世致用之学，而舆地之学正好为其提供了用武之地。他在《铜刻小记》中曾经写道："鋐一介诸生，痛先人之赍志以终也。思为有用之学以继先志，遂东游日本。自揣不文，惟于舆地为性之近。但孤寒无力，提挈无人，薄游三载，始尽得其沿海各岛险要。有未备者，更辗转求诸彼国海军署中，成书十二卷，于口岸形势纤悉毕载。"①王肇鋐为了施展自己的抱负选择了舆地之学，更难得是在异国他乡的艰苦条件下完成了这部地理著述。幸好后来得到清朝总理衙门的赏识，令其得以借助清朝驻日使馆的便利条件完成《日本环海险要图志》。由于清政府主要是想从军事战略的角度来了解和研究日本的沿海形势，因此王肇鋐的研究中就明显地体现出这种明确的致用目的。从此书所研究的重点内容就可以体会出这种特点，王肇鋐在《凡例》中称："此书专考海岸岬湾之凸凹状势、岛屿礁滩之大小位置、航海锚地之深浅、底质潮汐之迟速、渡航之方向、入港避险之准标。因日本四面环海，得其门则攻守皆便，失其门则攻守皆难，故首以其沿海形势考察焉。"②可以看出，王肇鋐在书中已经体现了很强的进行以军事战略为目的的考察和研究的思想。

在本节中主要对清朝驻日使馆中三位随员的日本研究进行了考察。通过前文的研究可以发现，姚文栋主要集中于对日本地理的研究，陈家麟

① (清)王肇鋐:《铜刻小记·自序》，转引自王宝平:《清代中日学術交流の研究》，第269页。

② (清)王肇鋐:《日本环海险要图志·凡例》。

则侧重自己的见闻,主要考察日本明治维新后的新变化,而王肇鋐则是从军事地理的战略角度详细研究了日本的沿海形势。清朝驻日使馆人员的研究中体现出很明显的特点,就是他们都主要采用日本的史料来源,而且在引用的时候大部分都是采用翻译和摘录的方式。清朝的这批使馆成员,他们在面对经过明治维新后的日本时往往表现出的是传统的一面,在书中记录日本事务时往往对照的是中国的相应事务,进而或评价或感慨。这也是中国初代文人外交官面对明治日本的情况时,对异文化的一种别样的体验。① 他们在与日本文人进行文化交流的时候,接触的大部分都是对中国传统文化感兴趣的汉学家,在诗歌唱和与觥筹交错之间这些外交官开始试图了解更真实的日本。在日本的外交生涯中,这些文人外交官中很多人仍然念念不忘国内的功名之路,像姚文栋、陈家麟等许多人都曾请假回国应试科举。但是在日本的时间里,很多人又表现出了对洋务的兴趣,开始研究起日本来。像徐明远这些人,已经有了编写一部《日本通史》的想法。而像徐明远、陈家麟、王肇鋐这样通过师承关系联系在一起,在驻日的使馆中又形成了一个研究日本的小团体和学术圈子,对于这个时期的日本研究起了积极的推动作用。如果再加上稍早一些出使日本的黄遵宪,那么可以说从 19 世纪 70 年代到甲午战争前的这段时间里,清朝驻日使馆人员无疑是这一时期日本研究的重镇所在。

第三节 《游历日本图经》与《日本新政考》

光绪十三年(1887)清政府派遣 12 名游历使分赴亚洲、欧洲和美洲的二十多个国家进行为期两年的考察,这是近代中国人走向世界的一次壮举。经过这次考察,12 名游历使完成了几十种的考察报告、游记和研究著作。其中傅云龙和顾厚焜所著的《游历日本图经》和《日本新政考》成为清代日本研究中的重要史籍,值得重视。近年来国内学者王晓秋、熊达云、王宝平、张群及日本学者佐藤三郎、佐佐木扬等人就对清政府这次派遣游历使特别是傅云龙的日本研究作了不少的探讨,但是对于顾厚焜的

---

① 参见张伟雄:《文人外交官の明治日本:中国初代駐日公使団の異文化体験》,东京:柏书房,1999 年。

研究均着墨不多。① 因此本节将以《游历日本图经》和《日本新政考》为中心，探讨这两部史籍在清代日本研究史中的特点和意义。

一、傅云龙与顾厚焜的日本游历

傅云龙，字懋元，号醒夫，浙江德清县人。傅云龙生于1840年，此时正值鸦片战争爆发，卒于1901年，而此年又恰逢八国联军侵华。其一生的重要事业正和他所处的清朝一样，都是在和西方国家打交道。傅云龙自幼熟读经史，对金石、地理和兵学都保持着浓厚的兴趣。同治七年(1868)，傅云龙报捐郎中，次年赴京入兵部武选司兼车驾司行走。光绪五年(1879)，傅云龙参加编修《顺天府志》，十二年(1886)书成后得到加三品衔的褒奖。十三年(1887)经清政府考选，傅云龙作为游历使开始西方考察之旅，并于考察之中撰成大量的考察报告即《游历图经》。归国后得到清廷的表彰，但此后没有在外交部门任职，而是分遣至北洋机器局办理洋务事业。二十七年(1901)傅云龙卒于神机营机器局任上，享年六十二岁。综观傅氏一生，纂修方志、出洋游历和办理洋务成为其人生的三大事业。而傅云龙还留下了一百余种著述，内容涵盖经史旧学和西洋新学共计二十几个门类，堪称宏富。张之洞在给傅云龙六十大寿的贺词中称："所著书不下亿兆余言，要皆经天纬地之学，上谟廊庙，下裨苍生，赫赫明明，昭示万代。政治严而待士恩，服用俭而取与义，簿书繁而句稽捷。事

---

① 参见王晓秋：《傅云龙〈游历日本图经〉初探》，《北京大学学报》(日本中心十周年特辑)1998年6月；王晓秋：《晚清中国人走向世界的一次盛举——1887年海外游历使初探》，《北京大学学报》2001年第3期；王晓秋：《近代中日启示录》(北京：北京出版社，1987年)、《近代中日文化交流史》(北京：中华书局，2000年)、《近代中国与世界：互动与比较》(北京：紫禁城出版社，2003年)、《晚清中国人走向世界的一次盛举：1887年海外游历使研究》(与杨纪国合著，大连：辽宁师范大学出版社，2004年)、《近代中国与日本：互动与影响》(北京：昆仑出版社，2005年)等著作中的相关章节。熊达云：《近代中国官民の日本视察》(东京：成文堂，1998年)；王宝平：《傅云龙及其〈游历日本图经〉考》，载(清)傅云龙著，王宝平整理：《游历日本图经·前言》(上海：上海古籍出版社，2003年)；王宝平：《傅云龙〈游历日本图经〉征引文献考》，《浙江工商大学学报》2008年第2期；张群：《傅云龙其人及其著述》，《河南图书馆学刊》2005年第5期；黄淑莲：《傅云龙和他的〈游历图经〉》，《兰台世界》2008年第10期；[日]佐藤三郎：《近代日中交渉史の研究》(东京：吉川弘文馆，1984年)、佐佐木扬：《清末中国における日本観と西洋観》(东京：东京大学出版会，2000年)。

所当为，虽众嫉谣诼，莫或顾误。”①从中可以看出当时清朝洋务派对傅云龙的肯定和赞扬。

顾厚焜，字子逸，江苏元和人。顾厚焜生于咸丰四年(1854)，光绪九年(1883)中进士。光绪十三年清政府组织的选拔游历使考试改变了顾厚焜的仕途轨迹，也将其和傅云龙送上日本考察之路，从而使傅、顾二人加入到清代日本研究者的行列。此次游历使的选拔考试，起源于光绪十年(1884)御史谢祖源向光绪皇帝的上奏。谢祖源在奏折中提出政府应该选拔官员出国游历，以备日本使臣之选和洋务之用。他的建议被光绪帝采纳，但各部并未积极实施，直至两年后在光绪帝的严旨催促下，总理衙门才拟定出台了《出国游历章程》。在这份章程得到光绪的朱批同意后，便开始了游历使的选拔考试和派遣工作。

光绪十三年闰四月二十一日和二十二日在北京同文馆举行了清朝选拔游历使的考试，这次考试科目和传统的科举考试有着很大的不同，测试的主要内容是关于外交和洋务的问题而非四书五经。总理衙门大臣曾纪泽主持了这次考试，他在日记中记载了出题、监考和阅卷的全部过程。②考试结果初步选定28人，其中四十六岁的兵部候补郎中傅云龙和四十四岁的刑部学习主事顾厚焜分别位列第一和第三位。后经光绪皇帝钦点，朱笔圈定其中的傅云龙等12人为清朝第一批游历使。九月十二日的《申报》登载了这12人的出身、职务和年龄等情况，并且全文照登了傅云龙《记中国自明代以来与西洋交涉大略》的试卷。③ 通过《申报》的宣传，清末很多留心时务者开始关注傅云龙和这次游历使的考察活动。选拔完毕后，总理衙门将此12人分成5组分别出访不同的国家，开始他们的游历之行。其中傅云龙和顾厚焜被分在一组，派往日本、美国、加拿大、秘鲁、古巴、巴西六国游历。

光绪十三年八月傅、顾一班人马便从北京启程南下，他们先到天津搭乘轮船奔赴上海。在天津期间，傅云龙专门拜访了北洋大臣李鸿章，另外他们还参观南岸炮台、武备学堂和机器局等处，并会见日本领事波多野承

① (清)张之洞:《诰授荣禄大夫懋元观察六十双寿叙》，浙江图书馆善本书库藏傅云龙资料。转引自张群:《傅云龙其人及其著述》，《河南图书馆学刊》2005年第5期，第80页。

② 参见(清)曾纪泽:《曾纪泽日记》，长沙:岳麓书社，1998年，第1597页。

③ 参见《申报》，1887年10月28日。

五郎等人。他们乘船到上海后，参观江南制造局、公和缫丝局等处，并拜访怡和洋行执事唐廷贵，谈论借道诸国海程之事。另外他们还与驻上海的日本领事太田升平、美国领事侃爱德、西班牙领事濮仪喇进行了交流，向他们了解游历之国的情况。在上海停留期间，傅云龙等人还刊印了中西合璧的名片。在做好了充分的准备之后，傅云龙、顾厚焜一行于九月二十六日登上了日本邮船会社的“东京丸”号轮船，前往此次游历的第一个目的国——日本。

九月二十九日傅云龙等人抵达日本长崎，到达之后他们便开始了对长崎的考察。在长崎县知事派遣人员的导游下，傅、顾等人先后参观了当地的监狱、各类学校和植物试验场，此后几天又游览了周边地区的三菱造船机器场和三菱会社石炭矿。十月十一日，游历使们到达东京，并拜会清朝驻日公使徐承祖。此后的两个月时间里，傅、顾等人在东京展开了一系列的考察活动和文化交流。他们参观东京的大学、中小学及各式学校，还有千住制绒所、大权工厂、炮兵工厂等新式工厂，另外还拜访日本政要如伊藤博文等人，并参观政府部门如大藏省主税局。在考察活动之外，游历使们还走访各类书肆、图书馆，搜求中国古书和日本图籍，并且还和日本友人进行诗歌唱和、赠序论学等文化活动。经过公使徐承祖等人努力，日本外务省发给傅、顾等人游历内地的护照。因此在十二月二日游历使一行从东京出发前往日本内地进行考察。他们先后游历了静冈县、爱知县、滋贺县、西京府、大阪府、兵库县等地，参观了这些地区的名胜古迹、新式工厂、兵营炮台和各类学校，并进行了细致的考察活动。二月十六日他们结束内地的游历，返回东京。在东京又进行一番考察之后，傅云龙一行于四月十九日启程奔赴美国，结束了他们在日本长达六个月的游历。①

二、《游历日本图经》的成书及日本研究特点

《游历日本图经》的完成可分为两个时期。傅云龙曾著有日记性质的《游历日本图经余纪前编》和《游历日本图经余纪后编》，其中详细记录了完成《游历日本图经》每卷目的和具体时间，据此可以将《游历日本图经》的写作分成两个阶段。前期为其初次赴日的六个月期间，他完成了此书前十卷的内容。后期为光绪十五年(1889)四月由美国返抵日本到十

① 参见(清)傅云龙:《游历日本图经余纪前编》，收入(清)傅云龙著，傅训成整理:《傅云龙日记》，杭州:浙江古籍出版社，2005年，第66—118页。

月回国之间的这段时间，他继续完成《游历日本图经》后二十卷的内容，并在日本将全书刻印出版。

《游历日本图经》在内容上共分三十卷，分别由《天文》(一卷)、《地理》(五卷)、《河渠志》(两卷)、《国纪》(一卷)、《风俗》(一卷)、《食货》(四卷)、《考工》(一卷)、《兵制》(一卷)、《职官》(一卷)、《外交》(一卷)、《政事》(一卷)、《文学》(两卷)、《艺文志》(两卷)、《金石志》(五卷)、《文征》(一卷)、《叙例》(一卷)共十四个部类组成，其下又分为"经纬表"《中国日本月朔表》等一百八十三个子目。从篇目结构上看，《游历日本图经》的作法基本遵循纪传体史书中"志"的体例。在如此之短的时间内，傅云龙就完成了体系如此庞大和内容如此丰富的日本史志，的确值得称道。从日本研究史学的角度分析，傅云龙的《游历日本图经》主要有以下三个特点。

1.纂修日史、千秋功业

傅云龙作为清朝派遣的首批游历使出洋考察，按照总理衙门的规定必须完成考察报告，所以在考察途中他完成了向政府汇报情况的《游历图经》和《游历日本图经余纪》。前者主要是记录各国的总体情况，后者主要采用编年体的形式按日记事，两者互为表里。傅云龙自述其做法是："昼游夜记，既揭全体之大要入于《图经》，复探致远之知几著于《余纪》，而不欲以浮闻杂，并不敢以肤词饰。"[①]虽然是为了完成清政府的考察任务，但是傅云龙并没有仅仅停留在考察报告的层次上，而是将其作为修史事业来完成。在傅云龙出国途经天津时，他于九月二十日会见了曾任清朝驻日使馆随员的姚文栋。[②] 姚文栋曾经编译了大量有关日本的史籍，而且谋划完成日本通史之作，所以他们之间的谈话对傅云龙《游历日本图经》的写作会有一定的影响。傅云龙于会谈后的第二天就拟定了《游历日本图经》的体例。后来傅云龙到日本后在为陈家麟《东槎闻见录》所作的序言中称，他已经闻知黄遵宪著有《日本国志》，并且收到姚文栋所编《日本国志》第三册，也了解到徐承礼、王肇鋐等人正在进行日本研究史

① (清)傅云龙:《游历图经余纪叙例》，收入(清)傅云龙著，傅训成整理:《傅云龙日记》，第275页。

② (清)傅云龙:《游历日本图经余纪前编》，收入(清)傅云龙著，傅训成整理:《傅云龙日记》，第74页。

籍的撰写。① 这些日本研究情况的信息对他纂修《游历日本图经》具有重要的参考价值。他到日本之后不久,就开始一边考察一边纂修《游历日本图经》。从傅云龙在《游历日本图经余纪》中所记录的每部分撰写情况,以及最后的成书体例来看,傅云龙确实是在纂修一部日本研究史籍,而非简单的考察报告或者游记。

傅云龙归国后不仅将《游历日本图经》呈交于总理衙门,而且还将其寄示俞樾,并请其作序。俞樾作为清代大儒,他的不少著作流入日本并引起学界的关注,其后很多日本人都慕名前来拜访。他在给傅云龙所作的序中称:

> 往年曾应彼国人之请,选东瀛诗,凡四十卷,盛行于其国。又有请为彼国修史者,则谢之曰:"史各有职,余中朝旧史官不能越竟〔境〕而谋也。"然《海外东经》《大荒东经》已见于《山海经》,则日本之壤地、品物未始不为大禹、伯夷所甄录矣。后世疆域益辟,见闻益广,如宋赵汝适之《诸蕃志》、元汪大渊之《岛夷志略》皆于海外诸国纪载成书。然则为彼国修史固不可,而于舆地广记、方舆胜览之外旁及遐陬,亦博览者所有取也。光绪十三年天子俞大臣之请,遣学有经法通知时事者十二人游历海外各国。先聚而试之,而吾邑傅君懋元云龙冠其曹,乃以兵部郎中奏派游历日本、美利加、秘鲁、巴西等国。满二载而归,所游历各国皆著有《图经》,而《日本图经》三十卷,先以活字排印成书,归至上海寄以示余。其书自天文、地理、世系、风俗、兵制、官制、艺文、金石无不备载,纲举目张如实诸掌,非兼史家之三长不足以与此。宋宣和时,路允迪使高丽,徐兢从行,归而上《高丽图经》四十卷。以今方古,君何让焉!②

虽然俞樾认为自己不能越境为日本修史,但是中国史学中不乏专门记载外国而成书者,因此他对于傅云龙能够完成这样一部日本史地著作而大为称赞。俞樾对于傅云龙的能力给予了肯定,认为他具备史家的

① 参见(清)傅云龙:《东槎闻见录叙》,载《东槎闻见录》卷首,第1页。

② (清)俞樾:《傅懋元日本图经序》,收入(清)傅云龙著,王宝平整理:《游历日本图经》,第3—4页。

"才、学、识"三长，因此才能完成《游历日本图经》这样如此庞大体系的著述。从俞樾的积极肯定中可以看出，傅云龙所作《游历日本图经》堪称一部内容翔实的日本史著述。另外一位对傅云龙帮助较大的驻日公使黎庶昌，在《游历日本图经》前半部分刚完成时就积极称赞其体例，并对傅云龙完成全著寄予了很高的期望。当光绪十五年傅云龙回到日本完成全书之后，黎庶昌又为之作跋，其文称：

> 余虽不敢谓东倭事迹遂以囊括无遗，而巨细精粗、条理灿秩，亦极著书之能矣。夫游历官事也，懋元不肯视为官事，直以千秋著书之业寓乎其间，宜其成书之既详且远也。推是心以治天下事，则亦何适而不办哉！①

黎庶昌曾两任驻日公使，熟悉日本情事，在傅云龙游历日本期间给予了他非常多的帮助。当傅云龙第二次到达日本时，因为回国日期迫近对于能否成书颇多顾虑，而黎庶昌给予他很大的鼓励，并提供许多实质性的帮助，使得《游历日本图经》能顺利刻板印竣。由于黎庶昌对傅云龙自身的了解，所以书成之后傅云龙特意请他作跋。在这段跋文中，黎庶昌对于傅云龙将著作日本史作为千秋事业来对待的态度极为赞赏。由此我们可以体会到傅云龙写作《游历日本图经》已经不仅仅是游历使的考察之事，而且作为一个史家完成域外史书的伟大抱负来对待，他的《游历日本图经》也让其在日本研究史学上留下了浓重的一笔。

2. 图表结合、体例完善

《游历日本图经》全书共三十卷，在清代日本研究史籍中属于篇帙较大者。虽然篇幅如此之大，但是全书结构安排合理，对于日本史地的记载条理清晰、脉络分明。傅云龙曾宣称主要是模仿宋人徐兢《宣和奉使高丽图经》的纪事体来作《游历日本图经》，但是此书的写作体例与徐兢之书并不完全相同。傅云龙在编写体裁上主要是采用中国传统纪传体史书中"志"的作法，将日本的历史分成《天文志》《地理志》《河渠志》《食货志》等十三个"志"来记载。最后一个部分为《叙例》，类似于司马迁《史记》中

① （清）黎庶昌：《日本图经跋》，收入（清）傅云龙著，王宝平整理：《游历日本图经》，第609页。

最后一卷《太史公自序》的写法，主要交代了自己的人生轨迹、成书经过以及对书中各部分的内容概括。

在具体的写作过程中，《游历日本图经》的特色是大量运用图表来表达内容。在传统史书的《地理志》中最难也是最重要的就是地图的绘制，对于日本地理的研究如果没有地图，那么了解起来就更加困难。清代的日本研究史籍中大多都没有地图，王肇鋐的《日本环海险要图志》中只有《日本全国海岸图》而其他付之阙如，黄遵宪的《日本国志》中也因为种种原因而未附地图。在地图这一点上，《游历日本图经》成为清代日本研究史籍中最有贡献者。此书第二卷的《地理志》中，共有《日本国计里总图》一幅和其他各都道府县的地图四十六幅。在当时的条件下，傅云龙能够完成如此之多的日本地图实属不易。由于有如此大量地图的配合，此书《地理志》的内容变得更加丰富而易懂，对于清人了解日本地理情况发挥了重要作用。另外《游历日本图经》中还列有上百个表格，这些表格都是用来说明各卷的具体内容。由于表格具有眉目清晰的特点，所以通过这些表格很容易把握各个类目所要说明的内容。比如在《河渠志》中，傅云龙列有《水道分合表》，他在前言中称："日本河渠，巨细一千有奇，厥名有同有异。今著异名，庶其同名易捡乎！第著巨流之异名，其细已见水道，非漏也。以水道为纲，领即以分，合为条目，举所径国，其府若县若厅不烦更赘矣。"①按照在前言中所述的规则，在表中设"大水""异名""合""分""所径国"五个栏目，然后分别记载日本几百条河流的具体情况，使读者很容易就能够把握其中的内容。

在《游历日本图经》中还列有五卷《金石志》，专门记载日本的金石内容。《金石志》中收录了大量的日本金石文，将杨守敬等人对日本金石研究的工作大大推进了一步。日本的中国学家内藤湖南在《中国史学史》中专门提到傅云龙的研究。② 另一位日本学者神田喜一郎也称，在当时的日本尚无如此系统的金石著作。③ 在《金石志》中，傅云龙还附有大量

① （清）傅云龙著，王宝平整理：《游历日本图经》卷8《河渠志二·水道分合表》，第174页。

② ［日］内藤湖南著，马彪译：《中国史学史》，上海：上海古籍出版社，2008年，第337页。

③ 参见王宝平：《傅云龙及其〈游历日本图经〉考》，收入（清）傅云龙著，王宝平整理：《游历日本图经·前言》，第7页。

的图片用以辅助记载日本的金石文,使得对日本金石的记载更加真实可信。

总之,傅云龙的《游历日本图经》一书附有大量的地图和表格,对于日本的情况介绍起到了非常关键的作用。这种图表结合的编写方法,对于了解和研究日本史地意义重大。而且全书在编纂体例上较为完备,各项内容叙述合理,使《游历日本图经》成为一部较为全面的研究日本的史籍。

3. 重视实地考察、引用原始资料

清朝派遣游历使出国的主要目的就是为了让他们到各国进行实地调查,从而得到第一手的资料和最新情报。因此傅云龙等人在日本期间进行了很多的实地调查工作,并且得到驻日公使徐承祖和黎庶昌的帮助,获得日本外务省批准给予到内地游历的护照。从《游历日本图经》中大量的数据和细致的研究可以看出,傅云龙在日本进行了认真的实地调查工作。他在《游历日本图经余纪》中还记载了搜集日本资料和图籍的具体行动,如光绪十四年正月二十日记云:"游书肆,搜海图,得《瀛寰水陆志》诸书。厥直昂甚,归证所闻,不觉夜半,眼脂四起。"①在《游历日本图经余纪》中还有大量傅云龙等人参观日本各地以及搜集材料的记载,这都充分显示了游历使们对实地调查的重视,而且往往一有新的资料发现就立刻考证《图经》中的研究,力求做到准确无误。傅云龙在日本期间,几乎每日都要不停地外出考察和搜罗资料,而晚间又加紧纂修《图经》和《余纪》,往往工作至深夜。正是这种注重实地调查和勤奋著述的精神,才使傅云龙成为这批游历使中成就最大者。

由于游历期限紧迫,所以傅云龙必须加快纂书速度,这样他便大量采用日本的图书资料和统计报表充实到《游历日本图经》中,而这些在今天看来正是最宝贵的原始资料。王宝平对《游历日本图经》征引的日本文献进行了深入的考证,他认为此书中《日本外交》部分参考了《异称日本传》《邻交征书》《善邻国宝记》《会余录》等书,《日本文学》主要参考了《艺苑日涉》一书,《日本金石志》参考了《古京遗文》《好古小录》《集古十种》《金石年表》等日本史料,《日本文征》参考了《三代实录》以及诸家日

① (清)傅云龙:《游历日本图经余纪前编》,收入(清)傅云龙著,傅训成整理:《傅云龙日记》,第109页。

人文集。[①] 从傅云龙所征引的书目中可以看出，这些书皆为日本较高水准的学术性著作，也反映出傅云龙对于日本资料的了解之深。对于这样征引资料的看法，傅云龙在此书《凡例》中称："文不必己出，惟其是而已，间录异说，劝惩交资意也。据事直书，公是非于天下也，不捐细大，未有不博而能约者也。"[②]傅云龙强调只要资料正确就可以为我所用，而不必字字为己所出，这也是在当时研究日本的特殊条件下得出的观点，非常适合于当时的实际研究需求。试想在当时情形下，如果不参照日本的书籍和资料，而仅凭个人的努力来字字求新，是根本不可能完成的。傅云龙在为驻日使馆随员陈家麟《东槎闻见录》一书所作的序言中也强调了这种文不必己出，但是要有自己定识的观点。

综上所述，傅云龙的《游历日本图经》不仅是一部篇帙巨大的日本研究史籍，而且在清代的众多日本研究著述中也是独具特色。有学者就曾高度称赞道："在甲午以前，《图经》独领风骚，代表了中国日本研究的最高水准。它与日后问世的《日本国志》一起，堪称晚清日本研究著作的双璧。"[③]

三、《日本新政考》的内容与特色

顾厚焜与傅云龙同为一组赴日本和美洲游历，他完成了《日本新政考》《美利坚合众国地理兵要》《巴西政治考》《巴西国地理兵要》《英属加拿大政治考》《秘鲁政治考》《古巴政治考》等著作，可以看出顾厚焜研究的主要是游历国的政治和地理方面的内容。顾厚焜于光绪十三年九月底抵达日本开始考察，经过五个月的调查和写作，于第二年三月便写成《日本新政考》一书。在赴美之前，顾厚焜将《日本新政考》在日本排印成编，并请驻日公使黎庶昌为其作序。光绪二十三年（1897），《日本新政考》被梁启超收入《西政丛书》中并由慎记书庄石印出版。

《日本新政考》全书共两卷，分别由《洋务部》《财用部》《陆军部》《海军部》《考工部》《治法部》《纪年部》《爵禄部》《舆地部》共九个部类

① 参见王宝平：《傅云龙〈游历日本图经〉征引文献考》，《浙江工商大学学报》2008 年第 2 期，第 71—76 页。

② （清）傅云龙著，王宝平整理：《游历日本图经》卷 30《凡例》，第 608 页。

③ 王宝平：《傅云龙及其〈游历日本图经〉考》，收入（清）傅云龙著，王宝平整理：《游历日本图经·前言》，第 6 页。

组成，在此之下又细分为《奉使考》《各国使臣考》《通商考》……《北海道近事考》等共计七十三个小目。从内容分类上看，顾厚焜研究的主要是日本的政治、经济和军事方面的问题。由于篇幅较小，所以《日本新政考》在顾厚焜日本游历期间即已告成。通过对《日本新政考》进行分析，可以看出此书的日本研究具有以下特点。

1. 考察新政、重点突出

《日本新政考》在清朝日本研究史中首次冠以“新政”之名，这也反映出此书研究的鲜明特点，就是重点关注日本明治维新后的各种变化。顾厚焜作为游历使出国考察的主要任务就是研究各国的政治，而明治维新自然是日本政治的核心，因此他为《日本新政考》所列定的写作凡例就声明：“是编专言日本新政，故从前事迹不及详志。”①所以在《日本新政考》中记载的主要都是明治维新以后的新变化，除了《世系考》涉及古代天皇世系，其他各部分内容中的信息和统计数据都是采用明治以后的资料。这跟顾厚焜在日本考察的体验密不可分，他在游历日本内地静冈、名古屋、大阪、神户等处时，“遍观学校、商务、军制、制造工作诸新政。”②回到东京后，又往横滨等处“复观学校、船坞工作诸新政”③。在《日本新政考》中，顾厚焜把这些亲自考察的记录写进《考工部》中，篇目如《东京千住制绒所记》《东京旺子造纸局记》《大阪硫曹制造会社记》等等。通过顾厚焜的亲身体验和考察，日本明治维新诸政策和带来的进步给他留下了深刻的印象，顾厚焜不禁慨叹道：“是邦天时地利、风土人情本与中国不甚相远，无如维新以来，易藩属为府县，而政一新；易宽永天保钱为金银铜币楮币，而政一新；易额兵为征兵，而政一新；易旧历为西历，而政又一新。”④所以在《日本新政考》中可以看到，顾厚焜着墨最多的部分就是明治维新以后的各项新政。但是必须看到顾厚焜对于涉及政治制度的根本

① （清）顾厚焜：《日本新政考·例言》，收入刘雨珍、孙雪梅编：《日本政法考察记》，上海：上海古籍出版社，2002年，第2页。

② （清）顾厚焜：《日本新政考·自叙》，收入刘雨珍、孙雪梅编：《日本政法考察记》，第2页。

③ （清）顾厚焜：《日本新政考·自叙》，收入刘雨珍、孙雪梅编：《日本政法考察记》，第2页。

④ （清）顾厚焜：《日本新政考·自叙》，收入刘雨珍、孙雪梅编：《日本政法考察记》，第2页。

性变革是持反对态度的，他在称赞新政给日本带来巨大变化的同时，也尖锐地指出：

> 国债积而国库匮，汉文轻而洋文重，旧都废而新都兴。有志者抚今思昔，谢职归田，往往于种瓜艺菜之余唏嘘不已。而当轴且以善规西法为得计，一若谓非尽弃旧政万不足富国，万不足强兵。噫，是何言欤！是何言欤！厚焜澄观时变，乃以昕夕所识者编成《新政考》二卷。盖慨西法之转移国俗何如此之速也，又慨是邦之轻弃成宪何如此之易也！虽然时局之奇至今而极，事务之变亦至今而极，处今日而必谓西法可屏而不用，岂笃论哉！亦期用所当用而已。海陆军之电扫风驰，枪炮制之日新月异，邮筒万里藉电线以飞驰，地宝五金赖矿师以辨别，是诚法所可用者也。若夫岁历之推迁守其旧则农民称便，衣冠之制度率其常则国体自存，日人乃好异矜奇，竟一变而无不变也，是诚何道也？抑亦思一姓相传历世已一百二十二，历年已二千五百四十八，一旦举法度典章一一弃若弁髦，是得谓是邦之福哉？①

可以看出顾厚焜还是站在清朝洋务派的立场上来看待日本明治维新的，他认为在技术和器物层面上应该学习西法，但是在国家的根本制度问题上必须坚持祖宗之法。顾厚焜的观点反映了当时清朝洋务派的主张，而处在当时的形势下顾厚焜不可能也没有胆识提出彻底性变革的思想。但是值得肯定的是，对于当时正在发展洋务以自强的清朝来说，日本在明治维新中所采取的学习西方科学技术的措施具有重要的借鉴意义。正是在这样的背景下，可以说顾厚焜《日本新政考》对明治维新的考察是取得了积极效果的。

2. 以考为纲、辅之以表

《日本新政考》中一共列有七十三个小目，每个小目都冠以“某某考”之名。顾厚焜正是用这七十三个“考”来贯穿全书，将日本新政的内容全部网罗其中。在每个“考”的小目之下，顾厚焜又列有“表”来说明考的内容，这种编写方法与傅云龙《游历日本图经》中图表结合的方法有异曲同

---

① （清）顾厚焜：《日本新政考・自叙》，收入刘雨珍、孙雪梅编：《日本政法考察记》，第2页。

工之妙。通过《日本新政考》中的这些小目和表格，可以清晰地看出明治维新的各项变化。而且顾厚焜在有的小目之下，还通过对比的方法将数据进行汇总分析。比如在《财用部》的《岁入岁出考》中，顾厚焜就将“岁入”和“岁出”分别列表，但是他又将两个表在同一页中上下罗列，这样可以很明显地比较各个项目中的“岁入”和“岁出”。这种以各个小目的“考”为纲，而又在其下辅之以表的作法，使得《日本新政考》在日本史籍编纂方法上产生了一定的影响。黎庶昌在读过《日本新政考》之后，就称赞道：“不繁言费辞，使全国维新治迹，灿若列眉，简约能赅，真大辂之椎轮也。”①

总之，《日本新政考》对于明治维新的研究可谓用力甚勤，关注颇多。虽然由于成书太速，书中还存在网罗阙失，有些内容还待考核异同的问题，但是在当时游历考察期迫近的情况下，顾厚焜完成这样的著述还是值得肯定的。顾厚焜之所以能在很短的时间内完成此书，还要归功于他人提供的诸多帮助。“是编考订字义则赖同理王茂才肇铉摒挡其事，辨正文法则藉翻译沈生忠铭、金生城山之力居多。”②在这些同仁的帮助下，加上顾厚焜的勤于搜集和用心纂著，才使《日本新政考》得以迅速告成。《日本新政考》既宣告顾厚焜游历日本任务的出色完成，也使其在清代日本研究史上占有一席之地。

通过本节对《游历日本图经》和《日本新政考》的考察，可以发现清朝派遣的首批游历使对于日本研究的贡献之大。傅云龙、顾厚焜二人的日本研究各有侧重点，“少逸措意新政，懋元则兼及古事轶闻。”③所以《游历日本图经》和《日本新政考》在日本研究的内容上可以相互补充，傅、顾二人的研究为清朝洋务派了解日本提供了较为全面的信息。清朝驻日公使黎庶昌曾为《游历日本图经》作序称：“处今日而谈洋务，非身之所履，目之所击，不足以为异。身履目击矣，而或不能著书，著书而或浮闻剿辞，寡

---

① （清）黎庶昌：《日本新政考序》，收入刘雨珍、孙雪梅编：《日本政法考察记》，第1页。

② （清）顾厚焜：《日本新政考·例言》，收入刘雨珍、孙雪梅编：《日本政法考察记》，第2页。

③ （清）黎庶昌：《游历日本图经叙》，收入（清）傅云龙著，王宝平整理：《游历日本图经》，第5页。

要尠实，与不能施于政事，皆君子所弗尚也。”[①]而像傅云龙和顾厚焜这样，既能身履目击于日本的实际情况，又能够勤奋著述，对日本进行扎实而又系统的研究，自然是博雅君子所应习尚的对象。1877 年，清政府破天荒地派遣 12 位游历使出洋考察，这不仅是“晚清中国人走向世界的一次盛举”[②]，而且就清朝的日本研究来讲，《游历日本图经》和《日本新政考》的撰述也是这个阶段的“盛举”。

第四节　黄遵宪《日本国志》与清代日本研究史籍

在中国近代史上，黄遵宪不仅是著名的外交家、思想家和诗人，而且还是一位出色的史学家。他所编纂的《日本国志》是清代日本研究史籍中最重要的代表作，体现了当时日本研究的最高水平。由于黄遵宪的杰出贡献和在近代史上的重要影响，学术界对他的研究已是汗牛充栋。《日本国志》一书的成功无疑是促成黄遵宪影响近代中国的重要因素，此书对于清代的日本研究也是意义深远。本节在充分吸收学界研究成果的基础上，试从《日本国志》与清代其他日本研究史籍相比较的角度来展开论述。

一、黄遵宪及其《日本国志》的编纂

黄遵宪，字公度，别号“观日道人”“东海公”“法时尚任斋主人”“水苍雁红馆主人”“人境庐主人”“布袋和南”“公之它”“拜鹃人”等。道光二十八年四月二十七日（1848 年 5 月 29 日）黄遵宪出生于广东嘉应州城东黄门外之攀桂坊，光绪三十一年二月二十三日（1905 年 3 月 28 日）卒于故里家中，享年五十八岁。黄遵宪从小就接受了良好的家庭教育，三岁时曾祖母李氏对其口授《千家诗》，四岁入学后便表现出过人的天资。黄遵宪十岁时便在塾师的指导下学习作诗。当时塾师以“一览众山小”命题，他便以“天下犹为小，何论眼底山！”破题，显示出非凡的诗才和志向，

① （清）黎庶昌：《游历日本图经叙》，收入（清）傅云龙著，王宝平整理：《游历日本图经》，第 5 页。

② 王晓秋：《晚清中国人走向世界的一次盛举——1887 年海外游历使初探》，《北京大学学报》2001 年第 3 期，第 78—86 页。

由是众乡里甚推异之。[①] 十六七岁时黄遵宪便开始进行诗歌创作,并在二十一岁时写下了“我手写我口,古岂能拘牵”[②]的不朽名句。这句诗后来被文学史家称之为近代“诗界革命”的宣言,而且也成为资产阶级改良派在近代思想启蒙运动中提出的第一个思想解放的口号。[③] 从此黄遵宪的诗歌创作便一发而不可收,一生著有一千余首诗词,成为晚清新派诗人的旗手。黄遵宪在任驻日使馆参赞期间,广泛搜集和了解日本的历史与现状,写成了《日本杂事诗》二百首。这些诗歌既具有很高的文学价值,又体现了作者对日本观察和研究的仔细。日本人石川英通读之后曾称赞道:“公度来日本未及二年,而三千年之史、八大洲之事详确如此,自非读书十行俱下,能如此乎? ……即今所遣使,与之论日本事,既非吾当世浅见寡闻之士所能及,英是以知大国之人之不可与也!”[④]光绪十七年(1891)黄遵宪任驻英使馆参赞时,又将自己四十岁以前所作二百余首诗辑为《人境庐诗草》四卷,以后又扩展为六卷本,二十四年(1898)放归祖籍后又扩充为十一卷本,所收诗歌增为六百余首。在《人境庐诗草自序》中,黄遵宪指出了我国古典诗歌方面可以继承的写作经验,提出了诗歌创新的积极主张,认为诗歌要成为时代的镜子,诗人要有独特的风格。钱仲联曾评价黄遵宪的诗歌成就道:“黄遵宪的成就,不仅高出于同时旧派诗的作家,而且也超越了同时新派的作家;不仅在创作上是这样,就是诗歌改革主张的提出,也远远地早于康、梁、夏、谭诸人。”[⑤]

除了诗歌方面的成就外,黄遵宪还是清末出色的外交家。光绪三年(1877)他作为参赞官跟随清朝首任驻日公使何如璋东渡日本,从此开始了他长达十几年的外交官生涯。黄遵宪在首次使日之前,曾赠友人半身像并题诗云:“如此头颅如此腹,此行万里亦奇哉! 诸公未见靴尖趯,待我

---

① 参见钱仲联:《黄公度先生年谱》,收入(清)黄遵宪著,钱仲联笺注:《人境庐诗草笺注》,上海:上海古籍出版社,1981年,第1169页。

② (清)黄遵宪著,钱仲联笺注:《人境庐诗草笺注》卷1《杂感》,第42页。

③ 郑海麟:《黄遵宪传》,北京:中华书局,2006年,第12页。

④ [日]石川英:《日本杂事诗·跋》,收入(清)黄遵宪著,钟书河辑校:《日本杂事诗广注》,长沙:湖南人民出版社,1981年,第242页。

⑤ 钱仲联:《人境庐诗草笺注·前言》,第5页。

扶桑濯足来。”①黄遵宪此行正值中日两国围绕琉球问题交涉之时，履任伊始他便积极协助何如璋上书总署提出解决琉球争端的策略，并在外交活动中谴责日本的侵略行为。在处理朝鲜外交问题上，黄遵宪于光绪六年（1880）作《朝鲜策略》，提出朝鲜应该走亲中国、结日本、联美国来共同抵御沙俄南侵的策略。《朝鲜策略》引起朝鲜当局的重视，并对朝鲜的开放产生了深远的影响。② 光绪八年（1882）黄遵宪奉命调往美国旧金山担任总领事官，在美三年期间，他为抵制美国排华运动，维护华侨华商的合法权益做出了积极的贡献。通过总理衙门章京袁昶的举荐，黄遵宪作为驻英使馆二等参赞于光绪十六年（1890）随同公使薛福成出使英国。在伦敦任职期间，黄遵宪主要负责处理一些下行文批和例行公牍。次年十一月，黄遵宪离英转赴新加坡总领事之任。在新加坡期间，黄遵宪详细考察了南洋华侨的实际困难，并向清政府如实上报。光绪帝接受黄遵宪的谏言，谕准华侨归国并提供保护。黄遵宪适时创设护照制度，保护了华侨的合法权益，并且提倡开展华侨文化教育活动，使得南洋华侨的生活状况得到了极大改善。

光绪二十年（1894）黄遵宪结束三年的新加坡总领事任，于十二月初回到上海，由此开始投身于变法维新的政治活动，也开启了其人生的另外一项重要事业。出使海外的经历使黄遵宪在思想上认识到变法维新的重要性，因此回国后便逐渐走上变革社会的实践道路。甲午战败后，黄遵宪加入了康有为创办的上海强学会，并与汪康年、梁启超等人共同创办《时务报》，希图借办报纸以启发民众。维新变法运动期间，黄遵宪在湖南协助巡抚陈宝箴厉行新政，他们创设湖南南学会、保卫局、课吏馆、迁善所、时务学堂、不缠足会等等，使湖南成为当时维新变法运动中最活跃的地区。黄遵宪的行动引起了支持变法的光绪帝的重视，正待重用提拔他之时却遭遇北京的宫廷政变，随着戊戌维新的夭折，黄遵宪的政治生涯也宣告终结。晚年的黄遵宪回到嘉应原籍，把大部分的精力都投放到发展家乡教育事业上，在人境草庐中为自己光辉的一生画上了句号。

---

① （清）黄遵宪：《人境庐诗草》卷3《将之日本题半身写真寄诸友》，收入陈铮编：《黄遵宪全集》上册，北京：中华书局，2005年，第91页。

② 参见［日］信夫清三郎编，天津社会科学院日本问题研究所译：《日本外交史》，北京：商务印书馆，1980年，第210页。

作为清末杰出的史学家,黄遵宪最重要的贡献莫过于编纂《日本国志》一书。《日本国志》曾被时人称赞道:“海内奉为瑰宝。由是诵说之士,抵掌而道域外之观,不致如堕五里雾中,厥功洵伟矣哉!”①特别是在甲午战败以后,中国朝野人士对于日本的认识大为改变,《日本国志》正满足了社会急切了解日本的渴求而一版再版。那么这部如此重要的日本研究史籍是如何编纂和产生的呢?下面结合前人的研究就《日本国志》的编纂动机略陈一二。

关于黄遵宪写作《日本国志》的动机,以王晓秋、郑海麟的观点最具代表性,王晓秋总结为以下三点:“一是作为一个外交官的责任,为开展对日外交与加强中日友好的需要。二是不满以往中国对日研究状况,要提供日本真实详细情况,以改变中国人对日本的模糊认识和错误观点。三是他亲眼见到日本明治维新的成效以及国内外对明治维新的分歧看法,促使他下决心重点考察日本维新后的制度及其利弊得失,提供借鉴,以推动中国的维新变法。”②郑海麟总结为基本相同的三点:“外交官的使命感、澄清封建士大夫对日本的糊涂观念、政治观的转变。”③另外刘雨珍除了赞同以上三点外,认为还有对日本扩张的高度警惕的动机。④ 笔者基本赞同前两点的分析,黄遵宪在光绪十三年(1887)完成《日本国志》后撰写的序言中称:

> 窃伏自念今之参赞官即古之小行人、外史氏之职也。使者捧龙节,乘驷马,驰驱鞅掌,王事靡盬,盖有所不暇于文字之末。若为之僚属者,又不从事于采风问俗,何以副朝廷谘诹询谋之意。既居东二年,稍稍习其文,读其书,与其士大夫交游,遂发凡起例,创为《日本国志》一书。朝夕编辑,甫创稿本,复奉命充美国总领事官,政务靡密,无暇卒业,盖几几乎中辍矣。乙酉之秋,由美回华,星使郑公既解任,

① (清)狄葆贤:《平等阁诗话》,收入《人境庐诗草笺注·附录三》,第1274页。

② 王晓秋:《黄遵宪研究与近代中外文化交流》,收入王晓秋:《近代中国与世界:互动与比较》,第373页。

③ 郑海麟:《黄遵宪传》,第159—161页。

④ 参见刘雨珍:《日本国志·前言》,收入(清)黄遵宪:《日本国志》,上海:上海古籍出版社,2001年。

继之者张公,仍促余往,而两广制府张公,又命遵宪为巡察南洋诸岛之行。遵宪念是书弃置可惜,均谢不往。家居有暇,乃闭门发箧,重事编纂,又几阅两载,而后书成。凡为类十二,为卷四十。

昔契丹主有言:"我于宋国之事,纤悉皆知;而宋人视我国事,如隔十重云雾。"以余观日本士夫,类能读中国之书,考中国之事;而中国士夫,好谈古义,足已自封,于外事不屑措意。无论泰西,即日本与我,仅隔一衣带水,击柝相闻,朝发可以夕至,亦视之若海外三神山,可望而不可即。若邹衍之谈九州,一似六合之外荒诞不足论议也者,可不谓狭隘欤?虽然,士大夫足迹不至其地,历世纪载又不详其事,安所凭藉以为考证之资,其狭隘也亦无足怪也。窃不自揆,勒为一书,以其体近于史志,辄自称为外史氏,亦以外史氏职在收掌,不敢居述作之名也。抑考外史氏掌五帝三王之书,掌四方之志,今之士夫亦思古人学问,考古即所以通今,两不偏废,如此乎?书既成,谨志其缘起,并以质之当世士夫之留心时务者。①

从黄遵宪的自述可以看出,他认为自己作为参赞官出使日本有必要担当起"采风问俗"的重任。黄遵宪在日本与其士大夫交游之际,感觉日本的汉学家对中国的情况相当了解,而反观中国的士大夫对日本的情况则知之甚少。出于以上两种因素的考虑,黄遵宪觉得有必要搜集日本的资料编纂一部日本史,既给朝廷提供参考,又可以帮助国人澄清对日本的模糊认识。但是在编纂《日本国志》的最初动机上,黄遵宪尚未上升到供中国维新变法以资借鉴的高度。就黄遵宪的思想变化过程来说,并不是因为其政治观的改变而激发他撰写《日本国志》,而是在其编纂《日本国志》和丰富海外游历的过程中逐渐孕育了他的改良观。这一点可以由《日本国志》的姊妹篇《日本杂事诗》的编纂得到印证。黄遵宪曾叙述他编辑《日本杂事诗》的缘起为:"既居东二年,稍与其士大夫游,读其书,习其事。拟草《日本国志》一书,网罗旧闻,参考新政。辄取其杂事,衍为小注,串之以诗,即今所行《杂事诗》是也。"②这说明两书的编写几乎同时,而《日本杂事诗》的初稿于光绪五年(1879)即告完成,并送往总理各国事

① (清)黄遵宪:《日本国志叙》,收入陈铮编:《黄遵宪全集》下册,第819页。

② (清)黄遵宪:《日本杂事诗·自序》,收入陈铮编:《黄遵宪全集》上册,第6页。

务衙门，同年七月总理衙门以同文馆聚珍版印行。《日本杂事诗》以诗歌加以小注的形式详细地介绍了日本的历史和明治维新后的新变化，但是我们在这个初稿本中发现此时的黄遵宪仍然是新旧思想杂陈，并没有表现出强烈的为中国变法维新提供借鉴的思想。否则总理衙门也不会迅速地为其刊印发行，而后来《日本国志》迟迟没有得到总理衙门的批准刊印也说明了这点。所以后来黄遵宪又对《日本杂事诗》进行了不断的增补和改删的工作，以与其思想的变化相适应。这也说明在黄遵宪最初编纂《日本国志》之时，其思想并没有发展到提出政治变革的主张。随着黄遵宪在日本阅历的加深，以及受到西方思想的影响之后，在《日本国志》的编纂过程中他的政治改良思想才不断增强。所以当他完成《日本国志》后，草成一诗以志感："湖海归来气未除，忧天热血几时摅。《千秋鉴》借《吾妻镜》，四壁图悬人境庐。改制世方尊白统，《罪言》我窃比《黄书》。频年风雨鸡鸣夕，洒泪挑灯自卷舒。"①可以看出，《日本国志》完成之刻也是黄遵宪维新改良思想成熟之时。当《日本国志》在甲午之后刊刻出版时，立刻受到社会各界的追捧，这也正反映出黄遵宪借王夫之《黄书》以自比，希图《日本国志》成为医治国家积弱的良方。可以说，黄遵宪《日本国志》的撰述成功"符合当时中国历史前进的要求，反映了时代的脉搏，因而这部史书在戊戌运动中直接产生了引人注目的社会效果"②。

史家的修史情怀也应该是黄遵宪编纂《日本国志》的动机。黄遵宪从小即身受中国传统文化的影响和熏陶，他谙熟中国史学传统并且具备良好的史学素养。从学术渊源上讲，他主要是继承了顾炎武的经世致用思想和治学方法。③ 顾炎武的《天下郡国利病书》对黄遵宪研究域外风俗地理具有很大的启发意义，并且使其产生了编纂世界列国史地之书的计划。当黄遵宪读到冈本监辅的《万国史记》时曾慨叹说："余从前亦欲作此书，自草条例，凡为列国传三十卷。为志十二……为表十七……。顾以其书浩博，既非一朝一夕所能竟，又非一手一足所能成。积稿压架，东西

① （清）黄遵宪：《人境庐诗草》卷6《〈日本国志〉书成志感》，收入陈铮编：《黄遵宪全集》上册，第116页。

② 陈其泰：《〈日本国志〉的时代价值》，收入陈其泰：《史学与中国文化传统》，北京：学苑出版社，1999年，第442页。

③ 郑海麟：《黄遵宪传》，第15页。

驰驱,卒未成书。今观冈本氏所著,益滋愧也。"①黄遵宪之所以要编纂万国的史地,从根本上说是出于他对史学的认识和史家的责任感。他曾写道:

> 文章家之足自立者,其惟史乎!吾今日目之所接,耳之所遇,身之所遭,皆吾之所独,古之人莫得僭越之。文章家之史之大者,为古所绝无,其惟今日五大部洲之史乎!……昔人论史迁文,谓非独史才,亦网络者博,有以资之。今五洲万国二千年之事,岂啻倍此。吾意数十年后,必有一学兼中西者,取列国之事著之于史,以成古今未有之奇书。②

这段话正好写于黄遵宪出使日本之后不久,也正是他准备编纂《日本国志》的时间,所以编纂日本史正是实现他史学抱负的绝佳机会。在日本期间,黄遵宪经常与日本友人笔谈日本历史和史学,他对《大日本史》只有纪传而无表、志深感遗憾。③ 所以编纂一部类似于"志"的全面研究日本的史书就成为黄遵宪的理想,他在《日本杂事诗》中曾有一首诗这样写道:"纪事编年体各存,黄门自立一家言。兵刑志外征文献,深恨人无褚少孙。"④正是在这样的日本史学背景和自身的史学意识作用下,黄遵宪编纂日本史书的动机日益成熟。但是对于中国的传统史家来说,修纂域外之国的史书还是有一定顾忌的。俞樾就曾遇到此种困境,有日本人请其编修日本史,他推辞说:"史各有职,余中朝旧史官不能越竟〔境〕而谋也。"⑤所以也就可以解释为什么黄遵宪在《日本国志》的序言中一再强调

---

① (清)黄遵宪:《评〈万国史记序〉》,收入陈铮编:《黄遵宪全集》上册,第246页。

② (清)黄遵宪:《〈藏名山房集〉序》,收入陈铮编:《黄遵宪全集》上册,第250页。

③ 参见陈铮编:《黄遵宪全集》第5编《与日本友人大河内辉声等笔谈》18《戊寅笔话》第15卷第101话(光绪四年五月十六日,1878年6月16日),第635页。按:《大日本史》的编纂是分成几步完成的,志和表的原稿全部完成在明治三十年(1897),此前虽然编成一部分印刷一部分,但是黄遵宪赴日是在1877—1881年,所以没有看到志、表的全稿,因此他才会在与日本友人的笔谈中说出《大日本史》无表、志的话。

④ (清)黄遵宪:《日本杂事诗》卷1《七四》,收入陈铮编:《黄遵宪全集》上册,第30页。

⑤ (清)俞樾:《傅懋元日本图经序》,收入(清)傅云龙著,王宝平整理:《游历日本图经》,第3页。

自己作为参赞官只是在履行“小行人”“外史氏”的职责。而黄遵宪积极谋求编纂域外史地之书的理想，才是他写作《日本国志》的真正动机所在。

二、《日本国志》的比较分析

《日本国志》既不是清代最早研究日本的史籍，也不是最后一部，但是却因为它独具的史学特色和深刻的思想内涵而成为清代最有影响的日本研究史著。特别是在与同一个阶段的日本研究史籍的对比中，更能看出黄遵宪的卓识和《日本国志》的价值所在。郑海麟曾将《日本国志》与同时代的几部日本研究著作进行过对比，如姚文栋的《日本地理兵要》、陈家麟的《东槎闻见录》、顾厚焜的《日本新政考》和傅云龙的《游历日本图经》等。郑海麟的研究方法主要是在介绍其他几部书的基础上，将《日本国志》与它们分别进行比较，并且肯定《日本国志》的独特之处。[①] 郑海麟的研究对笔者启发很大，但是这种比较略显零碎，且对于此时期日本研究的总体状况分析不清。因此在吸收前人研究的基础上，本研究试从总体上对《日本国志》与其他日本研究史籍进行比较分析。

1. 明治维新观的不同

黄遵宪在《日本国志》中重点研究日本的明治维新史，离日赴美时曾作诗云：“草完明治维新史，吟到中华以外天。”[②]他对《日本国志》的期待是编纂一部鲜活的明治维新史，并希望通过总结日本维新改革的经验以资中国改良之借鉴。黄遵宪在此书的《国统志》中详细记载了明治维新的改革过程，并且以时间先后为序逐条胪列了除旧布新的改革措施。在罗列事实的同时，黄遵宪及时总结了明治维新的前因后果和成功的经验与教训。他认为日本是在“霸政久窃，民心积厌，外侮纷乘，内讧交作”[③]的背景下发生的维新改革，所以“日本今日之兴，始仆幕府，终立国会，固天时人事，相生相激，相摩相荡，而后成此局也。然而二三豪杰遭时之变，因势利导，奋勉图功，卒能定国是而固国本，其贤智有足多矣”[④]。黄遵宪

① 参见郑海麟：《黄遵宪传》，第168—177页。

② （清）黄遵宪：《人境庐诗草》卷4《奉命为美国三富兰西士果总领事留别日本诸君子》，收入陈铮编：《黄遵宪全集》上册，第105页。

③ （清）黄遵宪：《日本国志》卷1《国统志一》，收入陈铮编：《黄遵宪全集》下册，第892页。

④ （清）黄遵宪：《日本国志》卷2《国统志三》，收入陈铮编：《黄遵宪全集》下册，第926页。

借明治维新成功的经验,希望清政府也能够依靠改良派实现国家的真正富强。相对于同时期清代其他的日本研究史籍来说,黄遵宪《日本国志》中的明治维新观显得更加彻底和深刻。在《东槎闻见录》《日本新政考》等史籍中也有很多对明治维新的记载,以及对维新之后社会经济、军事等取得进步的赞扬,但是陈家麟、顾厚焜等人只是站在洋务派的立场上肯定技术方面的进步,而否定根本制度方面的变革。黄遵宪则不然,他总结日本明治维新的目的就是要为改革服务,在日本出使期间他就称:"中国必变从西法。其变法也,或如日本之自强,或如埃及之被逼,或如印度之受辖,或如波兰之瓜分,则吾不敢知,要之必变。将此藏之石函,三十年后,其言必验。"①虽然当时他还不清楚中国会采用何种道路,但是坚信中国必然会走变法的道路。当他出使欧美各国之后,对于变法的思想认识更加深刻,所以《日本国志》也就成为其呼吁进行新政改革的有力武器。这也就是《日本国志》中所体现的原则:"凡牵涉西法,尤加详备,期适用也。"②黄遵宪《日本国志》中的明治维新观为康有为以及光绪帝进行戊戌维新变法提供了宝贵的经验,这些都是同时代其他日本研究史籍所不能比拟的。

2. 具体编纂上的不同

黄遵宪《日本国志》的编纂不同于当时一些浮光掠影式的日本游记或草草而就的考察报告。出使日本之后,黄遵宪即留意收集日本的资料,为编纂《日本国志》做好准备。同时,他还先期完成了《日本国志》的姊妹篇《日本杂事诗》,通过诗歌和小注的形式研究日本的历史,两书也被称作日本研究的双璧之作。③《日本杂事诗》的完成为《日本国志》的编纂成功起到了很好的开拓作用,随着《日本国志》编撰的不断深入,黄遵宪又对《日本杂事诗》进行了修订和增删,从中也可以看出黄遵宪对日本的研究是诗史并行多种形式的研究。仅从这一点上来讲,清代其他的日本研究史家是无法与黄遵宪相比的。《日本国志》在编写时间上经历了一个很长的过程,从 1878 年开始在日本搜集资料,1881 年写成初稿,1887

---

① (清)黄遵宪:《人境庐诗草》卷9《四七》,收入陈铮编:《黄遵宪全集》上册,第 158 页。

② (清)黄遵宪:《日本国志·凡例》,收入陈铮编:《黄遵宪全集》下册,第 821—822 页。

③ 参见[日]石原道博:《清代の日本研究·第 5 部——黄遵憲の日本国志と日本雑事詩－下－》,《茨城大学人文学部·文学科论集》通号 9,1976 年 3 月。

年完稿成书,1890年交付广东富文斋刊刻,直到1895年才得以出版。而同时代的其他日本研究史籍则基本都是成书十分迅速,《日本新政考》从收集资料到出版印刷仅仅用了五个月的时间,傅云龙初次编纂《游历日本图经》只用了六个月的时间,虽然由美返日后又加以修订,但前后也只有两年左右的时间。其他诸如《日本地理兵要》《东槎闻见录》等书编纂时间也都极短。虽然不能说成书质量和编纂时间长短成正比的关系,但是黄遵宪长时间地搜集资料和编纂,以及反复修订,使得《日本国志》的成书质量和研究水平有了时间上的保障。

关于《日本国志》在写作上的特色,吴天任总结为四点:“其一,记述则去取谨严,繁简适中;其二,附表则纵横尽括,纤细靡遗;其三,前后论断,则引证古今中外,得失尽见;其四,附注则连类并及,考证详明。”①王晓秋在此基础上又进行了详细的论说和进一步的发挥。② 黄遵宪在《日本国志》的编写中贯彻始终的是实事求是的态度,对于史料的取材十分严谨,叙述平实而客观。并且在对待日本的态度上,黄遵宪能够摒弃传统的旧观念,坚持“名从主人”的写作原则。黄遵宪在《日本国志》编订的《凡例》中写道:

> 自儒者以笔削说《春秋》,谓降杞为子,贬荆为人,所以示书法,是谬悠之谭也。自史臣以内辞尊本国,谓北称索虏,南号岛夷,所以崇国体,是狭陋之见也。夫史家纪述,务从实录,无端取前古之人、他国之君而易其名号,求之人情,奚当于理?矧《会典》所载,本非朝贡之班,国书往来,待以邻交之礼者乎?此编所书,采摭诸史,曰皇曰帝,概从旧称。③

黄遵宪摈弃这种互相蔑视的作法,从求真纪实的原则出发,对于日本的官名、地名等均一仍其旧。另外黄遵宪在《日本国志》中还坚持了“史论结合、寓论于史”的作法,以“外史氏曰”的方式来发表自己的评论。在每一篇志的开篇或者结尾,黄遵宪都会加有一段“外史氏曰”,其内容往往就

① 吴天任:《黄公度先生传稿》,香港:香港中文大学出版社,1972年,第325—326页。

② 参见王晓秋:《〈日本国志〉初探》,《近代史研究》1980年第3期,第177—206页。

③ (清)黄遵宪:《日本国志·凡例》,收入陈铮编:《黄遵宪全集》下册,第819—820页。

是他对正文内容的评论和看法。在正文的行文中，很多地方都夹有黄遵宪的小注，内容以解释正文或者加以评论为主。黄遵宪通过“外史氏曰”的形式，阐发了自己对日本史特别是对明治维新的看法，并且在评论中往往将日本与中国的情况进行对比，从而体现出作者的思想和洞见。这种写作方式在同时期其他日本研究史籍中完全看不到，后来康有为在《日本变政考》中也采用这种史论结合的方法，基本上就是受到了黄遵宪的影响。

通过以上的对比可以发现，黄遵宪的《日本国志》有其独到之处，在清代众多的日本研究史籍中具有较高的地位和影响。当然《日本国志》并非与其他日本研究史著格格不入，它们之间也存在着许多共同点，这也是这个时期日本研究的特点所在。首先在编纂形式上，这些史书主要都是采用“志”的体裁，围绕日本的政治、经济、军事、社会等问题进行研究，每一个部分都是一个独立的专题。其次，这个阶段的日本研究偏重于全面性的介绍，对于日本的各个方面进行了“百科全书式”的研究。另外在编写原则上都贯彻了“详近略远”的原则，黄遵宪曾经在和日本友人笔谈自己编纂《日本国志》时谈道：“仆之此书，期于有用，故详近而略古，详大而略小，所据多布告之书，及各官省年报也。”①顾厚焜《日本新政考》、傅云龙《游历日本图经》和陈家麟《东槎闻见录》等书基本都是坚持这种原则，他们取材都是依据近代的资料，书中关于近代史的内容都是占据了大部分的篇幅。最后从写作方式上看，这些日本研究史籍都非常重视图表的作用。黄遵宪在《日本国志》中列有大量的统计表格，通过这些表格可以对日本明治维新后的各方面情况有更加直观和清晰的认识。《日本环海险要图志》和《游历日本图经》中都附有大量的地图，这对于了解日本的地理形势和行政区划具有无可替代的作用。但是《日本国志》中却付之阙如，不能不说是一种遗憾。其实黄遵宪十分清楚地图的作用，后来在他致汪康年的信函中曾称《日本国志》当初属稿时曾打算附有数图（兵制分管之图、学校分区之图、裁判所分设之图、物产图），可惜未能如愿，其原因为：

---

① 陈铮编：《黄遵宪全集》第5编《与日本友人大河内辉声等笔谈》36《己卯笔话》第15卷第88话（光绪五年十一月六日，1879年12月18日），第692页。

> 既定体制、拟草稿，遂托陆军参谋部木村某以精铜刻板，与之订约，并交去百金。木村者，陆军绘图素出其手，忽为人告讦，谓其卖国，以险要形胜输之中国使署，遽锒铛下狱，扃禁甚严。数日后，其妻子始闻其实，来署哭诉。其时大山岩方官陆军卿，与弟素好，弟译言著书之故，并以约底送阅，乃邀释放，然其事遂作罢论矣。去岁托楢原陈政（即井上陈政），购通行地图，欲附《志》以行，而久无复音。乞兄商之梁卓如，告古城贞吉，择通行图之明爽者（多阅数分，乃可择定），嘱删易某店发卖之款识，定购数百分，他日存报馆中，附《志》而行，需图者别加图价。《志》中凡例有附图之语，自不能略而不备也。①

所以在最后刊刻成书的《日本国志》中没有图的部分，而在编纂之始黄遵宪是考虑到要绘图入史的。只不过最后受到客观条件的限制，没有实现这一编纂目的。但是由此也可以看出，在当时的日本研究中，众多研究者普遍都非常重视图表的作用。

总而言之，黄遵宪是清代日本研究者中最有代表性的人物。他的《日本杂事诗》和《日本国志》对日本进行了详细的介绍，特别是对明治维新的研究，对于清末的改良和新政都具有重要的启发意义。《日本国志》一书以其独特的写作特点和深刻的思想内涵，在清代的日本研究史籍中树立了一座丰碑。

通过本章对清朝第二个阶段日本研究史籍的分析可以发现，这个时期对日本的研究主要集中在记载明治维新方面。这些史籍的编纂者大部分亲身到过日本，他们均进行了实地的考察和研究，并且在书中参考了大量的日本史书和统计资料，已经改变了过去仅凭传闻和依据二手资料的研究方法。这些日本研究者对日本明治维新的考察，为国内的洋务派在学习西法上提供了可资借鉴的经验。其中思想先进的研究者如黄遵宪等人在介绍明治维新成就的同时，也将改良观一并加以宣传，对于清末的变法和新政改革起到了积极的先导作用。

---

① （清）黄遵宪：《致汪康年函》（光绪二十三年三月二十一日，1897年4月22日），收入陈铮编：《黄遵宪全集》上册，第405页。

第六章　甲午战后的日本研究史籍探析

甲午战败是中国近代历史上的一个拐点，它像晴天霹雳一样唤醒了沉睡的中国人，亡国灭种的危机迫使清朝开始认真学习西方。正如梁启超所言："唤起吾国四千年之大梦，实自甲午一役始也。"①在这场历史大变局中，改变最大的应该是中国对日本的态度。曾经被视为"蕞尔小国"的日本，却在这场师徒对话中打败了自称"天朝上国"的清朝。巨额的赔款和割地的屈辱，迫使清人开始认真正视对手，并虚心地向日本学习。可能这也算是甲午战败带给中国的唯一希望。

虽然在甲午战争之前有不少人已经开始注意日本，并且有很多日本游记和研究史籍出现，但是并没有引起清政府和社会各界的广泛关注。在《马关条约》签订后，袁昶将《日本国志》呈交两江总督张之洞，称如果此书早点流布或许就可以节省二亿两赔款。② 显然经历过甲午战败的刺激后，清朝上上下下才开始重视起对日本的研究来。在政治上，清政府开始学习日本明治维新的经验，进行变法和新政方面的尝试。从戊戌变法开始的清末新政改革在思想和体制的转化上都取得了令人瞩目的成就，但是应该看到在这个过程中，日本几乎每一步都是作为中国的样本和积极参与者。③ 作为向日本学习的重要方式，清政府开始实施派遣留学生的政策。1898 年张之洞发表《劝学篇》，其中提到赴日留学有"路近费省文同"等优点，更加促成了留日热潮的兴起。据统计，清末留日学生总数

---

① 梁启超：《戊戌政变记》卷7《改革起源》，收入中国史学会主编：《戊戌变法》(一)，上海：上海人民出版社，1957 年，第 296 页。

② (清)黄遵宪：《人境庐诗草》卷 10《三哀诗·袁爽秋京卿》，收入陈铮编：《黄遵宪全集》上册，北京：中华书局，2005 年，第 177 页。

③ [美]任达著，李仲贤译：《新政革命与日本——中国(1898—1912)》，南京：江苏人民出版社，1998 年，第 7 页。

约为4万人,其中以废除科举后的1905年和1906年最多,每年有近8000名学子东渡日本留学。① 同时队,清朝从中央到地方均派出了大批官绅赴日考察游历。他们考察的内容涉及了日本的政治、经济、军事、教育和法律等多个方面。在人数上,从1898年到1911年的这十三年中,由中央政府派遣424人,地方政府派遣达957人。② 由地方政府派遣的东游考察者中,以直隶省最有代表性。在这个时期出任直隶总督的袁世凯亲自制定派遣官绅出洋游历的办法,并且由省政府和地方部门筹资支持,使得直隶省不仅在东游热潮中的考察人员数量较多,而且成果也极具特色。③这个时期还开展了大范围翻译日本书籍的工作。1896年京师同文馆专门增设东文馆,用来培养日语翻译人才,随后全国其他地方也开办了许多以学习日语为主的学校。在中国的留日学生中也掀起了翻译日本书籍的热潮,他们中成立了学生翻译组织,还出版了专门的刊物,如《游学译编》等。据不完全统计,1896—1911年,翻译日文书共有958种。④ 这些翻译的日本书中关于日本历史的主要是以明治维新史最多,如《日本维新慷慨史》《日本维新三十年史》《日本明治维新小史》《日本维新三杰传》等等。这些书籍对于当时中国的日本研究具有重要的参考价值。另外清末的赴日考察者还完成了大量的考察游记,内容涉及了日本维新变革的方方面面,对日本的认识和研究有了更加切身的体会和感知。

这个时期虽然掀起学习日本的高潮,并且有大量的考察游记问世,但是用传统方法编纂的日本研究史籍并不是很多。这跟当时研究日本的方式和主题发生改变息息相关,另外中国近代史学的建立也是重要的因素。近代新史学的建立标准主要有两点:一是应当形成比较系统的新史学理论,二是出现按新观念、新体系编纂的比较流行的历史著作。⑤ 1901年梁启超发表《中国史叙论》,次年又发表《新史学》,提出了新的史学理论。

---

① 参见[日]实藤惠秀著,谭汝谦、林启彦译:《中国人留学日本史》,北京:生活·读书·新知三联书店,1983年,第451页。

② 参见熊达云:《近代中国官民の日本视察》,东京:成文堂,1998年,第100页。

③ 参见孙雪梅:《清末民初中国人的日本观——以直隶省为中心》,天津:天津人民出版社,2001年,第31—57页。

④ 参见谭汝谦主编:《中国译日本书综合目录》,香港:香港中文大学出版社,1980年,第46页。

⑤ 杨翼骧:《学忍堂文集》,北京:中华书局,2002年,第422页。

1906年夏曾佑的《最新中学中国历史教科书》第三册出版，从内容和体例上都打破了传统史学的体系。因此可以说这个阶段中国的近代新史学已经建立。所以传统意义上的清朝日本研究史籍主要是在近代史学建立以前完成，本章将重点分析其中的两部代表作——1898年完成的《日本变政考》和1901年完成的《日本源流考》。

第一节 《日本变政考》与康有为的日本研究

康有为(1858—1927)，又名祖诒，字广厦，号长素，广东南海人。康有为是在中国近代史上产生过重要影响的人物。其弟子梁启超曾为其作传称："若夫他日有著二十世纪新中国史者，吾知其开卷第一叶，必称述先生之精神事业，以为社会原动力之所自始。"①虽然梁启超的评价不无恭维恩师之意，但是却也道出了康有为的影响力，的确当今任何一部中国近代史著都没有缺少康有为的篇章。然而对于康有为的评价却是颇具争议，赞赏与毁誉同在，这也跟康氏一生的经历和性格紧密相关。康有为本身即是一个充满了矛盾的人物，由其弟子们撰写的《南海先生传》中写道：

> 先生日美戒杀，而日食肉；亦称一夫一妻之公，而以无子立妾；日言男女平等，而家人未行独立；日言人类平等，而好役婢仆；极好西学西器，而礼俗、器物、语言、仪文，皆坚守中国；极美民主政体，而专行君主；注意世界大同，而专事中国：凡此皆若甚相反者。②

最称知己的弟子们对乃师的叙述堪称妥帖，康有为的刚毅性格加之所处时代的复杂性使得其矛盾性更加突出。这也为站在不同立场的评论者提供了各自的依据，为后世完整地理解康有为增加了不小的难度。康

① 梁启超：《南海康先生传》，收入夏晓虹编：《追忆康有为》，北京：生活·读书·新知三联书店，2009年，第2页。

② 陆乃翔、陆敦骙等：《南海先生传·上编》第13章《结论》，收入夏晓虹编：《追忆康有为》，第77页。

有为对日本的观点也是如此，警惕与敌视、效仿与友好，都在不同的时段表现出来。康有为的《日本变政考》历来被认为是他提供给光绪帝实施维新变法的教科书，那么对于康有为的日本研究自然应该引起重视。

一、康有为的日本认识与《日本变政考》的编纂

康有为出身于书香门第，从小就受到了良好的家庭教育。康有为六岁起便在塾师简凤仪的指导下攻读四书五经，但是却迟迟未能考中秀才，这也预示着他的科第之路并不平坦。十九岁开始康有为便参加乡试，但却六考六败，直到三十六岁时才考中举人，两年后又中了进士，然而并没有得入翰林。在第一次乡试不中后，康有为就跟随粤中大儒朱次琦九江先生问学，这对于日后康有为学问体系的形成产生了决定性的影响。[①]而康有为接触西学的时间更在此之前，1874 年康有为就在家里的藏书中读到了《瀛环志略》和《地球图》，由是康有为始“知万国之故，地球之理”[②]。1879 年，康有为从张鼎华那里了解到当时的新思潮和各种西学新书，对新世界产生了好奇。此后他又找到《西国近事汇编》和李圭的《环游地球新录》以及西学译书数种进行研读。不久康有为到香港游览，当地发达的工商业和城市环境给他留下了很深的印象，不禁感叹“乃始知西人治国有法度，不得以古旧之夷狄视之”[③]。这次出游给康有为的冲击很大，回来后他又重新阅读《海国图志》和《瀛环志略》等书，并且购买世界地图，留心收集西学之书。香港的游历和西学知识的进步对这个时期康有为思想的转变具有重要影响。1882 年康有为北上应试时途经上海，再次被都市的繁华和西方人的治理方法所折服，沿途又购买了大量的西学书籍。次年起康有为就完全放弃了不重视西学的传统观念，一方面研读清朝国史，另一方面开始全力补习西学，从声、光、化、电的物理知识到各国史志、名人游记无不涉猎。由此，康有为产生了编辑万国文献通考的想法，并且还要兼及乐律、韵学和地图学。这种对西学的讲求为康有为维新思想体系的形成注入了“血液”。[④]

伴随着自身西学知识的日益长进和对外部世界探求欲望的增强，康

① ［日］坂出祥伸：《康有为传》，台北：国际文化事业有限公司，1989 年，第 34 页。

② 康有为著，楼宇烈整理：《康南海自编年谱》，北京：中华书局，1992 年，第 6 页。

③ 康有为著，楼宇烈整理：《康南海自编年谱》，第 9—10 页。

④ 林克光：《革新派巨人康有为》，北京：中国人民大学出版社，1990 年，第 37 页。

有为对于日本的认识也不断加深。康有为较早地表述对日本的看法是在1888年,这一年也是他开始提出变法思想的时间。“计自马江败后,国势日蹙,中国发愤,只有此数年闲暇,及时变法,犹可支持,过此不治,后欲为之,外患日逼,势无及矣。”①在这种内忧外患、国势紧迫的情况下,康有为递交了《上清帝第一书》。康有为在上奏中提到了当时清朝面临的外部局势,其中说到日本则称“日谋高丽,而伺吉林于东”②。接着又具体分析道:“日本虽小,然其君臣自改纪后,日夜谋我,内治兵饷,外购铁舰,大小已三十艘,将翦朝鲜而窥我边。”③康有为为了说明当时外部形势的紧张,列举了各国准备进逼中国的计划,提请清政府注意日本侵略的野心。康有为接着在上书中提出了“变成法、通下情、慎左右”三条具体建议,为了说明问题他又举了日本的例子:“日本崎岖小岛,近者君臣变法兴治,十余年间,百废具举,南灭琉球,北辟虾夷,欧洲大国,睨而莫敢伺,况以中国地方之大,物产之盛,人民之众,二帝三王所传,礼治之美,列圣所缔构,人心之固,加以皇太后皇上仁明之德,何弱不振哉?臣谓变法则治可立待也。”④虽然这次上书没有上达天听,但是已经表达出了康有为进行维新变法的要求。从中可以看出康有为对日本的认识程度,他已经了解到日本由于明治维新变法而在经济上取得了不小的成就,并且领土扩张欲望强烈,不仅吞并琉球、开辟北海道,还购置军舰积极谋求对朝鲜和清朝的侵略。虽然康有为是为提出自己的变法思想而谈到了日本,但是他对于当时日本基本情况的了解还是符合史实的。此年康有为还代御史屠仁守作《钱币疏》,其中提到日本则称:“日本崎岖一岛,国小民贫,然铸币十年,所出金钱已五千余万,银钱已三千余万,流溢至中国,小银钱尤多,国用富强。蕞尔岛夷犹能如此,况堂堂中国,岂可令利权正朔为外夷所夺乎?”⑤这和他在《上清帝第一书》中的论调基本差不多,认为日本能够办到的事情,中国通过变法改革也肯定能够实现。通过康有为两处的论述,

---

① 康有为著,楼宇烈整理:《康南海自编年谱》,第15页。

② 康有为:《上清帝第一书》,收入汤志钧编:《康有为政论集》上册,北京:中华书局,1981年,第52页。

③ 康有为:《上清帝第一书》,收入汤志钧编:《康有为政论集》上册,第53—54页。

④ 康有为:《上清帝第一书》,收入汤志钧编:《康有为政论集》上册,第59页。

⑤ 康有为:《钱币疏》,收入汤志钧编:《康有为政论集》上册,第39页。

可以看出康有为此时从根本上还是轻视日本的，仍然坚持视日本为蛮夷的态度，是根本无法与“天朝上国”相提并论的，堂堂中华大国只要变法自强，一定远远超过“蕞尔小国”日本。

1889年康有为又代御史屠仁守草拟一折，其中再次提到清朝周边形势，“方今琉球灭，缅甸亡，安南失，高丽日有祸，藏衅又萌芽矣。俄筑铁路，将至珲春，而逼盛京，英窥滇藏，法伺粤滇，日本蕞尔小岛，其君睦仁与其臣岩仓具视发愤改纪。比已富强，日夜谋我。”①这里康有为基本重拾前一年的论调，论证周边形势的紧张。值得注意的是，康有为提出日本维新改革是由睦仁天皇和大臣岩仓具视共同发起的。随着朝鲜局势的日益紧张，康有为在1890年发表了《保朝鲜策》，指出俄国和日本对于朝鲜的侵略野心。其中提到：“日本虽三岛，然地处温带，其水逆而人机智，近者通知地球之势，不变法则不能自强，而必为人弱，故步武东西以振其国。日地仅十四万方里，而民数三千余万，方里之内人二百余，地小不足以自养，非辟地无术矣。故南取琉球，北开虾夷，自此以外，不攻朝鲜，将何辟也？”②康有为对日本当时侵略扩张的野心比较了解，对日本地小民多的实际非常清楚。其中讲到的日本面积、人口总数和密度都与当时傅云龙《游历日本图经》中考察的结果一致，只是说日本为三岛不合实际，而且将日本扩张的原因完全归结为“地小不足以养”并不准确。康有为在这里仍然继续强调变法自强的重要性。1894年朝鲜爆发东学党起义，随后请求中日两国派兵协助镇压。然而日本却借机挑起对中国的战争，康有为在此时发表了《攻日策》一文。康有为在文中指出：“兵家先发者制人，后发者制于人。”③并且援引欧洲与中国历史上的例子来说明先发制人的重要性。因此，康有为认为解除日本对中国威胁的最好办法就是主动进攻日本，“若有铁船至彼，多方以误，屡扰以疲，彼国水师即不畏，士女能不畏乎？海口即能固守，风声能无震乎？巨舰不能入彼海口，练渔船，求间谍，独不能扰彼海岸乎？彼既严警海防，劳师费财，日夜震动，市易摇动，

① 康有为：《乞赐面对折》，收入汤志钧编：《康有为政论集》上册，第71页。

② 康有为：《保朝鲜策》，收入上海文物保管委员会编：《康有为遗稿·戊戌变法前后》，上海：上海人民出版社，1986年，第34页。

③ 康有为：《攻日策》，收入上海文物保管委员会编：《康有为遗稿·戊戌变法前后》，第37页。

工贾失业，饷源亦艰，其酋日虑有失，亦将分谋我之心以自保，若能有所得，则彼尚安暇窥人哉？故策必在攻之。”①然后康有为接着分析日本的地形和进军的主要线路，几乎是全文抄自姚文栋《日本地理兵要》的前言部分。康有为在《攻日策》中的观点和当时清朝大部分士大夫所持“华夷观”的论调基本一致，认为清朝泱泱大国灭掉夷狄小邦日本应该不在话下。他对于日本军事地理的认识基本来自于一二十年前姚文栋等人的考察结果，殊不知日本经过十几年的扩军备战已经在实力上有了很大的增强。而康有为仍然对清朝北洋舰队的军事实力抱有过高的期待，所以才会作出先发制人的论断。而后来甲午战争中北洋舰队的全军覆没和清朝的惨败，证明了康有为此时对于中日军事实力的了解并不准确。

1895年《马关条约》的签订对康有为冲击巨大，他联合在京各省学子发动“公车上书”，提出拒和、迁都、练兵、变法的四项主张。随后康有为连续递交《上清帝第三书》和《上清帝第四书》，继续阐述其变法自强的主张。并且援引日本明治维新的例子称：“日本蕞尔三岛，土地人民不能当中国之十一，近者其皇睦仁与其相三条实美改纪其政，国日富强，乃能灭我琉球，割我辽台。以土之大，不更化则削弱如此；以日之小，能更化则骤强如彼。岂非明效大验哉？”②甲午战败的冲击再次使康有为认识到日本明治维新的成效，积极向光绪帝宣传日本成功的经验。并且提到了三条实美在明治维新中的作用，三条实美曾经担任日本的太政大臣，参与了明治政府的很多新政改革。

关于康有为编纂《日本变政考》的问题争议较多。关于此书与《日本变政记》的关系，一种观点认为虽然书名不同但实际上是一本书③，另一种观点认为是两部书，《日本变政考》是在《日本变政记》的基础上进行文字修改，并加以按语而写成的④。关于《日本变政记》的写作时间，王晓秋、陈华新等人均认为始于1886年，完成于1896年。王魁星则认为是在

---

① 康有为：《攻日策》，收入上海文物保管委员会编：《康有为遗稿·戊戌变法前后》，第38页。

② 康有为：《上清帝第四书》，收入汤志钧编：《康有为政论集》上册，第153页。

③ 彭泽周：《中国の近代化と明治維新》，京都：同朋舍出版部，1976年，第91—94页。

④ 王晓秋：《康有为的一部未刊印的重要著作——〈日本变政考〉评介》，《历史研究》1980年第3期；陈华新：《康有为与〈日本变政考〉的几个问题》，《近代史研究》1984年第2期。

1895—1896 年期间完成。[①] 笔者认为康有为最初设想此书书名为《日本变政记》,书成后定名为《日本变政考》。现在见到的第二次进呈本《日本变政考》只不过是在第一版基础上加以按语和文字润色而成。根据《康有为自定年谱》中 1896 年记载,"自丙戌年(1886)编《日本变政记》,披罗事迹,至今十年。至是年所得日本书甚多,乃令长女同薇译之,稿乃具。"[②]这说明此书最初定名为《日本变政记》,主要就是日本明治维新的大事编年记载。光绪二十四年(1898)正月初三日李鸿章、荣禄等人召见康有为,在回答翁同龢关于筹款的问题时,康有为称:"近来编辑有《日本变政考》,及《俄大彼得变政记》,可以采鉴焉。"[③]这说明此时康有为已经基本编成此书草稿,并确定名称为《日本变政考》。当翁同龢将康有为之奏禀告光绪帝后,"上乃令条陈所见,并进呈《日本变法考》及《俄彼得变政记》。"[④]得到光绪帝的旨意后,康有为赶紧准备,其年谱中记载:"于是昼夜缮写《日本变政考》《俄彼得变政记》二书,忙甚。"[⑤]这说明康有为为了将此书恭呈御览,加紧进行缮写。二月底,康有为首先缮写完成《俄彼得变政记》准备进呈,但是三月初赶上俄国索要旅顺、大连之事而耽搁。初八日康有为此书才得以进呈,并"附《日本变政考》,顺时呈《泰西新史览要》《时事新论》等书。"[⑥]此事也被翁同龢记载到日记当中:"总署代康有为条陈折(原注:变法片一件,岁科试改去八股),并书三部(原注:《日本变政记》《泰西新政摘要》《各国振兴记》,命将康折……)。并书及前两次折,并《俄彼得变政记》皆呈慈览。"[⑦]有的学者根据翁同龢此处的记载,便认为此书呈上就是《日本变政记》而非《日本变政考》。[⑧] 此说并不能成立,因为翁同龢对书名的记载不一定完全准确,他日记中就将《泰西新史览要》一书误为《泰西新政摘要》,那么《日本新政考》也完全有可能受

① 王魁星:《关于康有为写〈日本变政考〉的两个问题》,《近代史研究》1985 年第 4 期。

② 康有为著,楼宇烈整理:《康南海自编年谱》,第 33 页。

③ 康有为著,楼宇烈整理:《康南海自编年谱》,第 37 页。

④ 康有为著,楼宇烈整理:《康南海自编年谱》,第 37 页。

⑤ 康有为著,楼宇烈整理:《康南海自编年谱》,第 37 页。

⑥ 康有为著,楼宇烈整理:《康南海自编年谱》,第 38 页。

⑦ (清)翁同龢:《翁文恭公日记》,收入中国史学会主编:《戊戌变法》(一),第 521 页。

⑧ 陈华新:《康有为与〈日本变政考〉的几个问题》,《近代史研究》1984 年第 2 期,第 176 页。

《俄彼得变政记》的影响而将“考”记忆为“记”。因此应该以此书作者和当事人康有为的记载为准。此书进呈后，当年四月“上读《日本变政考》而善之”①，于是光绪帝下定变法的决心。但是光绪帝对于《日本变政考》初稿的文字润色并不十分满意，康有为在第二次呈进的《日本变政考》题记中写道：“原本所译日文太奥，顷加润色，令文从字顺，并附表注，以便阅看。”②于是康有为借修改的机会，在《日本变政考》中大量加入按语，其实就是将自己的变法思想渗透到其中，这为光绪帝在百日维新中的政策制定提供了很大的借鉴。《康有为自编年谱》中记载修改一事云：

> 时上频命枢臣催所著各国变政书，乃昼夜将《日本变政考》加案语于其上。凡日本事自明治元年至二十四年共十二卷，更为撮要一卷，政表一卷附之，每日本一新政，皆借发一议于案语中。凡中国变法之曲折条理，无不借此书发之，兼赅详尽，网罗宏大。一卷甫成，即进上，上复催，又进一卷。上以皆日本施行有效者，阅之甚喜，自官制、财政、宪法、海陆军，经营新疆，合满汉教男女，改元迁都，农工商矿各事，上皆深然之。新政之旨，有自上特出者，每一旨下，多出奏折之外，枢臣及朝士皆茫然不知所自来，于是疑上谕皆我所议拟，然本朝安有是事？惟间日进书，上采案语，以为谕旨。六日进《波兰分灭记》《列国比较表》，七日进《法国变政考》，其德、英二国变政考，至八月上，而政变生矣。自召见后，无数日不进书者，朝士不知进书，辄疑折函中，累累盈帙，故生疑议也。③

康有为在此交代了此书的篇帙构成，即全书十二卷，外加撮要一卷和政表一卷。这和前文题记中所提“并加表注”的记载是吻合的。20世纪初期在故宫博物院发现了珍藏的《日本变政考》两函十二册本，即十二卷本，但是康有为所言“表注”等卷均未发现。于是有的学者就认为康有为年谱中是误记，并据此推断说：“在《日本变政考》正文之后所附‘臣有为

① 康有为著，楼宇烈整理：《康南海自编年谱》，第40页。

② 康有为：《日本变政考·题记》，故宫博物院藏本，参见朱家溍：《〈康有为日本变政考〉出版说明》，《紫禁城》1998年第4期，第42页。

③ 康有为著，楼宇烈整理：《康南海自编年谱》，第47页。

谨按'的按语,就是康有为所指的'表注'。"①但是20世纪80年代在故宫博物院"又发现此书附录一卷,即第十三卷《日本变政表》"②,所以前者之说已经不攻自破。另外学者均忽略的一个问题是,现在故宫所见《日本变政考》为十二卷,但是康有为在该书《序言》中却称为"十卷"。《序言》中这样写道:"乙未合议成,大搜日本群书,臣女同薇,粗通东文,译而集成,阅今三年,乃得见日本变法曲折次第,因为删要十卷,以表注附焉。"③这里需要注意的是,康有为称"删要十卷",即是康有为在康同薇翻译日本书籍编集而成的基础上进一步的删改,所以应该是提交光绪帝的初稿。如果是第二次进呈的修改稿的话,因为加入了三百多条的按语,所以不应该称"删要",而且已经由十卷扩充为十二卷了。至于为什么会把初稿的序言放到第二次进呈本中,这是因为第二次进呈本是抄写好一卷就进呈一卷,现在故宫博物院见到的多次呈览本"笔迹经过多人誊录,墨色浓淡不一"④。所以我们现在见到的两函本显然是经过别人装订整理的,那么也就不排除将初稿的序言装到第二次进呈本中的可能。另外1911年编集的《戊戌奏稿》中收有一篇《进呈日本明治变政考序》,有学者认为:"近年来史学界发现了《戊戌奏稿》是伪奏稿,有不少地方曾被篡改。这篇序文也显系经过篡改的。最大的篡改就是把《进呈〈日本变政记〉序》改为《进呈〈日本变政考〉序》。"⑤此论断有一个错误就是此文题目为《进呈日本明治变政考序》,而非《进呈〈日本变政考〉序》。在这篇序言中,康有为大谈自己的先见之明,抱怨清廷长吏大臣不接纳他的译书之议与变法之策,甚至提到"昔在圣明御极之时,琉球被灭之际,臣有乡人,商于日本,携

---

① 陈华新:《康有为与〈日本变政考〉的几个问题》,《近代史研究》1984年第2期,第178页。

② 王晓秋:《康有为的世界认识和"仿洋改制"》,收入《论戊戌变法运动及康有为、梁启超》,广州:广东人民出版社,1985年,第223页;此文又收入王晓秋:《近代中国与世界——互动与比较》,北京:紫禁城出版社,2003年,第81页。

③ 康有为:《日本变政考·序》,收入蒋贵麟主编:《康南海先生遗著汇刊》(十),台北:宏业书局,1987年,第2页。

④ 陈华新:《康有为与〈日本变政考〉的几个问题》,《近代史研究》1984年第2期,第177页。

⑤ 陈华新:《康有为与〈日本变政考〉的几个问题》,《近代史研究》1984年第2期,第177页。

示书目,臣托购求,且读且骇,知其变政之勇猛,而成效之已著也”[①]。“圣明御极”是指光绪继位的1875年,琉球被日本吞并是在1874年,此时的康有为只有十七八岁。根据其年谱记载,此时康有为刚刚读到《瀛环志略》,还是专事八股的学生,根本不可能读到日本书籍。此篇序文只不过是康有为在政变失败后,表明自己的政治远见的伪作,不足为据。倒是康有为这里提到《日本明治变政考》的书名很有意思,后来他的学生张伯桢编辑《万木草堂丛书目录》时就著录为此书名,或许是受了康有为的影响。总之,康有为编纂《日本变政考》是经过一段时间的准备,并且有长女康同薇协助翻译日本书籍,后来初稿呈交光绪帝以后,又加以文字润色和插入按语,最后分卷呈进完成。

二、从《日本变政考》看康有为的历史思想与史学思想

康有为是近代史上著名的政治家和思想家,以往对他前期思想的研究主要集中在变法理论三部曲,即《新学伪经考》《孔子改制考》《春秋董氏学》,以及向光绪皇帝的七次上书。对他后期思想的研究主要集中于他发表的《大同书》和晚年的一系列政治活动。《日本变政考》是康有为为实现其变法主张而完成的重要著作,对于研究康有为的思想具有重要意义。在书中所体现的历史思想与史学思想,也是清代日本研究中的重要内容。因此本书将结合前人研究的成果,试从以下三点分析这个问题。

1. 历史进化观

康有为在许多文章中都阐述过他对历史的看法,他认为历史是不断进化的,社会是越来越走向文明与进步的。他还进一步发挥《春秋》“公羊学”的说法,并结合历史进化论提出了将中国历史分为“据乱世”“升平世”和“太平世”三个发展阶段的看法。在《日本变政考》中,康有为也提出了他对于历史进化的观点和看法。

康有为为了宣传自己的变法理论,在《日本变政考》中详细列举明治维新的各项措施,并希望光绪帝能够从中借鉴日本成功的经验。康有为在分析日本变法成功的原因时,主要强调日本能够破除旧俗,根据历史进化的观点,应该不断向前进而不是保守或者退回到古代。日本正是因为进行了大刀阔斧的改革,所以才会在二三十年内取得了令人瞩目的成绩。

---

① 康有为:《进呈日本明治变政考序》,收入汤志钧编:《康有为政论集》上册,第223页。

康有为在《日本变政考》中叙述大久保利通向明治天皇参奏迁都之议时，在按语中写道："夫当蔽〔闭〕关之世，蔽隔已不可，况大地骤通，万国竞长，政事学艺，日新月异，稍有退败，国不能立，而公卿老旧，政事殷迫，无暇讲求新学，其所见闻，积于心思者，皆前数十年之学俗。人主所见者惟此，何从扩域外之观，闻新政之义哉？"①康有为认为当时日本面临的世界形势已经和过去完全不同，闭关锁国时代的政策早已过时，历史向前发展的趋势无可阻挡。世界各国都在日新月异地进步，任何国家如果不顺应潮流向前发展那么就会落后于时代，甚至会面临被先进的国家欺凌的命运。因此日本那些公卿长老们所持的几十年前落后的观念自然会被明治天皇抛弃，他要追求的是扩展世界的眼光，谋求新的政治作为。康有为正是用日本剔除羁绊国家发展的旧俗的例子，来说明明治维新推行新政成功的重要因素，从而说明历史要不断进化发展的观念。正是在这种历史观的指导下，康有为才指出变法势在必行，骑墙于新旧之间是不可能的。他说：

> 夫祖宗之法，行之久矣。何为而尽变之？以万国既通，则我旧日闭关自大，但为孤立一隅之见，其政治学识亦为一隅之见，而自以为天下一统，无与比较，必致偷安怠惰，国威衰微也。既如〔知〕万国并立，则不得谓人为夷，而交际宜讲，当用彼此通流之法。既知比较宇内大势，则国体宜变，而旧法全除，宜用一刀两断之法。否则新旧并存，骑墙不下，其终法必不变，而国亦不能自强也。②

康有为是在用打破旧观念的束缚来为他的变法理论开道。在他看来，世界各国的交流不断加强，闭关孤立的道路已经行不通。中国传统思维中认为天下一统，其他各国均为蛮夷的想法显然已经过时。在新的历史条件下，必须认清世界各国的形势和变化，用发展变化的观点来认识世界和中外关系。所以康有为得出的结论就是必须向过去告别，要采用新法来改变落后的现状，只有这样才是国家自强的道路。这也正是历史进化观所应该秉持的理念和采取的行动。

---

① 康有为：《日本变政考》卷1，收入蒋贵麟主编：《康南海先生遗著汇刊》（十），第10页。

② 康有为：《日本变政考》卷1，收入蒋贵麟主编：《康南海先生遗著汇刊》（十），第12页。

2. 史学为政治服务的思想

在中国的史学传统中,经世致用是史学的重要功能。所谓经世致用主要就是用史学来为社会服务,编纂史书乃是以求用为目的。康有为在《日本变政考》中没有直接表述史学为政治服务的思想,但是经世致用的思想在书中体现得非常明显。通过康有为对日本改革的记叙和评论,可以发现他编纂《日本变政考》的主要目的就是为其变法实践服务,这也可以反映出他用史学来为政治服务的思想。在康有为之前的日本研究史书中,很少有专门研究明治维新变革的。顾厚焜的《日本新政考》主要用来记载明治维新后的新变化,对于明治天皇如何进行改革的细节问题均语焉不详。黄遵宪的《日本国志》虽然对日本的方方面面进行了全面的记载,但是篇帙极大,而且是用"志"的形式来表达,难以清晰地看出新政每项措施的脉络变化。康有为在《日本变政考》的序言中就称:"恨旧日书日本事者,不详其次第变革之理,无以窥其先后更化之宜。"①所以康有为采用了编年体的体裁来写明治维新的历史,这也是在清代日本研究史籍中第一部采用编年体体例进行编纂的史书。编年体的最大优点就是通过编年纪事的方式,可以很清楚明了地看出事件发展的前后顺序。特别是对于明治维新的记载来说,日本政府发布的改革措施非常之多,通过编年的方式将这些事件串联起来,就可以很明晰地看到整个过程的发展变化。在明治政府实行的每条新政策下面,康有为都加以按语来表达自己的看法,也只有这种编年纪事的方式最便于逐条发表评论。通过十二卷的篇幅,康有为将明治维新二十四年的变法历史详尽道来,并且以按语的形式表达了自己的看法。而这部书的读者也非常明确,康有为主要就是写给光绪皇帝阅读的。所以从编纂上来说,他已经有了很明确的目的性。而在最后编完全书的跋语中,他也提到:"右日本变政,备于此矣。其变法之次第,条理之详明,皆在此书。其由弱变强者,即在此矣。"②这说明康有为编写的这部日本明治维新史,主旨就在于说明日本由弱变强的道理。而他采用编年体的体裁就是要达到脉络清晰的效果,使光绪皇帝能够在阅读中有条理详明之感,进而更容易地把握日本明治维新的具体措施和

① 康有为:《日本变政考·序》,收入蒋贵麟主编:《康南海先生遗著汇刊》(十),第2页。

② 康有为:《日本变政考·跋》,收入蒋贵麟主编:《康南海先生遗著汇刊》(十),第335页。

实质内容。康有为在《日本变政考》中的按语一共有 307 则,主要就是他对日本明治维新每项具体措施的看法和评论,实际上也就是给光绪皇帝的具体变法建议。在百日维新中,《日本变政考》确实也起到了参照的作用,光绪帝的很多变法政策都可以在书中找到来源。这也正是康有为自己所解释的:"新政之旨,有自上特出者,每一旨下,多出奏折之外,枢臣及朝士皆茫然不知所自来,于是疑上谕皆我所议拟,然本朝安有是事?惟间日进书,上采案语,以为谕旨。……自召见后,无数日不进书者,朝士不知进书,辄疑折函中,累累盈帙,故生疑议也。"①从中可以看出,康有为编纂《日本变政考》就是为变法改良的政治活动服务的,这也是他的史学为政治服务这一思想的具体实践。

3. 研究日本意在中国的思想

清代的日本研究史籍中,对日本的研究大多着眼于日本本身,而很少联系到中国问题。在清朝第一个阶段的日本研究著作中,主要内容是关于日本的历史记载,比如翁广平的《吾妻镜补》主要就是记录日本的历史,除了中日贸易往来的内容外几乎没有涉及中国。到了第二个阶段,主要就是一些到过日本的使臣或者游历之人对日本的研究,这些著作中有些是停留在对日本历史和社会表层的描述,有些是研究明治维新之后日本的变化,其主要的目的还是为了了解日本。黄遵宪的《日本国志》算是其中比较特殊的一部史籍,其中有大量的"外史氏曰"来表达黄遵宪的看法,但是其核心内容还是对日本历史的评论,主旨是编纂一部日本的明治维新史。只有到了康有为编纂《日本变政考》时,研究日本意在中国的特点才十分鲜明和突出。从《日本变政考》的主要内容来看,它是一部关于日本明治维新的编年史,但实际上它更是一部服务中国的教科书。《日本变政考》的枝干是编年纪事的日本明治历史,而其实质内容却是其中康有为所作的大量按语,表达的主体思想是中国变法改革的具体措施。在《日本变政考》中,康有为无处不在地宣扬他的变法思想,他指导中国改良维新的愿望极其强烈,甚至大力鼓吹道:

> 吾国甘于弱亡,不愿改制则已。如欲保全,不能不变法。欲变法,又恐其错误,则日本为吾之前驱矣。其守旧之政俗,与吾同。故

① 康有为著,楼宇烈整理:《康南海自编年谱》,第 47 页。

更新之法，不能舍日本而有异道。且日本政经百变，民间欧美之考求，几经再三之改错，而后得此。我坐而用之，其事至逸，其途不误，而措天下于泰山之安，未有易于此者矣。其条例虽多，其大端则不外于：大誓群臣以定国是，立制度局以译宪法，超擢草茅以备顾问，纡尊降贵以通下情，多派游学以通新学，改朔易服以易人心数者。其余自令行若流水矣。我朝变法，但采鉴于日本，一切已足。其凡百章程，臣亦采择具备，待措正而施行之。其他英、德、法、俄变政之书，聊博采览。然切于中国之变法自强，尽在此书。臣愚所考万国书，无及此书之备者。虽使管葛复生，为今日计，无以易此。我皇上阅之，采鉴而自强在此。若弃之而不采，亦更无自强之法矣。①

从这段话可以看出康有为对《日本变政考》一书颇为自得，觉得中国的变法之道尽在其中。通过对日本的研究，他为清朝的维新改良指出了五条基本原则，作为变法思想的指导方针。而在研究日本明治维新的过程中，康有为为了更好地为中国变法服务，他还不惜用改变具体史实的方法来达到目的。康有为的《日本变政考》主要是依据日本人原安三的《明治政史》，摘译其中记事而成，但是其中不少地方都被修改过。这些修改的内容基本都是为他的政治目的服务。比如在卷一中对日本明治维新某些事实的改动，主要是为了配合他的戊戌正月制度局折而作。因此他把中国应该效法明治天皇所行的事情，都系在明治元年正月。康有为在明治元年以后各月的记事，以及评论日本新政的得失，都是为他开设制度局以统筹全局的主张作一事实说明。② 日本学者村田雄二郎也指出康有为"为了配合目前变法的需要，他对《明治政史》的原文斟酌文字，进行修改，甚至不惜捏造明治维新的客观史实"③。村田在对《日本变政考》进行深入研究后得出结论认为："康有为编写一部明治维新史，目的不外是为

---

① 康有为：《日本变政考·跋》，收入蒋贵麟主编：《康南海先生遗著汇刊》（十），第335—356页。

② 参见黄彰健：《读康有为〈日本变政考〉》，《大陆杂志》第40卷第1期，1970年，第1—11页。

③ [日]村田雄二郎：《康有为的日本研究及其特点——〈日本变政考〉〈日本书目志〉管见》，《近代史研究》1993年第1期，第39页。

了证明自己变法方案(特别是开设制度局的要求)对当前中国的政局确有正当性和合理性。”[①]因此从《日本变政考》中可以分析出康有为研究日本意在中国的思想特点,这也是清代日本研究史籍中一种新的研究趋势。

综上所述,通过对《日本变政考》的研究,可以看出康有为在政治生涯中最风光的戊戌变法时期对日本的认识。《日本变政考》中所体现出来的历史思想和史学思想,对于进一步深入研究戊戌变法时期康有为的思想有重要的意义。诚如汪荣祖所言:“康是一‘政治动物’,乃无可争辩之事实;而其所异于一般‘政治动物’者,因其尚有学术,有思想,有远见。其学术、思想和远见实为其政治抱负与理想所用,尤见之于孔子改制之说以及对大同理想的期盼,亦嘉道以来经世致用之微意也。康若有政治活动而无学术思想,无非是二三流的政客;康若有学术思想而无政治活动,最多略胜廖平之徒而已。”[②]通过对《日本变政考》的研究,可以更深入地了解戊戌变法时期康有为的政治活动和学术思想的关系。而在清代的日本研究史学上,康有为的独特研究思路和编纂方法都是值得注意和重视的问题。

第二节 《日本源流考》与王先谦的日本研究

王先谦编纂的《日本源流考》是我国第一部编年体日本通史,在清末的日本研究史籍中较具代表性。学术界最早对王先谦史学进行研究的是吴泽主编的《中国近代史学史》,该书认为《日本源流考》是“一部宣扬封建君主专制统治、反对维新变法的著作”,并且评价说:“《日本源流考》不仅贯串着封建地主阶级顽固派的封建正统主义政治观点和历史观点,而且在史料上也是东拼西凑而成,在史料上亦无多大参考价值。”[③]陈鹏鸣在《中国史学思想通史·近代前卷》中专门研究了王先谦的史学思想,指

---

① [日]村田雄二郎:《康有为的日本研究及其特点——〈日本变政考〉〈日本书目志〉管见》,《近代史研究》1993年第1期,第40页。

② 汪荣祖:《康有为论》,北京:中华书局,2006年,第16页。

③ 吴泽主编,袁英光、桂遵义著:《中国近代史学史》下册,南京:江苏古籍出版社,1989年,第2、4页。

出王先谦在《日本源流考》中对日本成功原因的错误认识，并且认为此书的编写目的是为反对康梁变法寻找理论依据，但是也反映出王先谦对于当时社会现实的关注。[①] 近年来关于王先谦的研究逐渐增多，其中有两篇博士学位论文值得关注。其一是北京师范大学孙玉敏博士撰写的《王先谦学术思想研究》，文中辟专章研究了王先谦的史学思想，作者认为王先谦写作《日本源流考》的动机是“从国家安全角度，申明和日本处理好关系的重要性”和“不满于维新派对日本历史的研究结论尤其是维新派对日本明治维新经验的总结”，并且归纳了《日本源流考》的四个主要思想：宣扬了日本万世一系的天皇体制、赞美了中日之间源远流长的文化交流、颂扬了明代军民的抗倭斗争、对明治维新进行了较全面客观的介绍。[②] 其二是中国人民大学王青芝博士撰写的《中西文化视野下的王先谦研究——以史学为中心》，文中详细介绍了《日本源流考》的内容，并且得出两点认识：《日本源流考》是中国编撰的第一部编年体日本史、《日本源流考》反映了王先谦深厚的治学功底。[③] 以上学者的研究成果均具有重要的参考价值和借鉴意义，本书将在此基础上结合王先谦的学术思想以及明清日本研究的大背景，试对《日本源流考》做进一步的深入研究。

一、王先谦的学术成就与《日本源流考》的编纂

王先谦(1842—1918)[④]，字益吾，晚号葵园，湖南长沙人。同治四年(1865)王先谦考中进士，后改庶吉士，散馆授编修。以后王先谦又先后出仕翰林院侍讲、国子监祭酒和江苏学政等官职。光绪十五年(1889)三月王先谦辞官回到故里，主讲于湖南思贤讲舍，此后又历任城南书院和岳麓书院的山长。辛亥革命后，王先谦以清朝遗老自居，自署曰遁，并以著述终老。

---

① 参见吴怀祺主编，陈鹏鸣著：《中国史学思想通史 · 近代前卷》，合肥：黄山书社，2002年，第171页。

② 孙玉敏：《王先谦学术思想研究》，北京师范大学博士学位论文，2005年。近年作者已将此文整理出版，参见孙玉敏：《王先谦学术思想研究》，哈尔滨：黑龙江人民出版社，2008年。

③ 王青芝：《中西文化视野下的王先谦研究——以史学为中心》，中国人民大学博士学位论文，2007年。

④ 按：以前学者多认为王先谦卒于1917年，今据孙玉敏等人考证知其卒于民国六年(丁巳年)农历十一月二十六日，转换为公历即为1918年1月8日。参见孙玉敏：《王先谦生卒年考辨》，《船山学刊》2005年第4期，第38—39页。

王先谦一生致力于政治与学术两途，而其贡献则主要体现在学术方面。王先谦学术功底深厚，张舜徽曾评价道："观其《文集》中所载诸书叙录，于学术源流，经说得失，辨析至明，知其瞭然于治学门径，谆谆以劝学为亟，对于湖湘后进，尤有拥彗清道之功，自是清末一大学者，影响至为深远。"①王先谦学问的取得与其自身努力是分不开的，他读书用力甚勤，以至于睡梦中仍念念不忘于此，他曾自称："数年以来，梦中常至一室读书，语句多不可解，读时却甚通畅，醒不能记一句，或一连三五夜如此。想因迩年读书用心过度，精神亏耗，致兹梦幻也。"②读书是王先谦一生最大的兴趣所在，而著书与刻书又成就了他的学术地位和影响力。经由王先谦著述、编纂、辑校、刻印的书籍共有五十余种，近四千卷，洵为中国文化史上的一大盛事。王先谦的学术成就涵盖经、史、子、集四部，其中较具代表性的著述有：《尚书孔传参正》三十六卷、《诗三家义集疏》二十八卷、《释名疏证补》九卷、《汉书补注》一百卷、《后汉书集解》一百二十卷、《新旧唐书合注》二百二十五卷、《元史拾补》十卷、《蒙古通鉴长编》九卷、《鲜虞中山国事表疆域图说》两卷、《日本源流考》二十二卷、《五洲地理志略》三十六卷、《外国通鉴》三十三卷、《荀子集解》二十卷、《庄子集解》八卷、《管子集解》二十二卷、《虚受堂文集》十五卷、《虚受堂诗集》十五卷，等等。此外经其编刻的图书尚有：《皇清经解续编》一千四百三十卷、《南菁书院丛书》一百四十五卷、《十一朝东华录》六百二十四卷、《续古文辞类纂》三十四卷，等等。著书和刻书是王先谦的两大主要学术活动，完成如此浩繁的编刻活动实为中国文化史上所罕见。通过王先谦编刻的这些书籍，可见其治学之深、涉猎之广。张舜徽赞誉其"门庭广大，博洽多通，根柢雄厚，实非泛泛涉猎者比"③。

在王先谦众多的学术成就和广博的治学领域中，以史学方面的贡献最为突出。王先谦的著作中，有一半的书为史学著述。首先是对中国正史的注释和校勘，其中如《汉书补注》和《后汉书集解》等书就显示了作者深厚的史学功底。在书中，王先谦纠正了原著的讹误，并且广泛征录各家

---

① 张舜徽：《清儒学记》，武汉：华中师范大学出版社，2005 年，第 247 页。

② （清）王先谦：《王先谦自定年谱》卷上"光绪五年己卯"条，收入（清）王先谦著，梅季标点：《葵园四种》，长沙：岳麓书社，1986 年，第 698 页。

③ 张舜徽：《清儒学记》，第 247 页。

之说，属于集大成之作。刘节对此评价曰："王氏所作补注、集解诸作，都是校注书中标准的著作，他能把各家的优点表达出来，而同时又能注意到为原书服务的精神，使新校注既完备，又扼要。"①其次王先谦对民族史和地方史也有深入研究，《蒙古通鉴长编》和《鲜虞中山国事表疆域图说》是其中的代表作。《蒙古通鉴长编》主要记载蒙古入主中原以前的历史，是一部蒙古国时期的编年史。王先谦依据《元史译文证补》《元朝秘史》等书，以及前代的史传、诗文、碑传等资料，考订了《元史》中的错误，并且增补了许多遗漏之处。《鲜虞中山国事表疆域图说》是一部研究春秋战国时期中山国历史的专著。中山国是由鲜虞氏联合仇由氏和一部分肥氏、鼓氏遗民建立的，存世约二百余年，为战国时期有相当地位的诸侯国。王先谦此书用编年纪事的方式记载了中山国从公元前 537 年到公元前 295 年的历史大事，并且重点钩稽了中山国与其他诸侯国的战争史事。由于中山国的传世文献资料较少，后世对它的研究也极为罕见，所以王先谦此书无疑是填补空白之作。李学勤评价《鲜虞中山国事表疆域图说》一书说："在中山历史的考订上，真可谓空谷足音。"②另外王先谦在外国史地研究方面也有不少成果，如《五洲地理志略》《外国通鉴》和《日本源流考》等。《五洲地理志略》始纂于 1905 年，经过四年多的时间才告完成，并于 1910 年由湖南学务公所刊印发行。王先谦在《五洲地理志略》中分别叙述了亚洲、大洋洲、非洲、美洲和欧洲的国家分布、政治格局、地理风貌和人文社会等方面的情况。书中王先谦广泛征引中外学者所著介绍世界史地知识的八十余种书籍，并且进行了严密的考订和校正。《五洲地理志略》中已经表明王先谦接受了西方关于世界地理的观念，虽然仍将中国放在各国之首来叙述，但是其实已经把中国放在世界范围的眼光下来进行审视。总之，王先谦编纂《五洲地理志略》主要是以传播和普及中外历史地理知识为宗旨，并且将忧国意识与传统的史学方法融入到新的撰写内容之中，具有较高的史学价值。③《外国通鉴》是王先谦晚年编纂的一部

---

① 刘节：《中国史学史稿》，郑州：中州书画社，1982 年，第 348 页。

② 参见（清）王先谦撰，吕苏生补释：《鲜虞中山国事表疆域图说补释 · 序言》，上海：上海古籍出版社，1993 年，第 1 页。

③ 参见刘芹：《论王先谦的〈五洲地理志略〉》，《史学史研究》2006 年第 4 期，第 41—46 页。

世界史地之书,可惜此书并未见刊刻,现在能够看到的只是在《日本源流考》光绪刻本上改写的稿本和收入《虚受堂文集》中的一篇序言。《外国通鉴》的稿本现藏于湖南图书馆善本库,中华全国图书馆文献缩微复制中心已经将此影印出版,影印前言中称:“在《日本源流考》的基础上,著者王先谦除将书名改变为《外国通鉴》外,还将纪年改为只以甲子及中国年号为纲,小字增写其他各国的条目内容,其中一些国家如暹罗、缅甸等条目,经考证大部分来自王氏的另一部外国研究专著《五洲地理志略》。王氏在书眉及书缝中,还注‘朝鲜一条’‘安南一条’等等,当为他以待定稿时拟增补其具体内容的提示语。从王氏手写的文字来看,这部待定稿本的内容除日本外,还包括了朝鲜、琉球、土耳其、印度、暹罗、真腊、骠国、越南、马来亚、吕宋、爪哇等等国家或地区。”[①]在此书序言中,王先谦并没有过多地交代书的内容和其他信息,只是谈到古今世界形势之不同,所以“当此图书大集之时,不为之存其厓略,亦考古者缺憾事矣。于是辑而录之,成三十三卷”[②]。王先谦编纂《外国通鉴》和《五洲地理志略》直接肇因于湖南巡抚端方的委托。光绪三十一年(1905)端方在湖南锐意推行新政改革,仿照日本之例开设图书馆,并力邀王先谦总理馆事。但是六十四岁的王先谦并未出山,“余谢不敏,允为编纂新学书数部,以塞其意。于是有编辑《外国通鉴》《五洲地理图志略》二书之举。造端宏大,年力已颓,未卜果能竣事否也。”[③]王先谦编纂这两部世界史地著述的动机主要就是为了适应当时新政改革的需要,而年力已衰的他对于能否完成这样的巨著也是心存忧虑。两部书稿的最终告成虽然耗费了王先谦大量的心血,但却为清末外国史地学的研究做出了巨大的贡献。

光绪三十四年(1908)是王先谦学术生涯中最重要的一年。此年五月,湖南巡抚岑春萱将王先谦的四部著作——《尚书孔传参正》《汉书补注》《荀子集解》《日本源流考》奏递清廷,恭呈御览。书稿奏进后,交由南书房阅看。经过南书房臣工的仔细审查,最后的鉴定结果中对其书给予

---

① 全国公共图书馆古籍文献编委会:《外国通鉴稿》,北京:中华全国图书馆文献缩微复制中心,1997年,第3—4页。

② (清)王先谦:《虚受堂文集》卷6《〈外国通鉴〉序》,收入《葵园四种》,第126页。

③ (清)王先谦:《王先谦自定年谱》卷中“光绪三十一年乙巳”条,收入《葵园四种》,第762页。

了高度评价。其文曰：

> 一曰《尚书孔传参正》三十六卷。案汉孔安国《传》，至晋豫章内史梅赜始奏上之，唐孔颖达等为之《正义》，自宋朱子以来，于其依托之处，递有辩论。至国朝阎若璩作《尚书古文疏证》，其事灼然愈明。然《朱子语录》尝有"名物训故，究赖之以有考，亦何可轻"等语。今王先谦之书，博采两汉经师微言大义、历朝诸儒考证训释，以引申《孔传》之旧谊，而于梅赜增益之二十五篇一一注明。凡古文今义之散见故籍者，尤能得其确证，犁然悉当。洵为体大思精之作，可补《正义》所未逮。一曰《汉书补注》一百卷。以唐颜师古旧注未尽赅洽，因取唐、宋以来之说，辑为补注。旁征博考，钩釽详明。较之惠栋《后汉书补注》，其用力之勤，可与相埒。一曰《荀子集解》二十卷，以唐杨倞注为主，参以王念孙、郝懿行诸人之说，折衷己意，于荀书精义，多所发明。一曰《日本源流考》二十二卷，于彼国治乱得失、政事学术，皆能窥见本原，而以编年之体，旁搜官私记载，用能择精语详。综观王先谦所著各书，洵属学有家法，精博渊通，淹贯古今，周知中外。堪以上备乙览。①

随后清朝最高统治者在下达的谕旨中引用了南书房的评价，并且嘉奖王先谦授以内阁学士衔。对于生活在封建帝制时代并且深受传统文化熏陶的学者来说，著述得到朝廷的赞许和官方的认可无疑是个人学术的最高荣誉。清政府的褒扬使王先谦获得了极大的满足，也奠定了他在清末学术界的重要地位和影响力。这四部著作分属于经、史、子三个门类，反映出王先谦治学的广博。《日本源流考》一书是研究外国史地的著作，能够得到朝廷的赞许实属不易，这在中国古代学术史上也极为罕见。

《日本源流考》完成于光绪二十七年(1901)九月，并于次年(1902)一月由思贤书舍刊刻出版。关于王先谦何时开始编纂《日本源流考》，各种资料中均语焉不详，但是可以从其写作动机、资料搜集等方面略窥一二。孙玉敏总结《日本源流考》的写作动机第一条为："从国家安全角度，申明

---

① (清)王先谦：《王先谦自定年谱》卷中"光绪三十四年戊申"条，收入《葵园四种》，第766—767页。

和日本处理好关系的重要性。”[①]并且举以王先谦的奏折和回复宗方北平的信件为证。此种观点值得商榷。首先此奏折日期为光绪六年(1880),王先谦当时升任国子监祭酒,在参奏抵御俄国侵略之事时提出了“暂联日本之交”的策略。当时面对俄国咄咄逼人的侵略气势,很多清朝人士都提出“以夷制夷”的御敌之策,王先谦的联合日本之说也是这种思路。虽然日本在吞并琉球、出兵台湾等问题上对清朝造成了很大威胁,但是当时朝野上下基本都认为俄国是最大敌手,所以才不得不与同样是对华有侵略企图的日本联合。然而到了甲午战争之后,东亚的国际形势发生了很大改变,这和十五年前王先谦的奏折内容已经相去甚远。况且《日本源流考》的编纂显然在甲午战争之后,这和光绪六年的奏折相距遥远,无法牵强为其写作的动机。日本人宗方北平在致王先谦的信函中为其在汉口设立的东亚同文会寻求支持,虽然打着“中东两国联络”的旗号,但实际上背后隐藏着向中国渗透势力的目的。所以王先谦在回信中婉言谢绝此事,而对宗方北平中日关系意见的赞同也只是表面上的应付,不能信以为真。当然也就更谈不上对《日本源流考》写作动机的影响,因为此时王先谦已经动笔撰写此书了。笔者认为,关于《日本源流考》的编纂时间和动机问题应该结合王先谦的政治、学术思想的变化来考察。引起国内士人对日本的普遍关注是在甲午战争之后,而且《日本源流考》中大量引用的《日本国志》一书也是在此之后出版,所以说《日本源流考》的编纂肯定始于1895年之后。甲午战争之后,开明的新派人士陈宝箴出任湖南巡抚,其手下的按察使黄遵宪、督学江标等人都有一定程度的政治改良倾向。并且在维新志士谭嗣同、唐才常等人的积极活动下,湖南的维新运动迅速开展起来。[②] 1897年湖南的近代第一个实业公司——和丰火柴公司正式成立。此年湖南还创办时务学堂,随后梁启超由沪来湘讲学,这样湖南的新政运动更加扩展开来。对于时任岳麓书院山长的王先谦来说,民族危机的加重使其不得不思考救国之道,所以在湖南新政的前期他是抱积极支持态度的。王先谦在新政开始的这段时间里,积极支持《时务报》、改革岳麓书院课程、参与开办时务学堂,并且支持创立南学会。[③] 但是随着

① 孙玉敏:《王先谦学术思想研究》,哈尔滨:黑龙江人民出版社,2008年,第217页。

② 参见汤志钧:《戊戌变法史》,北京:人民出版社,1984年,第249页。

③ 参见梅季:《葵园四事辨》,《文史》第33辑,北京:中华书局,1990年,第299—308页。

新政改革的深入，王先谦的态度发生了极大的转变，逐渐开始反对变法。其主要原因在于“维新派的‘民主’‘民权’‘平等’学说和对封建三纲五常的批判背离了他们只变西技西艺而不变政教的洋务改革思路”①。因此对于极力维护封建统治，并且沿袭“中学为体、西学为用”观念的王先谦来讲，走向维新派的对立面也是必然的事情。后来王先谦自己也说：

> 所谓西学者，今日地球大通，各国往来，朝廷不能不讲译学。西人以工商立国，用其货物，朘我脂膏。我不能禁彼物使不来，又不能禁吾民使不购，则必讲求工艺以抵制之，中国机庶可转。故声、光、化、电及一切制造、矿学，皆当开通风气，力造精能。国家以西学导中人，亦是于万难之中，求自全之策。督抚承而行之，未为过也；绅士和之，未为过也。故从前火柴、机器各公司，先谦与闻其事，确系中心之诚，以为应办，至今并无他说。②

从这里可以看出，王先谦是在继承洋务派的中体西用之说，他在湖南新政前期所参与的各种活动都是这种思想的体现。当后来康有为掀起的维新变法运动兴起时，王先谦又领衔签署反对新政的《湘绅公呈》。所以王先谦接着说道：

> 然朝廷之所采者，西学也，非命人从西教也。西教流行，势不能禁，奸顽无赖从之，犹有说也；学士大夫靡然归美，此不可说也。至康、梁今日所以惑人，自为一教，并非西教。其言平等，则西国并不平等；言民权，则西主实自持权。康、梁谬托西教，以行其邪说，真中国之巨蠹，不意光天化日之中，有此鬼蜮！今若谓趋重西学，则其势必至有康梁之学，似觉远于事情。且康梁之说，无疑叛逆，此岂可党者乎？彼附和之者，今日学堂败露，尚敢自号为新党乎？③

可见王先谦对康有为的那套改良学说极为不认可。而在戊戌维新运

① 许顺富：《论戊戌维新运动时期的王先谦》，《湖湘论坛》2003 年第 5 期，第 78 页。

② （清）王先谦：《虚受堂书札》卷 1《复学生吴兢》，收入《葵园四种》，第 863—864 页。

③ （清）王先谦：《虚受堂书札》卷 1《复学生吴兢》，收入《葵园四种》，第 864 页。

动中,《日本变政考》和日本明治维新的经验是康有为的理论工具,也是光绪帝推行变法改革的主要参照。因此对于王先谦来说,了解日本的情况特别是搞清楚明治维新的详情,才可以更充分地反驳康有为的理论根据,也会为中国的寻求富强之道提供自己的见解。基于这些因素的考虑,王先谦编纂《日本源流考》最有可能的开始时间就是在1898年的戊戌维新变法时期。王先谦在回复宗方北平的信函中提到:"曾为贵国《源流考》一书,根据中国史志,参稽贵邦图籍,颇有斐然之观。惟明治以来,搜讨不悉,迟未付梓。"①可见王先谦在回复此信时已经着手编纂了《日本源流考》的部分篇章,但是因为资料的缺乏,所以明治以后的历史部分仍未完成,也就迟迟不能刻印出版。宗方北平写给王先谦的信函落款时间是明治三十二年(清光绪二十五年,1899),那么王先谦的回信时间应该是在此后不久。因此根据信函的内容和时间可以判断出,王先谦编纂《日本源流考》的开始时间肯定在1899年以前,这与前文的推断是吻合的。王先谦从戊戌维新时期开始编纂《日本源流考》,到1901年秋天全书二十二卷完成,共历时约三年多。《日本源流考》一书也是王先谦研究外国史地的开始,此后的《外国通鉴》基本就是在此书的基础上补充和扩展而成的。

二、《日本源流考》的日本研究特点

《日本源流考》作为王先谦完成的第一部外国史地著作,也是中国首部编年体的日本通史,在日本史地的编纂以及研究上均具有独到之处。清朝官方曾评价《日本源流考》一书称:"于彼国治乱得失、政事学术,皆能窥见本原,而以编年之体,旁搜官私记载,用能择精语详。"②虽然清政府的评价是站在官方学术的立场,但是基本反映出了王先谦编纂此书的诸多优点。对于《日本源流考》的日本研究特点应该作更加深入和全面的探讨,笔者在吸收前贤研究成果的基础上,将其特点总结为以下几点。

1. 广征博引、考证有据

王先谦是在中国传统文化教育体制下成长起来的学者,对于古代典籍有着广泛的涉猎,在治学范围上也是遍及经、史、子、集各部。在这样的

① (清)王先谦:《虚受堂书札》卷1《复日本宗方北平》,收入《葵园四种》,第885页。

② (清)王先谦:《王先谦自定年谱》卷中"光绪三十四年戊申"条,收入《葵园四种》,第767页。

知识背景下,《日本源流考》广泛征引了中国典籍中有关日本的记载内容。其中既包括官方的正史,也包括私家的著述,还有如《册府元龟》《明会典》等类书和政治制度类史书,此外还引用了不少地方志书。对于能够搜集到的日本典籍,王先谦也是尽力收集和引用,在书中可以看到他征引了《古事记》《日本书纪》《日本外史》《日本通鉴》《和汉年契》等一些比较重要的史书。王先谦为了完成明治维新史的部分,还大量征引黄遵宪《日本国志》的内容。虽然和黄遵宪等维新人士在政见上针锋相对,但是为了完成日本研究史籍,王先谦还是能够从学术的角度对《日本国志》加以充分利用。由于王先谦未曾亲自到过日本,所以他在搜集日本资料的过程中遇到了不少的困难。但他还是利用一切可能的机会,尽力扩大搜集资料的范围。当宗方北平致函向其商讨东亚同文会事宜时,王先谦利用回信的机会向他提出帮助搜集日本维新史资料的请求。他在信函中写道:"曾为贵国《源流考》一书,根据中国史志,参稽贵邦图籍,颇有斐然之观。惟明治以来,搜讨不悉,迟未付梓。阁下东邦巨擘,博极群书,尚迄将来有以惠我。"①据统计,王先谦在《日本源流考》中共征引了 51 种参考文献。② 可以说他几乎征引了一切可以利用的资料,涉猎范围极为广泛。比如写到日本在相当于中国明代时期的对外关系时,他重点记载了日本倭寇侵华的事件,其中就征引了大量中国军民抗倭斗争的历史记载,如《筹海图编》《江南经略》等。

在治学风貌上,王先谦深受清朝乾嘉时期实事求是学风的影响。③所以在《日本源流考》中处处可以体会到王先谦扎实的考据风格。对于征引诸书中出现的一些问题,王先谦进行了细致的考证,并且在《日本源流考》中均加以按语列举出来。比如在孝灵天皇七十二年(前 219)的"《日本通鉴》秦人徐福来"条目下加按语道:

案:日本初通中国自称吴太伯后,亦相传为徐福后。源光国作《大日本史》去太伯后语。赖襄《日本政纪》并徐福亦屏不书。《日本

---

① (清)王先谦:《虚受堂书札》卷 1《复日本宗方北平》,收入《葵园四种》,第 885 页。

② 王青芝:《中西文化视野下的王先谦研究——以史学为中心》,中国人民大学博士学位论文,2007 年,第 101 页。

③ 吴荣政:《王先谦的治学风貌》,《史学史研究》1994 年第 3 期,第 38 页。

> 国志》云,太伯之后本无所据,殆以日本断发文身俗类句吴,故有此伪传。至徐福,则今纪伊国有祠,熊野山有墓。日本传国重器三,曰镜、剑、玺,皆秦制也。君曰尊,臣曰命,曰大夫,曰将军,又周秦语也。自称神国立教,首重敬神,国之大事莫先于祭。有罪则诵禊词以自洗濯,又方士之术也。崇神立国,始有规模,计徐福东渡已及百年。当时主政者非其子孙,殆其徒党与。先谦案:史志皆谓澶州为徐福遗人,而澶州未闻立国,疑即纪伊、熊野之地。徐福未往日本以前,彼土非必虚无人民,是否中国苗裔,无所用其争执。或国制得华人而益明,《志》言较合事理。日本《神皇正统记》云,秦始皇好仙,求长生不死之药于日本,日本求三皇五帝书,始皇赠之,则邻于荒诞矣。①

徐福东渡是中日关系史中的重要事件。王先谦征引《日本国志》中黄遵宪的看法,以及《大日本史》和《日本政纪》的观点,然后进行考证得出自己的结论。他采用史书中的记载,并从常理上进行推断,认为徐福东渡之前日本已有居民,所以日本是否为中国后裔的说法无须争辩。但是日本学习、吸收中国的许多制度和习俗是确定无疑的,因此他也赞成黄遵宪的说法。而对于北畠亲房《神皇正统记》中没有根据的说法,王先谦则不予采信。对于一些无法考证的内容,王先谦则采用了考异的方法将不同的记载并列其下,以俟日后材料充分时再行解决。比如记载明宪宗成化二十年(1484)日本向明朝的一次朝贡,《明史·日本传》和《筹海图编》的时间记载不同,王先谦没有更多的史料来考证,因此他加以按语称:"案:《史》十一月,《图编》六月,互异。"②王先谦将传统史学中的考异方法运用到日本史的编纂中,体现了他考同存异、严密审定的治学特点。总之,王先谦为了完成《日本源流考》广泛搜集资料,不仅征引政见不同者的著述,而且还求助于日本友人,体现了一种竭泽而渔的史料探求精神。在具体的编纂上,他做到了既能广征博引,又能审慎考据,保证了《日本源流考》的学术质量。

2. 编年纪事、贯通古今

明清时期虽然出现了大量的日本研究史籍,但是始终没有人完成一

① (清)王先谦:《日本源流考》卷1,光绪二十八年(1902)思贤书舍刻本,第26页。

② (清)王先谦:《日本源流考》卷15,第23页。

部编年体的日本通史,王先谦《日本源流考》的编纂可谓填补了这项空白。王先谦采用编年纪事的方式,将日本从神武天皇开国到明治天皇二十六年的历史汇编为一书。从时间跨度上来说,《日本源流考》一共记载了日本两千五百多年的历史。在具体的编纂上,《日本源流考》以日本的历代天皇为纲而展开记载,在天皇之下按年排列史事。王先谦在书中主要以天皇的活动为中心来记叙日本的历史,并贯穿记载国家其他重要事宜。王先谦之所以采用这样的编纂方式,一方面是因为他对此较为擅长并有特殊喜好,比如他编纂的其他史书《东华录》《蒙古通鉴长编》《鲜虞中山国事表疆域图说》,以及晚年编写的《外国通鉴》都是采用编年纪事的体裁。另一方面,王先谦引用的很多资料也为其编年体的安排提供了借鉴。比如他在书中大量引用日本史书《和汉年契》,以及工具书性质的《四裔编年表》《中东年表》等,都为王先谦提供了很大方便。通过《日本源流考》可以看出编年体的诸多优点,他将日本两千多年的历史脉络清晰地展现在了读者的面前。在书中,王先谦采用的编年方法是首先列有两行小字,分别是干支纪年和中国的年号纪年,其下则用大字表示日本的天皇纪年。这样的编排方式,可以产生非常清晰的时间概念,更重要的是对于中国的读者群来说,可以将日本的历史和中国的时代相结合,从而可以更加容易了解日本史。王先谦将两千多年的日本史汇编为一书,不仅实现了此前日本研究诸书没有完成的任务,而且体现了一种贯通古今的治史气魄。中国传统史学中重视对"通史家风"的继承,而"通古今之变"也成为历代史家的治史信念和追求。王先谦将这种贯通古今的理念运用到日本史的编纂中,体现出了他的卓越史才和史识。

3. 务实之书、期于有用

光绪三十四年,湖南巡抚岑春蓂在向清廷奏递王先谦著作的奏折中曾写道:"至其生平所致力学问之见端,则有著作二十余种,大都皆务实之学,有用之书。"①岑春蓂的评价基本抓住了王先谦治学的一大特点。经世致用是中国古代史学中的重要传统,王先谦的史学思想中也是体现出了这个特点。从王先谦的史学研究中,可以发现他有着强烈的经世意识,在日常的治学中也表现出对现实的关怀,他的当代史编纂活动更是体现

---

① (清)王先谦:《王先谦自定年谱》卷中"光绪三十四年戊申"条,收入《葵园四种》,第766页。

出经世致用的史学思想。[①] 在《日本源流考》中，王先谦的经世致用思想主要体现在对日本明治维新的记载和研究上。他在《日本源流考》中用大量的篇幅来描述明治维新的历史，其中记载了日本在政治、外交、学制、兵制和社会等方面的变革，并且十分详细地列举了日本在经济方面的种种改革措施。而这些记载和研究的内容都是为中国的富强而服务，王先谦是在用日本的经验来作为中国的借鉴。王先谦在对日本的情况进行分析后，总结认为：

> 居今而言变法，不必事事慕效，惟务开广地利，毋俾他人我先。兼审外商所以歆动吾民而攫取其财，何者最甚？亟劝导斯人率作兴事。行是二者，必以放勋之劳来辅翼为心，匪特不争其利，亦并不预其事，鼓天下之智力，以求保我君民共有之元气。国家灵长之祚，或在兹乎！日本得志之后，所刊《维新史》《法规大全》诸书，扬翊过情，观之徒乱人意，不可概执为兴邦之要道也。是书成，因附述鄙见，以质当世如此。[②]

通过王先谦的这段话可以看出，他认为清政府的富强之道不一定非得完全走日本的道路，关键是要抓住核心的两点即重农和兴商，只有这样才能实现民族的振兴，也才能保住国家社稷。王先谦认为，日本维新之后所刊之书不足为训，他所编纂的《日本源流考》才能为清政府的改革提供正确的经验总结。从中可以体会出《日本源流考》就是王先谦经世致用思想的一种实践。王先谦在《日本源流考》中将日本明治维新成功的经验总结为："考其内政所施，惟力课农桑，广兴工艺，为得利之实。而以官金资助商会，知保商即以裕国，从而维持附益之，斯得西法之精者也。"[③]显然王先谦沿袭的仍然是洋务派的"中体西用"论，所以他对日本明治维新的总结不会涉及政治改革方面。当然其中也蕴含着对康有为等人明治

---

① 参见王青芝：《王先谦的史学成就及思想与观念》，《船山学刊》2008 年第 2 期，第 52—54 页；孙玉敏：《王先谦学术思想研究》，第 234—237 页。

② （清）王先谦：《虚受堂文集》卷 6《〈日本源流考〉序》，收入《葵园四种》，第 114 页。

③ （清）王先谦：《虚受堂文集》卷 6《〈日本源流考〉序》，收入《葵园四种》，第 113—114 页。

维新观的一种否定。不管从哪方面来讲，王先谦的《日本源流考》都体现出了“期于有用”的经世致用思想。王先谦的这种致用论是建立在务实的基础上的。他曾经说：“日本维新，从制造入；中国求新，从议论入。所务在名，所图在私。言满天下，而无实以继之，则亦仍然一空，终古罔济而已。”①这种务实兴邦、空论亡国的理念使得王先谦力求将《日本源流考》编纂为一部求实之书。我们从书中也可以体会到王先谦实事求是的研究态度，以及他对日本制造事业和经济改革的重点关注。这种求实致用的治学态度，使得《日本源流考》在清代日本研究史籍中占有重要的一席之地。

通过以上对《日本源流考》研究特点的总结，可以看出此书代表了王先谦在史学研究上的重要成就。此书是王先谦编纂的第一部研究外国史地的专著，其中倾注了作者大量的心血。《日本源流考》最后经由湖南巡抚岑春萱的举荐而得到清朝官方的表彰，无疑给王先谦的史学研究以极大的激励。晚年的王先谦仍然没有放弃对外国史地的研究热情，他又在《日本源流考》的基础上继续编纂《外国通鉴》。这也反映出他对《日本源流考》一书的自得之意。虽然王先谦的政治思想中不乏一些落后之处，并曾一度被指为“劣绅”，其《日本源流考》也被打上地主阶级顽固派的烙印，但是此书对于清末了解和认识日本发挥了一定的作用，在中国的日本研究史籍中具有不可磨灭的价值和意义，应该得到应有的重视。

本章对清朝第三个阶段日本研究中的两部代表性史籍进行了分析，可以发现在这个时期随着国内政局和中日关系的变化，日本研究史籍的编纂也出现了新的特点。《日本变政考》和《日本源流考》都是编年体的史书，前者主要是对明治维新史的编纂和评论，后者则是通记日本两千年的历史。《日本源流考》的编纂体现了详近略远的特点，对日本明治维新的历史进行了大篇幅的记载和研究。可以说，这两部日本研究史籍都对日本明治维新给予了特别的关注。应该看到，康有为是为了实践他的变法思想而编纂日本史。王先谦与康有为的政见显然不同，但也是通过编纂日本史来总结经验、宣传政治理念。这种情况跟甲午战后清朝上下另眼相看日本，并开始兴起东游日本考察和学习的社会风潮紧密相关。清末的东渡者完成了大批的游记和考察报告，这些算不上传统意义上的史

① （清）王先谦：《虚受堂书札》卷1《复毕永年》，收入《葵园四种》，第863页。

籍,但是对于清末的日本研究起到了重要的作用。随着近代新史学思潮的兴起,日本研究的形式和史书编纂也随之开始发生转变,这是明清之后日本研究的新发展,也是今后探讨中国的日本研究问题应该关注的内容。

余 论

在历史的长河中,一衣带水的中日两国之间交流不断。中国很早就开始对日本进行了解和认识,传统史书中关于日本的记载贯穿始终。特别是到明清时期,先后出现了大批的日本研究史籍,掀起了两次研究日本的热潮。重视对域外史地的记载和研究是中国传统史学的优良传统,对明清时期编纂的大量研究日本的史学专著有必要进行系统分析和深入研究。

明清以前史学中对于日本的记载主要集中体现在历代正史中的日本传。其中包括十四部正史中的十五篇日本传记,记载了日本从上古到幕府时期的历史,这些内容组织起来不啻为一部完整的日本史和中日关系史。正史之外的类书、方志和文集中仍然存在一些关于日本的记载,但是明清以前的日本研究主要还是以正史的记载为主。记载的连续性和研究内容的不断扩充是这个阶段的重要特点。由于地理条件的限制和科技手段的落后,明清以前很少有史家踏足日本,所以在史料的采择上就只能依靠间接的手段。

从明代开始,中国史学中的日本研究发生了很大的转变,表现之一就是研究专著的出现。这些专门以研究日本为名,并且独立成书的史籍,改变了明代以前史学中只有单篇日本传记的形式。明代日本研究史学变化的出现和当时中日关系的演变密切相关,由于受倭寇之患的影响,明代史家开始更多地关注对日本的研究。特别是嘉靖二年(1523)的宁波争贡事件发生后,定海知县郑余庆支持薛俊编纂完成了日本研究的专书——《日本考略》。以此为开端,明代出现了大批研究日本的史籍。就薛俊的《日本考略》来讲,虽然篇幅较小,但是重点突出,十分关注对处理日本问题的内容记载。此书主要是抄撮旧书而成,内容错讹较多,但是由其首创的《寄语略》具有较高的价值。《日本考略》中提出了对付倭寇的策略,并且总结了中日关系,特别是开创了专书研究日本的编纂方式,这些都具有重要的意义。

明朝嘉靖中期以后,随着倭寇问题的日益严重,大批的日本研究史籍和专门御倭的史籍纷纷出现。其中最具代表性的研究史籍要数《日本一鉴》和《日本风土记》两书。其中《日本一鉴》的作者郑舜功曾亲自前往日本调查,成为明代众多日本研究者中的佼佼者。为了向明朝统治者提供日本的实际情况并辨明倭寇问题,郑舜功着手编纂《日本一鉴》。同时也是为了洗清自己因出使而被胡宗宪下狱的不白之冤,可以说《日本一鉴》承载着郑舜功为国家和自身服务的双重期待。在对日本研究的具体方法上,郑舜功采用了实地调查和采访的方式,取得了大量的第一手资料。他将中日两国典籍中的记载加以对比,还将在日本的调查和笔谈加以对比,并得出符合史实的结论。《日本一鉴》体现了郑舜功强烈的史学致用意识,他详细调查了倭寇问题的真实情况以期为统治者提供借鉴。书中还体现出郑舜功"用夏变夷"的思想。《日本风土记》是明代学者研究日本的另外一部重要史籍,长期以来其系于侯继高名下。其实此书的作者并非侯继高,之所以将其附录在侯继高的《全浙兵制考》中,很可能是当时的刻书商所为。后来此书的作者和版心又经过剜补,而以李言恭和郝杰考梓的名义出版,书名也被换成《日本考》,其实内容和《日本风土记》完全一样。此书在编纂上采用了分门别类的方式,将日本的地理沿革、社会风俗、风土物产等情况详细列出,在史料上也比以前的史籍有了一定的扩充。从明代日本研究史籍的总体上来看,主要体现出五个方面的特点:对日本的研究比较全面;重视地图和寄语部分的编纂;重视对倭寇问题的研究;编纂的内容中很多都是因袭传抄而来;表现出了强烈的史学致用意识。

清朝的日本研究大致可以分为三个阶段。从清朝建立到日本明治维新前后的这段时间为第一个阶段。由于这个时期的中日关系主要以长崎贸易为主,所以产生了三部以此内容为主的史籍——陈伦炯的《海国闻见录》、童华的《长崎纪闻》和汪鹏的《袖海编》。三部史籍中均用大量的笔墨来记载长崎贸易的景象,由此扩展到对长崎社会、风土人情和地方政治状况的描述,其主要特点就是通过长崎一隅来认识和研究日本。三位作者中,陈伦炯和汪鹏都亲自到过日本,童华曾担任苏州知府负责督办中日之间的铜贸易,所以他们对长崎贸易有比较真实的了解。这三部史籍对清代中期的日本研究产生了很大影响,许多著作都直接引用了其中的内容。翁广平的《吾妻镜补》是鸦片战争之前中国人编纂的第一部日本通史,是这个阶段中最具分量的史籍。翁广平主要参考了传播到中国的《吾妻镜》以及搜集到的其他日本史籍。《吾妻镜补》编纂完成以后未能刊刻,只是以抄本传世,目前主要保存在中日两国的多家图书馆中。根据记载的内容,可以将《吾妻镜补》分成世系表、地图与地理志、风土志、食货志、通商条规、职官志、艺文志、国书、国语解、兵事和附庸国志十一个部分,每个部分记载内容不同但却各具特色。《吾妻镜补》又名《日本国志》,是我国最早的一部体例规范的日本通史,此书的编纂体现了翁广平特色鲜明的日本研究思想,具体可以概括为四点:为异域修史、体例创新;注重考据、力求信史;广征博引、注明出处;重视长崎贸易,时代特色鲜明。总之,这个阶段的日本研究史籍虽然不多,但是在研究上已经具备了一定的水平,并且也与当时中日之间关系较为平淡相关。

从 1871 年《中日修好条规》的签订到甲午战争之前为清朝日本研究的第二个阶段。在这段时间里,日本经过明治维新开始迅速走上资本主义发展道路。面对着复杂的世界形势和日本的新变化,清朝的日本研究在内容和方式上都与以前有了很大不同,日本研究史籍的数量也随之大增。1877 年清政府开始派遣驻日使团,其中的许多成员利用在日本的便利条件,开始纷纷撰著日本研究史籍。其中第二、三两届使团中的随员姚文栋就编译了大量日本史籍,由其编译的《琉球地理志》被认为是近代中国最早的一部汉译日籍。针对日本的军事威胁,姚文栋编译《日本地理兵要》介绍日本的沿海要塞之地理情况,为清政府提供军事地理信息。另外姚文栋还以《日本地志提要》为底本,编译完成《日本国志》一书,但是此书并未刊刻,传播也不广。驻日使馆随员陈家麟和王肇鋐也分别完成了研究日本的史籍《东槎闻见录》和《日本环海险要图志》。陈家麟在日本研究上坚持实事求是的学风,并且其《东槎闻见录》中既广征博引而又不掠他人之美。书中他大量记载了日本经过明治维新后在工商各方面取得的巨大进步,但是他反对动摇国体的根本变革。《日本环海险要图志》是王肇鋐受清政府的委派而撰,主要出于军事战略目的来研究日本的沿海地理情况,书中载有的大量的地图和各种统计表格是一大特点。《游历日本图经》和《日本新政考》是由清政府派遣的海外游历使傅云龙和顾厚焜分别编纂的日本研究史籍。《游历日本图经》三十卷,分别由十四个部类共一百八十三个子目组成,是一部深入研究日本各个方面问题的史籍。

傅云龙没有局限在仅为完成游历日本的考察报告,而是将此作为编撰一部日本研究史书的事业来完成《游历日本图经》。在具体编纂上,傅云龙大量运用图表以配合说明内容。《日本新政考》主要研究日本的政治、经济和军事方面的问题,重点关注明治维新以后的新变化。由于傅云龙和顾厚焜都是亲自赴日游历,搜集了大量资料,这种在实地考察基础上完成的研究著述具有较高的价值。黄遵宪编纂的《日本国志》是这个阶段中水平最高的日本研究史籍。《日本国志》与同时期其他日本研究史籍相比,具有卓越的识见和较高的史学价值。《日本国志》堪称一部鲜活的明治维新史,不仅详细记载了明治维新的过程和推行的各项措施,而且总结了日本改革的成功经验。比较可贵的是,黄遵宪在《日本国志》中提出了仿照日本经验,建议清政府进行政治改革的思想,这比同时期其他日本史籍中的明治维新观显然要更为先进和彻底。可以说,《日本国志》是清代日本研究史学中一部里程碑式的著作。

清朝在甲午战争中惨败给日本之后,官方和民间都开始重视对日本的研究,由此也进入了清朝日本研究的最后一个阶段。这个阶段中出现了数量众多的日本游记和考察报告,而用传统史学形式完成日本研究专著的是两部代表性史籍——《日本变政考》和《日本源流考》。康有为的《日本变政考》是用编年体体裁来记载日本明治维新的历史,按照时间顺序将明治政府二十四年的维新历程和改革措施汇编到此书中。在明治政府实行的每条新政策下,康有为几乎都会加有自己的按语进行说明。《日本变政考》的编纂目的主要是为康有为的变法思想服务,对光绪帝在戊戌变法中的新政改革发挥了重要的参照作用。康有为用史学来为政治服务的理念,以及研究日本但意在中国的思想成为他进行日本研究的重要特点。王先谦编纂的《日本源流考》是一部编年体的日本通史,但是在思想上却与康有为截然不同。王先谦并不赞成进行日本那样的政治改革,所以他对明治维新的经验总结也就变成了重农和兴商这样的经济改革。但是《日本源流考》并非毫无价值,它是王先谦编纂的首部外国史地研究著作,以后又在此基础上编纂《外国通鉴》,并且开始接受新的世界地理观念。王先谦编纂《日本源流考》时广征博引,并进行严密的考证,展现了较强的治学功底。《日本源流考》中将日本两千余年的历史贯穿始终,表现出王先谦欲通古今之变的卓越史识。王先谦编纂此书也是为了寻求国家的富强之道,蕴含着经世致用的史学思想。《日本源流考》是我国第一部编年体的日本通史，倾注了清末学术大家王先谦的大量心血，对于增进清末人们对日本的认识发挥了一定作用，不应该完全抹杀其在明清日本研究史学中的价值。

从明代最早出现研究日本的专书开始，明清两代掀起了两次研究日本的高潮，先后出现了大批的日本研究史籍，蔚为中国史学发展之大观。在结合明清中日关系发展的基础上，本书对这两个时期中较具代表性的史籍进行了个案分析，研究其编纂的背景、方法和日本研究中所体现的史学思想。但是明清两代各自发展特点不同，每个时期编纂的日本研究史籍也是有同有异，只有进行综合性的比较和分析才能更好地把握总体特征。具体而言，明清的日本研究史籍有三个共同点。

1. 鲜明的时代特色

每个时期的史学都是所处时代的社会现实在文化领域的一种反映。明清时期的日本研究虽然处于各自不同的时代，但是都体现出了鲜明的时代特色，都与当时的社会状况和中日关系的发展紧密相关。就明代的日本研究来说，主要是基于当时普及性史学潮流兴起和中日关系紧张的现实产生的。明代中后期，随着工商业的发展和市民阶层的扩大，史学不断走向社会深层，呈现出一种普及性的潮流。① 在这种史学大潮之下，明代也开始关注东邻日本的情况，表现之一就是从前代史书中挖掘材料完成著述，进而走向市场和社会。明代中日关系的变化是更直接的推动原因，而明日之间最主要的关系就体现在嘉、万时期的倭寇问题。嘉靖二年(1523)发生的宁波争贡事件，则直接促成了明代第一部日本研究专著《日本考略》的问世。作者薛俊在此书的序言中就表明了这种关系："岁嘉靖癸未，变生仓促，职是事者虽闻知食焉不避其难之为义，且不能为身计，而况于他乎？时南闽郑侯崇善宰定海，目激其弊，谓往者既失之不预，而来者宜图之未然，谬以俊颇学古好修，以待时需者有年于兹，猥属为考略，以便御边将士之忠于谋国者究览。"②明代几乎所有的日本研究著作

① 参见瞿林东：《中国史学史纲》，北京：北京出版社，1999 年，第 594 页；乔治忠：《明代史学发展的普及性潮流》，收入张国刚主编：《中国社会历史评论》第 4 卷，北京：商务印书馆，2002 年，第 439—452 页。

② (明)薛俊：《日本国考略》，收入(明)邓士龙辑，许大龄、王天有主点校：《国朝典故》卷 103，北京：北京大学出版社，1993 年，第 2034 页。

都是在此事件之后出现的，“可以说是受其刺激而出版的”①。更主要的原因则是嘉靖中后期以后愈演愈烈的倭寇问题，于是日本研究的史籍大量应运而生。

清代的日本研究则是与清末“睁眼看世界”的时代背景紧密相关。随着清朝在鸦片战争中遭受重创，一部分先进的中国人开始走上认识西方的道路，如林则徐主持编写的《四洲志》、魏源的《海国图志》、徐继畬的《瀛环志略》、王韬的《法国志略》等等。一种走向世界的潮流开始逐渐兴起，并影响到史学发展的趋势。② 清代的中日关系也经历了不平凡的一段发展历程，清末两国关系不断密切，而日本明治维新更是引起了清人的研究兴趣。在这样的时代背景之下，清代的日本研究著作大批地产生。其中最有代表性的著作非黄遵宪的《日本国志》莫属。曾有学者专门阐述过黄遵宪史学的时代特色。③ 黄遵宪在完成《日本国志》之后当即赋诗云：“湖海归来气未除，忧天热血几时摅？《千秋鉴》借《吾妻镜》，四壁图悬人境庐。改制世方尊白统，《罪言》我窃比《黄书》。频年风雨鸡鸣夕，洒泪挑灯自卷舒。”④一种强烈的时代使命感的情怀油然而生。而其他的日本研究著作，如傅云龙的《游历日本图经》、顾厚焜的《日本新政考》、姚文栋的《日本地理兵要》等等，无一不和这种史学潮流相关，对明治维新的研究也成为了一时热门的话题。这种鲜明的时代特色和明代一样，都是这一时期日本研究的重要特征。

2. 经世致用的思想

明清时期的日本研究在体现出鲜明的时代特色的同时，又具有强烈的现实关怀，表现出一种明显的经世致用特点。经世致用思想是中国古代史学的重要传统之一，中国古代的史学理论家刘知几曾言：“史之为用，

---

① 汪向荣、汪皓：《中世纪的中日关系》，北京：中国青年出版社，2001 年，第 240 页。

② 参见钟书河：《走向世界——近代中国知识分子考察西方的历史》，北京：中华书局，1985 年；乔治忠：《环球凉热——中国人认识世界的历程》，郑州：河南人民出版社，1998 年。

③ 参见陈其泰：《〈日本国志〉的时代价值》，收入陈其泰：《史学与中国文化传统》，北京：学苑出版社，1999 年，第 441—465 页。

④ （清）黄遵宪：《人境庐诗草》卷 5《日本国志书成志感》，收入陈铮编：《黄遵宪全集》上册，北京：中华书局，2005 年，第 116 页。

其利甚博,乃生人之急务,为国家之要道。有国有家者,其可缺之哉!”① 此言道出了史学与社会的关系,也体现出“史之为用”的重要性。司马光的《资治通鉴》就有一种很好的示范作用,其“鉴前世之兴衰,考当今之得失”②的思想,无疑是对经世致用思想的最好阐释。这种从历史中总结经验教训,以为现实所用并指导实践的思想,在明清两代的日本研究中得到了很好的体现。明代在严重的倭患压力之下,大批研究日本的史籍纷纷出现。其原因之一即在于他们希望通过研究日本的历史、地理以及风土人情等情况,来了解这个东邻对手,进而总结历史经验教训,以求在御倭战争中发挥作用。如《日本一鉴》就是郑舜功在两次赴日考察敌情的基础之上完成的。郑舜功奉浙江总督杨宜之命,于嘉靖三十五年(1556)到达日本丰后国,积极开展实地调查研究,力图查明倭患问题真相,以求长治久安之策。这其中显示出了郑舜功积极应对倭寇问题的灵活策略,其归国后撰成《日本一鉴》也是出于经世致用目的。再比如《日本考》一书,由李言恭和郝杰两位将领刊梓,在御倭战争中发挥了不小的作用。宋应昌在《经略复国要编》中就赞扬这些日本研究著述在御寇战争中所起到的积极作用。③

清代的日本研究同样体现出积极的经世致用思想。如果说明代主要以御倭防寇为主要目的的话,那么清代则主要是通过介绍日本维新进而学习和改造自身。清末的大思想家康有为就主张借鉴日本明治维新的经验来推动戊戌变法,其《日本变政考》主要就是为光绪帝了解明治维新而作。此书中康有为以编年体的形式,详细记述了日本明治维新的全部过程,并且通过大量的按语表达自己的变法主张。康有为在序言中直接鼓吹这种效法日本的观点,“若中国变法取而鉴之,守旧之政俗俱同,开新之条理不异,其先后次第,或缓或急,或全或偏,举而行之,可以立致。其行而乖谬者,吾可鉴而去之。其变而屡改者,吾可直而致之。但收日人已变

---

① (唐)刘知几撰,赵吕浦校注:《史通·史官建置》,重庆:重庆出版社,1990 年,第 631 页。

② (宋)司马光:《资治通鉴·进书表》,北京:中华书局,1976 年,第 9608 页。

③ (明)宋应昌:《经略复国要编》卷 12《与李临淮侯书》,台北:华文书局,1968 年据台湾大学藏万历刊本影印,第 984 页。

之成功,而舍其错戾之过节。"①在书中康有为一一列举日本明治维新的措施以及所取得的成就,在是书的结尾,仍然不忘再次表达自己借鉴日本完成变法维新的思想,"其变法之次第,条理之详明,皆在此书。其由弱而强者,即在此矣。吾国甘于弱亡,不愿改制则已。如欲保全,不能不变法。欲变法,又恐其错误,则日本为吾之前驱矣。其守旧之政俗,与吾同。故更新之法,不能舍日本而有异道。"②康有为花费三年多时间,在其女康同薇的协助之下,终于完成十二卷本的《日本新政考》。康有为将此书献给光绪帝的目的,也正是他的经世致用思想的体现。除了《日本变政考》以外,清代大部分的日本研究史著都是围绕明治维新而展开,其中学习日本明治维新以改变中国落后现状的愿望占了绝大部分,这不能不说是体现积极的经世致用姿态。

3. 官方的重视与支持

明清时期的日本研究中,官方力量均发挥了重要作用。明清官方不仅均完成了官修正史中的日本传(《元史·日本传》与《明史·日本传》),而且积极支持民间的日本研究活动。就明代而言,面对倭寇问题的困扰,官方不仅需要在军事上寻求解决之道,同时也需要文化上的智力支持。而作为经世致用显学的史学自然成为官方的首选,例如在嘉靖二年发生宁波争贡事件之后,定海知县郑余庆立即支持庠生薛俊着手编写《日本考略》。通过从史学上认识日本,并且总结御敌斗争的经验教训,来达到"有禅于边防"的目的。如果没有这种官方的支持,恐怕中国第一部日本研究专著的面世就会推迟。同样作为抗倭斗争前线首领的胡宗宪,也支持幕僚郑若曾编纂《日本图纂》《筹海图编》等书。正是由于胡宗宪的大力支持,并资助郑若曾将书付梓出版,才使得《筹海图编》的署名都出现了问题,以致其后经历了多次翻刻和版权之争。③ 此外如郑舜功,这位明代日本研究者中唯一亲赴日本的著者,如果没有浙江总督杨宜的支持,他不仅无法东渡,更没有可能完成《日本一鉴》。《日本考》的付梓者李言

① 康有为:《日本变政考·序》,收入蒋贵麟主编:《康南海先生遗著汇刊》(十),台北:宏业书局,1987年,第2页。

② 康有为:《日本变政考》卷12,收入蒋贵麟主编:《康南海先生遗著汇刊》(十),第335页。

③ 参见汪向荣:《中日关系史文献论考》,长沙:岳麓书社,1985年,第159—217页。

恭、郝杰,本身就是明朝的军事将领,他们的行为已经代表了官方的态度。①

清代的日本研究也离不开官方的支持。作为清朝使臣的黄遵宪,其《日本国志》的写作,就得到了首任驻日公使何如璋的大力支持。其《日本国志》的姊妹篇《日本杂事诗》就是由清朝总理衙门刊刻出版。在清末开明官僚御史谢祖源等人的请求下,清朝于 1887 年开始派遣日本游历使。② 而兵部员外郎傅云龙和刑部主事顾厚焜就是在清政府的这次派遣中,分别完成了《游历日本图经》和《日本新政考》。除了政府的直接支持之外,清朝的驻日使臣也给二人的日本研究提供了很大帮助。驻日公使徐承祖亲自移会日本外务大臣伊藤博文,为他们申请内地游历的护照。新任驻日公使黎庶昌亲自为两书撰写了序言,给他们的日本研究摇旗呐喊。黎庶昌为傅、顾二人既提供了精神上的鼓励,又提供了物质上的帮助,在二人的日本游历期间可谓关怀备至。所以傅云龙称赞黎庶昌使其"受益宏多"③。顾厚焜也说:"新任出使大臣黎莼斋星使履任。星使曾驻日三年,深知日政得失。暇时,时加指示。"④清代另一位日本研究的代表人物姚文栋是驻日使馆人员,曾经留日多年。清朝驻日公使馆的优越条件,为他们完成大批的日本研究著述提供了极大的帮助。从总体上看,明清的日本研究者中,大多具有官员的身份背景,他们从事日本研究,一方面可以充分利用官方的资源,另一方面也体现了政府对日本研究的重视和支持态度。

明清两代的日本研究除了体现出以上所列的共同点之外,还具有各自不同的特点。由于所处时代不同,在明清不同的社会大背景影响之下,两批日本研究史籍的出现有着不同的探求形式和研究目的。明清相比较

---

① 学界目前多认为《日本风土记》与《日本考》为一书二刻,参见汪向荣:《中日关系史文献论考》;武安隆,熊达云:《中国人の日本研究史》,东京:六兴出版,1989 年;[日]渡边三男:《新修译注日本考》,东京:新典社,1985 年;李小林:《侯继高及其〈日本风土记〉》,《兰州大学学报》2006 年第 1 期;等等。

② 熊达云:《近代中国官民の日本视察》,东京:成文堂,1998 年,第 45 页。

③ (清)傅云龙著,王宝平整理:《游历日本图经》卷 30《叙例》,上海:上海古籍出版社,2003 年,第 605 页。

④ (清)顾厚焜:《日本新政考·自叙》,收入刘雨珍、孙雪梅编:《日本政法考察记》,上海:上海古籍出版社,2002 年,第 2 页。

而言,清代显然在许多方面要比刚刚开始日本研究的明代进步许多,这与史学发展的内在规律相关。明清两代的日本研究史籍之不同,具体表现在以下四个方面。

1. 史著体裁不同

明清时期的日本研究史籍主要是以专书的形式出现,改变了以往历代只有单篇传记的情况。但是若从史书编纂体裁的角度来看,明清具有很大的不同。明代主要沿袭传统典制体的编纂方式,通常采用分门别类的方式,记述和研究日本的情况,形式比较单一。比如薛俊的《日本考略》一书就是由十七篇"略"所组成,分别为"沿革、疆域、州郡、属国、山川、土产、世纪、户口、制度、风俗、朝贡、贡物、寇边、文词、寄语、评议、防御"。这样的结构安排,颇类似于郑樵的《通志·二十略》,或许正是受其启发也不无可能。这种编纂方式影响了明代其他的日本研究著述,很多都是采用这种形式,特别是其中的"寄语略"无疑是一个创举。"几乎明代研究日本的书刊中,都设有寄语一栏,这应归功于《考略》。"①这种方式虽然表面上看来比较简单,但是由于其具有眉目清晰的特点,便于纲举目张、比较全面地研究日本,所以能够盛行于明代的日本研究潮流中,这也是由其自身特点决定的。

清代的日本研究则采用了多样的体裁形式,既有和明代一样沿袭传统的典制体,也有编年体的形式,更出现了一种百科全书式的综合体裁。如较早出现的翁广平的《吾妻镜补》(一名《日本国志》)就是采用典制体的形式,全书三十卷,分成"世系表、地里志、风土志、食货志、通商条规、职官志、艺文志、国书、国语解、兵事、附庸国志"十一个部分来书写日本的历史。王先谦的《日本源流考》全书二十二卷,从日本开国迄于明治二十六年,用编年纪事的方式记载了日本两千五百余年的历史。康有为的《日本变政考》也属于典型的编年体史书,以时间先后为序排列,详细记述了日本明治维新的历史。作为清末"诗界革命"旗手的黄遵宪,一直倡导"我手写我口,古岂能拘牵"②的理念,自然不会被传统的史著体裁所累。所以他的《日本国志》必将不拘一格采用新的编纂方式,黄遵宪自己宣称:

① 汪向荣:《中日关系史文献论考》,第232页。

② (清)黄遵宪:《人境庐诗草》卷1《杂感》,收入陈铮编:《黄遵宪全集》上册,第75页。

“纪事编年体各存，黄门自立一家言。”①以黄遵宪的《日本国志》为代表，这一时期大量的日本研究著作如陈家麟的《东槎闻见录》、傅云龙的《游历日本图经》、顾厚焜的《日本新政考》等等，涉及了日本问题的方方面面，所以王宝平称此时期为“百科全书式的日本研究”②。

2. 史料来源不同

明清两代的日本研究在研究深度和水平上有很大的差异，这种差异主要是由史料来源的不同而造成的。从史籍内容篇幅来看，清代多为卷数较多的大部头著述，而明代则卷数极少且显得比较单薄。造成这种情况的原因之一即在于史料来源的差异。清代由于史料的极大扩充，所以有条件完成多卷本的著作。从中日交通史的角度来看，明代和日本之间的交通并不十分密切，特别是在倭寇横行的年代，朝贡贸易的港口被迫关闭，所以从明人研究日本的途径来看，显然不是那么有利，众多研究者中也仅有郑舜功一人亲自到过日本，这种情况之下史料来源就成了很大问题。解决之道只能是从历代史书中摘抄资料，而这样的方法显然不具有时效性，甚至常常会出现错误。比如薛俊的《日本国略》，基本是缩略摘抄旧史而成，但却是错误百出，甚至闹出不少笑话。《魏志·倭人传》中描述对马国的情况时说“道路如禽鹿径，有千余户”，而薛俊直接改成了“鹿每千余成群”。所以汪向荣评价此书道：“《日本考略》虽是中国人写的第一部全面的研究日本的专门性书籍，可是实际上却是错误百出，难以卒读的书籍，称不上是差强人意的著作。”③这种弊病的产生，除了应战时需要因而出版时间紧迫的原因外，主要还是由于史料来源的有限性造成的。其后明代的日本研究著作除了抄撮前史外，还间接抄袭《日本考略》，以讹传讹的情况就在所难免了。

随着清末中日交通的加强，两国交流的机会越来越多，史料来源也随之不断扩大。清代大部分的日本研究著作都可以直接利用到日本的史料，这无疑为研究者提供了很大的便利。如翁广平于1814年完成的《吾妻镜补》所列的引用书目中，就有37种为日本人所著刻，其中包括《吾妻镜》《续日本纪》《日本后纪》《三代实录》《类聚国史》等几部重要的日本

---

① （清）黄遵宪：《日本杂事诗》卷1《七四》，收入陈铮编：《黄遵宪全集》上册，第30页。

② 王宝平：《清代中日學術交流の研究》，东京：汲古书院，2005年，第8页。

③ 汪向荣：《中日关系史文献论考》，第229页。

历史典籍。① 而姚文栋的《日本地理兵要》主要照译日本陆军省军人所诵习之《兵要地理小志》,并旁搜近人航海记载而成。姚著《日本国志》则几乎全文译自日本地志课编纂的《日本地志提要》。② 黄遵宪完成《日本国志》主要靠其任驻日使馆参赞期间所收集的资料,并且在他留日期间结交了许多的日本朋友,其中包括日本的著名史学家青山延寿、重野安绎等人。通过《日本国志》所列的大量表格和数据,可以看到其史料来源应该主要来自于日本的实地调查,并采用了日本官方的统计数字。此外如傅云龙的《游历日本图经》、顾厚焜的《日本新政考》等等,也都是亲自赴日考察,利用在日本收集的资料而完成史著。所以在史料来源这一点上,清人可以更加便利地采集和取用日本方面的资料,这一点是明人所难以企及的。

3. 研究重点不同

明清两代虽然都在研究日本,但是研究的具体内容和侧重点大不一样。明代出于军事功用的目的,大量研究日本的地理、语言和风俗等方面,表现在史书形式上就是大量的地图和寄语的出现。明代出于海防的军事需要,对日本地理的研究给予了较多的关注。③ 明代的日本研究著作大多在开篇即附有日本地图,虽然几乎全部因袭自郑若曾的《日本图纂》。书中内容都会有关于日本地理方位的介绍,还会详细记载岛名、人口等信息。明代日本研究史籍中的重点内容还有对日本语言的研究,一般著作中都会专门设有"寄语"这一章节。"寄语"主要就是用汉字标注日本语汇的发音,从《日本考略》设立"寄语略"开始,其后的《日本风土记》《筹海图编》《日本一鉴》都模仿设立。"寄语"的内容涉及了日本人生活的方方面面,可谓了解日本的一条重要途径。明人大量记录日本的语言,给后世语言学的研究留下了珍贵的资料。④ 在防备倭寇来袭的需

---

① (清)翁广平纂,王宝平编著:《吾妻鏡補:中国人による最初の日本通史》,京都:朋友书店,1997 年,第 24—25 页。

② 王宝平:《黄遵宪与姚文栋——〈日本国志〉中雷同现象考》,收入胡令远、徐静波编:《近代以来日中文化关系的回顾与展望》,上海:上海财经大学出版社,2000 年,第 230 页。

③ [日]秋山谦藏:《明代支那人の日本地理研究》,《历史地理》第 61 卷第 1 号,第 31—61 页。

④ [日]京都大学文学部国语学国文学研究室编:《日本寄語の研究》,京都:京都大学国文学会,1965 年。

要之下,明人还需重点关注航路的问题。所以在这些日本研究著作中,都重点记录了航海线路、风向和气候等问题。比如《日本一鉴》中就重点研究了前往日本的航海针路,为海上航行提供指南。《日本考》中重点记录了中日之间海上的季风和航行条件等问题,并据此说明倭寇登岸的时间。《筹海图编》中则专列《使倭针经图说》,来说明航海路线问题。可以说,明代的日本研究史籍中的重点内容就是围绕倭寇问题而展开的对日本地理和航海情况的研究。

清代日本研究史籍的重点在于明治维新。其主要目的在于通过研究明治维新,探讨日本迅速赶上西方现代化发展步伐的原因,进而为清朝的改革提供借鉴。黄遵宪就声称"草完明治维新史,吟到中华以外天"①,其《日本国志》重点即在于研究明治维新,书中列举了大量的图表,引用日本政府的统计资料,以求详细记录明治维新的过程和所取得的成绩。黄遵宪研究日本的主要目的就在于要把明治维新的改革经验介绍给中国的有识之士,以图中国的繁荣富强。此外,傅云龙的《游历日本图经》和顾厚焜的《日本新政考》也主要把关注的目光放在明治维新之上,二人赴日本内地游历考察,见证了日本明治维新的过程和成就,这些都成为了他们著作中重点要研究的对象。康有为的《日本变政考》则是专门研究明治维新的编年体史书,通过编年纪事的方式详细记录了明治维新的全部过程,以资光绪帝的改良之借鉴。所以从明清对比来看,明代研究重点在御倭问题,清代主要是明治维新问题。

4. 日本观不同

明清两代的日本研究史籍中体现出了不同的日本观,主要表现在对于中日关系和相互地位的认知方面。明代在传统华夷秩序观的统领之下,大力强调夷夏之防,视日本为夷狄之邦,称日本为倭国。明代的日本研究史籍中,虽然表面上以日本为名,但是内容书写上仍然习惯称日本为倭国,视日本人为倭人。关于记述的内容方面,多关注日本进贡中华的历史,大都专门设立朝贡的章节。这一点与明日关系和明朝对日本的态度紧密相关。明朝建立后,力主建立华夷秩序和朝贡体系。随着明日两国朝贡贸易的建立,明朝人的这种观念得到进一步强化。而在倭寇的冲击

① (清)黄遵宪:《人境庐诗草》卷4《奉命为美国三富兰西士果总领事留别日本诸君子》,收入陈铮编:《黄遵宪全集》上册,第105页。

之下,这些著作中的日本概况都以"倭国事略"称之。同时出现了大量以御倭为名的著作,如采九德《倭变事略》、郭光复《倭情考略》、黄俣卿《倭患考源》等等。

由满族人建立的清朝在入主中原时即遭到了很大的阻力,所以清朝统治者在建立正统论和华夷观方面付出了很大的努力。但是在藩属国看来清朝很难摆脱掉夷狄的身份,比如就朝鲜来说,虽然表面上维持着和清朝的朝贡关系,但是他们对明朝的心态已经完全两样。朝鲜王朝仍然以大中华体系下的小中华自居,希图反清复明,念念不忘尊周思明的理念。① 日本人也认为清朝代明是"华夷变态",清日之间的朝贡关系就一直没有建立起来。所以清朝对日本的认识和态度与明代就完全两样。而在鸦片战争之后国际形势开始发生巨大的转变,清朝人不得不接受新的世界秩序观念,虽然骨子里没有动摇夷夏观,但是在国际交往中特别是在一些先进人士看来,日本的国际地位已经不同,必须采用对等地位的国交政策。随着《中日修好条规》的签订和驻日公使的派遣,清日之间的对等国交关系基本确立。在这样的中日关系影响下,清人的日本研究中所体现的日本观与明朝有所不同。黄遵宪在其《日本国志·中东年表》的末尾就强调曰:"余尝以为通史纪年,自大一统以外,当依列国之制各君其国,即各自纪年,即篡贼干统,巨盗窃号,亦当著其事以明正其罪。今作此表,意以著明日本世传之统系,相当之年代,其于中国之统,不必一一依据史例。"②由此可以看出,黄遵宪已经突破传统观念,从"名从主人"的原则出发,以全新的国际关系观念来书写日本史。清朝在日本研究中所体现的日本观和明代已经不同,这也反映出随着时代的变化,清代日本研究史学已经开始发生新的变化。

总之,明清时期出现了大批的日本研究史籍,这是中国传统史学发展中的一个奇特现象。明清出现的日本研究的热潮跟当时的社会现实和两国关系的发展紧密相关,也是史家时代精神的一种体现。正如瞿林东所言:"史家对历史的观察和思考,往往都是出于时代的启迪、激励和需要,从而使这种观察、思考、撰述在不同程度上反映了时代的要求。因此,中

① 参见孙卫国:《大明旗号与小中华意识:朝鲜王朝尊周思明问题研究(1637—1800)》,北京:商务印书馆,2007年。

② (清)黄遵宪:《日本国志》卷1《中东年表》,收入陈铮编:《黄遵宪全集》下册,第890页。

国古代史学又具有鲜明的时代精神,这是它的又一个优良传统。”①可以说,明清时期编纂的大批日本研究史籍就是对中国史学优良传统的继承和发扬。通过对这些史籍的系统研究,可以更加丰富中国史学史的研究内容,也会对中日关系史的研究有所裨益。

① 瞿林东:《中国史学的理论遗产》,北京:北京师范大学出版社,2005年,第93页。

参考文献

A

[美]埃德温·奥·赖肖尔著,陈文寿译:《当代日本人——传统与变革》,北京:商务印书馆,1992 年。

Akira Iriye, *The Chinese and the Japanese: essays in political and cultural interactions*, Princeton, N. J.: Princeton University Press, 1980.

Allen S. Whiting, *Chinaeyes Japan*, Berkeley: University of California Press, 1989.

B

白寿彝主编,白寿彝著:《中国史学史》第 1 卷《先秦时期·中国古代史学的产生》,上海:上海人民出版社,2006 年。

白寿彝主编,许殿才著:《中国史学史》第 2 卷《秦汉时期·中国古代史学的成长》,上海:上海人民出版社,2006 年。

白寿彝主编,瞿林东著:《中国史学史》第 3 卷《魏晋南北朝隋唐时期·中国古代史学的发展》,上海:上海人民出版社,2006 年。

白寿彝主编,吴怀祺著:《中国史学史》第 4 卷《五代辽宋金元时期·中国古代史学的继续发展》,上海:上海人民出版社,2006 年。

白寿彝主编,向燕南、张越、罗炳良著:《中国史学史》第 5 卷《明清时期(1840 年前)·中国古代史学的嬗变》,上海:上海人民出版社,2006 年。

白寿彝主编,陈其泰著:《中国史学史》第6卷《近代时期(1840—1919)·中国近代史学》,上海:上海人民出版社,2006年。

(汉)班固:《汉书》,北京:中华书局,1962年。

[日]坂本太郎著,沈仁安译:《日本的修史与史学》,北京:北京大学出版社,1991年。

[日]坂出祥伸:《康有为传》,台北:国际文化事业有限公司,1989年。

C

陈华新:《康有为与〈日本变政考〉的几个问题》,《近代史研究》1984年第2期。

(清)陈家麟:《东槎闻见录》,清光绪十三年(1887)铅印本。

陈建平:《〈日本考〉所见的日本婚葬礼俗》,《西南师范大学学报》2000年第5期。

陈景彦:《也谈古代中日关系史的分期问题——与汪向荣先生商榷》,《现代日本经济》1990年第2期。

(清)陈伦炯撰,李长傅校注,陈代光整理:《〈海国闻见录〉校注》,郑州:中州古籍出版社,1985年。

陈懋恒:《明代倭寇考略》,北平:哈佛燕京学社,1934年。

陈其泰:《黄遵宪文化思想的特点及其历史地位》,《学术研究》2006年第1期。

陈其泰:《简论黄遵宪〈日本国志〉的时代价值》,《北京师范大学学报》1988年第6期。

陈其泰:《史学与民族精神》,北京:学苑出版社,1999年。

陈其泰:《史学与中国文化传统》,北京:学苑出版社,1999年。

陈其泰:《中国近代史学的历程》,郑州:河南人民出版社,1994年。

(晋)陈寿:《三国志》,北京:中华书局,1959年。

陈铮编:《黄遵宪全集》,北京:中华书局,2005年。

[日]川越泰博:《『全浙兵制考』の撰者侯継高とその一族》,收入川越泰博编:《明清史论集:中央大学川越研究室二十周年记念》,东京:国书刊行会,2004年。

[日]村田雄二郎:《康有为的日本研究及其特点——〈日本变政考〉〈日本书目志〉管见》,《近代史研究》1993 年第 1 期。

D

[日]大和岩雄:《“日本”国名与天武天皇》,《国外社会科学》2004 年第 4 期。

[日]大庭修著,戚印平、王勇、王宝平译:《江户时代中国典籍流播日本之研究》,杭州:杭州大学出版社,1998 年。

[日]大友信一、木村晟编:《日本一鑑「名彙」:本文と索引》,东京:笠间书院,1982 年。

[日]登丸福寿、茂木秀一郎:《倭寇研究》,东京:中央公论社,1942 年。

丁克家:《〈经行记〉考论》,《回族研究》1991 年第 1 期。

[日]渡边三男:《「日本一鑑」について:明末の日本紹介書》,《驹泽大学研究纪要》通卷第 13 号,1955 年 3 月。

[日]渡边三男:《新修译注日本考》,东京:新典社,1985 年。

杜家骥:《论清朝在中国历史上的地位》,《学习与探索》2001 年第 3 期。

F

(明)范涞:《两浙海防类考续编》,收入《四库全书存目丛书·史部》第 226 册,台南:庄严文化事业有限公司,1996 年。

(宋)范晔:《后汉书》,北京:中华书局,1965 年。

范中义、仝晰纲:《明代倭寇史略》,北京:中华书局,2004 年。

樊文礼:《中国古代儒家“用夏变夷”思想与理论的变迁》,《烟台大学学报》2005 年第 3 期。

(唐)房玄龄等:《晋书》,北京:中华书局,1974 年。

冯佐哲、王晓秋:《〈吾妻镜〉与〈吾妻镜补〉——中日文化交流的历史见证》,《文献》1980 年第 1 期。

冯佐哲、王晓秋:《从〈吾妻镜补〉谈到清代中日贸易》,《文史》第 15 辑。

[日]福井重雅:《〈後漢書〉〈三國志〉所收倭(人)傳の先後問題》,收入福井重雅先生古稀・退职记念论集刊行会编:《古代東アジアの社會と文化》,东京:汲古书院,2007 年。

(清)傅云龙著,傅训成整理:《傅云龙日记》,杭州:浙江古籍出版社,2005 年。

(清)傅云龙著,王宝平整理:《游历日本图经》,上海:上海古籍出版社,2003 年。

G

戈公振:《中国报学史》,上海:上海古籍出版社,2003 年。

葛兆光:《从"西域"到"东海"——一个新的历史世界的形成、方法及问题》,《文史哲》2010 年第 1 期。

葛兆光:《揽镜自鉴——关于朝鲜、日本文献中的近世中国史料及其他》,《复旦学报》2008 年第 2 期。

管宁:《许仪后、郭国安等忠君报国活动事迹考》,《中国历史博物馆馆刊》1994 年第 2 期。

管宁:《许仪后事迹考略》,《江西社会科学》1992 年第 4 期。

H

[日]海野一隆:《地図に見る日本:倭国・ジパング・大日本》,东京:大修馆书店,1999 年。

(唐)韩愈撰,马其昶校注:《韩昌黎文集校注》,上海:上海古籍出版社,1986 年。

何慈毅:《明清时期琉球日本关系史》,南京:江苏古籍出版社,2002 年。

何芳川:《"华夷秩序"论》,《北京大学学报》1998 年第 6 期。

(明)侯继高:《全浙兵制》,收入《四库全书存目丛书·子部》第 31 册,台南:庄严文化事业有限公司,1996 年。

[日]呼子丈太朗:《倭寇史考》,东京:新人物往来社,1971 年。

胡逢祥、张文建:《中国近代史学思潮与流派》,上海:华东师范大学出版社,1991 年。

胡露、周录祥:《〈四库全书总目〉存目补正十二则》,《图书馆杂志》2007 年第 8 期。

黄淑莲:《傅云龙和他的〈游历图经〉》,《兰台世界》2008 年第 10 期。

(清)黄虞稷:《千顷堂书目》,上海:上海古籍出版社,2001 年。

黄彰健:《读康有为〈日本变政考〉》,《大陆杂志》第 40 卷第 1 期,1970 年。

(清)黄宗羲编:《明文海》,北京:中华书局,1987 年。

(清)黄遵宪著,钱仲联笺注:《人境庐诗草笺注》,上海:上海古籍出版社,1981 年。

(清)黄遵宪著,钟书河辑校:《日本杂事诗广注》,长沙:湖南人民出版社,1981 年。

J

[日]菅原真道奉敕撰:《续日本纪》,收入黑板胜美、国史大系编修会编:《新订增补国史大系》,东京:吉川弘文馆,1988 年。

姜胜利:《清人明史学探研》,天津:南开大学出版社,1997 年。

金毓黻:《中国史学史》,石家庄:河北教育出版社,2000 年。

[日]京都大学文学部国语学国文学研究室编:《日本风土记:全浙兵制考》,京都:京都大学国文学会,1961 年。

[日]京都大学文学部国语学国文学研究室编:《日本寄語の研究》,京都:京都大学国文学会,1965 年。

Joshua A. Fogel, *The cultural dimension of Sino-Japanese relations : essays on the nineteenth and twentieth centuries*, Armonk, N. Y. : M. E. Sharpe, 1995.

K

康有为著,楼宇烈整理:《康南海自编年谱》,北京:中华书局,1992 年。

康有为:《日本变政考》,收入蒋贵麟主编:《康南海先生遗著汇刊》(十),台北:宏业书局,1987 年。

康有为:《日本书目志》,收入蒋贵麟主编:《康南海先生遗著汇刊》(十一),台北:宏业书局,1987 年。

L

(清)李圭著,谷及世校点:《环游地球新录》,长沙:湖南人民出版社,1980 年。

(唐)李林甫等:《唐六典》,北京:中华书局,1992 年。

李小林:《侯继高及其〈日本风土记〉》,《兰州大学学报》2006 年第 1 期。

李小林:《明人私撰日本图籍及其对日本的认知》,《求是学刊》2005 年第 4 期。

李小林:《万历官修本朝正史研究》,天津:南开大学出版社,1999 年。

(明)李言恭、郝杰编撰,汪向荣、严大中校注:《日本考》,北京:中华书局,1983 年。

(唐)李延寿:《北史》,北京:中华书局,1974 年。

(唐)李延寿:《南史》,北京:中华书局,1975 年。

(明)李贽:《焚书》,北京:中华书局,1975 年。

[日]笠井倭人:《倭の五王:研究史》,东京:吉川弘文馆,1973 年。

(清)梁章钜:《浪迹丛谈》,北京:中华书局,1981 年。

廖源兰:《〈吾妻镜补〉杂谈》,《上海高校图书情报学刊》1992 年第 4 期。

[日]林春胜、林信笃编:《华夷变态》,东京:东方书店,1981 年。

林克光:《革新派巨人康有为》,北京:中国人民大学出版社,1990 年。

刘节:《中国史学史稿》,郑州:中州书画社,1982 年。

刘黎明:《〈山海经〉里“黑齿国”与日本古俗》,《文史杂志》1993 年第 5 期。

刘芹:《论王先谦的〈五洲地理志略〉》,《史学史研究》2006 年第 4 期。

(后晋)刘昫等:《旧唐书》,北京:中华书局,1975 年。

刘雨珍、孙雪梅编:《日本政法考察记》,上海:上海古籍出版社,2002 年。

(唐)刘知几著,赵吕浦校注:《史通》,重庆:重庆出版社,1990 年。

罗炳良:《18 世纪中国史学的理论成就》,北京:北京师范大学出版社,2000 年。

罗炳良:《清代乾嘉历史考证学研究》,北京:北京图书馆出版社,2007 年。

(清)罗森等著,王晓秋点,史鹏校:《早期日本游记五种》,长沙:湖南人民出版社,1983 年。

M

梅季:《葵园四事辨》,《文史》第 33 辑,北京:中华书局,1990 年。

缪凤林:《明人著与日本有关史籍提要四种》,《中央大学国学图书馆第二年刊》,南京:国学图书馆,1929 年。

《明实录》,上海:上海古籍书店,1983 年据“中研院史语所”校勘本影印。

[日]木村晟编辑:《日本一鑑の總合的研究:大本山總持寺貫首梅田信隆禪師退董記念・本文篇》,大阪:伽林,1996 年。

[日]木宫泰彦著,胡锡年译:《日中文化交流史》,北京:商务印书馆,1980 年。

[日]牧田谛亮:《策彦入明記の研究》,京都:法藏馆,1955 年。

米庆余:《明治维新——日本资本主义的进步与形成》,北京:求实出版社,1988 年。

Marius B. Jansen, *Japan and China : from war to peace*, 1894—1972,

Chicago : Rand McNally College Pub. Co. ,1975.

N

南炳文审定,李小林、李晟文主编:《明史研究备览》,天津:天津教育出版社,1988 年。

[日]内藤湖南著,马彪译:《中国史学史》,上海:上海古籍出版社,2008 年。

[日]内务省地理局编纂物刊行会编:《日本地志提要》,东京:ゆまに书房,1985 年。

[加拿大]诺曼著,姚曾廙译:《日本维新史》,北京:商务印书馆,1962 年。

Noriko Kamachi, *Reform in China : Huang Tsun-hsien and the Japanese model*, Cambridge, Mass. : Council on East Asian Studies, Harvard University: Distributed by Harvard University Press, 1981.

O

(宋)欧阳修:《新五代史》,北京:中华书局,1974 年。

(宋)欧阳修、宋祁等:《新唐书》,北京:中华书局,1975 年。

P

彭泽周:《中国の近代化と明治維新》,京都:同朋舍出版部,1976 年。

Q

钱茂伟:《明代史学的历程》,北京:社会科学文献出版社,2003 年。

乔治忠:《环球凉热——中国人认识世界的历程》,郑州:河南人民出版社,1998 年。

乔治忠:《论中日两国传统史学的比较研究》,《学术月刊》2006 年第 1 期。

乔治忠:《论中日两国传统史学之“正统论”观念的异同》,《求是学刊》2005 年第 2 期。

乔治忠:《明代史学发展的普及性潮流》,《中国社会历史评论》第 4 卷,北京:商务印书馆,2002 年。

乔治忠:《清朝官方史学研究》,台北:文津出版社,1994 年。

乔治忠:《中国官方史学与私家史学》,北京:北京图书馆出版社,2008 年。

乔治忠、姜胜利:《中国史学史研究述要》,天津:天津教育出版社,1996 年。

[日]秋山谦藏:《明代支那人の日本地理研究》,《历史地理》第 61 卷第 1 号,1933 年 1 月。

[日]秋山谦藏:《日支交涉史研究》,东京:岩波书店,1939 年。

《钦定四库全书总目》(整理本),北京:中华书局,1997 年。

《清实录》,北京:中华书局,1986 年。

瞿林东:《中国古代史学批评纵横》,北京:中华书局,1994 年。

瞿林东:《中国史学的理论遗产》,北京:北京师范大学出版社,2005 年。

瞿林东:《中国史学史纲》,北京:北京出版社,1999 年。

全国公共图书馆古籍文献编委会:《外国通鉴稿》,北京:中华全国图书馆文献缩微复制中心,1997 年。

R

任冠文:《李贽史学思想研究》,桂林:广西师范大学出版社,1999 年。

[美]任达著,李仲贤译:《新政革命与日本——中国(1989—1912)》,南京:江苏人民出版社,1998 年。

R. Tsunota &L. C. Goodrich, *Japan in the Chinese Dynastic Histories*, Lat-

er Han through Ming Dynasties, South Pasadina, 1951.

S

上海文物保管委员会编:《康有为遗稿·戊戌变法前后》,上海:上海人民出版社,1986年。

[日]舍人亲王奉敕撰:《日本书纪》,收入黑板胜美、国史大系编修会编:《新订增补国史大系》,东京:吉川弘文馆,1988年。

沈仁安:《明治维新新论》,《日本学论坛》1986年第3期。

沈仁安:《日本起源考》,北京:昆仑出版社,2004年。

盛邦和:《黄遵宪史学研究》,南京:江苏古籍出版社,1987年。

施丁:《中国史学简史》,郑州:中州古籍出版社,1987年。

[日]实藤惠秀:《明治日支文化交涉》,东京:光风馆,1943年。

[日]实藤惠秀著,谭汝谦、林启彦译:《中国人留学日本史》,北京:生活·读书·新知三联书店,1983年。

石维峰:《刘熙载与上海龙门书院》,《传承》2009年第10期。

石晓军:《『点石斎画報』にみる明治日本》,东京:东方书店,2004年。

石晓军:《中日两国相互认识的变迁》,台北:台湾商务印书馆,1992年。

[日]石原道博:《明代日本観の一側面》,载茨城大学人文学部编:《茨城大学人文学部纪要·文学科论集》第1号,1968年1月。

[日]石原道博:《明末清初日本乞師の研究》,东京:富山房,1945年。

[日]石原道博:《鎖国時代における清人の日本研究(上)——翁広平の日本国志について》《鎖国時代における清人の日本研究(下)——翁広平の日本国志について》,《茨城大学文理学部纪要·人文科学》通号16、17。

舒习龙:《清末皖人与日本交往述论》,《云南民族大学学报》2007年第1期。

(宋)司马光:《资治通鉴》,北京:中华书局,1976年。

(汉)司马迁:《史记》,北京:中华书局,1959年。

[日]松浦章:《乾隆时代の长崎来航中国商人》,《咿哑》第10期,

1978 年 6 月。

[日]松浦章:《清代雍正期の童華『長崎紀聞』について》,《关西大学东西学术研究所纪要》33。

[日]松浦章:《中国の海賊》,东京:东方书店,1995 年。

[日]松浦章、内田庆市、沈国威编著:《遐邇貫珍の研究》,吹田:关西大学出版部,2004 年。

[日]松下见林:《异称日本传》,收入近藤瓶城编:《改定史籍集览》第 20 册《新加通记类一三》,东京:临川书店,1984 年。

(明)宋濂等:《元史》,北京:中华书局,1976 年。

(明)宋应昌:《经略复国要编》,台北:华文书局,1968 年。

苏崇民:《关于中日关系史分期的几个问题》,载中国中日关系史研究会编:《日本的中国移民》,北京:生活・读书・新知三联书店,1987 年。

孙卫国:《大明旗号与小中华意识:朝鲜王朝尊周思明问题研究(1637—1800)》,北京:商务印书馆,2007 年。

孙卫国:《王世贞史学研究》,北京:人民文学出版社,2006 年。

孙雪梅:《清末民初中国人的日本观——以直隶省为中心》,天津:天津人民出版社,2001 年。

孙玉敏:《王先谦学术思想研究》,哈尔滨:黑龙江人民出版社,2008 年。

孙玉敏:《王先谦生卒年考辨》,《船山学刊》2005 年第 4 期。

T

[日]太田弘毅:《倭寇:商业・军事史的研究》,横滨:春风社,2002 年。

覃启勋:《日本国名研究》,《武汉大学学报》1999 年第 2 期。

谭汝谦主编:《中国译日本书综合目录》,香港:香港中文大学出版社,1980 年。

汤开建:《〈日本一鉴〉中的葡澳史料》,《岭南文史》1995 年第 2 期。

汤勤福:《朱熹的史学思想》,济南:齐鲁书社,2000 年。

汤志钧编:《康有为政论集》,北京:中华书局,1981 年。

汤志钧:《戊戌变法史》,北京:人民出版社,1984 年。

唐力行:《关于〈日本碎语〉的碎语》,《安徽史学》1996 年第 4 期。

唐星煌:《黑齿管窥》,《东南文化》1990 年第 3 期。

[日]藤塚邻:《日鮮清の文化交流》,东京:中文馆书店,1947 年。

田久川:《古代中日关系史》,大连:大连工学院出版社,1987 年。

[日]田中健夫:《大明国と倭寇》,东京:ぎょうせい,1986 年。

[日]田中健夫著,杨翰球译:《倭寇——海上历史》,武汉:武汉大学出版社,1987 年。

(清)童华:《长崎纪闻》,收入北京图书馆古籍出版编辑组编:《北京图书馆古籍珍本丛刊》卷 79《子部 · 丛书类》,北京:书目文献出版社,1998 年据乾隆刻本影印。

(元)脱脱等:《金史》,北京:中华书局,1975 年。

W

汪高鑫、程仁桃:《东亚三国古代关系史》,北京:北京工业大学出版社,2006 年。

汪高鑫:《论汉代公羊学的夷夏之辨》,《南开学报》2006 年第 1 期。

(清)汪鹏:《袖海编》,收入《昭代丛书戊集续编》,上海:上海古籍出版社,1990 年。

汪荣祖:《康有为论》,北京:中华书局,2006 年。

汪向荣:《中日关系史的分期问题》,载中国中日关系史研究会编:《日本的中国移民》,北京:生活 · 读书 · 新知三联书店,1987 年。

汪向荣:《中日关系史文献论考》,长沙:岳麓书社,1985 年。

汪向荣、汪皓:《中世纪的中日关系》,北京:中国青年出版社,2001 年。

王宝平编著:《吾妻鏡補:中国人による最初の日本通史》,京都:朋友书店,1997 年。

王宝平:《〈吾妻镜补〉著者翁广平考》,收入杭州大学日本文化研究所、日本神奈川大学人文学研究所编:《中日文化论丛(1996)》,杭州:杭州大学出版社,1997 年。

王宝平:《傅云龙〈游历日本图经〉征引文献考》,《浙江工商大学学报》2008年第2期。

王宝平:《黄遵宪与姚文栋——〈日本国志〉中雷同现象考》,收入胡令远、徐静波编:《近代以来中日文化关系的回顾与展望》,上海:上海财经大学出版社,2000年。

王宝平:《清代中日学術交流の研究》,东京:汲古书院,2005年。

王宝平:《清末驻日外交使节名录》,收入浙江大学日本文化研究所编:《中日关系史论考》,北京:中华书局,2001年。

王宝平主编:《日本军事考察记》,上海:上海古籍出版社,2004年。

王宝平主编:《中日诗文交流集》,上海:上海古籍出版社,2004年。

王宝平编:《中国馆藏日人汉文书目》,杭州:杭州大学出版社,1997年。

(宋)王溥:《唐会要》,上海:上海古籍出版社,2006年。

王辑五:《中国日本交通史》,上海:上海书店,1984年据商务印书馆1937年版复印。

王魁星:《关于康有为写〈日本变政考〉的两个问题》,《近代史研究》1985年第4期。

王婆楞:《历代征倭文献考》,重庆:正中书局,1940年。

王青芝:《中西文化视野下的王先谦研究——以史学为中心》,中国人民大学博士学位论文,2007年。

王青芝:《王先谦的史学成就及思想与观念》,《船山学刊》2008年第2期。

(明)王士骐:《皇明御倭录》,《四库全书存目丛书·史部》第53册。

(清)王韬著,陈尚凡、任光亮校点:《漫游随录·扶桑游记》,长沙:湖南人民出版社,1982年。

(清)王锡祺辑:《小方壶斋舆地丛钞》,杭州:杭州古籍书店,1985年。

(清)王先谦著,梅季标点:《葵园四种》,长沙:岳麓书社,1986年。

(清)王先谦撰,吕苏生补释:《鲜虞中山国事表疆域图说补释》,上海:上海古籍出版社,1993年。

王晓秋:《傅云龙〈游历日本图经〉初探》,《北京大学学报》(日本中心十周年特辑),1998年6月。

王晓秋:《近代中日启示录》,北京:北京出版社,1987年。

王晓秋:《近代中日文化交流史》,北京:中华书局,2000 年。

王晓秋:《近代中国与世界:互动与比较》,北京:紫禁城出版社,2003 年。

王晓秋、杨纪国:《晚清中国人走向世界的一次盛举:1887 年海外游历使研究》,大连:辽宁师范大学出版社,2004 年。

王晓秋:《近代中国与日本:互动与影响》,北京:昆仑出版社,2005 年。

王晓秋:《康有为的一部未刊印的重要著作——〈日本变政考〉评介》,《历史研究》1980 年第 3 期。

王晓秋:《〈日本国志〉初探》,《近代史研究》1980 年第 3 期。

王晓秋:《试论清代中日关系的开端》,《郑州大学学报》2008 年第 2 期。

王晓秋:《晚清中国人走向世界的一次盛举——1887 年海外游历使初探》,《北京大学学报》2001 年第 3 期。

王晓秋、大庭修主编:《中日文化交流史大系 · 历史卷》,杭州:浙江人民出版社,1996 年。

王学典:《二十世纪后半期中国史学主潮》,济南:山东大学出版社,1996 年。

王勇:《中国史のなかの日本像》,东京:农山渔村文化协会,2000 年。

王勇、孙文:《〈华夷变态〉与清代史料》,《浙江大学学报》2008 年第 1 期。

(元)王恽:《秋涧先生大全文集》,《四部丛刊初编》本。

王芸生:《六十年来中国与日本》,北京:生活 · 读书 · 新知三联书店,1980 年。

(清)王肇鋐:《日本环海险要图志》,国家图书馆藏清抄本。

(唐)魏徵等:《隋书》,北京:中华书局,1973 年。

(清)魏源著,李巨澜评注:《海国图志》,郑州:中州古籍出版社,1999 年。

吴晗:《朝鲜李朝实录中的中国史料》,北京:中华书局,1980 年。

吴怀祺主编,陈鹏鸣著:《中国史学思想通史 · 近代前卷》,合肥:黄山书社,2002 年。

吴荣政:《王先谦的治学风貌》,《史学史研究》1994 年第 3 期。

吴天任:《黄公度先生传稿》,香港:香港中文大学出版社,1972 年。

吴廷璆:《日本史》,天津:南开大学出版社,1994 年。

吴伟明:《姚文栋——一个被遗忘了的清末“日本通”》,《日本学刊》1985 年第 2 期。

吴泽、杨翼骧主编:《中国历史大辞典 · 史学史卷》,上海:上海辞书出版社,1983 年。

吴泽主编,袁英光、桂遵义著:《中国近代史学史》,南京:江苏古籍出版社,1989 年。

武安隆、熊达云:《中国人の日本研究史》,东京:六兴出版,1989 年。

X

夏晓虹编:《追忆康有为》,北京:生活 · 读书 · 新知三联书店,2009 年。

(清)夏燮:《中西纪事》,长沙:岳麓书社,1988 年。

向燕南:《中国史学思想通史 · 明代卷》,合肥:黄山书社,2002 年。

谢保成:《中国史学史》,北京:商务印书馆,2006 年。

谢贵安:《明实录研究》,武汉:湖北人民出版社,2003 年。

(清)谢清高口述、杨炳南笔录,安京校释:《海录校释》,北京:商务印书馆,2002 年。

[日]信夫清三郎编,天津社会科学院日本问题研究所译:《日本外交史》,北京:商务印书馆,1980 年。

熊达云:《近代中国官民の日本视察》,东京:成文堂,1998 年。

许顺富:《论戊戌维新运动时期的王先谦》,《湖湘论坛》2003 年第 5 期。

(明)薛俊:《日本国考略》,收入(明)邓士龙辑,许大龄、王天有主点校:《国朝典故》卷 103,北京:北京大学出版社,1993 年。

Y

[日]岩桥小弥太:《日本の国号》,东京:吉川弘文馆,1970年。

杨伯峻译注:《论语译注》,北京:中华书局,1980年。

杨伯峻译注:《孟子译注》,北京:中华书局,1960年。

杨艳秋:《明代史学探研》,北京:人民出版社,2005年。

杨翼骧:《学忍堂文集》,北京:中华书局,2002年。

杨翼骧:《中国史学史资料编年》1、2、3册,天津:南开大学出版社,1987、1994、1999年。

(唐)姚思廉等:《梁书》,北京:中华书局,1973年。

(清)姚文栋编:《琉球地理小志》,清光绪九年刻本。

易惠莉:《清代中前期的对日关系认识》,收入华东师范大学中国现代思想文化研究所编:《思想与文化》第5辑,上海:华东师范大学出版社,2005年。

袁珂校注:《山海经》,成都:巴蜀书社,1993年。

Z

(清)曾纪泽:《曾纪泽日记》,长沙:岳麓书社,1998年。

张敏:《略论姚文栋边防思想及实践》,《史林》1999年第2期。

张庆洲:《抗倭援朝战争中的明日和谈内幕》,《辽宁大学学报》1989年第1期。

张群:《傅云龙其人及其著述》,《河南图书馆学刊》2005年第5期。

张声振、郭洪茂:《中日关系史》第1卷,北京:社会科学文献出版社,2006年。

张舜徽:《清儒学记》,武汉:华中师范大学出版社,2005年。

(清)张廷玉等:《明史》,北京:中华书局,1974年。

张伟雄:《文人外交官の明治日本:中国初代駐日公使团の異文化体験》,东京:柏书房,1999年。

(明)张燮:《东西洋考》,北京:中华书局,1981 年。

张越:《新旧中西之间——五四时期的中国史学》,北京:北京图书馆出版社,2007 年。

张哲俊:《中国古代文学中的日本形象研究》,北京:北京大学出版社,2004 年。

赵尔巽等:《清史稿》,北京:中华书局,1977 年。

赵梅春:《辽、金史〈国语解〉的史学价值》,《兰州大学学报》2001 年第 5 期。

郑海麟:《黄遵宪传》,北京:中华书局,2006 年。

郑樑生:《明代倭寇史料》第 7 辑,台北:文史哲出版社,2005 年。

郑樑生:《明嘉靖间浙江巡抚朱纨执行海禁始末》,收入《中日关系史研究论集》(五),台北:文史哲出版社,1995 年。

郑樑生:《宁波事件始末——一五二三》,收入《中日关系史研究论集》(十二),台北:文史哲出版社,2003 年。

郑樑生:《壬辰倭乱期间的和谈始末》、《再论明代勘合》,收入《中日关系史研究论集》(十),台北:文史哲出版社,2000 年。

郑樑生:《严嵩与靖倭之役》、《明嘉靖间靖倭督抚之更迭与赵文华之督察军情——一五四七～一五五六》,收入《中日关系史研究论集》(七),台北:文史哲出版社,1997 年。

郑樑生:《郑舜功〈日本一鉴〉之倭寇史料》,收入《中日关系史研究论集》(十一),台北:文史哲出版社,2001 年。

(明)郑若曾撰,李致忠点校:《筹海图编》,北京:中华书局,2007 年。

(明)郑舜功:《日本一鉴》,民国二十八年据旧抄本影印。

郑翔贵:《晚清传媒视野中的日本》,上海:上海古籍出版社,2003 年。

[日]中岛敬:《『日本一鑑』の日本認識》,《东洋大学文学部纪要·史学科篇》通号 21,1995 年。

[日]中岛敬:《『日本一鑑』の諸伝本》,《江戸·明治期の日中文化交流》,东京:农山渔村文化协会,2000/10。

[日]中岛敬:《『日本一鑑』研究史》,《东洋大学文学部纪要·史学科篇》通号 22,1996 年。

[日]中岛敬:《鄭舜功の来日について》,《东洋大学文学部纪要·史学科篇》通号 19,1994 年。

中国古籍善本书目编辑委员会编:《中国古籍善本书目·史部》,上海:上海古籍出版社,1993年。

[日]中山久四郎:《支那史籍上の日本史》,东京:雄山阁,1929年。

钟书河:《走向世界——近代中国知识分子考察西方的历史》,北京:中华书局,1985年。

周少川:《元代史学的世界性意识》,《史学集刊》2000年第3期。

周迅:《汪鹏事辑》,《文献》1997年第2期。

周一良:《中日文化关系史论》,南昌:江西人民出版社,1990年。

(元)周致中:《异域志》,北京:中华书局,1981年。

(明)诸葛元声:《两朝平攘录》,收入吴丰培主编:《壬辰之役史料汇辑》,北京:全国图书馆文献缩微复制中心,1990年。

朱端强:《万斯同与〈明史〉修纂纪年》,北京:中华书局,2004年。

朱鉴秋:《〈日本一鉴·桴海图经〉及明代中日海上航路的研究》,《海交史研究》2000年第2期。

朱莉丽:《倭寇之乱下明朝人对日本的研究》,收入陈尚胜编:《中国传统对外关系的思想、制度与政策》,济南:山东大学出版社,2007年。

朱政惠:《美国中国学史研究——海外中国学探索的理论与实践》,上海:上海古籍出版社,2004年。

[日]佐久间重男:《日明関係史の研究》,东京:吉川弘文馆,1992年。

[日]佐藤三郎:《翁広平の「吾妻鏡補」について——江戸時代の中国人の日本研究》,《日本历史》(450)。

[日]佐藤三郎:《近代日中交涉史の研究》,东京:吉川弘文馆,1984年。

[日]佐藤三郎:《中国人の見た明治日本:東遊日記の研究》,东京:东方书店,2003年。

[日]佐佐木扬:《清末中国における日本観と西洋観》,东京:东京大学出版会,2000年。

后 记

本书缘起于笔者的博士论文。即将付梓之际，特别要感谢帮助过我的所有人。最应该感谢的就是指导我完成博士论文的乔治忠先生。乔先生对我的帮助远非三言两语能说清楚，本人也无意在此一一列举先生对我的各种关怀和指导，只愿将此作为自己最美好的记忆留存于心底。我也自知，自己离先生的期望还有很大的距离，而先生总是对我很宽容，这也让我更加无地自容，唯有今后在学术研究上更加努力，才是对恩师最好的感谢。

现在回想起来，自己求学期间，有太多帮助过我的老师、同学和朋友，既有学术上的引路人，也有生活中的扶持者，对于这些帮助我都会铭刻在心。请原谅我没有在此逐一写出你们的名字，但我从来都不会忘记。

工作以后，单位的领导和同事都给予了我很多的关爱，帮助我这个从未离开过校门的年轻人逐渐从青涩走向成熟，谢谢你们对我的包容和支持。

无论自己走到哪里，无论自己做出何种选择，家人一直都在默默地支持着我。家人的理解和支持给了我继续前进的勇气，也是我最宝贵的精神财富。

还要说的是，本书的出版离不开学校的大力支持。廊坊师范学院虽然是一所普通的地方高校，但是仍有一批默默奉献于学术的老师。地处京津之间，除了感受厚重的雾霾和高冷的房价之外，廊坊也能搭上学术的便车。2016 年，廊坊师范学院聘请了南炳文、乔治忠、万明三位先生驻校工作，迎来了学术发展的春天。根据南炳文先生的提议，学校决定设立“廊师研究文库”，希望通过持之以恒的努力，使之成为学校的一张学术名片。在硕士点申报的关键时刻，学校先期启动了历史卷第一辑的出版工作。在经费紧张的情况下，学校毅然决定将几位青年教师的博士论文优先资助出版。拙作能够收入其中，我自是非常荣幸，所以要特别感谢学校领导和专家的举荐。

最后，本书得以顺利出版问世，还要感谢天津古籍出版社的领导和编辑，在各种困难的情况下，出版社帮我们解决了很多难题。

本书完稿后，乔先生欣然为之作序。我拜读之后，百感交集，遂成打油诗一首，今附之于后，聊抒己怀。

乔师大序道机缘，感慨反躬自汗颜。
求学杏坛入史苑，南开继进草书篇。
临海东观拓新识，廊院笔耕深探研。
小子而今敢著述，奉教函丈再登攀。